「法と経済学」叢書Ⅳ

エリク・ポズナー著

法と社会規範
―制度と文化の経済分析―

太田勝造監訳

藤岡大助・飯田　高
志賀二郎・山本佳子 訳

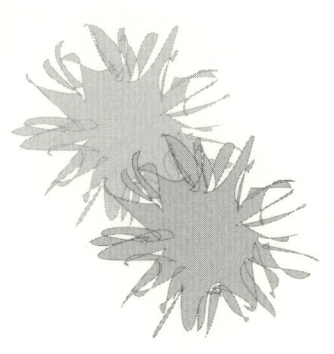

木鐸社刊

日本語版へのまえがき

　ある人が，他人に損害を与えたり，他人の期待を裏切ったりするような行動Xを行いたいと思っているとしよう．その行動Xとは，たとえば，お金を盗むとか，契約の履行をしないとか，脱税をするとか，といった行動である．しかし，その人は，当該行動Xを行いたいという気持ちを抑えることができるかもしれない．それにはいくつもの理由が考えられる．第一に，立派な良心を持っている場合がある．そうすれば，行動Xは悪いことだからやらない，ということになろう．あるいは，実行してしまうと罪の意識に苛まれることになるので，行動Xはやらない，ということもありうる．第二に，評判を気にしている場合がある．つまり，他の人々による評価が下がってしまうことを恥じて，行動Xを思いとどまることがある．第三に，法的制裁を恐れる場合がある．つまり，刑務所に入れられるとか，罰金や賠償金を払わされるとかといった法的制裁を回避するために，行動Xを思いとどまることがある．良心（罪の意識），評判（恥の意識），および法というこれら三つの要因は，近代国家の社会秩序を維持する上で，重要な役割を演じている．

　アメリカ合衆国の法学研究においては，とりわけ，法と経済学(law & economics)の研究においては，法や法的制裁が人々の行動に与える影響にもっぱら注目してきた．すなわち，そのような研究の典型的パタンにおいては，工場経営における利潤最大化などのように，何らかの目標を人々は持ち，法の課す制約条件だけを気にしながら自らの目標達成へ向けて努力する，というようなモデルを構築して分析してきた．つまり，工場経営者がどれだけの公害を出そうか出すまいかと決める際には，公害発生がもたらす私的な利益と，公害発生者に対する法的制裁の期待値（コスト）とを比較検討し，公害のもたらす私的利益が公害発生のもたらす期待コストを凌駕する場合にのみ，工場経営者は公害を出そうとする，というような分析である．このモデルでの工場経営者は，公害で損害を蒙る人々に対して罪の意識を感じることはな

いとされる．また，恥を感じることもないとされ，評判が傷つくという制裁を受けることを顧慮しないとされるのである．ここで評判に対する制裁とは，たとえば，環境保護の意識の高い消費者たちが，経営者の悪しき行動に憤激して，当該工場の製品をボイコットするような場合に生じるビジネス上の損失などを意味する．

　このようなパタンの分析は，もちろん多くの利点を有している．たとえば，分析が明快で扱いやすいという利点がある．しかし反面，多くの生活領域において，罪の意識や恥の意識が，法的サンクションに優るとも劣らない影響力を人々の行動に対して有していることもわれわれはよく知っている．たとえば，アメリカ合衆国において人々は，脱税に対する法的制裁だけしか考慮しないと仮定した場合に予測されるよりもはるかに高い割合で税金を正直に支払っている．いいかえれば，人々は罪の意識や恥の意識を回避するために税金を正直に支払っているのである．

　その他の国々の中には，罪の意識や恥の意識がアメリカ合衆国におけるよりもさらに重大な役割を演じている国がある（と，少なくともアメリカ人は信じている）．たとえば日本人は，アメリカ人よりも法に違反することがはるかに少ないと一般に信じられている．そして，その理由は日本人が，恥をかくことをアメリカ人より気にするからであり，法や社会規範に違反した者に対して，村八分や除け者にするといった非・法的制裁をアメリカ人よりも科そうとするからであると一般に信じられている．公式の法によってではなく非公式の社会的制裁によって秩序が維持されているという社会イメージは，アメリカ合衆国においては非常に魅力的で望ましいものとされてきている．だからこそ，多くのアメリカ人にとって日本は素敵で理想的な国に見えるのである．

　しかし，アメリカ合衆国と日本とが対極に位置する社会であるという信念が正確だったとしても，すべての国において社会規範が人々の行動を基本的に規整しているという事実は動かない．また，法と社会規範の間の相互作用についてはあまりよく分かっていないという事実も動かない．したがって，ここでの問題は，「法の影響を受けるという行動モデルである経済学モデルに，罪の意識や恥の意識をどのように組み込めばよいのか」である．本書は，この問題の半分だけを検討するものである．すなわち本書は，恥の意識（評判）

や社会規範の役割は，シグナリング・モデルと呼ばれる経済学理論を用いて分析することができることを明らかにする．本書は，問題の残る半分，つまり罪の意識の役割を分析しようとするものではない．罪の意識（良心）は恥の意識（評判）よりも分析が難しいものであり，経済学は罪の意識のモデル化にまだ成功しているとはいいがたい．

　ここで，本書の基本的考え方を明確化しておこう．本書では，行動が自分の評判にどのような影響を与えるかを考慮して，人々が行動を選択する仕方に注目する．たとえば，商品の売り手が，「粗悪品を売ると，もうお客が自分からは買ってくれなくなるかもしれない」と慮って，高品質の商品しか売ろうとしないかもしれない．つまり，この売り手は，良い評判を確立しようとしているのである．このような売り手は，粗悪品を売りつけることに対して法が制裁を科していようといまいと，良い評判を確立しようとするものである．このように日常生活で人々は，一般的に信頼に値する人間である，という評判を確立しようとするものであり，いいかえると，名誉を重んじて生きるものなのである．良い評判を持たない人とは，他の人々は付き合いたくないであろう．その結果，評判の良くない人は，結婚相手や，友達や，取引相手など，日常生活に必要な多くの集合行為・協力行動の相手方を見つけることが難しくなるであろう．

　もう少し厳密に定式化しておこう．人々は自分の個人的な特徴の多くについての，とりわけ，自分が「信頼に値する人間であるか」についての私的な情報を持っているとする．合理的な人々は，その割引率が小さいほど信頼に値する人間である．ここで割引率とは，その人が将来をどれだけ重視するかの指標であり，割引率が小さいほど将来の利得を割り引かないので，将来の利得を重視していることになる．繰返し囚人のディレンマ・ゲームにおいては，割引率が低いことが，協力的な結果のもたらされる必要条件であるから，割引率が小さいことと信頼に値する人間であることとが対応するのである．こうして，本書では，「良い評判」と，「信頼に値すること」，すなわち割引率が相対的に低いこととを対応させる．ある人の名誉とは，繰返し囚人のディレンマ・ゲームにおいて協力的な行動を採用する傾向に相当する．そして，割引率が小さくなるほど名誉は大きくなる傾向がある．逆に言えば，自分の割

引率が大きいことが露見してしまった人は,「恥をかく」わけである.

　恥をかくことを避けるために,そして,協力的であるという評判を高めるために,信頼に値する人々は自分の割引率が低いことを示す「シグナル」を発しようとする.ここでのシグナルとは,「良いタイプ」の人々,つまり割引率が低い人々なら実行できるが,「悪いタイプ」の人々には実行できないようなコストのかかる行動を意味し,この条件を満たす限りどのような行動でもシグナルたりうる.本書の中心的な考え方は,「社会規範」によって命じられた行動であるとしばしば考えられているものが,実は,シグナリング競争の結果であるという考え方である.社会規範によって命じられた行動とされるものには,たとえば,祝日の贈り物の交換,挨拶のエチケット,ファッションやドレス・コード,ビジネスや政治における儀式,などがある.シグナリング競争とは,良いタイプの人々が,自分のタイプを明らかにしようとしてコストのかかるシグナル行動をし,悪いタイプの人々が,可能な限りで良いタイプのシグナル行動を模倣しようとして生じる競争のことである.そして,本書における社会規範とは,シグナリング競争がもたらす均衡での,人々の行動を指している.

　若干わき道にそれるが,ここで確認しておきたいことがある.すなわち,本書では時間選好(割引率の高低)に注目しているが,それは,すべての社会規範が割引率と結びついているという立場を採っているからでは決してなく,単に分析の便宜のためであるという点である.事実,人々は,他者にとって価値のある多種多様な私的情報(たとえば,自分の知的能力についての情報)を有しているものであり,多くの社会規範は,そのような価値ある私的情報をシグナルするために創発(発生)してきた行動に対応しているのである.本書においては,時間選好にもっぱら注目するが,それ以外の特徴も同様に重要であることは忘れてはならない.

　シグナリング・モデルの有用性は,法と経済学における標準モデルと整合的であるという事実に起因する.人々が種々の可能な行動の中からある行動を選択する場合,当該行動のもたらす利益と比較検討するのは,(1)法的制裁の期待値と,(2)社会規範に対する違反がもたらす非・法的な制裁の期待値とである.後者の非・法的な制裁とは,割引率,すなわち,協力傾向についての情報に基づいて周囲から科される,村八分やその他の形態の忌避のことで

ある．

　このような道具立てによって，法が行動に影響を与える次のような二つの異なる仕方を分析することができるようになる．すなわち，第一に，さまざまな種類の行為に対して報酬や制裁を付加することで，法は行動に直接的な影響を与える．第二に，人々が自己のタイプを開示しようと行動し合っているシグナリング均衡を変容させることで，法は行動に間接的な影響を与える．同一の法がこれら直接，間接の両方の影響を与えることもあり，その場合に，二つの影響が補強しあうこともあれば，相互に打ち消しあうこともある．たとえば，税法違反に対して大きな罰を科すような法は，税法遵守行動の持つシグナルとしての価値（自分が良いタイプであることを示す能力）を減殺してしまうかもしれない．このような法は行動に対して，法的制裁による直接的な影響力を高めるが，反面，社会規範の制裁の間接的な影響力を低下させることになる．いいかえれば，法的制裁を強化すると，社会規範が弱体化したり妨碍されたりしてしまい，望ましくない行動が抑止されるどころかますます多発するようになるかもしれないのである．このような，法的制裁と非・法的制裁の間の緊張関係というよく見られる現象こそが本書のテーマであり，以下の各章でその応用例が分析されてゆくことになる．

目　次

日本語版へのまえがき　　　　　　　　　　　　　　　　　　　　3

第1章　序説：法と集合行為　　　　　　　　　　　　　　　　13

　　　第一部　非・法的集合行為のモデル

第2章　協力と規範生成のモデル　　　　　　　　　　　　　　27
　　繰返しゲーム　（32）
　　シグナリング　（36）
　　違反行為，ヒエラルヒー，衝突　（49）
　　規範仕掛人　（52）
　　国家　（56）
　　まとめ　（58）

第3章　敷衍，反論，および，代替的理論　　　　　　　　　　61
　　利他主義　（65）
　　社会的地位と順応　（66）
　　群衆行動　（67）
　　感情　（68）
　　社会規範の内面化　（70）
　　限定合理性　（72）

　　　第二部　法への応用

第4章　贈与と無償の約束　　　　　　　　　　　　　　　　　77
　　シグナルとしての贈り物　（78）
　　贈り物をする別の理由　（86）
　　贈り物の社会的（不）効用　（90）
　　法制度に対する含意　（96）

第5章　家族法と社会規範　104
　婚姻による余剰　(105)
　求愛の段階　(107)
　婚姻関係の段階　(109)
　法制度に対する含意　(116)

第6章　社会的地位，スティグマ，および，刑事法　130
　辱めのモデル　(131)
　サブコミュニティ内部における辱めの罰　(133)
　辱めの病理　(135)
　政府による辱めの罰　(138)
　情報開示としての「政府による辱め」　(142)
　敵対するサブコミュニティのメンバーに科される「政府による辱め」　(143)
　逸脱サブコミュニティの創造　(147)
　歴史上の証拠　(151)
　救済，慈悲，および，社会復帰　(156)
　入獄，身体的刑罰が恥ずかしいのはなぜか　(158)
　抑止モデルと規範モデル　(161)

第7章　投票，政治参加，および，シンボル行動　163
　シンボル行動のモデル　(164)
　国旗尊重・国旗冒瀆　(168)
　検閲：政府によるものと社会によるもの　(173)
　投票および市民の政治参加のその他の形態　(178)
　実証的含意　(183)
　規範的含意：行動への効果　(185)
　解釈学的(hermeneutic)な効果：社会的意味の創造と月並化の問題　(186)
　国家の内生化　(190)

第8章　人種差別とナショナリズム　193
　なぜ人々は差別をするのか？　(193)

法の役割　(203)
ナショナリズムとナショナリズムの神話　(206)

第9章　契約法と商行為　　213
商行為　(216)
商行為のモデル　(220)
法制度に対する含意　(231)

第三部　規範的含意

第10章　効率性と分配的正義　　243
月餅　(243)
社会規範と効率性　(246)
効率性と集団規範　(247)
集団間規範の効率性　(254)
スティグマと富の再分配　(256)

第11章　比較不可能性，商品化，および，金銭　　265
筋を通す行動（principled behavior）のモデル　(267)
比較不可能性　(275)
規範的含意　(283)

第12章　自律，プライヴァシー，および，コミュニティ　　289
自律　(290)
社会が及ぼす影響，国家が及ぼす影響そして自律　(294)
コミュニティ　(302)
コミュニティとは何か　(302)
法はどのようにしてコミュニティに影響を及ぼすのか　(305)
コミュニティの衰退　(311)

原注　　317

目次	11
監訳者あとがき	337
参考文献	342
謝辞	360
索引	361

《翻訳担当表》

日本語版へのまえがき　　　　　　　　　　　　　　　　　（太田勝造）

第1章　序説：法と集合行為　　　　　　　　　　　　　　（志賀二郎）

　　　　　第一部　非・法的集合行為のモデル
第2章　協力と規範生成のモデル　　　　　　　　　（飯田高・山本佳子）
第3章　敷衍，反論，および，代替的理論　　　　　　　　（藤岡大助）

　　　　　第二部　法への応用
第4章　贈物と無償の約束　　　　　　　　　　　　（志賀二郎・飯田高）
第5章　家族法と社会規範　　　　　　　　　　　　　　　（山本佳子）
第6章　社会的地位，スティグマ，および，刑事法　（志賀二郎・飯田高）
第7章　投票，政治参加，および，シンボル行動　　　　　　（飯田高）
第8章　人種差別とナショナリズム　　　　　　　　　　　（藤岡大助）
第9章　契約法と商行為　　　　　　　　　　　　　　　　（山本佳子）

　　　　　第三部　規範的含意
第10章　効率性と分配的正義　　　　　　　　　　　　　　（藤岡大助）
第11章　比較不可能性，商品化，および，金銭　　　（藤岡大助・飯田高）
第12章　自律，プライヴァシー，および，コミュニティ　　（志賀二郎）

《注》　　　　　　　　　　　　　　　　　　　　　　　　　（飯田高）

第1章　序説：法と集合行為

　妊娠している既婚女性が，胎内の子の実の父であることを明らかにする目的で，配偶者ではないある男性に血液鑑定を受けるべき旨の命令を出すことを裁判所に求めたとする．すると，裁判所は，既婚女性の子はコモン・ロー上嫡出子とみなされることを理由に，彼女の申立てを認容しない．裁判所によれば，既婚女性の子を嫡出子とみなすこのコモン・ローのルールにより，子が婚外子のスティグマ（烙印）を押される危険が減らされる，というのである．この理由の意味するところは，子に婚外子のスティグマを押されることを免れさせることの方が，子に自分の生物学上の父親が誰なのかを知ることを認めることよりも適切な対応である，ということなのである[1]．

　ある者が万引で起訴こそされなかったが捕まった経験があることを，警察が地元の商人に対して知らせる．教師の一人に学生へのセクハラの事実があったが，懲戒処分や解雇までには至らなかったことを，学校が当該教師の新しい雇主になるかもしれない者に伝える．正確な情報の伝達は，たしかに商人や教師の未来の雇主を利するであろうが，同時に，問題の者にスティグマを押すことでもある．このスティグマを押してしまうという可能性は，情報の伝達が適正手続（デュー・プロセス）の要件を満たすことを要求するのであろうか[2]．

　タグボートの艇長がちゃんと動くラジオを備え付けることを怠っていたとする．そのため，天気予報を聴いておらず，聴いていれば嵐を避けて顧客の

品に損害を与えずに済んだはずであった．タグボートの艇長の言い分は，タグボート業界にはラジオを装備する慣習はなかったのであるから，過失責任が問われるべきではない，というものであった．裁判所は，慣習の有無は抗弁にはならない，と判示した[3]．でも，どうしてだろうか．商慣習は裁判所が下す一方的な判示よりも効力が劣るというのだろうか．

　夫婦が民事裁判で離婚判決を得たとする．しかしながら，夫婦が所属する宗教団体で離婚が認められるのは夫が離婚に同意した場合のみであって，元妻がその離婚につき宗教上認容されていないのにもかかわらず再婚したような場合には，彼女はその宗教団体から村八分をされる憂き目に会うことになる．そこで，妻は，夫が宗教上の離婚に同意しないぞと脅かすので，財産を夫に一方的に有利になるように分配することに同意せざるをえなかった．後になって，彼女は，民事裁判所に対して，本件財産分配の契約は強迫により締結させられたものであるから無効である，と申し立てたとする[4]．もし裁判所が彼女の訴えを認容したとすると，彼女の法廷での勝利は当該宗教団体の連帯にどのような影響を及ぼすであろうか．

　公立学校での人種による別学を定める州法に対して，画期的な違憲判断を下して人種差別撤廃の契機となったブラウン事件（Brown v. Board of Education）[5]でのアメリカ合衆国連邦最高裁判所判決を正当化するのによく用いられる根拠は，黒人学生専用であるけれども適切な施設を州が用意したとしても，黒人と白人を分離する政策自体が黒人にスティグマを押すことであるから違憲である，というものである．

　自治体がクリスマス・ツリーや飼い葉桶の中のキリスト幼児像を公有地に飾ることを裁判所により禁じられる．この禁止命令は，多くの人の感情を害しこそすれ，その人たちに実害を与えはしないし，より多くの人たちを喜ばせているのである．性教育から銃規制に至るまで数え切れない政策に人々は感情を害されるが，かかる悪感情がこれらの政策を評価する上で決定的な要因になることは稀である．宗教的象徴はこれらの政策とどこが異なるのであろうか．

裁判所は，ある行為がスティグマを押す効果をもたらすか，ある振舞いが社会規範に適合しているか，象徴が意味しているのは何か，村八分の結果は何か，などについて日々判断しなければならない．エイズ患者や婚外子や福祉手当の受給者にスティグマを押すということは，目を突き刺すような単なる傷害なのか，それとも，公共の秩序の維持に貢献する社会規範を強めることなのであろうか．商人が商慣習から逸脱せずに遵守している場合に，われわれは商慣習が進歩を反映していると考えるべきなのか，それとも，臆病な羊が一斉に同じ方向へ逃げ出しているだけと考えるべきなのか．政府が偶像を立てるといった象徴的な意味合いを持つ行動をとったり，あるいは国旗を冒瀆するといった象徴的な意味合いを持つ行動を制限する場合，実質的な内容が問題となっていないと言えるであろうか．法という手法での介入によりスティグマを取り除き，慣習と社会規範を変革し，象徴の意味を変容させることができるのであろうか．それとも，これらの社会的な事実は，意図的な変革の試みに対して頑健に持ち堪えるのであろうか．

　これらの問題が法と政治において重要であることは否定しえないであろう．あらゆる重要な立法において象徴とスティグマが重要な役割を演じているのである．数々の国旗冒瀆禁止法は，国旗を損壊するという象徴的行動に対抗しようとするものである．アファーマティヴ・アクション（積極的人種差別是正措置）は，反対論者によれば少数者が押されているスティグマの効果を強めるものであるし，賛成者によればそのスティグマを弱めるものである．現代の社会福祉法や破産法は，貧しく借金を返せない人や外国人や婚外子に対するスティグマを取り除こうとするものであるが，以前のこれらの立法は逆にスティグマの効果を強めようとしたものであった．有罪記録を犯罪者の記録から抹消する情報削除法は，前科者のスティグマの効果を弱める．臓器売買，代理母，売春の合法化，費用便益分析，そして，ポルノに至る，幅広い争点をめぐる議論では，必ず，論争の対象となっている行動の象徴的な意味合いとそれを制禦するために法を用いることの是非とが問題として浮上してくるのである．

　法というものが存在せず，未発達な政府さえ存在しない世界であっても，何らかの秩序がその世界には存在するであろう．このことは，人類学の研究

から十二分に明らかである．このような世界における秩序は，社会規範の遵守という形，および，逸脱した者にスティグマを押したり，手に負えない者を村八分に処する等の制裁を，社会規範の違反者に対し集団が科するという形をとって現れる．人々はコミュニティへの忠誠心を疑われないように，コミュニティにシンボリックなコミットメントをする．また，人々は頻繁に協力し合う．約束は守るしあてにもするし，隣人を傷付けることは控え，公共的な取組みには参加をし，貧しい者には恵みを施し，危険にある者を助け，行進や集会の機会には加わるのである．しかし，人々が約束を破ったり隣人を傷付けたりすることが時々あるのも確かである．集団が拒絶している行為の生ける象徴となった人を，当人に何の落度がないにもかかわらず，差別することがある．紛争になったり，時には暴力沙汰にもなる．流血抗争が起こり，その反目は決して解消できないかもしれない．集団が派閥に分裂することもありうる．秩序がもたらす便益の全ては，対価なしではすまない．秩序というものは，平和時には頑健だが，いざ危機の時を迎えると脆さを曝け出すこともあるのである．

　ここで，法を制定し執行できる能力を持った，強力で慈愛に満ちた政府を登場させよう．政府は，相互に結ばれている非・法的な継続的秩序に選択的に介入して，望ましい秩序はそのまま維持する一方で，望ましくない秩序は選びだして変容させるということができるだろうか．政府は，税や補助金，制裁によりインセンティヴを与えることで，隣人間の親切心や信頼に悪影響を与えることなく，流血抗争や差別といった類の行為を排除することができるだろうか．それとも，社会の構造は実に複雑であるからこのような努力は無駄なのであろうか．

　実証的な視点から規範的な視点に転ずると，議会と裁判所は，スティグマ，村八分，社会規範，評判，象徴その他，国家法以外に存在するたくさんの秩序の淵源となっている現象に対してどのように対処すべきなのであろうか．このような現象は望ましいものであり尊重され強められるべきであるとするのか，それとも，病理現象であるから抑止すべしとするのか．政府が介入すべき場合の条件を列挙することは可能なのか．さまざまな政府の介入方法を，それらが，非・法的協力のうち，望ましいものを強め，望ましくないものを潰すことができる可能性の程度に従って，評価することはできるのであろう

か.

　以上の問題は古くからあるものであって，多様な学問分野の最良の頭脳が解こうとし続けている．しかし，これらの問題は，法がどのように人々の行動に影響するかについて論文を書いている大抵の法学者には概して無視されており，法改革が進むべき方向について論文を書いている法学者については尚更である．

　本書は，法と，私が無骨にも「非・法的な協力メカニズム」と呼んでいるものとの間の関係を扱っている．執筆の動機は，法理論，とりわけ私が依拠している「法と経済学」に空白があることである．法と経済学のうち実証的な流派の前提は，個人は予算制約のもとで自己の選好を満足させることに専念するものであって，他人の態度には左右されない，というものである．個人の選好は，利己的でも，利他的でも，これらの双方でも構わないが，他人を犠牲にすることが自己の利益になるときに，個人がそのように行動することを国家以外の存在により妨げられることはないとされる．窃盗，過失，殺人および詐欺を禁止する抑止策を国家が法という形式で設けない限り，人々は盗んだり，不注意に運転したり，人を殺したり，嘘をついたりするとされる．世界のこのような描写は，部分的には正しいが，大部分は間違っている．ほとんどの人は，法が存在しないときも，たとえ法が存在しても実効性がないときも，ほとんどの場合に反社会的な行動を慎むものである．人々は社会規範に順応しているのである．法と経済学が答えていない問題は，人々が社会規範を遵守しているのは何故か，ということである．この問題が解かれない限り，法が人々の行動にどのような影響を与えるのかを理解することはできないのである．

　法と経済学の規範的な流派と，ほとんどの主流の規範的な法理論においては，社会全体には負担をかけるが個人には利益をもたらす行動を抑止すること，換言すれば，市民間で生ずる集合行為問題を解決するために社会に介入する外生的な要因として，政府は扱われている．たとえば，環境法は，個人が環境を汚染するインセンティヴを抑止するものとして説明され，正当化されている．清浄な空気，きれいな水，そして，汚染されていない土壌は，賢明な環境法の成果たる集合財であるとされる．破産法は，自らの債権だけを実現しようと競争する債権者から，債務者の財産の価値を守るのである．知

的財産法は発明者と著作者が投資を回収することを可能にするのであって，さもなければ模倣者が独創的な業績の価値を無にすることになってしまう．契約法は約束の破棄に対する保護を与え，不法行為法は自己の財産の利用に対する他人の干渉から人々を守るものである．しかし，このような説明は，有用であるし興味深くもあるが，完璧ではない．ゴシップや非難，村八分，暴力で強制される非・法的な規整を背景として，法というものが科せられているのである．そして，非・法的な規整自体もまた重要な集合財を生みだしている．非・法的な協力のシステムは，法によるシステムと比べ，ある側面では優れているし，別の側面では劣っている．一方，法による介入も，法の背景に存する非・法的な協力に関する規範を損なう場合もあれば，強める場合もあり，複雑な結果をもたらす．提案されている法規範が望ましいか否かは，集合行為の問題の存在と適切に運営されている法制度の存在とだけに依存するものではない．社会的に望ましいか否かは，非・法的なシステムが既に問題となっている集合行為問題にどのように取り組んでいて，法による介入がこのような非・法的システムにどの程度の影響を与えることになるのかにもよる．

　このような主張をしていることからお分かりのように，本書は，国家を余りにも重視しすぎ，市民と政府との関係を単純化し，重要で興味深い問題を排除して簡単な問題だけを分析しているとして，法律学を批判してきた業績の伝統に連なるものである．エリクソン（Ellickson 1991）がこの批判的伝統の最新かつ最も影響力のある業績であるが，この業績の原点となった法律学への不満は1960年代にまで遡ることが可能であるし（Macaulay 1963），法現実主義（legal realism）の文献にさえたどることができる（Llewellyn 1931）．しかしながら，この伝統の影響は，ある重大な欠陥のため限られてきた．重大な欠陥とは，法律学を批判する者が，批判している当の法律学の方法論に替わる有用な分析枠組を提示できなかったことである．かかる欠陥のせいもあり，この批判的伝統の影響力は，無ではないにせよ，さしたるものとはならないままであった．とはいえ，批判の影響を漠然とであるにせよ受けた学者は，今や「社会規範」という言葉を用いるようにはなった．しかし，そこでの社会規範という言葉は，用い過ぎであり，かつ，用い方が一貫していない．学者には，法と非・法的な協力メカニズムとの間の関係を体系的に分

析できる方法論が必要なのである．

　本書が提示するのは，まさにかかる方法論である．本書の第一部では，非・法的な協力の一般的なモデルが構築される．このモデルは，第2章で扱われるシグナリング・ゲームであって，このゲームでは規則性のある行動をとることにより自分が協力において望ましい相手であることを示そうとするのである．協力行動からの逸脱は，評判が傷つくことへの恐れから抑止されるが，他方，シグナル行動は，重要な意義を持つ集合行為を，それとは別個独立に発生させる．将来の利得を重視する人は，社会関係において裏切ろうという誘惑を克服できるだけでなく，ファッションや発言，立ち居振舞い，そして，差別の模範とされている仕方を遵守することで，自分が裏切の誘惑を克服できる能力を有していることをシグナルするのである．その結果として現れてくる行動の規則性（集団において多数が同様・類似の行動をとること）こそが，私が「社会規範」と呼ぶものであって，社会厚生を大幅に増大もさせれば減少もさせうるものなのである．本書の分析の目的は，信頼，社会的地位，集団の連帯性，コミュニティ，社会規範そして慣習といった，法と経済学において軽視されているか間違って用いられている重要な概念を説明するとともに，これらの現象と法との関係を検討することにある．

　このモデルは，過去40年の歴史があるにもかかわらず，経済学の主流となったのはつい最近のことであり，法理論には未だに影響が大きくなっていないゲーム理論と経済学の成果に依拠している．この分野の業績の多くは，以下の二つの問題を取り扱っている．すなわち，集団的活動にただ乗りしようとするインセンティヴ，換言すれば，代価を支払わずに集団活動の利益を享受しようとするインセンティヴを目の前にして，人々はどのようにしたら協力できるのかという問題と，一般的な経済学の仮定では，その人の特性を反映し（仮定により）連続的に分布するはずの選好が，固定的で，不連続的で，あるいは規範に促されたものであるのはなぜかという問題とである．これらの問題に対する最も有益なアプローチは，人々の効用関数の中身について利他主義や羨望，順応したいという願望などといった強い仮定を置いてきたか（たとえば，Frank 1988, Akerlof 1984, ch. 8, S. Jones 1984, Bernheim 1994），歴史的背景や制度の細部によって論証したか（North 1990），通常置かれてきた合理性という仮定を緩和して，代わりに学習と模倣の重要性を唱えるか

(Young 1998b)，あるいは，当事者間で情報に偏りがあるという情報の非対称性がもたらす効果に重点を置いたりしてきた（Spence 1974）．第3章では，最後のアプローチが最も有効であると私が考える理由について説明する．

　第二部は，上記モデルを法の個別分野に適用する．まず，第4章では，贈与というものが基本的なシグナルであることが論じられる．友人，家族，商人，政治家，外交官，これら互恵的関係を求め，またはそれに参加しようとする全ての者は，贈与により，新たな協力の相手方を引き寄せ，古いつきあいの相手には今後も関係を継続することを保証するのである．この見解は，贈与とは利他主義に起因するものであるとする通常の見解と対照的であり，無償契約が有償契約よりも法的保護が薄いといったような贈与と無償契約の法的取り扱いをめぐる謎に光をあてるものである．

　もう一つの重要なシグナルは，結婚の誓いである．ただし，これは，親密な夫婦関係に入り維持しようとする人々の間で，および，そのような夫婦と，友人，家族，そして，世間との間で交換される沢山のシグナルの中で，最も目立つものでしかない．他のシグナルには，正規ではない夫婦の関係を持った人とその子どもを忌避することであり，かかる子どもはかつては非嫡出子という烙印を押される目にあっていた．第5章では，シグナリング・モデルを用いて家族関係と家族法が論じられる．シグナリング・モデルにより，夫婦間の権利義務関係の強制的な構造と，夫婦間の合意を強制的に実現したり，それに干渉することを国家が控えるといった重要な特質に光があてられる．

　結婚の誓いは，当初は当事者間の私的な行動として始まったが，その後制度化されて国家の規整を受けるようになったシグナルの例である．シグナルの送受は重要な行動であるから，国家には，シグナルの送受が便益をもたらす場合には活用し，そうでない場合には抑制しようとする強力なインセンティヴが働くのである．結婚の誓い以外の分野でかかるインセンティヴが働いているのは，第6章の主題である刑事罰の分野である．第6章で論じられるのは，犯罪者を辱めることが目的の刑罰が，最適の犯罪抑止をもたらすことはありそうにないということ，および，刑事罰を受けることが政府を信頼していないコミュニティでの地位を示す勲章になってしまうアメリカ合衆国のような国々においては，むしろ逆効果をもたらしている，ということである．シグナリング・モデルは犯罪学における二つの相対立する理論を和解させる

ものである．一方の理論では，刑事罰は犯罪に科される価格と理解するのが正しいとされ，もう一方の理論では，法が遵守されるのは法が正当なものだと信じられているからだとされる．

　第7章では政治を取り扱い，自己検閲，国旗への畏敬，そして，投票といった行動は人々が政府または支配的な政治集団への忠誠心を表すシグナルであることが論じられる．本章では，行動のシンボル的な価値についての信念が，個人的利得を得ようとして協力し合おうとする人々によって，内生的に惹起されることを示す．本章は，投票により得られる利益をトートロジー（同語反復）に陥らないどのような形で表しても，そのような利益よりもコストの方が大きいにもかかわらず，投票が行われるという「投票者のパラドクス」への解決策が提示される．第8章では，この分析が人種差別とナショナリズムに応用される．人種差別やナショナリズムは，通常の経済学のように「嗜好」の問題として理解されるべきではなく，外部者を忌避することで互いに忠誠をシグナルしあうというゲームの結果として内生的に創発する態度として理解するのが最も適切である．この章では，アファーマティヴ・アクション（積極的人種差別是正措置）と差別禁止法の長所と短所が簡単に論じられる．

　第9章では，契約法に関する仮説をたてる．同章では，非・法的な協力メカニズムが，法による介入では損なわれてしまうような商事および民事の関係を支えている，ということを論じる．契約法は，約束を破った者を罰することで当事者間の協力を高めようとするのではない．何どきでもいかなる理由ででも，相互に損害を与え合うことができる権限を付与することで，契約を破ることで得られる利益を減らす権能を相互に与えあうようなコミットメント・メカニズムを人々に提供し，これによって，契約者間の協力を高めているのである．つまり，契約法理というものは，当事者が自分たちの利益にかなうときにかかるコミットメントをすることを可能にし，相互にもたらしあう損害の規模と（一定の制約はあるが）その変動幅とを最小化する手段として理解するのが最も適している．この理論によってこそ，法学者に長い間酷評されてきた契約法の極めて形式主義的なシステムが正当化される．

　第三部では，法の個別分野の問題の検討から，規範的法理論の一般的な問題の検討に向かう．第10章では，法および社会規範が，効率性，富の再分配，

および，自律の視点から論じられる．本章では，社会規範は効率的であるとする議論が批判され，社会規範はしばしば機能不全をきたしているとの主張がなされる．しかし，同時に，政府は自覚的に社会規範の変革を試みるものであるという近年に有力になってきた議論についても，政府も社会規範の強力な制約を受けているのであって，社会規範を変革しようとする試みが予測できない連鎖反応を引き起こしうるとの理由で，批判される．第11章では，人は戦略的理由により「筋を通す」行動をとることがしばしばあることが論じられ，かかる主張が公共政策に対して意味するところを検討する．第12章では，合衆国のコミュニティが衰退し続けており，法または市場がコミュニティに干渉すべきであるとの見解が批判される．

　本書には，三つの目的がある．第一の目的は，ゲーム理論から借りてきた概念が，法律問題を理解する上で価値があるということを証明することである．しかし，本書は教科書でも概説書でもない（Baird, Gertner, and Picker 1995と比較されたい）．本書での議論はゲーム理論の有用性を例証するものとして理解して欲しい．より野心的な目的は，様々な法律問題を解明するためにゲーム理論を用いて私が組み立てたモデルが有用であることを読者に納得してもらうことである．第三の目的は，法的規整と非・法的規整との関係に関するいくつかの実質的で重要な主張を読者に納得してもらうことである．これらの主張は本書全体にちらばっているが，いくつか共通する命題が浮び上がってきており，以下に述べておく価値があろう．

　第一の命題は，社会規範というものは単に行動の規則性と理解するべきであって，それ自体としては何の説明力も，個人の行動を左右する外生的な力もないと理解することが有用である，というものである．本書での社会規範とは，人々による組織的・自覚的な方向付けがなされなる場合に創発し，維持されるような，行動の規則性に付けたラベルでしかない．そのような行動の規則性は，自己の利益を合理的に追求して行動する個人の相互作用の中から発生してくる．なお，ここでいう自己利益とは広義のものである．すなわち，利他主義その他の，相互に依存しあう効用を含むものであり，その人の生活の全ての場面で他の人と協力的な行動をとろうとさせるような自己利益なのである．社会規範によってXやYがもたらされたという主張は，したがって無内容となる．正しくは，「aやbを求める個人たちが，相互作用して，

XやYという行動の規則性が現れたとき，かかる行動の規則性が『社会規範』と呼ばれる」と主張すべきなのである．社会規範が，他の行動の規則性から区別されるのは，社会規範からの逸脱が制裁を伴う点であるが，制裁にしても，人々が自己利益を合理的に追求する結果として内生的に現れてくるものである．

　第二の命題は，法規範の多くは，社会規範の別個独立の社会規整力を制禦しようとする試みとして理解するのが最適である，ということである．このような試みは，成功するときもあれば，失敗するときもある．理解すべき重要な点は，単純で，単発的で，低コストの政府介入では，かかる線にそった提言をする文献がしばしばみられるのではあるが，社会規範を変化させることができそうもないということであり，しかも，政府の介入は，社会規範は複雑なものであってほとんど理解されておらず，制禦しがたい要素に大きく左右されるので，リスクを伴うということである．社会規範は，分散的で方向づけられていない相互作用の結果として常に変化しているので，人が自覚的に社会規範を自らが望む方向に変化させようとしたら，その唯一の方法は社会規範を破ることしかない．それも，単に社会規範を破るだけでなく，公然と，かつ，断固たる態度で破らなければならない．多くの人々は，このようなリスクの大きい規範仕掛けの冒険を行う．しかし，政府の役人の場合は，彼らも社会の外に位置しているわけではないので，とりわけ弱い立場にある．したがって，公務員は社会規範を破るよりも，はるかに社会規範に順応しがちであるから，政府が大きな社会規範の変革に成功することは稀である．

　第三の命題は，社会厚生に資する社会規範は多いが，害する社会規範もまた多いのであり，社会規範の価値というものはおおむね歴史的な偶然でしかない，ということである．

　第四の命題は，社会学の研究者にはお馴染みの歴史的主張に関することであって，それは，法による規整が，非・法的な規整に徐々に取って代わってきている，ということである．この命題は，このように法が社会規範に取って代わってきたことの理由の一端が，立法者や裁判所が社会規範のもたらす諸問題を取り除こうとしたからであって，立法者や裁判所が共有しない価値や利益を社会規範が反映していたからではない，ということである．

　第五の命題は，この社会規範から法への代替劇が，今もてはやされている

論調のように非難されるべきものではなく,歓迎されるべきものである,というものである.

第一部

非・法的集合行為のモデル

第 2 章　協力と規範生成のモデル

　ある会社が 1 年間働いてくれる被用者を探しているとしよう．そしてその会社は，被用者が最初の 6 ヵ月間でトレーニングを受け，残りの 6 ヵ月でそのスキルを用いて利益をあげる，ということを期待しているとしよう．会社は，トレーニング期間には純損失を被ることになるけれども，その損失分は労働期間の後半 6 ヵ月で回収したいと思っている．この会社が抱える問題は，「労働者に月ぎめで賃金を支払うと，彼はトレーニングが終了した時点で会社を辞めてしまい，そのスキルを携えて，熟練労働者に見合った高い賃金を払ってくれる別の会社に移るかもしれない」という問題である．そうなってしまうと，この会社はまた別の労働者（しかもすでにトレーニングを受けた労働者）を高い賃金で雇わねばならない．あるいは，自分の会社でトレーニングを受けた労働者に，プレミアムを払って引き止めなければならない．しかしどちらの場合であっても投資に対する収益を失うことになる．このような問題があることを見越したなら，会社は労働者を雇わない．

　そうではなくて，労働者が期末に報酬の全部を受け取るという条件で労働者を雇おう，と会社は言うかもしれない．この取り決めのもとでは，労働者がトレーニング終了後就労期間前に辞めたとしても，彼は報酬の支払いを拒否されるだけだから，そういうことはしないだろう．だが，労働者はこのような取り決めに合意しないであろう．なぜなら，労働者には生活の出費があるし（これは給料から支払わなければならない），さらに，取り決められた事柄を会社が果たすということは当てにできないからである．その代わり労働者は，ただ「期末到来までは辞めない」と約束するだけかもしれない．けれ

ども会社としては労働者が約束を守ると信じる理由はない．たしかに多くの人は正直で約束を守るだろうが，また多くの人が不正直であったり，自分の行動をもっともらしく説明するのに長けていたりするのである．労働者が正直かどうかを会社は知らないので，会社は雇用をしない．三つ目の選択肢は，労働者が「辞めない」という契約にサインすることである．しかし，投獄などの処罰で脅して強制労働させることは裁判所が拒否するだろう。それから，労働者が辞めた場合に会社は賠償請求できるかもしれないが，労働者は裁判に負けない可能性がある（会社は勝訴できないかもしれない）し，法的手続にのせるコストが損害額を超えてしまう可能性もある．これらのことを会社側は知っている．したがって，「契約にサインする」と申し出ても，自分を雇用するように会社を説得することはできないだろう．

　労働者は次のように言うかもしれない．「もし6ヵ月の期間の終わりに私が辞めるとすれば，それは別の会社でもっと割のいい仕事を得たいがためにのみそうするのである．しかし，私（労働者）が前の会社との契約を破ったことを，その別の会社が知ってしまうかもしれない．そうしたら，その会社は私のことを，約束を守らず，信頼のおけない人間だと思うかもしれない．会社は信頼できない人間に自社の貴重な財産を預けようとはしないだろうから，そんな労働者を雇わないであろう．このように，私が別の会社で賃金の高い職を得ることができないというのなら，私は前の会社との契約を破ることもないだろう」．前の会社がこの論理で説得されるかどうかは，とりわけ会社間のコミュニケーション・ネットワークに左右されるのであるが，もし説得されれば，会社はその労働者を雇うだろう．そして，両者は協定を強制してもらうために裁判所に頼む必要もないので，契約の正式手続を踏まないことさえあるかもしれない．

　この話は，よく耳にする教訓をいくつか含んでいる．第一に，協力の問題に関する古い教訓を例証している．それは，2人の人が協力によって互いに利益を得ることができる場合であっても，彼らが同時に行動しなければならないときには協力することはできないだろう，というものである．この問題は「囚人のディレンマ」あるいは「集合行為の問題」と呼ばれている．ただ，実は上の話はその"片面"版である．会社と労働者は協力すれば利益を得るが，会社が関係に入った後に労働者は取り逃げして大きな利益を得てしまえ

るため，会社は初めから関係に入らないのである．

　第二に，この話は集合行為の問題に対する可能な解決策を示唆するとともに疑問を投げかけるものである．その解決策とは，政府による解決である．当事者1と当事者2が契約を結んだうえで，国家が契約違反者に十分な処罰を与えると期待するならば，裏切の期待コストは協力の期待コストよりも高くなるであろう．その場合，両当事者は協力するだろう．つまり，囚人のディレンマは解決するわけである．けれども上の話が示すように，法的手続（訴訟手続）はコストがかかり融通のきかないものなので，日々の協力問題を解決するために法律に頼ることはできない．実際，人々は法律に頼って日常の協力問題を解決するわけではないということは，正式な学術調査（たとえば Macaulay 1963, Ellickson 1991, Bernstein 1992）からも，ちょっとした経験論からも明らかである．だが，政府がこれらの問題を解決しているのではないとすると，何が解決しているのだろうか．

　第三に，上述の話はこの問題へのとりあえずの答えを示している．人々が約束を守るのは，訴えられることを恐れているからではなく，悪い評判が立つことを恐れているからである．もし悪い評判が立つようなことがあれば，それから先，職を見つけることも何か別の財を得ることも難しくなるだろう．だから彼らが将来の利得を十分高く評価しているならば，現時点でも騙すことを思いとどまるだろう．

　第四に，この話によって，性格のタイプと私的情報の問題が明らかにされている．労働者が正直であれば会社は彼を信頼することができるかもしれないが，「私は正直だ」という労働者の主張を確証する手だてが会社にはないし，労働者の方にも，会社側が信頼できるように自分の正直さを会社に知らせる手だてがない．他の種類の私的情報も，同じような確証とシグナリングの問題を生じさせる．その中には，労働者が将来における自分の幸福（現在におけるのと対立するものとして）をどのくらい気にかけているか，という情報もある．ここでの話に出てくる会社と労働者はこれらの問題を堂々巡りして終わるのだが，別の文脈では，「自分は望ましい性格を持っている」というシグナルを送らねばならないために，順応者としての行動をとることになり，規範が発生するに至るのである．

　では，雇われる見込みを労働者自身が「小さくする」ような方法をいくつ

か考えてみよう．汚い格好やその場にふさわしくない服装で面接に現れる．失礼・無礼な，または十分に礼を尽くさない話し方をする．ばれるような嘘（それが些細な嘘であっても）を履歴書に書く．奇抜な意見（職と関連がないとしても）を述べる．あるいは，「いかなる意見であれ」職とは何の関係もないような意見をまくしたてる．奇異な信仰を持つグループ（カルト）のメンバーだということを明かす．これらのうちどれを行っても，就職に成功を収める見込みを低くする．これらの行動と，彼が応募している職の必要条件との間にはほとんど関連がないにもかかわらず，である．通用している社会規範に従えないということから，その人の性格タイプや信頼関係におけるその人の信頼性に疑いがかかる．逸脱行動と職に必要な事柄に直接の関係がないときでさえそうなのである．

　会社と労働者が直面している戦略的な難しさは，協力についての一般的な問題の一例である．問題は，「協力をすればその協力者に共同利益がもたらされるにもかかわらず，強制メカニズム（実効化メカニズム）が存在しない場合には，協力は起こりそうにない」ということである．私は「強制メカニズム」の語を特別な意味で用いることにする．「合理的な人」とは，経済学者による最も純粋な解釈によれば，「選択肢の範囲において，完備で，一貫した，そして，推移律を満たすような選好を持っている人」である．ある状況では，そのような人は他の人と協力することができない．人間の動機についての仮定を緩めたり，制度に関する要素を細かく組み入れたりすれば，協力も可能となる．そうした場合，この協力を可能にしてくれる新しい動機の性質や制度の細部が「強制メカニズム」を構成する．

　この点を完全に明瞭なものにしておくために，囚人のディレンマに戻ることにしよう．次の表は，ロウさんとカラムさんによってプレーされるゲームの利得を与える表である．各人は二つの戦略，「協力」と「裏切」のうちから

表

		カラム	
		協力	裏切
ロウ	協力	2, 2	0, 3
	裏切	3, 0	1, 1

選択することができる．

　ロウはこのように考える．「カラムが協力するつもりであるとしよう．そうすると，私は協力すれば利得2を得ることができる．だが裏切れば3得られる．次にカラムが裏切るつもりであるとしよう．すると私は協力すれば0，裏切れば1を得ることになる．したがってカラムが協力しようとすまいと，私はいつも裏切る方が得となる．だから裏切ることにしよう」（支配戦略）．カラムも同様に考えて，両者とも裏切る（支配戦略均衡）．もし2人とも裏切らなければ，よりよい状態（パレート改善）になるであろうが，最適な結果は出てこない（ディレンマ）．この結論は，不特定の多数の人が関わっていて，彼らが共同利益を得る目的で協力しようとしているという場合にも拡張しうる．たとえば，家族，組合，政党などである．

　囚人のディレンマの重要性は，囚人のディレンマの適用可能性の程度をめぐる論争のために，よく分からなくなってしまっている．まず1点目であるが，実験や直感によれば，人々は囚人のディレンマにおいて常に共同して裏切るわけではない（Kagel and Roth 1995）．けれども，実験や直感は，囚人のディレンマで常に協力するわけではないということも示唆する．この思考実験のポイントは次のことである．すなわち，欠陥のあるこの世界をユートピアに変えてくれるような完全な協力が生ずるのを妨げるインセンティヴを明るみに出すということである．このようなインセンティヴを明るみに出してしまえば，さらに進めて，他所では生じない協力を可能にするメカニズムを調べることができる．

　2点目は以下のことである．囚人のディレンマという非常に典型的な状況は実際には稀である，と主張されることがある．この思考実験の約束事として，事前にコミュニケーションをとったりゲーム終了後に互いに関わり合ったりすることは禁じられているが，現実にはこれらの条件はだいたい満たされない，という点に注意しよう．また，囚人のディレンマよりも調整ゲーム（後述）の方がよくある，と論評する者もいる．しかし，納税のための申告を行わない，通りにゴミを投げ捨てる，混雑した部屋でタバコを吸う，ワインを数杯飲んだ後に運転する，友人のいないところでゴシップ（悪口）を言う，制度や組織を裏切る，約束を破る，ということをうまくやりおおせることができるだろうかと考えると，囚人のディレンマの裏にある論理の力を感じず

にはいられない．これらの事柄の一部または全部ができないというのは，強制メカニズムが存在しているからである．ここで強制メカニズムに目を向けることにしよう．

強制メカニズムには，制度的なものもあれば，心理的あるいは生理的なものもある．後者は次章で論じられる．制度的な強制メカニズムは，法的なものと法的でないものとに分けられる．法はいろいろなやり方で協力を促進する．たとえば，契約を結んで，その契約を破った方から損害賠償を得ることが法によって可能となる．ロウとカラムが契約を結んだとしよう．その後ロウが裏切れば，国家は賠償2の制裁で罰を与えるだろう．こうなると，カラムが協力してもしなくても，ロウは裏切るよりも協力した方が得をする．カラムも同じインセンティヴ構造を持っているので，両者とも協力し，最適な結果が達成される．

前に示した理由から，この話は単純すぎる．政府というのは融通のきかない道具である．警察官，検察官，裁判官，陪審員は，出来事に関して，粗雑で，また聞きの説明しか得られない．訴訟は高くつく．裁判制度が「裏切」と「協力」を全く正確に区別できず，しかも使うのにコストがかさむとしたら，人々は協力を確保するために裁判制度に頼ろうとはしないだろう．現に，大抵の人たちは法律についてあまり知らないし，さらに，自分たちの法律に関する知識が他の人との関係に大きく影響を及ぼすことがないようにしている．そして，争いが起こった場合でも，互いに訴訟を起こすことはない．

非・法的協力の説明は，裏切った人は自分の評判を傷つけることになるという点に注目することから始まる．悪い評判を広げてしまうと，人々は将来その人と協力しようとしないだろう．協力は貴重なので，自分の将来を十分に気にする人であれば，現在裏切ることはないであろう．だが評判とは何だろうか．評判はどのように作られるのか．

繰返しゲーム

ロウとカラムが，30頁の表のゲームを無限に長い間プレーすると思っているとしよう．このことは，外生的な環境変化が起こり，そのことによって，協力を続けて得られる利得よりも，外部の取引機会をロウまたはカラムが好むようになる確率は小さい，ということを意味する．例を挙げると，ロウと

カラムは関係特殊的な資産に共同出資している売り手・買い手で，買い手は普通なら注文を止めない，と期待しているかもしれない．ここで，自分があるラウンドで裏切れば，相手は次のラウンドで裏切り返してくる，と各プレーヤーが思っているとしよう．すると，各プレーヤーが将来のラウンドでの利得に十分な関心を持っている限り（つまり，低い割引率を持っている限り），それぞれのラウンドで協力し，裏切ることはないだろう．分かりやすい例として，ロウの割引率が0であるとしよう．もしロウがラウンド1で裏切れば，カラムはラウンド2で裏切る．もしラウンド2で裏切れば，カラムもラウンド3で裏切る．そこで，ロウは3ラウンド全部で裏切るとしよう．そうすると，彼は総利得5を得る（3＋1＋1）．ラウンド1で裏切り，ラウンド2とラウンド3で協力を選べば，総利得5を得る（3＋0＋2）．3ラウンドすべてで協力すれば，総利得6を得る（2＋2＋2）ことになるので，協力は最善の手になる．たしかに初めの2ラウンドで協力して最後のラウンド3で裏切れば総利得7を得ることになるけれども，そうなれば分析を後のラウンドまで広げねばならず，同様の論法を用い続けると，最善の手は常に協力することであると示すことができる．この結果を見るには，ロウまたはカラムが期待する利得の流れを比較するのがいちばん簡単である．最初のラウンドで裏切ってその後も裏切り続ければ，{3, 1, 1, …} を受け取ると期待できる．一方，最初のラウンドで協力すれば，最もよい場合で {2, 2, 2, …} を受け取ると期待できる．

　この論理はプレーヤーが2人以上いるゲームにも拡張することができる．その際，次の二つのゲームを区別しなければならない．一つ目は，プレーヤーがランダムに1対1で出会い，協力するか裏切るかした後，他に移ってグループ内のさまざまな人たちと出会う，というゲームである．二つ目は，ある公共財を生み出すために全員が協力しなければならない，というゲームである．第一のゲームの例としては，ある業界団体に属する2人の商人が結ぶ売買契約が挙げられる．各商人は，次は誰か別の商人と契約を結ぶことを期待している．第二のゲームの例は，誰も散らかさないきれいなコミュニティ（共同体），あるいは各人が防衛に貢献する安全なコミュニティである．けれども，これら二つの例（第一のゲームと第二のゲーム）の論理は同じものである．つまり，すべての人が低い割引率を持ち，他の全員がとった過去の活

動についての情報を十分に持っていて，そのうえ十分に協力的な戦略を採用している限り，協力は可能となる．

　この議論は，囚人のディレンマが必ずしも協力を潰すわけではないということを示すものなのでよく知られている．協力が起こる文脈についての穏当な仮定を少し置くことで，囚人のディレンマを，協力が自然な結果となるようなゲームに変えることができるのである．これらの仮定が穏当だと言ったのは，仮定が直観や経験に合うからである．すなわち，人々は，二度と互いに会わないと思っている場合よりも，互いに繰り返し関わり合うと思っている場合の方が協力しそうだということである．それから，政府が作った制度であろうと民間で作られた制度であろうと，多くの制度は，囚人のディレンマの状況から協力を促進する状況に，特に評判が広がりやすくなるような状況に変えることによって協力を高めていることが分かるだろう．このモデルにおいて「評判」とは，協力者あるいは裏切者としてのある人の履歴に関する，人々の信念である．

　しかしながら，この議論はいくつかの問題を抱えている．第一に，当事者たちが互いの行動を正しく解釈することを前提としている．実際はいつもそうなるとは限らない．2人ゲームでカラムの製品の質をあるレベルにすることでロウとカラムが合意したとすると，カラムが引き渡した製品の質について意見が食い違うかもしれない．プレーヤーの人数が増えるにつれて，インフォーマルな監視，学習，ゴシップだけでは，裏切者を見張るのに十分ではなくなってくるだろう．一方的な協力はもとより，完全な協力のときでも完全情報は必要ない（取引結果が，他の人がどのような手を選んだかを代わりに示してくれるものとして信頼できるかもしれないし，誤りがあっても協力が完全に解消するわけではなく，部分的な裏切を引き起こすだけかもしれない）のだが，情報に課される要求は強くなっている[1]．

　第二に，プレーヤーは適切な戦略を選び，かつ，他の人が適切な戦略を選ぶと信じている，ということが仮定されている．ロウが「カラムは常に裏切る」と信じている（その正否はともかくとして）ならば，ロウも常に裏切るであろう．もしここでカラムが「ロウが裏切った直後の1ラウンドだけ裏切る」という比較的協力的な戦略を選んでも，ロウの戦略が「毎回裏切」なので，両者とも常に裏切を選択するという結果に終わるだろう．P. T. バーナム

が自分の経営する田舎（観光地）の雑貨屋について話したように，「客は作り話でわれわれを騙し，われわれの方は商品で客を騙す．両方とも，騙すことが可能な場合には，騙されると予期している」のである（Greenberg 1996 p.11 に引用されている）．コンピュータを用いた研究によると，裏切が2回続いた後だけ裏切るのが最善の手らしい．これはノイズによって起こる変動を減少させる方法である（Wu and Axelrod 1995）．しかし，どんな状況でも，プレーヤーにとっては妥当だと思われるような戦略が無限にあるものである．n人のゲームでは以下のことが必要である．①当事者たちはラウンドの結果を（あまり間違いをせずに）伝達しあうか，結果を直接に観察する，②当事者は，協力者あるいは裏切者としてのある人の履歴を覚えている，③1回裏切を察知するとその後は永久に裏切を選択するなど，過激な戦略を採用している（Kandori（神取） 1992）．これらの戦略が適切であるとプレーヤーが認識すると期待できるとは言えない．それどころか，こういう戦略は現実の世界での行動に相当するものとは思えない．このモデルは（囚人のディレンマが協力の不可能性を示すものであるのに対して）協力の「可能性」を立証するものなのであって，協力が起こることを保証するわけではなく，さらに協力の可能性が高くなることさえ保証しない，というのが全般的な問題点である．

　第三に，先に述べた通り，この議論では当事者は十分低い割引率を持っている，と仮定されている．しかし実際は，高い割引率を持っている人もいるかもしれない．高い割引率を持っている人は協力しないか，せいぜい低いレベルの協力をするにとどまるだろう．それは状況による．割引率が低い人々も，相手の割引率が高いのか低いのか知らない場合には，低い割引率の人同士でも協力ができないかもしれない．情報の非対称性（当事者間の情報の不均等）が協力を妨げるかもしれないのである．

　最後に，当然のことであるが，この議論は現実の利得に依存する．もし相互協力が相互裏切と比べて非常に魅力的であれば，相互協力が相互裏切と比べて少しだけしかよくないときよりも，相互協力は起こりやすくなるだろう．n人ゲームでは，ある人たちは他の人たちよりも高い利得を得るかもしれない．後で述べるように，ある人たち（「優越的地位（high-status）」の人々，すなわち高度の社会的資質・能力・財貨・技能などを有する者たち）は一般に社会からその存在が必要とされているので，そのようなときには，彼らは

他の人たちと比較してより頻繁に騙すことができる（容認される）[2]．

　繰返しゲームのモデルによって協力行動を説明できるかどうかは，当事者たちが過去の行動と現在の行動について詳細な情報を持っているかどうかにかかっている．この仮定があまり強くないように思えることもあるが，強すぎることが多い．たとえば，繰返しゲームの理論は，「なぜ選挙で人々は投票するのか」という問いに対してよりも，「間断なく続いている売り手・買い手の関係にある2人の商人が，品質を粗悪にしたり（売り手側），支払いを遅らせたり（買い手側）しないのはなぜか」という問いに対して大きな説明力を有する．けれども，商人の場合でさえも，その関係の重要な側面すべてを繰返しゲームの理論が説明してくれるわけではない．たとえば，なぜ商人は次のようなことをしばしば行うのであろうか．友達になる，互いに贈り物をする，互いに夕食に誘う，第三者に対する義務を怠った人を忌避することに参画する．より一般的には，握手をする，贈り物をし合う，ファッションに従った服装をする，主流の意見を表明する，「悪い」タイプの人を避ける，といったことを命ずる社会規範が，協力行動に関して目に付くことが多いのはなぜなのか．これらの行動は，「製品（Widget）を時間通りに引き渡す」ことと同様にコストがかかる．だが「製品を時間通りに引き渡す」のとは異なり，コストよりも利益の方が大きいということはどう見ても明らかではない．繰返しゲームの理論は「2人の関係において，個人的なコストよりも大きな共同利益をもたらす行動を人々がするのはどうしてなのか」を説明する．そして，大きな集団のメンバーの間で生ずる協力については，示唆的であるが弱い説明しか与えない．より周到な説明であれば，グループの相互作用をもっと描写するだろうし，社会規範に従うということを説明してくれるだろう．

シグナリング

　より完全な説明をするためには，繰返しゲームのモデルを複雑化せねばならない．人々は二つのタイプのいずれかに属しているとしよう．良い（または「協力的な」）タイプは低い割引率を持ち，悪い（または「機会主義的な」）タイプは高い割引率を持っている．他の条件は同じだとすると，繰返し囚人のディレンマにおいて，良いタイプは悪いタイプよりも協力する可能性がある．なぜなら，良いタイプの人は，協力が失敗した場合に失われる将来の利

得を気にするからである．このモデルは，良いタイプの人が協力に対する「嗜好」を持っているとか，利他主義的であるなどと仮定しているのではない．良いタイプも悪いタイプも，1回限りの囚人のディレンマでは協力しないのである．プレーヤーは自分のタイプは知っているが，他のプレーヤーのタイプは知らない．しかし，集団内のタイプの比率は知っている．したがって，自分の相手になる人（協力の相手方になるかもしれない人）があるタイプに属する見込みはどのくらいかということは知っている．

　タイプの概念はさまざまに拡張することができよう．良いタイプは，意地の悪い戦略（たとえば裏切られた後は毎回裏切ることで相手を処罰する）でなく，寛容な戦略（たとえば裏切られた直後の1回だけ裏切って相手を処罰する）を選ぶことが多いのかもしれない．ある状況においては，後者の戦略の方が前者の戦略と比べて協力行動を導きやすい（Axelrod 1984）．あるいは，良いタイプは悪いタイプよりも他の人の行動をよく覚えているのかもしれないし，他の人の行動を正確に解釈するのかもしれないし，また，ゴシップを楽しむのかもしれない．これらの考え方はどれも割引率の定義に収斂させることができるので，説明を分かりやすくするために，だいたいこの変数だけに話を絞ることにする[3]．

　人々をタイプに分けるのは，通常の経済学の仮定によって正当化される．普通の財貨やサーヴィスに関する選好とちょうど同じように，将来の利得の価値に関する選好も人々の間に分布している，と考えるのはもっともである．二つのタイプに分けたのは方法論上の便宜にすぎない．タイプは連続的に分布しているので，2タイプとする仮定が連続的タイプの仮定と異なる結果を導く場合には，2タイプの仮定から離れることにする．

　情報についての仮定を置くことでどういう帰結をもたらすかは，シグナリングに関する文献（Spence 1974）[4]によってよく知られている．具体的にするために，同じ財を取引する商人グループを想像してみよう．それぞれの商人は別の商人と取引「関係」を結ぼうとしている．ここで取引関係とは，無限に長い間1人の商人と繰り返し取引することを意味する．商人が直面する問題は，「パートナーのプール（集団）から最も良いパートナーを選ぶ」ことである．囚人のディレンマの状況では，当事者が低い割引率を持つ方が協力的な結果を生む可能性が高いので，各商人は割引率の低いパートナーを見つ

けようとする．商人たちの間で割引率がさまざまに異なると仮定しよう．つまり，長期間投資してきた商人もいれば，パートナーを見つけては騙そうとするほとんど詐欺師のような商人もいる．前者が良いタイプ，後者は悪いタイプである．良いタイプの商人は良いタイプ同士で組みたがり，悪いタイプを避けようとする．悪いタイプの商人も，良いタイプと組むことを選好する．悪いタイプとはあまり組みたがらないか，あるいはまったく組もうとしない．

　良いタイプの人たちは自分たちを悪いタイプと区別するために，「シグナル」と呼ばれる行動をする．良いタイプだけがシグナルを送ることができ，かつ，それを全員が知っている場合，シグナルは行為者のタイプを明らかにしてくれる．良いタイプは将来の利得を評価するので，「関係に入るに先立って，大きくて観察可能なコストを負担する」ことがシグナルとなる．例として，良いタイプが将来の利得10を割引率10パーセントで評価し（つまり割引現在価値が9），悪いタイプは同じ将来の利得10を30パーセントの割引率で評価している（つまり割引現在価値7）としよう．すると，良いタイプはコスト8（これは関係に入らなければ回収できない）を負うことで，自らが良いタイプであると示すことができる．このシグナルを受け取った人は良いタイプのみが8のコストを負うことができると了解しているので，その人は関係を結ぼうとするであろう．最初の送り手が受け手に関する情報を持っていないときは，彼らは受け手側もシグナルを送るように要求するだろう．均衡においては，良いタイプの人はすべてシグナルを送って同じタイプ同士で組み，悪いタイプの人はシグナルを送らず，こちらも同じタイプ同士で組むことになるか，または全然組まないことになる．このような均衡は「分離均衡（separating equilibrium）」と呼ばれる．

　シグナルは常に分離均衡を導くわけではない．第1期ではタイプを識別するのに役立った行動が，第2期ではコストの外生的な変化のためにタイプ識別に役立たない，ということがある．シグナルを送るコストが下がると，「彼ら（悪いタイプ）は良いタイプである」と良いタイプが推論してくれることを期待して，悪いタイプもシグナルを送る（「プール」する）ようになる．あるいは，「悪いタイプもシグナル行動に加われるから，誰がシグナルを送っているかということだけでは，見た人は良いタイプと悪いタイプとを識別できない」と気づいて，良いタイプもシグナルを送るのをやめてしまう．さらに

悪いことに，パラメータが同じであっても，複数均衡の可能性がある．そのような場合，パラメータがすべて同じでも（すなわち外生的な変化がなくても），ある時点でタイプを分離していたシグナルが別の時点ではそうではなくなっているかもしれない．均衡概念についての仮定によっては，よりコストのかからないシグナルを用いることで均衡での各人の状態が良くなるにもかかわらず，良いタイプも悪いタイプもコストのかかるシグナルを送るということがありうる．こうなる理由は，全員がシグナルを送っているならば，シグナルを送っていない人は全員悪いタイプに属する人だと受け手が信じるからである．このように推論されるのを避けるため，現在とは異なる行動を全員がとれば全員が状態は良くなるのに，良いタイプも悪いタイプも自分ひとりでは均衡から逸脱しようとはしない（ナッシュ均衡）．他方，協力によって得られる利益に比べてシグナルのコストが高すぎ，そして良いタイプだけがシグナルを送ると受け手が信じていない場合は，誰もわざわざシグナルを送ろうとはしないだろう[5]．

　ここでちょっと，事態を複雑にする事柄について触れておかなければならない．二つのタイプの人しかいないモデルでもタイプが連続的になっているモデルでも，「部分的な一括（partial pooling）」均衡が結果として生じることがある．部分的な一括均衡では，一方のタイプの人が確率的に行動を選ぶことになる．連続的タイプのモデルでも，（ある点よりも）良いタイプに属する人はすべてシグナルを送り，悪いタイプの人はシグナルを送らない，ということがありうる．加えて，2タイプしかないモデルであってもタイプが連続的なモデルであっても，「シグナル」は連続的であるとする方が現実に即している．そうすると，良いタイプは悪いタイプよりもシグナルに多くの投資をする結果になるかもしれない．したがって，より複雑化されたモデルではもっとも良いタイプの人は全員同じシグナルを送り，タイプが悪くなるにつれて行動が変わっていくという場合があるかもしれない．悪いタイプの人たちは，だいたい自分の本来の選好に応じて，小さな量の投資を，シグナルに対してするのである（Bernheim 1994）．かなり悪い方のタイプの人にとってさえ，シグナルに多少は投資する価値がある．なぜなら，他の人が「この人は最も悪いタイプの人だ」と信じるのを防ぐことができるからである．最後に，協力するか否かの二者択一ではなく，相手のタイプに関する予想（「良い」

「中ぐらい」「悪い」）に基づいて協力のレベルを変化させる（「高度」「中程度」「低度」）ことができる，と仮定すべきである．

　商人の例に戻ると，良いタイプの商人は二つの方法で自分のタイプを示すことができる．まず，前のゲームで裏切らないようにすれば，自分は裏切らないという評判を広めることができる．だがこれがうまくいくのは，情報が十分自由に流通し，さらに，商人の記憶力がよいという場合である．また，言うまでもなくこの戦略を市場への新規参入者は使えない．

　もう一つはシグナルを送ることである．たとえば，自分の住居にお金をつぎ込むかもしれない．かつて銀行はギリシアの神殿を模した精巧な建物に資金を投下し，教会は驚くような大聖堂に投資していたが，これらと同様の方法である．この戦略が前提としているのは，協力する可能性のあるパートナーが「良いタイプだけが住居にたくさん投資できる（良いタイプのみがそのコストを賄うのに十分な収益を将来得ることができるから）」と信じていることである．悪いタイプにとっては，将来の利得の割引現在価値が最初の投資分を埋め合わせるほど高くないため，彼らは高価な住居に投資することはない．また，良いタイプはてきぱきと能率的に振る舞ってシグナルを送る場合もある．悪いタイプは計画性がなく，あまり整理ができず，遅刻が慢性化しており，そして肥満であったりアルコールや薬物の中毒になっていたりする可能性が高い．誇示的消費（conspicuous consumption）――優雅な服装，宝石，高級車，余計な所持品などの形をとるが――もまた，その人が良いタイプに属することを示すシグナルとしての役目を果たす．もっとも，後の章で見るように，文化的能力（cultural competence）を示すことがシグナルとして作用する場合もあるので，卑俗あるいは不適当な誇示的消費により，その人が悪いタイプだとばれてしまうことがある．実際，欲求充足を我慢できないことが消費によって明らかになり，割引率が高いのがばれてしまうことがある．そうなると良いタイプの人は「誇示的」消費，すなわち，それが本来の選好を満足させそうにないことを見せるために様式化された消費をしなければならなくなる．シグナルの形態がどのようなものであろうと，シグナルを見た人たちが「シグナルを送る人はどの人も良いタイプ」と信じている限り，適切なコストのかかるシグナルは均衡において普及しうる．この信念がどのようにして形成されるのかはまた別の問題で，後ほど少しだけ触れるこ

とにする⁽⁶⁾．

　さて，モデルから話を戻そう．シグナリングは関係に入るための重要な方法であるだけでなく，関係を維持するための方法でもあることが分かるだろう．昔，外国の地に初めて入る商人は支配者に贈り物を配り，(たとえば侵略の意図ではなく) 長期的関係へのコミットメントを示そうとしていたのかもしれない．けれども，商人は関係が継続している間ずっと贈り物をし続けて，関係をすぐに終わらせるつもりはないことを示そうとしていた可能性もある．外部からの影響は絶えず変化しているので，協力しているパートナーに自分がまだ良いタイプであることを伝えて安心させようとする．より一般的に言うと，ここでの例のようにある商人が別の商人に協力的な関係を求める場合だけでなく，緊密な関係にあるグループ (closely-knit group) にいる商人が取引後にパートナーを入れ替える場合，長期的取引に入る人と短期的取引に入る人を同時に探している場合，あるいは，いろいろな長さの複数の取引に携わっている場合にもシグナリングは起こる．人々は「協力者」(低い割引率を持つ人) としての評判を得ようとし，繰返しゲームで裏切らず，シグナルを事あるごとに送ることによってそのような評判を打ち立てるのである．

　しかし，シグナルは完全には働かないし，あまりうまく働かないことさえある．これらの問題の詳細は後述するが，主要な問題についてはここで言及することにしよう．人々は画一的な嗜好を持っているわけではないので，割引率を一定としても，一部の人たちにとっては他の人と比べてシグナルを送るのは簡単なことである．本書でたびたび議論されるシグナルの一つに贈与のシグナルがある (Camerer 1988)．贈り物は，それがコストのかかるもの (金銭的コストであれ，受け手の好みにあう贈り物を選ぶのに必要な時間的コストであれ) であれば，また，贈り手にかかったコストより受け手の利得が小さいならば，シグナルとして役立つ．この主張は第4章で論証する．さしあたりはこの主張が正しいと仮定しよう．多くの状況で贈り物は自然なシグナルとなるけれども，シグナリングの問題点を明るみに出すものである．ここでの問題は，「利他主義者は利己的な人よりも容易に贈り物をすることができると同時に，裕福な人は貧しい人よりも容易に贈り物をすることができるので，贈り物は曖昧なシグナルとなる」ということである．気前のよい贈り物というものは割引率だけから生じるのではなく，利他主義や裕福さとも

関わっているのである．したがって，シグナルを正しく解釈するためには，他の特性（性格）についての情報がさらに必要となる．これらの情報は，場合によっては明らかかも知れないが，たいていは簡単には分からないものである．そして，マナー，服装，言葉遣いを順応させることがシグナルを構成している場合には，人々はペテン師に騙されやすくなる（ペテン師はその特殊技能と特異な嗜好のゆえに普通の悪いタイプよりも真似を安価にできるから）．そのうえ，情報に対する障壁がコストの変化を隠蔽してしまい，それによって全員が同じ行動をとり，良いタイプだけでなく全員が同じ行動をとっているのにもかかわらず，規則性が持続する場合がある．コストが変化し，簡単に模倣する方法を悪いタイプが見つけるのに伴い，良いタイプが自分たちを悪いタイプから差別化しようと努力する．このことから，時と場所によって規範がさまざまに異なることが説明できる．

　社会，家族，政治，ビジネスにおける行動の多くを，シグナルの観点から理解することができる．その際，コストのかかる行動が，良いタイプと悪いタイプを分離するか，あるいは少なくとも過去において分離していたか，現在において分離していると信じられているなら，どれでもシグナルになりうる．社会，ビジネス，家族の生活で見られるいくつかの簡単な例によって，この議論を例証することができよう．

　われわれの社会はマナー（礼儀作法）によって厳しく規整されている．決まったやり方でナイフとフォークを持たねばならない．物を食べているときは口を閉じなければならない．相手の目を見なければならないが見すぎてはいけない．清潔な服，適当な種類の服を着なければならない．誰かに紹介されたときは握手をしなければならない．髪をくしやブラシで整えなければならない．訛らずに話さなければならない．友人や同僚にはカードを送らねばならない．あくびをするときは口を押えなければならない．他人の外見上の欠点をじろじろ見るのは避けなければならない．体の調子を尋ねられたら，機嫌よく「元気です」と言わなければならない．他人の休暇についての話に興味を持っているふりをしなければならない．上記のいずれかを怠った場合には謝らなければならない．整えるのに時間のかかるような凝った髪型に労力を費やす人たちもいれば，眼鏡ではなくコンタクトレンズにお金をつぎ込む人たちもいるし，耳やその他の部位にピアスを開けたり，入れ墨，傷，焼

き印を自らの身体に入れたりする人たちもいる(7).これらに共通する要素は以下の諸点である.①衝動や性向に対する自制を求めるものであるため「コスト」(時間,金銭,身体的な不快など)がかかる.②外見や観察可能な行動に対する制約になっている.③その行動は恣意的なものである(それでなければならないわけではなく,他の行動でも代替しうるものである).これらの要素はシグナリング・モデルから導かれる.シグナリング・モデルによると,シグナルとはコストがかかり観察可能な行動であり,そしてその行動が引き起こす信念とは必然的あるいは固有な関連はない.後者の点に関して例を挙げると,フォークの持ち方には理由があるわけではない.人々がフォークの持ち方を重要視するのは,「そういうフォークの持ち方をする人は,こういうタイプの人だ」という事前の偶発的な信念が存在しているからにすぎない.上に列挙した規範が国・地域,さらにはもっと狭い地区によっても異なるゆえんである.

　マナーを守るのにはコストがかかる.一方,観察者(マナーを守っているのを見ている人)からの協力は利益となる.これらの利益を受けたいと思わないためにマナーを守らない人もいれば,マナーを守るコストがその人にとっては特に大きいものであるためにマナーを守れない人もいる.前者の人たちがわれわれを怒らせたり当惑させたりするのは,マナーを守らないことによって,彼らがわれわれを評価していないことが示されるからである.後者の人たちについては,マナーを守れない原因をわれわれが見つけることができれば,われわれに同情の念を抱かせる.右手を骨折した人は,違ったフォークの持ち方をするかもしれない.他の文化圏からやって来た人も同様の持ち方をするかもしれない.このような場合には,私たちは慣習が守られていないことをさほど重視せず,タイプを示すシグナルを他の箇所に求め,彼らの方もきちんと詫びを入れて説明する(8).しかし特異なコストを見つけることができなければ,マナーを守らない人を第一のグループに分類し,悪いタイプに属する人とみなすことになる.親たちは,自分たちの子どもが将来そうみなされるのを恐れ,しつけをしてコストが低くなるようにする.このしつけはやがてシグナルを曖昧にさせてしまう.「マナーを守っている」のは「普通に育てられた良いタイプ」というだけでなく「ちゃんと育てられた悪いタイプ」であることをも意味するようになり,観察者の方はシグナルを割り

引いて考えるようになるからである．そうなると，より良いタイプ（そしてより富裕またはより器用な人たち）は，自分たちが良いタイプであることを示す方法として，もっと手の込んだマナーに取り替えるであろう．したがって，マナーは時が経つと変化するのである(9)．

　ビジネスにおける規範も，社会規範と同様に詳細にわたるものであり，また同じような意味と重要性を帯びる．もちろん，従業員は職場でも家庭におけるのと同じテーブル・マナーを守らねばならない．だが，さまざまな慣行もあって，その慣行はコストがかかるうえにビジネスとは全く関係がないので，一見したところ，会社の世界の利益追求とは著しく矛盾しているように思える．購買部門の人は感謝祭になると七面鳥を顧客に贈る（その代わりに値下げしないのはなぜか）．取締役は社員を野球観戦に連れて行く（その代わりに賃上げしないのはなぜか）．社長は「秘書の日」になれば花束やその他の贈り物を秘書に渡さなければならないし，勤続年数の長い従業員が退社するときは彼らに金時計を贈らなければならない．会社はクリスマス・パーティーや誕生日パーティー，それから取引成立を祝うパーティーを催す．快適さよりも見た目が優先されている場合には，「普段の日」でも正装をしなければならない（人々はどの服が「適当」であるかが分からないので，こうした慣例は心配の種になる）．上司，部下，同輩には適切な形で応対しなければならない——形式ばりすぎてもいけないし，くだけすぎてもいけない．オフィスの広さや他の設備の質について十分に注意を払わねばならない．職場での昼食時に最初から仕事の話を切り出すのはエチケット違反である（そういう話を全くしないのも同様である）．これらの規範の詳細な分析は第9章で行うので，ここでは論じない．ただ，次の点は指摘しておこう．社会におけるマナーと同じように，ビジネス上の社会規範もすべて衝動や性向を抑制するものであり，すべて観察可能な行動に関係し，またすべて人工的なものである．つまり行動の性質と必然的な関連があるわけではない．そしてこれらはどれも，「自分は良いタイプである」ことを示すためにシグナルを利用する具体例になっている．

　家族内の規範もさらに例を与えてくれる．求愛における規範（courtship norms）によれば求愛の対象者に対し排他的な心遣いをせねばならないが，これは他の機会を手放すことを意味するので，求愛者にコストを課すことに

なる．このことはビジネス上の規範と同じである．購買部門の人と得意先が贈り物を渡し合うのと同様，夫婦間あるいは家族内部でもプレゼント交換をする．結婚式のときに友人や親族のいる前で誓約を交わすのも，二つの公開会社が合併するときに誓約を交わすのと似ている．これらが類似しているのは驚くべきことではない．個人が結婚相手を探す場合，その人は自分が信頼できる配偶者であることを示さねばならず，結婚後も信頼が見当違いではないことを互いに示し続けねばならない．誕生日や記念日を忘れてしまうと，信頼関係が崩れつつあるのではないかという不安が出てきて，そうなれば互いに安心させるための複雑な慣習が必要となってくる．貴重な関係の内部での信頼を確立したり高めたりするために，人々はシグナルを送る．ビジネスや社会生活において人間関係が人々にとって重要であるのと同様，家族の中でも人間関係は重要であるから，類似のシグナリング行動が発生するのである．

　前述の通り，社会規範はどの場合も「観察される」行動に関するものである．たとえば，規範は「何を着てよいか」を決定するのであって，着る順番を決めるのではない．それと関係するが，行為者が公然と規範を破ったり無視したりするときよりも，彼が行動を隠そうとしているときの方が，人々は違反を許そうとする．オスカー・ワイルドが同性愛者であることを知っていた人たちは，彼がその事実をおおっぴらに認めだすと，それ以前よりもずっと厳しく彼を扱うようになった（Ayres and Nalebuff 1997, pp.1665–66参照）．こういう態度は抑圧的な社会ではよく見られるもので，逆説的で偽善的だと考えられることもあるが，これはシグナリングの論理で説明できる．自分の行動を恥じ，その品行が他の人に見えないように対策を講ずる人は，余分なコストを背負い込むことになる．このようなコストを負うことによって，その人の行動を知っている人に対し，「自分は良いタイプに属する」と知らせるわけである．つまりその人は，自分の割引率は低いけれども，選好が特異だということを示しているのである．彼が自分の行動を隠そうとするのをやめてしまうと，人々は彼を避けるようになる．なぜなら，彼は他の人からどう思われるかを気にしていないのであり，このことは，彼が将来のことを大きく割り引いて考えているか，もしくは，別の人たちと関わりたいと思っている場合にのみ可能だからである．

シグナリング理論によれば，コストのかかる行動なら何でもシグナル（すなわち，評判を確立し維持するメカニズム）になりうる．この主張が強すぎると思えるのであれば，本当に恣意的な行動について考えてみるとよい．おそらくその行動はどこかでシグナルになっているだろう．私がある小論で「髪をどちらの側で分けているかは恣意的なものだ」と書いたところ，その本の編集者は，「私は小さいころイギリスにいたが，髪を左右どちらで分けるかは男の子と女の子で違っていた．この規範から逸脱する男の子がいれば，『女っぽい（sissy）』としてたちどころに仲間はずれにされていただろう」と私に語ってくれた．

　この話は，なぜどんなものでもシグナルになりうるかについて示唆を与えてくれる．社会学者は「統計的規範」と「道徳的規範」を区別する．前者は，道徳とは関係のない行動パタンのことである．アメリカ合衆国の法律学の教授にとっては，学齢期を20世紀前半のイギリスで過ごしているのでない限り，髪をどちら側で分けるかは道徳的な意味を持たない．しかし，完全にランダムに行動パタンが現れると，（統計的）規範からのどんな（ランダムな）逸脱も目立つものになる[10]．そしてそれは，誰にとっても，自分が良いタイプだということを示すための機会となる．第0期において，あるクラスのほとんどの男の子と女の子が「たまたま」別の側で髪を分けており，その行動に対して道徳的な意味は全く与えられていなかったとしよう．第1期で，規範仕掛人的なある子どもが，自分は男の子の規範に逸脱した子を拒否するコストを負うことができるので，自分は良いタイプなのだ，ということを他の人に示す．別の人を拒否したり避けたりするのは，協力による利益を得る機会を手放すことになり，しかも報復を覚悟しなければならないので，コストがかかる行動である．悪いタイプだといわれるのを避けるために，他の人がリーダーを真似るとすれば，統計的規範から道徳的規範が発生するであろう．そのとき，人々はただ追放者を避けるという規則的な行動に関わっている（各人がその人を嫌って避ける場合がこれにあたる）のではなく，最初の規則性から逸脱した人を避けるという規則的な行動に関わっているのである．これは学童の間で非常によく起こることである．外見や行動で普通からはずれた人――おかしな髪型をしている女の子，奇妙な服を着て現れた男子，体が不格好な人（Goffman 1963）――は誰であれ，他の人に彼が自分のタイプを示

す機会を提供することとなる．学童やその他の人たちが，広い世界から見れば些細だと思えるようなこと——服装，清潔さ，外見，マナー，話し方，その他，目立ってしまうために他者が自分たちから区別するのに利用されそうな属性——にエネルギーを注いだり思い悩んだりするのはなぜか．これを説明できることにシグナリング理論の強みがある[11]．思い起こして欲しいのは，「良い」タイプ・「悪い」タイプの人は必ずしも良い人・悪い人ではないということである．「良い」あるいは「悪い」タイプとは，他者の隠れた特性についての，グループ内の人が持つ信念のことなのである．

　シグナリングが社会規範という結果を導くのには実は二つの道筋がある，ということをはっきりさせておかなければならない．第一に，自分が将来の利得を悪いタイプよりも評価するということを知らせるために，コストのかかる行動（たとえば，贈り物，高価な財の消費，ある特性を持った人の忌避）をする．第二に，人々が「安価な」行動（たとえば，髪の分け方）に携わることもある．これは，変わった行動をとる人を避けるというコストのかかる行動で自分のタイプを示そうとしている人たちの規範から逸脱すると，彼らから罰を受けてしまうからである．われわれが規範と呼ぶものは，これらのシグナリング均衡で現れる行動を記述したものにすぎない．このモデルでは，社会規範は独自の力を持つわけではなく，外生的な強制力でもなく，また，内面化されたものでもない．社会規範とは，人々が日常の自分の利益を追求して相互作用するときに現れる，行動の規則性を示す言葉なのである[12]．

　少し例を挙げるとこの議論が明瞭になるであろう．もし人々が固有の選好に基づいて髪型を選び，他人がどう思おうと気にしないとすれば，髪型に関してある分布が広がるはずである，つまり，いろいろな髪型をした人がいるはずである．どの髪型がよいかは，その人の頭の形，髪の量，その他の個人の特徴に依存する．これらの特徴は母集団において連続的に散らばっているため，髪型も連続的に散らばるはずである．これに対し，人々が評判への関心に基づいて髪型を選ぶならば，より規則性を帯びてくるであろう．映画スターやファッション・モデルなどの，人に見られる仕事をしている人たちが，注目を一致させるフォーカルな髪型を提供し，それが典型となる．一般の人たちはそれらを真似るが，それが，意図的に規範に適合させた典型的髪形をしている（これにはコストがかかる）からであり，単なる偶然で規範に適合

した典型的髪形をしている（これは安価である）だけだと誤解されないように，モデルの人たちの髪型とそっくり同じになるようにする．そうなると髪型の違いが過大視されるようになり，分布は不連続的になる．髪型というものには，際立った行動の規則性が存在する．明敏な観察者の目から見れば，特定の行動が引き起こされる原因は嗜好ではなく評判であることが分かるだろう．

　市場からも別の例を引くことができる．さまざまな売り手が，同じ商品に同じ値段をつける．この規則性は社会規範への準拠として理解すべきだろうか．答えはノーである．行動の規則性は評判への関心から生じているのではなく，市場のダイナミクスから生じているのである．高い価格をつける売り手は顧客を失うだろうし，低い価格をつける売り手はコスト分を回収できないだろう．つまり，どちらも市場から消えてしまう．しかしながら，社会規範に準拠していることを値段が反映している場合もある．たとえば，ハリケーン直撃後に灯油の値段をむやみにつり上げることを商人がしない場合である．彼らはたとえ灯油不足になったとしてもつり上げない．もしそうしてしまうと，製品の品質を表示したときに「この店は機会主義的で悪いタイプだから普通の状況でも信用ならない」と顧客が推論してしまうかもしれない。値段をつり上げないのは，これを恐れるからである．

　ある行動がシグナルとなるためにはその行動がコストのかかるものであることが必要なのだが，これは必要条件であって十分条件ではない．さらに必要なのは次のことである．所与の文脈で，協力から得られる（さまざまなタイプにとっての）利益に比べて，当該行動にどれくらいのコストがかかるかを観察者がちゃんと理解していることである．これを理解していれば，悪いタイプはその行動が（普通は）できない，と観察者には分かる．それゆえ，シグナルとなるべき行動を，シグナルとして認識されるようにしようと行為者が意図している必要はない（Spence 1974）．このことが意味するのは，行為者は別の理由でその行動をしているかもしれず，それをシグナルとして解釈する観察者と関係を結ぼうとしているのではないのかもしれない，ということである．この曖昧さによって，日常生活では絶えず緊張が生じている．前に述べたように，贈り物は利他主義を示すものとして受け取られるかもしれないし，あるいは，関係に入りたいという願望を示すシグナルとして受け

取られるかもしれない．受け手が間違いを犯すと，困ったことが起こる．ある弁護士が，共同で行った企画でよく働いてくれたことへの感謝として，同僚の女性に花を贈ったとしよう．だがそれが偶然バレンタイン・デーに当たったとしたら，彼は自分と愛人関係になろうとしている，と彼女は推断するかもしれない．このような人（この例での弁護士）は常識知らずなのであって，ある意味で，自分が悪いタイプだと示しているのである．彼が文化的能力に投資していないことを表すものだからである．誇示的消費の場合——ヨットの購入など——，購入者に資力があれば彼の本来の嗜好を反映しているかもしれないが，また別の人は自分のタイプを知らせようとしているのかもしれない．それゆえ，シグナルが効果的に作用するのは，各人の嗜好や資質について人々が大雑把な見当をつけられる場合だけである．人々は誤解を恐れるので，髪型の例で分かるように，他者の行動に合わせることを過大視してしまう．だが，全員がしきたりを真似たりエチケットの本に頼ったりすると，結果としてその行動は相対的に安価になり，しきたりは無意味なものとなり，さらにシグナルは曖昧になってくる[13]．こうして，エチケットの本は出版された途端に時代遅れのものになってしまう．有名なエミリー・ポストのエチケットの本は1922年に初版が出て以来，現在は第16版が出ている．

この理論は，社会生活におけるちょっとしたパラドクス，つまり「表面的なものが本質的である」ということを説明してくれる．服の装飾，清潔さ，行動，話しぶり，それから体格でさえも，社会に広がるものなのである．そして，これらに投資しすぎる人たち（たとえば，伊達男）はよく軽蔑される．しかし，それらに投資をしない人たちは忌避されるのである．なぜ人々がシグナリングにたくさんの投資をする一方で，そうすることを否定するのかについては第11章で述べられる．

違反行為，ヒエラルヒー，衝突

人はしばしば社会規範に違反する．こうした違反行為は見せかけに過ぎない場合もあれば，実質的である場合もある．違反行為を4類型に分類しよう．

第一に，社会規範を破るのは，ただ単に，評判の重要性よりもその行動から得られる固有の利益に強い関心があるからだ，という場合がある．そういう人は，悪いタイプの人で，将来生じることをかなり割り引いて考えるから，

評判などたいして気にしないのである．さもなければ，固有の利益を非常に大事にしているのである．こういう人は嗜好に関する分布の平均値からはかなり離れている．例をあげて要点を説明しよう．あるコミュニティの中では，民族的マイノリティ（少数派）の人と取引をしたり交流したりする人を除け者にするとする．ある人は除け者にされることを我慢して民族的マイノリティの人と交流することがある．その理由は，支配的なコミュニティ（マジョリティ）の人との交際について関心がないからか（将来生じることを割り引いて考えている），あるいは，民族的マイノリティの人と交流することに大きな価値を置いているからである．ある人が粗末な装いをするのは，他人が自分のことをどう思うか気にしていないからか，正装はひどく着心地が悪いと感じているからである．ある人が国旗に対して通常の敬意を表することを拒むのは，愛国者の感情を害して機会を失うのを気にしていないからか，愛国主義を正しく理解するなら，象徴的な行動を控えるべきだと強く信じているからである．

　第二に，たとえ社会規範を破っても，他の人はその者を除け者にすることができないから，社会規範を平気で破るという場合がある．このような違反者は「優越的地位にある人（high-status）」である．お金持ちの人は，きらびやかに着飾り，高価な家を買い，妻や子どもや友人を装飾品やモノのように扱うことがある．こうした行動は，富の誇示や浪費を戒める一般的な規範や礼儀に反している．大物がこのような規範を破れるのは，他の人たちは彼と交際することに大きな価値を置いており，たとえ彼を信頼していなくとも彼との関係を断ち切ったりしないからである．同様の理由で，地方のガス独占企業の態度が横柄であったり，供給がたびたび滞ることがあっても，関係を断ち切ることはできない．映画やポップやスポーツのスターが普通の人々の規範に反しても罰を受けずに済むのは，彼らのサーヴィスにそれだけ高い需要があるからである．第4章で論じるように，実際，人々は，規範を破る人には富と権力があると推論する場合が多いので，自らの富と権力をシグナルする方法として，規範を破ることに独自のインセンティヴを持つようになる．やりすぎると協力が望まれるすべての人に忌避されてしまうが，そのぎりぎりまで，自己の社会的成功の進展に応じて，より軽いものからより重大なものへと規範を破り続けることが，現代では威勢を誇示するための一般的な方

法となっている．彼らは一種の挑戦として規範を破るのであり，「俺がお前を必要としているのではなく，お前の方が俺を必要としているのだ」ということを宣言する手段なのである．

　第三に，社会規範を破るのは，異なった規範に支配されているグループに属しているからか，あるいは，規範が急激に変わったからである，という場合がある．問題の一部は情報にある．「政治的正しさ（PC：political correctness）」の規範，すなわち，ジェンダーや人種などの問題（これが「政治的」問題と呼ばれる）についての自称「正統リベラル」，他称「教条主義」とされるような立場の人々が押し付ける規範が，あまりに急激に変わるので，数年前には別にどうということもないとされていた行動に制裁が科される．態度の変化に敏感な人はすぐに自分の行動を変えることができるが，こうした点についての時代の空気の変化をうまく読めずにいる人は，なかなか自分の行動を変えることはできなくて制裁を科されることになる．あるいは，ある規範体系の地域から異なる規範体系の地域に移ってきて，情報不足からうっかり社会規範を破ってしまったりする．とはいえ，新しい地域の人たちがこの問題を承知している場合には，許してもらえるであろう．

　最後に，支配的なグループの規範をこれ見よがしに破ることで互いの忠誠心を示そうとする人たちがいる．アメリカ合衆国の若者についての人類学の研究に良い例がある．若者が他の若者たちにコミットする一つの方法は，大人との協力を得るのに必要なシグナルを発するのを拒否することである．鼻ピアスをしたり，刺青をしたり，変な服を着て，衛生に関するしきたりを破り，不適切なときに下品なののしり言葉を吐く若者は，大人の協力者としてふさわしくない人物になる．しかし，それによって，他の若者たちにとって最高の協力者となる．そもそも，この若者は（将来的な）物質的報酬という大人の世界から自らを断ち切っている．まさに「だからこそ」，他の若者たちの信頼できる仲間となる．彼はこういうことをしない若者よりも信頼される．なぜなら，そういう若者は，友達から除け者にされた場合にはすべての機会を失うが（背水の陣を想起せよ——訳者），他方，普通の若者たちは，同世代の友達がいなくても少なくとも大人とは交流することができるからである．しかし，これは子どもたちだけの話ではない．犯罪者や支配者層から切り捨てられた集団の仲間は，同様の理由から，特有の服装や行動（たとえば刺青）

など，彼らに固有のコミットメント・メカニズム（相互に忠誠を誓い合うシステム）を築いている．ある同胞組織や社会的集団に入りたがっている人々は，公の場では従っている規範をこっそりと破る．典型的な例に，同性愛嫌いの秘密結社的クラブに仲間入りするために，同性愛的な儀式がなされる場合がある．そこでは，仲間を裏切ったらそのことをばらすぞという暗黙の脅しのため，仲間の活動にただ乗りできないようになっている．

若者や同胞組織の仲間，さらには犯罪者でさえも，必ずしも割引率を高くとらえているわけではないということをはっきりさせておくことは重要である．若者や，社会の主流をゆくのを嫌がる人たちが，型破りな行動をとるのは，将来の利得のことを気にしないからではなく，社会の主流を外れた人たちから将来の利得を手にしたいと思っているからである．こうした違反に気づいた人たちは，信用ならないからこういう連中とは協力したくないと思うだろう．しかし，彼らが信頼できない人物であるのは，割引率のせいではなく，彼らが主流を行く人たちを軽蔑しているせいである．ここでのインセンティヴはシグナリング・モデルで述べたインセンティヴとは異なっており，これからは前の段落で述べられたモデルを「コミットメント・モデル」と呼ぶことにしよう[14]．

規範仕掛人

協力ゲーム（協力へ向けてのゲーム）では，シグナルのコストが高いことが必要だが，シグナルがどのように形成されるのかについては何ら示されていない．ある行動が，見た目にも実際にもコストが高そうでありさえすれば，シグナルの発信者が良いタイプに属していることを示すシグナルとして働く．贈り物をしたり，広告を出したり，流行のものを買ったり，その他の目立つ消費活動をすることは協力ゲームにおいてシグナルとして働く．しかし，シグナルは曖昧たりうる．前述のように，贈り物をしたり，見せびらかしたりすることは，もしも行為者がそういった行動を楽しんでいるとすれば，その行為者が必ずしも低い割引率保持者であるとは限らないのである．ここで疑問となるのは，どうしたらある特定の行動がシグナルとしての価値を帯びるようになるのだろうか，という点である．

一つの答えとしては，既に何度か触れたことだが，フォーカル・ポイント

（注目一致点）の考え方によるという場合がある．歴史的な偶然，物理的な性質，統計上の平常値からの単なる逸脱によって，人はある特定の行動をある性質の特徴と結び付ける．盛大なイベントが行われる日は休日とされる．並外れた行動や全くの幸運によって名声を得た人々は，一般の人たちが真似する手本となる．シグナルを確立するのに，適切な事柄をうまい具合に偶然見つけ出すセンスが重要であることは，地域，文化，時代によってシグナルがさまざまであることによって証明される．

シグナルの中には人為的に作り上げられるものもある．たとえば，公民権運動（黒人差別反対運動）のリーダーで暗殺された「マーティン・ルーサー・キング牧師の日」は連邦政府によって作られたものであり，自生的に成立したものではない．ひとたびそれが成立すると，その日に敬意を表する行動をとることによって，公民権運動に対する忠誠心を，公の目に見える形で，シグナルすることができる．しかし，完全に人為的に作り上げられたシグナルというのは稀である．政府や特定の私人が，ある行動をシグナルとして確立することができたときというのは，たいてい，複数の競合するフォーカル・ポイントの中の一つに一般の人々の注意をひきつけることに成功しているのである．公民権に敬意を表するために，休日とするのが良いか，他の催事を開催するのが良いか．休日はキング牧師を記念する日とするべきか，他の指導者を記念する日にするべきか．日にちはキング牧師の誕生日，命日，功績のあった日，いずれにするべきか．歴史的に見るとたくさんのフォーカル・ポイントがあるが，権威を有する人が，その中の一つのフォーカル・ポイントを一般市民が利用して調整できるようにする．

これらの点をより詳しく分析することは，より大きなゲームに埋め込まれている協力ゲームについて構想するのに有益である．協力ゲームでの第1手（最初の行動）に先立って，「規範仕掛人（norm entrepreneur）」[15]はある特定の行動がシグナルであると知らせる．（実生活では，たくさんの規範仕掛人がそれぞれにシグナルを提案して競争する．）規範仕掛人は，たとえば公式の儀式に参加するといったような，特定の行動が協力のシグナルであると宣言する．協力ゲームは以下のような方法で修正される．シグナルの送り手として，すべての人は，シグナルとして働きそうなすべての行動の中から選択をする．送り手は，規範仕掛人の推奨するシグナルを選択するかもしれないし，他の

シグナルを選択するかもしれない．協力ゲームがなされた後，規範仕掛人は，彼の推奨したシグナルを出した人の数の関数だけの利得を受ける．ある状況では，みんながコストのかかるシグナルを送るような，一括均衡状態を取り除くことで，規範仕掛人は利得を受けると説明できる．また，ある状況では，分離均衡か一括均衡かいずれかの均衡状態を作り出すことで，規範仕掛人は利得を受けると説明できる．規範仕掛人は，協力ゲームの相手の利得について事前（ex ante）には完全な情報がないので，自分の利得を最大化するようなシグナルをいつも選択することができるわけではない．しかし，ゲーム自体が繰り返されるので，前のシグナルが高い利得を受けられなかったとしても，規範仕掛人は新たなシグナルを作り出せる．

　たくさんのシグナルの中から人々が選択をするとき，どのシグナルが悪いタイプとの区別に役立ち，どれが役に立たないのかについて大雑把な知識しかない．また他の人が，ただ好きでやっているのではなく，協力者としての特別の行動であると認識してくれるかどうかについても配慮しなければならない．これが調整問題（coordination problem）である．すべての人，あるいは多くの人が，ある行動がシグナルであると考える限り，そしてこれらの行動が実際に適切なコスト構造である限り，これらの行動はシグナルとして働くことになる．シグナルの送り手は慣習（たとえば贈り物をすること）にも頼っているが，時代精神（たとえば1950年代の反共産主義）にも頼ることになる．権威ある規範仕掛人の提案によって，選択されるシグナルの種類は減少する．十分な数の送り手が1人の提案に従う限り，その人が規範仕掛人となる（もう一つ重要な条件は，目立つこと（salience）である．政治的には無知な有名人が影響力のある政治的，文化的な発表を行ったり，たとえどんなに凡庸でも，王族の子孫は承継の危機の間も常に追従者をみつけられたりする理由はここにある）．

　NEゲーム（「規範仕掛けのゲーム」をこう呼ぶことにしよう）の意義は，もしあるシグナルが分離均衡か一括均衡を作り損なったなら，規範仕掛人はもっと成功することを願って，新たなシグナルを作り出すインセンティヴを持つことになる，ということである．しかし，もう一つ強調する必要があるのは，規範仕掛人の働きがなくとも，シグナリングはフォーカル・ポイントとなる任意の出来事が目印となって自生的にもたらされうる，ということで

ある．シグナル行動が広く知れ渡っているなら，それはシンボル行動と呼ばれる．望ましい均衡の創出に失敗した古いシグナルに代えて，新たなシグナルを作り出すことを「シンボル変容」と呼びたいと思う．

人は古いシグナルを修正するために意識的に新たなシグナルを作成しようとすることがある．これをするインセンティヴはシグナルの多義性（曖昧性）に理由がある．固有の理由に基づいてとられる行動とは対照的に，シグナルとして理解されているものは，しばしば歴史的な偶然によるものである．また，インセンティヴは，シグナルが多くの人を害するからという理由（たとえば，人種による差別や持参金競争），あるいは単に気に入らないからという理由（たとえば，正装）によっても生じる．趣味嗜好についての権威者は，人々が社会の中でシグナルを定めるのを促進する．消費財の売り手も，自分の商品を購入したくなるようなライフスタイルを推進する広告を出すことで同じことをしている．マネージャー，被用者，コンサルタント，その他いろいろな市場への参加者は，ビジネスにおけるシグナル定義を促進する．政治家や外交上の儀式（作法）の専門家は，政治環境におけるシグナル定義を促進する．この現象に関する一番の好例は，フェミニストや黒人や同性愛者の権利の擁護者による，女性や黒人や同性愛者に対して使われる言葉を修正しようという成功した努力である（女性については，「スチュワーデス（stewardess）」や「ポリスマン（policeman）」の用語をやめて「フライト・アテンダント（flight attendant）」や「警察官（police officer）」へ移行する．黒人（black）については，「アフリカ系アメリカ人（African-American）」という用語を促進する．同性愛者（homosexual）については「ゲイとレズビアン」の用語が広く受け入れられている）．

規範仕掛人の動機となるのは何だろうか．大衆行動の変化に貢献した人は利益を受けることができる．企業は，自社製品を消費することが文化的能力の象徴となったときにお金を得ることができる．だから，ある特定のスニーカーをはいている人，ある特定のブランドのブラウスを着ている人，ボンネットに独特な飾りのついた車に乗っている人，などが持つ性質に関する人々の信念を変化させるために，企業は多大な投資をするのである．政治家は，さまざまな集団の人たちの利益となる行動を変化させることに成功すれば，彼らの支持を得ることができる．ジャーナリストや学者は，自分たちの意見

がたくさんの人に影響を与えたときに，名声という利益を得ることができる．しかし，規範に異議を唱え，崩そうとする人がいるので，規範仕掛人はとてもリスクの高い地位にある．このリスクを負おうという人は少なく，また，リスクを負おうという人は，分布的に極端な位置に嗜好や価値観を有していたり，惹きつけられずにはいられない計り知れない才能やカリスマを持っていたりする．政治の世界には，計り知れない才能はあるが普通の嗜好の人々，人並みの才能だが極端な嗜好の人々，および，計り知れない才能と極端な嗜好の双方を備えた人々がいる．第一グループは政治屋，第二グループは殉教者，第三グループは指導者や英雄である．

国家

行為者としての政府は規範仕掛人の役割を果たす．権威主義的な指導者はしばしば，休日や記念日を作り出すのに成功する．権威者の目標に合致することもあれば，合致しないこともあるような，公的立場を採らせるようなイデオロギーさえ作り出す．人々が新たに作り出されたシグナルに共同参加したなら，政府は規範形成に成功したといえる．しかし，政府はいつも成功するとは限らない．しかも，民主主義政府では，指導者は常に支持者を満足させないといけないので，しばしば失敗する．レーガン大統領夫人のナンシー・レーガンがドラッグ（麻薬）に反対して実施した「きっぱりノーと言おう（Just Say No）」運動は失敗に終わった．失敗した規範形成にはよくあることだが，結果は支持（賛同参加）ではなく嘲笑に終わった．民主制下の政治家は，指導力を発揮するのではなく，シグナル均衡に従わなければならない，そうでないとその公的地位を次の選挙で失う危険がある．1950年代に公的地位についていて共産主義を主張した者は正しいシグナルを出していたとはいえない．また，現在において国旗を焼いても良いと主張する公職者も同様である．

規範的観点（価値判断的立場の見方）からすれば，シグナル均衡を修正するのが国家にとっては望ましいことも多いが，それはなかなかできない．このことについては後でもっと詳しく述べるが，差し当たりは，以下の特徴を胸にとどめておこう．協力ゲームでは2種類の集合財を生産できる．「内部集合財」は2人が調和し協調したときに得られる相互の利益である．シグナルとなる行動には，それ自体として価値がないことに注意しよう．協力を促進

する限りで価値があるのである．「外部集合財」は，分離均衡としてであれ一括均衡としてであれ，多くの人が同じシグナルの行動をしているという事実によって，均衡の副作用としてもたらされるあらゆる価値である（プラスの場合もあるし，マイナスの場合もある）．投票行動がシグナルだとすれば，外部集合財は選挙で生じる情報の発生である．ある民族集団に対する差別的処遇がシグナルだとすれば，外部集合財は悪いものであり，ある意味ではゲームの外部者である集団のメンバーを害することが外部集合財となっている．次のことを認識することが重要である．すなわち，ある一つのシグナル（たとえば黒人差別）の存在と，他のある一つのシグナル（たとえば贈り物をすることや投票）の存在は，偶発的でしかないので（その存在自体にとりたてて必然性があるわけではないので），理論的には悪い外部集合財を作り出すような悪い均衡は，良い内部集合財を減らすことなく，崩れたり，良い均衡に置き換えられたりすることがありうる．

　もう一つ有益な区別がある．法によって均衡を変えれば，二つの別個の効果が得られる．第一の効果は「行動に関するもの」である．法は人々の採る行動に影響を与える．法律で，シグナルとして機能している行動に税金をかけたら，結果的に人々はその行動をあまりせず，他の行動を代わりにするようになり，こうして法律は人の行動を（間接的に）動かす．法律は，シグナルの量と，出されるシグナルの種類を変化させるのである．第二の効果は「意味解釈的（hermeneutic）なもの」である．すなわち，法は人々の信念を変えることができる．シグナルに課税して，分離均衡が崩れたら，人々はそのシグナルの送り手を良いタイプの人物だとは推定しなくなる．ある部分では法律のおかげで，またある部分ではその他いろいろな事態の進展（社会変化）のおかげで，人種差別をする人の性質について，人々は昔とは異なる推定をもつようになった．人種差別の持つ意味が変わったのである．この現象に関して他にもたくさんの例が本書の他の部分であげられている．今の段階で理解することが重要なのは，法律は人々がある人についてその行動をもとに描く推定を変化させることができるということである．そして，法律のこの機能は，しばしば見過ごされがちだが，とても重要なことなのである．

　どんな均衡であっても，他の均衡と比べて，より利益を得る人もいれば，より損失を受ける人もいることを理解しよう．ある均衡において，人種差別

的な社会規範があったとすると，寛容が社会規範として要求される均衡に比べて，白人はより利益を得，他方で多くの黒人はより損失を受けるだろう．個人も政府も均衡（社会規範といっても同じことである）を何らかの方向に変える強いインセンティヴを持つ．均衡の変更に成功すれば，内部集合財を得るのが難しくなったり，容易になったりし，良いあるいは悪い外部集合財は消えてなくなったり，あるいは，他のものに置き換えられたりする．新たなシグナルを送るので行動が変わり，協力の程度が高くなったり低くなったりする．他の人のとる行動とその人の性質についての新たな関係付けが進むにつれて，信念も変わる．

まとめ

以下の定義は，本書の中で重要な意味を持つ用語のものである．用語は，すべて非・法的協力に関するものであり，本章で論じたシグナリング・モデルによって定義されている．

協力の相手方

協力の相手方とは，十分に割引率が低く，十分に同様な利害関係を持っている人であり，彼と他の協力の相手方は長期の協力を通じて囚人のディレンマを克服し，利益を得られる．これは，家族，社会，ビジネス，政治の関係で生じる．この，こなれない用語を使うことで，抽象的な議論が可能になる．

評判

ある人が協力関係から離脱したり，適切なシグナルを送り損なったとき，これらの行動はある確率で他人に気づかれ，ゴシップとして流される．ある人が離脱したり適切なシグナルを送り損なったとき，観察者はその者が悪いタイプの人だと推定する．評判とは，過去の行動に基づいてある人のタイプについて描かれた，他の人による推定である．もちろん，人はうまいテニス・プレーヤーとか，寛大な人道主義者であるとかの評判を得ていることもある．しかし，私は，協力的か否かというもっと抽象的な性質に関する信念の程度について言及する場合に限定して用いることにする．

信頼

他の当事者が裏切らない理由は，その者が自分の評判を気にするためだ，と各当事者が考えている場合に生じる協力関係は，信頼によって特徴付けられる．このように，信頼は狭く定義しており，法的強制を恐れて他人が約束を守るだろうと信頼するような場合は除く．

連帯性（凝集性）

みなが他者に対して十分な信頼をおいており，通常の協力関係が（一組の相互作用で）維持され，よって公共財が（集団の相互作用で）生産されうるとき，その人たちの集団は連帯性を持つという（Hechter 1978, p.18 参照）．

社会規範

社会規範とは，自分が良いタイプに属することを示すシグナルを人々が使うとき，均衡で生じる行動の規則性をいう．社会規範はこのように内生的なものであって，行動を「引き起こす」のではなく，他の要因によって生じた行動にわれわれが貼り付けるラベルである．社会規範は，価値を最大化するためだけに協力関係に現れる行動の規則正しさとは区別されるべきである．たとえば，商人社会で休日に贈り物の交換をするのは社会規範を反映しているが，売り主が貨物輸送の保険料を払うというルールはそうではなく，コストを最小化する戦略にすぎない．

伝統

伝統とは，時間の試練に耐えた社会規範である．伝統はシグナル均衡に相当するが，年月を経てよく知られるようになっているため，社会規範として要求される行動に比べて曖昧性が少ない．たとえば，秘書に感謝の意を示すために，時に応じてプレゼントを渡すようにと社会規範は要求する．誕生日やクリスマスにプレゼントを渡すのは伝統的であり，誤解を招くことはないだろう．しかし，バレンタイン・デーにプレゼントを渡すのは伝統的ではなく，誤解を招きかねない．「文化」という言葉も，過去に対する依存という含意は弱いものの，こうした概念を捉えるのに使われることがある．

コミュニティ

コミュニティは (a) 連帯性を有し, (b) さまざまな社会規範や伝統を反映した, たくさんのシグナルによって特徴付けられる集団である. 救命ボートに取り残された見ず知らずの人の集団は, 相互の生き残りは他のみんなにかかっているので, 時がたてば高度の連帯性を発達させる. おそらく社会規範がさまざまな問題を解決するために急激に発達するが, それはまだ十分な強さと十分な古さ (ないし, 十分に古いという外形) を備えているとは言えないので, このような集団をコミュニティと呼ぶことはできないであろう.

本章で述べられた主張は抽象的で不完全である. 読者は, もっと多くの事例とゲーム理論の枠組に伴う問題についてもっと論じることを要求するだろう. 特に後者については, 複数均衡の問題や, 別の戦略的問題, および, 連続的なタイプを使うことによる数学的複雑化の問題などについて十分な議論がなされていないといった不満があるだろう. これらの不満のいくつかについては続く章で述べられている. 十分に分析されていない方法論的問題については, 注で引用した研究により議論の不十分さが埋められているものもあるが, それ以外の議論の不十分さは未解決で, 私が何らの学問的貢献ができない数学的, 理論的な問題を反映している.

第3章　敷衍，反論，および，代替的理論

　協力と社会規範のシグナリング理論は，さまざまな法を理解し，また批判するために用いることができる．しかし，この理論には二つの問題があることを認識しなければならない．第一に検証可能性（testability）の問題であり，第二に，説明できない現象があるという非包括性（underinclusiveness）の問題である．

検証可能性
　シグナリング・モデルは複数の均衡をもたらすので，検証可能な予測を行うために用いるには困難がある．均衡の数は，合理的行動を構成するものは何かについての強い仮定を行うことで減らしうるけれど，これらの仮定の妥当性は争われており，経験的検証は，モデルの検証と合理性の仮定の検証とが連鎖しており，考案が難しく，その結果は解釈し難い．
　それにもかかわらず，シグナリング・モデルから派生した仮説は，共通の直観やデータのもとでインフォーマルに（非形式的に）検証されるだろう．直観やデータは不完全（casually）に現れるので，それらの理論をよりフォーマル（厳密・厳格）に検証するにはどうしたらよいかということをここで議論するのは有益である．これらの理論に共通のテーマは，良いタイプ（低い割引率の人）は，悪いタイプよりも社会規範へと順応しやすい，ということである．この命題を検証するためには，(1)割引率の尺度と，(2)社会規範への順応の尺度とが，必要である．
　シグナリング・モデルにおける独立変数は割引率である．しかし，ある人

の，未来の利得と現在の利得との間の選好は直接には観察できないので，割引率を測るためには代理変数に依拠しなければならない．経済学者は，割引率と犯罪行動や麻薬中毒との間の関係を検証する目的で，高い割引率に次のような代理変数を使ってきた．すなわち，銀行預金口座を持たない，タバコを吸う，避妊具なしにセックスする，初めての喫煙や飲酒や性交が若い時であったかどうか，(Glaeser 1998, p.3)，貧しいか，教育をあまり受けていないか，そもそも若いかどうか（Becker and Mulligan 1997），などである．研究結果によれば，高い割引率と犯罪や麻薬中毒との間に関連が見出されてきたので（Glaeser 1998, Becker, Grossman, and Murphy 1991），犯罪行為と麻薬中毒を高い割引率の代理変数として加えることができる．したがって，これらの特徴のすべてや多くを持つ人々を，「悪いタイプの性格」と呼び，それがない人よりも社会規範に順応しにくいと予測するのである．

問題を複雑化することがある．修道僧は清貧の誓いを立てていて貧しいであろうが，満足の延期（衝動に走らず欲求を長期的視野から我慢することができる能力）に何の問題もなく，つまり割引率が低い．ギャング団のメンバーは忠誠心を示すために犯罪に関与するかもしれないが，それは彼が衝動を抑えきれないからではない（つまり，高割引率を意味しない）．適切な経験的検証はこれらの可能性を統制しなければならないだろう．

シグナリング・モデルにおける従属変数は社会規範への順応の程度になるだろう．社会規範への順応はシグナルの発信を意味する．だから，悪いタイプの性格を持つ人々は，他の諸事情が等しければ，それらの性格を持たない人に比べて，シグナルを発することがより少ない，と予測することになる．ここで重要な点は，他の諸事情が等しいということである．

問題は，いかなる集団においても，慣習的に使われるシグナルとして生じるものが，ある程度恣意的だということである．いかなる行動もシグナルの目的に奉仕するし，複数の行動でもシグナルの目的に奉仕する．正しいコスト構造を持っていさえすればよいのである．ただし，多くの行動は，そのコストを統制できるので，コストそれ自体は，さしたる制約条件とはならない（たとえば，贈り物には高価なものも廉価なものもある）．だから，あるコミュニティにおいては，投票に行ったり，格式ばった服を着たり，政府を賞賛したり，教会に行ったり，互いを晩餐に招待したりすることなどがシグナル

になるであろうし，別のコミュニティでは投票よりも政治的抗議に参加することや，鼻ピアスをすること，政府を非難すること，喫煙すること，貧者を助けることがシグナルになる．実際，この二つのコミュニティが同じ場所にあるかもしれないし，一つのコミュニティのシグナルが別のコミュニティのシグナルへの反応なのかもしれないし，何人かのメンバーが重複していることさえあるだろう．だから悪いタイプの性格を持つ人々が投票に行かないだろうということは直ちには予測できないし，第二のコミュニティの良いタイプの人が投票しないのは，投票に行くことがシグナルとして認識されていないからかもしれない．そのかわり，コミュニティやそのメンバーを固定しておいて，しかる後になら，たとえば，第一のコミュニティの悪いタイプの性格を持つ人物はそうした性格を持たない第一のコミュニティの人物よりも投票しないことが多いであろう，というように予測できることになる．

　さらにやっかいな問題は，逸脱的下位集団は，マジョリティ（多数派）によって用いられるシグナルに意識的に対抗するようなシグナルを採用するかもしれないということである．喫煙，犯罪への関与，その他のマジョリティの規範に違反する行動は，しばしば下位集団のメンバーを結びつけるために用いられる．マジョリティにおいては，良いタイプに自分が属していることのシグナルを送るために，喫煙や飲酒への欲求を抑圧する．タバコやアルコールへの嗜好がない人は幸運である．彼らはシグナルの粗雑さから利益を得ており，つまり，解釈者がエラーを避けられないことから利益を得ている．下位集団では，彼が良いタイプに属しているというシグナルを発するために，喫煙や飲酒をしたくないという欲求（あるいは道徳的コミットメント）を抑える．慧眼の観察者なら，シグナルである行動と，本来的な選好を満足させるだけの同様の行動とを区別できる．シグナル行動はより儀式的であり様式的であるが，それはシグナルを送る者が他者に，自分の行動が単なる嗜好への耽溺ではないことを知ってもらいたいからであり，そして，この情報を伝達する方法の一つが，特異的で異常とされるような行動よりはむしろステレオタイプとされているような行動をすることなのである．例としては，付き合いの飲酒とアル中との差異であり，別の例としては，古いズボンをはくことと古く見えるように加工された新しいズボンをはくこととの差異である．しかしこれらの僅かな違いは，誰にでも直観的に理解されるものの，社会科

学者によって用いられるデータには普通現れないのである．

非包括性

　協力理論は，制裁を科すインセンティヴを持つ人々によって観察されないときには，人々はいつも彼らの内面の（生来の）選好に従うであろうと主張する．しかし，この予測は誤りであると一般的にはみなされる．罰のないときでも，人々は自己利益に反する振舞いをするようである．見返りの期待できないレストランのウェイターにチップを与えるとき，近くに誰もいないのに赤信号で止まるとき，道で拾った財布を届けるとき，見ず知らずの人を危険から助けるとき，提案の公正さに基づいて提案を受け入れたり拒絶したりするときなどが，例に含まれる（Thaler 1991）．実験による研究は，囚人のディレンマ状況や，協力が均衡としての結果でないような同様のゲームにおいても，人々はしばしば協力することを示している（Kagel & Roth 1995）．

　これらの問題はしばしば合理的選択理論を台無しにすると言われるが，より正確に評価するなら，合理的選択理論はいくつかの社会現象を説明するために用いられうるということであり，他の社会的現象についてではないということである．どこで線が引かれるべきかは明らかではないし，理論がいつ限界に達するかを抽象的に言うことができるなどということはありそうもないように思われる．合理的選択に依拠する多くの理論は重要な行動について説明できないし，またできたとしても理論を同語反復に陥らせるような強い仮定をすることによってできるに過ぎない．しかし方法論それ自体は，よりよい方法論が到来することが明らかになるまでは失敗しているというわけではない．合理的選択理論はいくらかの成功をおさめており，これらの成功は他の競合理論に比べて魅力を与えている．

　では，競合理論とは何であろうか．社会学は，個人の行動を超越する社会組織におけるパタンを求める．認知心理学や社会心理学に由来する理論は，脳の構造や教育の影響に，行動の規則性の源泉を求める．これらの学問は，合理的選択理論に挑戦する多くの興味深い帰結を生み出してきたし，多くの法学教授の興味を引きつけてきた．しかしそれらは未だ法学の主流に至っていない．おそらく将来においてそうなるかもしれないが，しかし私はそれについては他の人に任せておこうと思う．

多くの合理的選択理論の理論家は，理論の問題に対して第三の道をとる．即ち，合理的選択理論の一般的枠組を維持し，特に方法論的個人主義へコミットし，しかしその他のうちの現実味のより少ない仮定のいくつかを緩和するのである．続くセクションは，そのような理論のいくつかを描写する．

利他主義

利他主義は，広範な文脈において協力を説明できる．通りすがりの店で客がウェイターにチップを渡すのは，客がウェイターの福利を気遣うからである．人が浜辺でゴミを散らかさないのは，他の海水浴客の感情を配慮するからである．納税者が彼の収入の全てを報告するのは，彼が同胞市民の厚生を気にするからである．囚人のディレンマの実験における協力は，互いを利したいというプレーヤーの欲求から帰結するのである．

批判者たちは，合理的選択の議論において利他主義を用いるのは同語反復であると，論難する．これは真実ではない．ないしは，より適切にいえば，それが真実であるかないかは，その議論の中で利他主義がどのように用いられているかに依存する．先ほどの例を考えてみよう．ウェイターにチップを渡す客もいるが，見たところほとんど違わないのにそうしない客もいる．もしもすべての者が，ウェイターに対して利他主義を感じると理論が仮定するなら，理論は誤謬であり，もしもある人は利他主義を感じ別の人は感じないとしたならば，理論は同語反復に収斂する．人々が慈善に金を寄付するのはなぜか，ということへの通俗的理論は彼らが利他主義を感じるからというものである．しかしこの理論は，慈善団体が他の出所から，より多くの寄付を得るからといって，人々はいつもその寄付額を減らすようになるわけではないという事実と整合しない (Sugden 1982)．また，寄付額が，どの程度公開されているかに応じて変わるという事実とも符合しない．より多くの事例は第4章において議論されるだろう．利他主義が博愛や慈善を説明するという理論の問題は，それが同語反復であるということにではなく，それが誤謬であるということにある．

問題は，強調して言うが，利他主義が存在しないということではない．同族や社会集団のメンバーの間でさえも，利他主義が存在するということを信ずる説得的な理由はある[1]．しかし利他主義は通常観察されるような集合行

為を説明できないのである．利他主義は，規範に従った行動の規則性を説明できない．たとえば，次のような事実を説明できない．祝日や特別な機会にのみ決まって贈り物は交換される．つまり，贈り物は，寄贈者の効用関数を介した受贈者の効用を最大化するときに贈られるのではないという事実である．あるいは，15パーセント～20パーセントのチップを人々は渡すが，それは彼らの利他的感情に応じた額ではない．妥当な理論的アプローチは，協力の理論において利他主義に説明の特別のウェイトを置くことではなく，他の嗜好と同様の一つの嗜好として利他主義を扱うことであり，それは解決の必要なそれ自身の集合行為問題をもたらすのである[2]．

社会的地位と順応

相互依存的効用の別の形式は「社会的地位」や「順応（conformity）」のラベルのもとに議論される．ある人は，他の人よりも，多くの富を持っていることや，ある種の財をより多く所有していることから，効用を引き出すかもしれない．他の人が持っていない財の所有，ないしは少なくともある種の地位財（status good）の所有は，その所有者に社会的地位を与える．あるいは，他の人みなが所有している財と異なる財しか持たないことで効用を失うかもしれない．つまり，他者と同じ社会的地位にあることができないなら，効用が下がることになる．もし人々が社会的地位を気にするのなら，彼らは囚人のディレンマにはまりこむことになる．そして，他者と同等でなくなってしまわないよう，過剰に消費するようになる．もし人々が順応を気にするのなら，他の人々全員と同じように消費しようと努力して，過剰に消費するか，ないし，過少に消費する[3]．社会的地位追求によってつくられる問題の一例として，あるコミュニティのすべての人が安全な車（それは全員が好む車種だとするが）を所有している場合を考えてみよう．しかし，人々は社会的地位についてもまた気にし，ある人はファンシーだが安全でない車を買うが，それは他の人によって所有されている自動車より高価な自動車を所有することから効用を引き出すからである．この行動は他者の効用を下げるため，他者も安全な車を売り払って，ファンシーな車を買うようになる．しかし，もし全員が同じファンシーな車を持ったなら，他の人すべてによって所有されている自動車よりもよりファンシーな自動車を持つことによって社会的地位

を得るということは誰もできなくなる．結果として全員の状態が悪くなるが，それは社会的地位への嗜好を満足させられないと同時に安全でない自動車を持つからである．フランク（Frank 1985）は，生産性の高い労働者が生産性の低い労働者にヒエラルヒーの中で低い地位に甘んじる代償を支払う結果として，労働者がその生産性に見合う賃金を得ていないという，限界生産性からの賃金の偏りを説明する．ベルンハイム（Bernheim 1994）は，社会的地位への関心がいかに行動の規則性を結果することができるかを示す．アカロフ（Akerlof 1997）は，「社会的距離」の主題のもとに同様のテーマを追究する．

人々の効用関数に関する強い仮定に依存することは危険を伴うが，それは理論の説明力を限定してしまうからである．地位理論は，社会的地位を求める人がいる一方で，他の者がそうしないのはなぜかを説明できない．協力モデルは，地位は本質的には重要でなく，それは，協力の相手方に求める性質を備えていると他者に信じてもらえる人々に与えられたラベルに過ぎない，と主張する．人々が社会的地位を求めると言うとき，とても望ましい資質を持っていると他者に思わせるであろう財や性格や業績を求めることを意味する．この理論は検証可能な含意を持つが，それは第4章で議論される．

群衆行動

評判効果がないようなところや相互依存的効用関数がないような場面においても，行動の規則性というものは現れる．たとえば，人々が選択肢の価値を他者の行動から推測するようなときであり，それは「群衆行動」へと導くような現象である．小綺麗なレストランが道の反対側にあることを無視して，同じくらい良い別のレストランにのみみなが行列を作って行く場合を想像してみよう．評判による説明は，彼らが良いタイプであることを示すために，人々がその別の小綺麗なレストランに行くことを示す．相互依存的効用に依拠する説明は，人々が，他の人々がひいきにするレストランをひいきにすることを愉しむと推測し，しかしなぜそうであるかについては説明しない．群衆行動による説明は，レストランの質に関して人々が部分的な情報を有するに過ぎないとし，その「部分的な」情報に基づく他の人々の行動から推論すれば，行列がレストランの質についての情報の集積を反映していると期待しうるから，人々は他の人を真似て行列を作るのである，と主張する．こうし

た社会規範（あるレストランをひいきにする規則的な行動）は，もしも彼ら自身の部分的情報だけに頼ったならば起こるかも知れない悪い帰結を避けたいというインセンティヴの結果として起こる（Banerjee 1992, Bikchandani, Hirshleifer, and Welch 1992）．

　群衆行動モデルは評判モデルと似ている．両モデルは，むき出しの選好を仮定し，エージェントの部分的情報から順応しようというインセンティヴを引き出す．主な違いは解釈にある．評判モデルのもとでは，人々が斉一的な行動に従事するのは，他者の嗜好について限定的な情報しか持っていないからである．群衆行動モデルにおいて，人々が斉一的な行動に従事するのは，彼らが財貨サーヴィスの価値について限定的な情報しか持っていないからである．評判モデルでは，彼らが共通して理解しているような社会規範について，より真実味をもって説明できるように思われる．人々が社会規範に順応するのは，評判について気にしたり制裁を恐れているからだと考えられよう．しかし，不十分な情報をもとに愚かな決定をしたからといって，もしこれらの決定が誰も傷つけないなら，誰も制裁を科したりはしないだろう．

　とはいえ，群衆行動によって引き起こされた行動の規則性と評判意識によって引き起こされた行動の規則性との間の区別は，いつも明瞭とは限らない．群衆行動モデルはときどきファッションを分析するのに用いられるが，ファッションに特徴的な流行り廃りの激しさと短さは模倣行為から引き出すことができる．したがって社会規範とファッションの規範とは異なる現象であると思われるかもしれない．しかし，直観は複雑で一般化は危険である．ハイヒールやネクタイは社会規範によって要求されるのか，あるいは単なるファッションなのか．意味論を議論するよりもむしろ，部分的情報（行動の価値についての情報の不完全性であれ，当該行動をする人々の性格についての情報の不完全性であれ）から帰結する行動の規則性は，社会規範によるものであり，他方，嗜好やテクノロジーや予算制約（寒い日には暖かい服を着るといった）の偶然性や，制度的競争（市場価格といった）によって起こる行動の規則性は「ただの」行動の規則性に過ぎない，と主張するに止めておこう．

感情

　フランク（Frank 1988）は，ほとんどの人は生理学的特質を限定的にコン

トロールできるに過ぎず，他方，ほとんどの人は，ほぼいつでも，人々の生理学的特徴を正しく解釈する，と述べる．たとえば，ほとんどの人は嘘をつくときに顔を赤らめるし（少なくとも共感を抱いている人に対しては），話者が嘘をついているか何か良くないことをしようとしていることの現れだと，ほとんどの人は赤面を解釈する．さて，もしもある人が生理学的性質をコントロールする能力を持っていたならば，人々をうまく騙せることになる．そして，ペテン師や法律家としての有望なキャリアが約束されるだろう．自然は，進化の過程で進化ゲーム論的な逸脱者についての多くの例を与える．しかし，少数のプレーヤーによる逸脱が安定的な戦略となるのは，多くの人が騙さない場合に限るのである．

　一見すると，フランクの理論は合理的選択理論に人々が協力への「選好」を持つという仮定を加えるように思われるが，しかし彼の理論はそれよりも興味深い．悪い動機を持っていたなら身体がそれを暴露してしまうという事実に反応して，人々は合理的に協力する．そのような生理学的特質を持つことは，さらには，利点を与える，なぜならコミットメントを破棄できない人々，あるいは前もって警告を与えることなしにそうできない人々は，良い協力の相手方であり，したがって協力を必要とする企画（企図）において，他者からより求められるだろう．こうして，多くの人々がそのような生理学的特質をなぜ均衡のうちに持つのかということの進化論的ストーリーについて語りうるのである．

　フランクは，彼の理論が，第2章で問題にされた集団内の協力行動と，外部者との関係との両方を説明できると主張する．第一の主張はありそうであるが，しかし方法論的利点はほとんどない．私が約束を破らないのは，(1)もし約束を破ったなら，犠牲者と同じグループの他者はそれ以降私を忌避するようになるからであるか，(2)私の身体が，私が約束を破る前に秘密を明かしてしまうからであり，裏切から得る私の利益を減らすような用心をする機会を犠牲者に与えるからである．十分に濃密な意思疎通のネットワークが存在すると仮定するなら，二つの理論はちょうど同じ含意を持つだろう．不要な概念は使わないというオッカムのかみそりを適用すれば，最初のものが良いだろう．

　フランクの理論は外部集団との協力行動の方により展望がある．私が万引

をしようとある店に入ったとする．しかし私の心臓は高鳴り，こめかみは脈打ち，額には汗が滴る．店主は私の疑惑に満ちた行動に気づき，私を注意深く観察し，したがって私は万引を思いとどまる．

　しかしこれは，なぜウェイターにチップを渡すかに対する説明といえるだろうか．フランクは，素晴らしいサーヴィスの後にウェイターへの感情的連帯を客は抱くので，関係において「裏切」をすることはできなくなる，と主張しているわけではない．悪い意図を持った客は，顔を赤らめるとかのために，座ったとたんにその意図がばれてしまい，したがってウェイターは前もってこの人が悪いタイプでありチップをくれないだろうと知り，彼に値する悪いサーヴィスで遇する，ということはありそうもない．

　事実，フランクの議論はこれとは違う．フランクは，たいがいの人は自分が誠実であることを身をもって示すために，通りすがりのレストランででも，ウェイターにチップをやるのだと述べる．性格は筋肉のようなものであり，頻繁に練習していれば強化されるのである．いかに些細な環境においても，できる限り誠実であることによって，見返りがより多いときに裏切る衝動に抵抗する能力を発展させる（フランクは人々が衝動的であるというさらなる仮定をしなければならないが）．ある人の身体が本心をばらしやすい性質であったなら，誘惑に抵抗する能力を持つことは他者にとって可視的であり，こうして，協力を必要とする最もハイリスク・ハイリターンの企画・企図においてでさえ魅力的な協力の相手方とみなされるだろう．

　この理論には，もっともらしい点が多々あるが，しかし賛否は保留しておくべきであろう．筋肉の比喩は適切だろうか．練習することによって性格を開発できるのだろうか．それともよりありそうなのは，些細な見返りの場合に何回も誠実さを発揮したからといって，見返りが十分高いときにも裏切衝動に抵抗しやすくなるなどということはない，という方なのだろうか．これらの問題については第11章で詳細に論じる[(4)]．

社会規範の内面化

　通りすがりのレストランでのウェイターの問題への一つの解答は，人々は社会規範を内面化しているということである．この観念はしばしば恥と罪の区別によって理解される．もしも私がけちに思われたくないからチップをや

るのなら，私は恥を避けているのである．もしも私が間違った行いをするということへの不愉快な感情を避けたいなら，私は罪を避けているのである．恥への恐怖は，人が通りすがりのレストランでウェイターにチップをやるのはなぜなのかについて説明できないけれど（その行動が探知され公開されるだろうというありそうもない仮定をすることなしには），しかし，罪への恐怖なら説明できる．

　この議論は理に適っているように思われるが，方法論的には不毛である．それが理に適っているのは，誰も見ていないときにさえ人々は倫理的規範に従うからであり，また，人の内面，(それは評判モデルが無慈悲に無視するものであるが)を考慮しているからである．議論が方法論的に不毛なのは，よく発展された罪の理論も，罪への恐怖がある種の行動をするのをいつ妨げるのか，またいつ妨げないのか，あるいはどんな種類の人間が罪を感じ，どんな種類の人間がそうでないのかについて，何も予測できないからである．だからもし人々が，税の過少申告はするが，浜辺でゴミを散らかしたりはしないのを観察するなら，あるいはもしある人は散らかすが他の人はそうしないのを見るならば，説明のために罪の理論に依拠することはできなくなってしまう．これに対し，シグナリング・モデルは，なぜ人々がいくつかの行動の規則性に従い，他については従わないのかを，だいたい説明できる評判理論を基礎付けるのである．

　最初は評判を考慮して遵守しただけの規範を，人々は次第に内面化するというのはよく指摘されることである．嘘をつかないのは，不正直という評判を恐れるからであるが，やがて正直の規範を人は内面化し，嘘をつくと罪を感じるようになるので本当に正直になる．私はこれが正しいのかどうか分からないが，理に適っているようにも聞こえる．よりよい例は，お辞儀によって挨拶する文化から握手によって挨拶する文化へと移住する人のものであろう．この人は最初，もしもそれをしなければ他者を不快にすると思うから握手をする．やがて，人は握手する習慣に馴染む．ある特定の文脈においてそれが適切かどうかについて考える必要はない．人はただ握手をする．新たに獲得した文化的能力に本能的に依拠するだけである．

　もしこの理論が正しいとしても，その含意は乏しい．この理論は，ある種の行動の規則性は他の行動より起こりやすいということについて何も予測で

きない．それは，習慣化されやすい行動とそうでない行動を区別できない理論だからである．この理論は，評判を理由として生じる社会規範は「粘着性」があること，すなわち，ひとたび習慣化するとなかなか元に戻らない性質を持つことは含意する．つまり，もし人々が罪を感じず習慣化もしないならば起こるであろう迅速さでは，粘着性のある社会規範が崩壊することはないであろう．しかしこれは，とりたてて興味深い含意ではない．内面化に依拠する社会規範や法の理論のほとんどは，基本的に，社会規範を外生的なものとして扱う．より厳密には，もしある社会規範が存在する場合，これらの理論は，人々がその社会規範に違反したくないという「嗜好」を持つと仮定することになる．この仮定はいくつかの興味深い帰結をもたらす．アカロフ（Akerlof 1984 ch.3）は，非効率な現状に挑戦するインセンティヴを人々が誰も持たないような均衡を作って見せた．しかしそのアプローチは，最初にそのような社会規範がどのようにして起こったのかについての疑問を提起し，問いをもって問いに答えることになってしまう．そして，そうした社会規範を推進する因子や，逆に台無しにするような因子を同定することができない．この種の法学研究の成果は見たところ豊かであるようだが，結局は不満足なものである．それは，法がいかに社会規範に影響するのかを説明できないからである[5]．

限定合理性

標準的な経済モデルは，予算制約の中でエージェント（行為者）は利益を最大化すると仮定する．これらのモデルはエージェントの記憶力と分析能力に非現実的な負荷をかける．すなわち，人がどのように行動しようか決断する際に，ありとあらゆることを考慮に入れることを仮定するが，そんなことは，誰にもできないし，してもいない，ということである．そしてひとたび決定のコストを考慮に入れたならば，そのモデルは無限背進に陥る．人々が最適化行動をするという仮説は，ある種の文脈においては人間行動の理に適った近似を許すかもしれないが，別の文脈ではそうではない．この問題に対する一つの応答は，人が他の人々の行動を多かれ少なかれ模倣していると仮定することである．このモデルは典型的には次のように作動する．多数の人々からなる集団において，それぞれの人は，他者の行動の，すべてではない

し多くでさえないかもしれないが，ともかくいくつかを目にする．最初，人々は一群の戦略の中から無作為に選択して自分の行動に採用するが，次第に相互行為を行い，自分が観察した人の集合の中で，社会的相互作用においてよりうまくやったように見える人を，模倣するようになる．やがて，より成功する戦略は成功しない戦略を駆逐する．

　このモデルのよくある例は，交通のしきたりである．人々は車を運転するが，そこには右を走るか左を走るかの法や慣習がないとする．望ましいしきたりは，常に右側通行か常に左側通行のどちらかである．ここで，人々は右側通行と左側通行とで，それ自体としては全く無差別であるとする．悪い慣習は，たとえば，常に西側通行とか常に北側通行とかであり，これは事故を引き起こすだろうから良くない．各人は，自分自身の道を走る経験か，あるいは，おそらく他者の経験のほんの一部を除いては観察することができないと仮定すれば，人々は最初無作為に戦略を選ぶであろう．そして，よりよく事故を避けている者の戦略を目にするまではそれに従い，より良い戦略を目にすれば，人々はその新しい戦略を真似するとする．そうすれば，やがて悪い戦略は駆逐され，良い戦略が普遍的になり，慣習が確立することになる (Young 1998a)．

　同様のアプローチは，所有権の進化を説明するのに用いることができる．自然状態において，価値ある財産にたまたま出会った2人を想像してみよう．彼らは二つの戦略を選択できる，財産に攻撃的に飛びついてしまうか，尻込みして眺めているか，である．最良のものから最悪のものまでの戦略の組合せは，(攻撃的, 受動的)，(受動的, 受動的)，(受動的, 攻撃的)，(攻撃的, 攻撃的)，の順である．考え方は，次のようなものである．私が飛びついて彼がそうしないなら，私は財産を得られる．もしどちらも取らないのなら，われわれがまごまごしている間に財産が腐ってしまう．しかしもし，われわれがともに飛びかかるなら，コストの高い戦闘になる．一つの均衡は確率的に行動することだが，しかし最良の均衡は受動と攻撃の間を交互に切り替えて両者が行動を調整することである．研究者は，占有こそ，人々が行動調整できるフォーカル・ポイント（注目一致点）なのであると議論した．もしある人がその財産を占有すれば，それを攻撃的に守るだろうし，他者はそれを尊重するだろう．多くの動物たちが同様の慣習を持つことは，人間にそれを適用す

る上で尤もらしさを与える (Sugden 1986, Hirshlaifer 1982, Maynard Smith 1982).

　この理論はかなり示唆的であり，重要な規範的帰結（第10章参照）を持つが，こうした進化ゲーム論を用いて，どの程度の行動が説明できるかは明らかでない．これが，(仮定により) 誰も見ていないときにも，通りすがりのレストランで人々がチップを渡す理由を説明できると信じることは難しい．私は本書の主題である法の問題に役立つ多くの応用例を進化ゲーム論には見出さないが，それはおそらくこれらの問題すべてが，模倣よりは近似の方が最適化をもたらすような行動に関係しているからであろう．しかしながら，進化論的アプローチは，運転に適用されるような慣習や規範に対しては，シグナリング・アプローチよりも明快な説明を与えている．このことは，協力行動を説明する際に，唯一のアプローチに固執することの危険性に対して，有益な警鐘を鳴らしていることになる[6].

　第2章で記述された理論に対する繰り返される反論は，シグナルが「それだけですべてでありえない」というものであった．読者の中には，後の章で議論される人種差別，愛国心，儀式的な贈与，ファッション，その他の複雑な社会的現象は，互いに良いタイプに属するというシグナルを発しあう集団構成員の努力以上のものに関わると反論するだろう．これらの行動は，本能や，感情，深く刻み込まれた文化的態度などの大鍋から泡のように立ち上って来る，えもいえぬ，いわくいい難いものだなどと言い出すかもしれない．

　私の応答は，本書が方法論的コミットメントを反映しているものだ，というものである．私の主張は，合理的選択理論は，行動の認知的源泉や感情的源泉を排除したとしても，行動の規則性の評判という源泉に焦点を当てることだけで，社会規範の問題に解明の光を十分に当てることができる，というものである．私は，合理的選択理論が社会規範や協力の完全な説明を与えられるなどとは主張していない．認知や感情とは関係がないわけではない．社会規範の理論を基礎付けうるためには，認知や感情が心理学者によっても不十分にしか理解されていないということであり，認知や感情の重要性についての繰り返されるが根拠不明の主張は，代わりにもたらされる何らの利益なしに，議論を混乱させているだけなのである．

　しかしながら，私は，群衆行為や限定合理性のモデルは重要であると考えるので，本書においても必要に応じて言及する．

第二部

法への応用

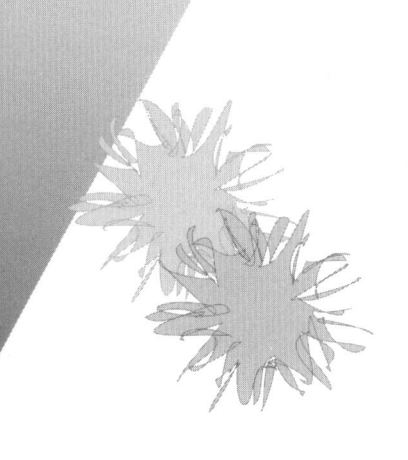

第 4 章　贈与と無償の約束

　贈与は，現金を評判に換える手段の中で最も重要なものである．ここでいう現金とは，現金そのものと比較的容易に現金化できる財産との総称である．住居，衣服そして銀行口座は，すべてこのような意味において現金とされる．評判とは，ある特定の個人が有している割引率その他の協力性に関する特質について，人々の間で共有されている認識をいう．ほとんどの人は，現金と評判の双方を欲するものである．両者は補完関係に立つ．私が評判はとても良いが現金は持っていないとしたら，私は，食料，住居その他の生存に必要な物を購入できるように，評判のいくばくかを現金に換えようとするだろう．逆に，現金はたくさんあるが評判は良くないとしたら，現金のいくばくかを評判に換えようとするだろう．というのも，評判が良くない場合においては，安全，親密な関係，政治的な影響力といった，市場で取り引きされない財を生みだす協力的な関係を，他の人と築くのが困難だからである．このようなトレードオフのレートは人によりさまざまであるが，守銭奴と聖人に体現されるような両極端なレートは，稀である．

　学者，とりわけ頭の固い経済学者や法学者には，日々の生活における贈与の重要性を過小評価する癖がある．実際は，少なからざる時間とお金とが贈り物を考え，買物に出かけ，購入し，そして交換することに費やされているのである．ある著名な人類学者は現代の生活について次のように指摘している．「私の知り合いの若い母親は，彼女の可処分所得のかなりが贈り物に費やされてしまっていると，しょっちゅう溜息をついている．彼女の3人の子どもたちは，全部合わせると，1年間に40回ものお誕生日会に参加している．

職場の同僚は4人で，クリスマスには全員に贈り物をする．職場全体では（彼女によれば，ほぼ毎日）子どもが産まれたり，病気になったり，家族に不幸があったり，昇進したりした同僚に贈る花束のための募金が回されている．夫の実家は大家族で，……子どもたちの先生は贈り物を受け取るし……彼女とその夫はしばしばパーティーに招かれるが，その際には女主人への贈り物を用意しないといけない」(Post 1992, p.561)．にもかかわらず，彼女は，大切な社交関係や取引関係を損なうことなしには贈り物をすることを拒否することはできないのである．個々の贈り物は，良い評判を確保し，さらに高めるための投資なのである．

　年月をかけて評判を築いてきた人が，老年期に入ってその評判を現金に換えることは，しばしばある．年をとって先が見えてくると，どんなに素晴らしい評判を持っていても，得られる利益は減ってくる．そこで，ある時点で，評判を現金化しようとするのである．老いた有名人が現金化する方法は，コマーシャルへの出演である．交換は，3方向で行われる．有名人は現金を手に入れるが，高潔であるという評判に傷を付ける．宣伝対象の企業は現金を失うが，自らの評判を高める利益を得られる．間に立つのは大衆であり，大衆は，有名人の割引率が高いものであり，そのため協力的関係における相手としてはほとんど何の価値もないことを知るのである．かかる事情が，自らを売りに出す者に対して，われわれが軽蔑の念を抱く根拠である．われわれが知るもう一つのことは，その企業が自らの製品の質に自信を持っているということである．というのも，さもなければ，企業は有名人に金をばらまいたりしないだろうからである（Klein and Leffler 1981）[1]．この点こそ，企業がこの交換から得る利益である．逆に，現金を溜め込んだ若手は，現金から得られる利益が逓減してくるから，ちょっとした額の現金を評判に転換しようと試みるのである．現金を評判に換える方法への需要があれば，たちまち供給がなされる．供給者はチャリティー（慈善事業）であって，チャリティーとは金を払ってくれる人に評判を売りつける商売をしている企業に他ならない．チャリティー企業は毎年何10億ドルもの寄付金を受け付けているのである（Clotfelter 1992）．

シグナルとしての贈り物

「贈与は利他主義の現れである」との考え方は，あまりにも日常生活におけるイデオロギーの不可分な要素となっているので，贈与について深く考察したことがない人が，利他主義が実は限られた役割しか果たしていないのかもしれない，ということを認めるには多大な困難を伴うものである．法学者は，贈与が有するイデオロギー的意味合いがあまりにもはっきりしているために，贈与の社会的機能に着目してこなかった．しかし，法学以外の分野の学者は，贈与について法学者とは違った見方をしている．およそ贈与というものが（おおっぴらな取引としてであろうと，社交的または親密な関係において黙示的にであろうと）交換関係の内部において行われるものであることは，モース (Mauss 1990)，ブラウ (Blau 1964) そしてミラー (Miller 1993) といった人類学者や社会学者およびニセンバウム (Nissenbaum 1997) といった歴史学者により早くから認められてきていた[2]．本章は，かかる認識を，第2章において開発したシグナリング理論を使って検討しようとするものである．

贈与は，シグナルである (Camerer 1988)[3]．贈与は，容易にという以上に不可避的に観察可能であり，コストがかかり，かつ，資源を浪費する行動なのである．贈り物にコストがかかる理由は，次の二つである．一つ目は贈り物にする物を手に入れるには，お金を払うか努力をしなくてはならないからであり，二つ目は受け手の嗜好を見定めるにも，努力かお金をつぎ込まなくてはならないからである．ジルコニウムの宝石の贈り物がダイアモンドの贈り物よりも成功する見込みが低いのは，ジルコニウムは安いからである．ワインの贈り物は，禁酒主義者には不適切である．花とキャンディーの贈り物は，贈り物としては適当だが，いい贈り物とはいえない．なぜなら，ほとんどすべての人が花やキャンディーを好きなので，これらを贈っても，贈り手が受け手の嗜好を知ろうと努力したことが受け手には分からないからである．しかし，花やキャンディーにも高価なものはあり，しかも，好まれているのであるから（ペイパー・クリップと違い）贈ることに意義はまだあるのである．贈与がシグナルとして広く使われるのは，多々あるシグナルの中で唯一，贈り物にかかるコストが贈り手の裁量に委ねられているため，贈り手は自らのタイプを明らかにするのにちょうど必要なだけの投資を贈り物にすれば済むからである．これとは対照的に，教育や差別といった他のシグナルは，コストがシグナルの送り手のコントロールが効かない要素に左右されるために，

「帯に短し襷に長し（lumpy）」となってしまうことがありうるのである．

　贈与がシグナルとして機能するには，贈り手の割引率が低いことを示すような贈り物でなければならない．ここで問題となるのは，同じ贈り物であっても，ある人にとっては他の人よりもよりコストがかかることがありうる，という点である．このような曖昧な点が生じる大きな理由の一つが，利他主義である．利他主義に基づいて贈与が行われる場合には，贈り手の効用が受け手の効用と同じだけ増大することで，贈り手が，利他主義ではない贈り手なら得ることはない利益を得ているという意味で，贈り物は「安い」のである．AとBが同じ嗜好と資産とを持っていて，異なるのは，AはCを大事に思っているが，BはCを良いビジネス・パートナーとしてみている点であるとしよう．BがCとの関係から割引後の利益として100ドルの利益をあげることができるとすれば，CがBを良いタイプであると認めて，Bとの関係を築いてくれるのを確実にするために最大100ドルまでをBはCに贈与しようとするだろう．AはCと関係を持ちたいわけではないが，大事には思っている．したがって，AがCに100ドル贈るとすれば，それは，Cの効用が増すことによって増大するA自身の利他主義的な効用が，その100ドルを他の機会に使えた機会費用を上回るからでしかない，ということになる．AとBのいずれが利他主義者であるのか，AとBのいずれが良いタイプでいずれが悪いタイプなのかを判別する手がかりをCが別途持っていないならば，Cにとってこれらの問いへの解答を得ることは，100ドルの贈与をもらったということからは不可能となるのである．

　どれだけ高い贈り物をするかは，未来の関係における利害がどれだけかかっているかによる．贈り物がシグナルとして機能するのは，裏切ることで得る報酬よりも贈り物のコストがかかる場合だけである．したがって，利害が大きくなればなるほど，裏切の報酬も上がり，したがって贈与への投資もまた増大するのである．かくして，外交官やビジネスマンは，友人や仲間との関係を築いたり強めたりしようとする場合には，一般の人の贈り物よりも高価なものを互いに贈りあうのである．ある関係の価値がどれだけのものであるかは，特にビジネス上の関係にあてはまるが，関係者の能力と財とに依存するのであるから，より富み，より優れた能力を有する人々は，貧しい人の贈り物よりも高価なものを互いに贈りあうのである．金融市場が十分に機能

していたならば，貧しいが優れた能力と割引率を有している人であっても，自分を信頼してくれさえすれば雇ってくれそうな企業や個人に高価な贈り物をするために，お金を借りるようなことが観察されることであろう．しかし，金融市場は十分には機能していないのが現実である．それに，十分な情報が入手可能であって，かかる貧しい人が贈り物をするためにお金を借り入れることができたとしたら，もはやシグナリングは必要なくなってしまうことだろう．実際のところは，貧しいが優れた能力と割引率を有している人は，お金を借りることができないので，長時間働いて底辺からはいあがってくることにより，自らのタイプをシグナルするしかないのである．

　贈与に曖昧な点が生じる二番目の理由は，贈り物が高価なものであることが，贈り手の割引率を反映しているのか，それとも他の能力を反映しているのか，あるいは，受け手の能力と財について贈り手が誤解していることを反映しているのか，いずれなのかはっきりしない点に求められる．たとえば，ボスが秘書に高価な贈り物をしたとする．この贈与は，その秘書が秘書として働くよりも管理職となって会社により貢献するだけの能力を有している，との誤解を反映しているのかもしれない．はたまた，ボスが，これからもボスと秘書の関係において自分は頼りにしてもらえるが，割引率は尋常ならざる低さであることを秘書に示したいという願望を反映しているだけなのかもしれない．

　一方的贈与と相互的贈与の違いについてもっと言及すべきであろう．一方的贈与が行われるのは，一方の側のみが受け手の割引率についての個人情報を握っている場合である．たとえば，クラブその他の組織であって，その構成員が比較的よく知られているものに加わる場合には，加入者はありとあらゆるシグナリングを行わなくてはならない．そのためにパーティーを開いたり，チャリティーに寄付したりするのである．相互的贈与が行われるのは，贈り手も受け手も互いのタイプについての個人情報を握っている場合である．現金の贈り物は，一方的贈与においてはシグナルとして機能しうる．裏切ることにより得られる報酬よりも額が大きい現金を贈るならば，受け手を将来裏切るために関係を新たに築こうなどとはしないのである．実際，現金を贈与することは，関係の構築により得られる当初の利益を相殺することで，埋め合わせを後の段階まで先延しすることである．そのため，割引率の低い者

だけが，埋め合わせが後の話になることを前提にしても，新たな関係を結ぼうとするのである．一方，どちらも自らのタイプをシグナルしなければならない場合においては，現金はシグナルとして機能することはできないのである．その理由は，一方からの現金の贈り物は，受け手によるその送り手への現金の贈り物の埋め合わせとなって相殺されてしまうからである．かくして現金の贈り物は何の痕跡も残さないものとなり（チャラになってしまうのであり），相互の贈り物の額が等しくない場合には現金の一方的な移転という結果に終わるのである．相互的贈与には，価値の破壊が必要なのである．

　この結論から，何かの行事の際に交換される贈与の多くが，現金ではなく物やサーヴィスなのはなぜかを説明することができる．クリスマスその他の祝日，誕生日，ディナーその他の特別な場において，同じ社交または取引のグループに属する人々の間で現金の贈り物が交換されることは，稀である．外国人が私人の家に泊まるときは，現金ではなく故郷の特産物を贈り物として持参するものである．フルーツ・ケーキと醜いネクタイをめぐるジョークは，大抵の贈与が，受け手が必要としている物を贈ることとは無関係であるとわれわれが認識していることを明らかにしているのである．われわれは，受け手を喜ばせる物が何なのかが分からず，相手の気分を損ねてしまうのではないかと恐れているような場合であっても，贈り物をするように強制されていると感じている．しかし，このような場合であっても，受け手との関係をこれからも大事にし続けるつもりであることを示すために，何かしら贈り物をしようとしなければならないのである．逆に，仮に贈与が常に利他主義の結果であるとしたら，一方的贈与においては常に現金が使われることになるであろう．というのも，現金は，その現金を使って購入された物よりも受け手にとり価値が高いのが常だからである．相互的贈与は行われないであろう．というのも，受け手が同価値の現金よりも低く評価する，現金以外の贈り物をするよりも，そもそも贈与をしないほうが双方にとりましとなるからである．

　現金の贈り物が稀な理由のもう一つは，受け手の嗜好を見定めるために時間と努力を費やすことの方が，現金よりも信頼できるシグナルでありうる点である．家計を妻との共同口座にしている夫が妻に贈り物をしたとしても，贈り物を買うのに使った現金の方が，その贈り物より価値が高いと妻が評価

するなら，妻を怒らせることになろう（共同の銀行口座の現金の全部または大半を妻が稼いでいたと想像せよ）．逆に，夫が自分自身の個人的な余暇に使うこともできた時間を，妻の嗜好を推測するために費やすとしたら，夫は妻を傷つけることなしにコストを負担できるのである．最高の贈り物とは，受け手を驚かせ，しかも同時に，喜ばせ，特にその受け手のために選び抜かれたように思わせるものである．前述のように，花とキャンディーが陳腐な贈り物であるのは，みんなが花とキャンディーを好むので，もらっても誰も驚きはしないからである．花とキャンディーとは対照的に，受け手が着るととりわけ映えるような衣服，受け手の趣味にあう芸術作品，受け手が関心はあるが未だ読んでいない本，これらはすべて良い贈り物たりうるのである．良い贈り物は，贈り手が受け手の嗜好を深く把握するに至ったことを示すのであるが，そもそも受け手との関係を長きにわたり維持しようとする者だけが，このような深い理解を獲得するための投資をしようとするのであり，その理由は，投資したコストを回収するには関係が長きにわたらなくてはならないからである．かくして，良い贈り物，すなわち，贈り手が受け手を深く理解していることを示すような贈り物は，贈り手が協力者（cooperator）であることの信頼できるシグナルとなるのである．そして，お金は決してそのような贈り物となることはないであろう．というのも，現金の贈与にあたっては受け手の嗜好や人格について，何の知識も要しないからである（Camerer 1988, pp. S193-94）．

　ひとたび2人の協力者がマッチングすると，2人は協力しあう行動により余剰を作りだし分配しあう関係を構築するのであり，かかる関係は，通常の場合においては，事前に具体化することはできないし，法的に強制できる契約を通じて強制することもできないような性質のものである．このような信頼関係に基づいて，各当事者は自分のコスト以上に他の当事者に利益をもたらす行動，少なくとも他の当事者が観察して評価できるような行動を取るのである．譲渡や約束が多くの場合無償であるように見えるのは，このような行動が対価の一部として具体的に事前に決められているのではなく，当事者が最大限の余剰を生み出すと信じての行動だからである．しかしながら，信頼関係に基づく行動が一見すると無償であることは，当事者がかかる関係を築いた理由が，利己的な（非利他主義的な）経済的利益を獲得するためであ

るという事実から，われわれは目をそむけてはならない．

　たとえば，教員候補者に大学側がディナー（夕飯），小旅行，会議の場を提供したり，電話口でお世辞を言ったりするかもしれない．これらは大学にとってはコストがかかるが教員候補者にとっては何の価値もないものである．これらの贈り物に高いコストを要するということにより，大学がその採用予定者と長期的な関係を築きたい意向を持っていることをシグナルしているのである．贈り物の価値が低いことにより，学問の世界に興味がない採用予定者が興味があるふりをして，魅力的だが一時的な贈り物を得ようとすることを抑制できるのである．研究者が贈り物を喜んで受けとることは，大学との長期の関係を築くことに関心がある旨をシグナルしているのである．大学が非常勤講師や助手その他の短期間の職員の予定者には，はるかに価値が低い贈り物しか贈らないか，そもそも何にも贈らないことがしばしばあるのは，コストをかけることが長期間にわたる関係から得られる利益により正当化されないからなのである．ひとたび優れた研究者と大学とが関係を構築すると，研究者は大学のために最大限の価値を生み出そうとし（身分保障があっても，研究論文を書き各種委員会に参加するのである），大学も研究者のために同じことをするのである（研究者が大学に根をはやしてしまい，容易には他の大学に移れなくなっても，定期昇給等を続けるのである）．注意すべきは，研究者が委員会に加わるという行動は，贈り物に類似する面（見返りの譲渡を明示的には要求しない譲渡）を有しているが，実際には，情報取得コストのために法的に強制することが不可能であるような契約に類似した関係に基づくものであるということである．

　かくして，シグナリングのために行われる贈与と，信頼関係において緩やかな対価として行われる贈与とを区別することが重要となる．というのも，後者は実は贈与でもなんでもないからである．シグナルとしての贈与は，以前論じた「形式的」贈与，すなわち，クリスマスでのフルーツ・ケーキの交換のように，儀式として行われ，贈り手・受け手双方の価値を最大化するわけではない贈与に対応する．このような贈与が行われる動機は，信頼される関係を構築し，継続しようとする意欲である．贈与のもう一つの形態，すなわち，形容矛盾ではあるが適切でもある表現を与えれば「交換的贈与」は，信頼関係の一方の当事者から他方の当事者への譲渡であって，贈り手にかか

るコストよりも受け手の利益の方が大きいようなものとして理解するのがいちばん良い．このような贈与が行われる動機は，信頼関係の存続条件を守ることにより利益を享受し続けたいという意欲である．交換的贈与は，贈り手にかける負担以上に受け手を利する．これに対し，シグナルとしての贈与の場合は，受け手を利する以上に贈り手にコストがかかることがよくあるのである．交換的贈与は機会がおとずれる度に行われるが，シグナルとしての贈与は儀式の一環として行われるのである．

　なぜ贈与は儀式化されるのであろうか．答えは，人々は自分の贈り物の意図が誤解されることを恐れるために，時間の経過とともに定型化され，趣旨がよく理解されるようになった贈与の仕方に従うようになるからである．ボスは素晴しい仕事をした秘書に，感謝の意を示そうとしてバレンタイン・デーにプレゼントをするべきではない．バレンタイン・デーは愛情のこもった贈り物をするのに代表的な日（ふさわしいとされている典型的な日）なのであって，仕事上の贈り物をする日ではないのである．秘書にプレゼントするのに適当な日は，4月の最後の完全週の水曜日である秘書の日（Secretaries' Day）やクリスマスなのである．実際，祝日に贈り物をすることは，広く見られることである．なぜなら，祝日とは相互に贈り物をすることで関係を構築し，または強める日であるとされているからである．このようなフォーカル・ポイント（注目一致点）については，第7章で詳細に論じることとする．ここで重要なことは，儀式化された贈答の特徴として，その儀式が歴史的偶然の産物でしかないことがしばしばである，ということである．

　本書では，ビジネスにおける信頼関係の重要性を強調してきたが，その理由は，契約関係では情報のコストの問題で獲得できないような余剰を，信頼関係が当事者にもたらすことができるからである．信頼関係は家族関係においても重要である．なぜなら，情報のコストだけでなく法規範によっても，家族の一員が家計に係る婚姻契約（marriage contract）を締結し，強制することが制限されるからである．しかし，信頼関係の重要性を最も鮮明に打ち出す例は，政治の分野である．法および公共政策は議員の収賄を禁じているので，ロビイストは議員の一票の行使に影響を何とか及ぼせたらと，議員に贈り物をするのである．最初の贈り物は，議員がしかるべく行動すれば贈り物がこれからも続くことを示す，ロビイストのシグナルである．その後，贈り

物はその前の行動に対する見返りであり更なる贈り物が来ることの約束となるのである[4].

　公共の場におけるチャリティーの贈り物は実は偽装された販売ではないかとの議論があるかもしれない．大学は,「寄付者」のお金の見返りとして，その者に第三者の名前にちなんで建物を命名する権利を売っているのである．しかし，このような記述は当該取引の特徴をつかんでいない．大学は，金持ちのならず者で，傷ついた評判を回復させようとしているものに，建物の命名権を売り飛ばそうという誘惑にはまだ抵抗しているのである．選挙運動の寄付を受けた政治家と同じように，大学にも，たとえ稀にしか行使されていなくても，建前では裁量権はあるのである．大学が学位や役職を見返りなしに売らないのは，ノーベル賞を入札で最高値をつけた者に授与したとしたらノーベル賞の名声が地に墜ちてしまうのと全く同じで，学位や役職をごくあたり前のように売ってしまったら，大学の評判が地に墜ちてしまうからである．カトリック教会は，赦免の値段と価値の違いについて似たような教訓を宗教改革から学んだのである．要約すれば，人は自らが寛容であり，率直であり，公正であるとの評判に価値を見出すのだが，これらの評判は，仮に金で買えるとしたならば存在しえない，ということである[5].

贈り物をする別の理由

利他主義

　前述したように，贈与が行われるのは利他主義による場合もあるし，他の人との信頼関係を構築し，あるいは強めたいとの欲求による場合もある．にもかかわらず，利他主義こそが贈与の「唯一の」理由であるとの直観的判断は，広く共有されている[6]．この見解に従うと，贈与が行われるのは，時間やお金を贈り物をするのに費やしたことによる贈り手の効用の減少分よりも受け手の効用の増加分の方が上回る場合となる[7]．しかし，この見解は間違っている．

　ある慈善事業に寄付をするのは，その慈善事業の恩恵を受ける人によかれと願ってのことであるような人について考察してみよう．その人と同様に，慈善事業の恩恵を受ける人の幸せを願って寄付をする人がたくさんおり，そのような人はみな，他の人の寄付を前提として行動する，と仮定しよう．そ

うすると，他の人が多くを寄付すると，その人の貢献度は減ることとなる．そして，他の人の寄付により慈善事業の恩恵を受ける人はより幸せになれるのだから，当該本人は慈善事業以外のことにお金を費やす理由がより強くなることとなる．しかし，かかる推論の結果は，われわれの直観にも証拠が指し示す所にも反している（Sugden 1982）．加えて，利他主義理論では，慈善事業への寄付が，一般の寄付とは異なり，なぜ世間の注目を必ずと言っていいほど広く集めたりする特色を有しているのかを説明できないのである[8]．

先に述べたように，利他主義は相互的贈与を説明することもできない．クリスマスにXとYとが等価値の贈り物を交換するとしたら，双方ともに贈るのは物なのであって，お金（その価値は贈り物の価値よりも低くはないどころか，たぶん高い）の交換よりも，互いにより不利な（ワースオフした）結果に終わることになる（シグナルとしての機能がない場合においては，物は等価値のお金よりも優れた贈り物ではありえない．なぜなら，受け手は，お金をもらったならば，贈り手が考えていた物を他の何よりも好きであったら必ずその物を買うのであり，そうではなかったら他の物にお金を使うことができるからである）．また，贈り物を互いにしないとの協定が結ばれたとしたら，かかる協定により利益を得られるのは，(1)利己主義者の場合，当事者本人が，お金を持つことの方を，そのお金以下の価値しかない物を贈られるよりも良いと思う場合，および，(2)利他主義者の場合，当事者の相手方が，お金を持つことの方を，そのお金以下の価値しかない物を贈られるよりも良いと思う場合，である．しかし，このような協定は実際にはほとんど見かけない[9]．

社会的地位の向上

多額のお金がおおっぴらに寄付されるのは寄付者の社会的地位を向上させるためである，と主張する研究者もいる．このような現象を解明するため，多くの研究者は社会的地位を外生的要因としている．人々は高い社会的地位を「嗜好」する，すなわち，他人よりも社会的地位という財をより多く所有することにより効用を得る，と仮定するのである（たとえば，Glazer and Konrad 1996, Bernheim 1994, Coleman 1990, pp.129 – 131, Frank 1985, McAdams 1992, Hirsch 1976, Scitovsky 1992など参照）[10]．しかし，第3章で述べ

たように，社会的地位を追い求める行動を説明するのに，かかる仮定が必要だとは考えられない．

　社会的地位を，協力の相手方としての魅力の度合いと定義しよう．社会的地位の高い人にわれわれが引き寄せられるのは，このような人との協力的関係の方が，社会的地位の低い人とのそれよりも多くの利益を得るからである．したがって，社会的地位とは，他人について，割引率はもちろんのこと，運動能力，ビジネスにおける洞察力，財力のような技能や，美しさ，魅力，気前のよさといった特徴などの諸属性を，その人が有しているとの信念の関数なのである．つまり，社会的地位はその信念と相関している．たとえば，映画俳優は映画ファンの間で高い社会的地位にあるが，その映画ファンのほとんどは普通の人たちである．数学の天才は，学者の間ならば社会的地位が高くなるかもしれない．地方政治家は自分の選挙区の人たちの間では社会的地位が高いかもしれないが，彼から影響を及ぼされることのない外国人や俗世間から離脱して出家した人の間ではそうではない．偉大な野球選手だけれども，おつきあいは御免被りたいような人の社会的地位は，野球ファンの間では高いかもしれないが，チームメイトや隣人の間では低いことだろう．

　社会的地位という概念は，ある人の外からは観察できない属性と，その人の属性についての信念とを明確に区分するのである．というのも，後者は，その人の外から観察できるような行動と性質とに依拠するからである．したがって，自分の属性についての周りの人々の考えを必ずしもより正確にしようとするものではなくとも，自らの社会的地位を向上させるような方向にそれを変えようとする動機付けが，誰にも強力に働くのである．実際，人は，協力の相手方の候補者を勧誘するための「自己宣伝」の一手法として，自分の属性についての社会の構成員全体の認識を変えようと欲するものなのである．

　協力の相手方を探す場合において，贈り物から明らかになる贈り手の情報が極めて混乱していることが分かっており，そのため，贈り物から割引率（およびその他の属性）がどのあたりかを推測するのではなく，贈り手の贈与行動における贈り物の価値と受け手の範囲とによってランク付けが行われる，と仮定しよう．そうすると，他人の評価は，常に，現に行われた贈与とは関係のない過去の行動に基づくようになる．評価の基礎となる過去の行動は，

過去の協力的関係における行いぶりの場合もあるだろうし，贈与以外のシグナルの場合もある．たとえば，実業界の大物は，有名な会社で重要な地位を占めていることで社会的地位を確立することができる．かかる社会的地位が指し示しているのは，彼が価値ある技術の持ち主であって信頼するに足る（割引率が低い），ということである．大物は，豪華な邸宅に住み，子どもを金のかかる学校に通わせ，高価な衣服を身にまとい，大金を投じてヴァケーションに出かけるのである．その大物は，このような誇示的消費をすることにより初めて，この人は本当に金持ちなのであり，したがって金稼ぎに通常必要とされている属性を持っているのかもしれないと人々に思われるようになる．それに加えて大物が慈善事業団体に大盤振舞いの寄付をすれば，人々は彼が実はもっと金持ちなのであり，しかも心暖かく気前もいい人物だと考えるようになるのである．財力や技術云々の評価が高まる程，より多くの人が大物の周囲に集まるようになる．その結果，大物は，社交やビジネスの関係を新たに結ぶことがさらに容易になるのである．これが，「ハイ・ソサイエティ」に割り込もうとする成金の方策の中で，贈与がかくも重要な位置を占めている理由なのである[11]．

　十分に多くの人たちが（気前がいいとか金持ちだとかいった）評判を十二分に大事にすれば，贈与という行動を取らなければならないという規範を，ほとんどすべての人が遵守するようになり，評判を大事にしなかった場合よりも多くの寄付をするようになり，慈善事業への寄付の大小も，その慈善事業の恩恵を受ける人の幸せに，利他主義唯一論が考える程には影響を受けないこととなる．この議論は，引き続き詳しく論じることとしよう．

　さらに三つの指摘をしたい．第一に，贈り手は，自分が金持ちであることや気前がいいことを，ある人たちにはシグナルしようとするが，他の人たちにはしようとはしないことである．自らがこれらの属性を有していることを配偶者にシグナルするために，匿名の寄付が行われることがある．贈り物を実際に受けとる人の意見とは無関係で，自分が金持ちであるか気前がいいことを友人や仲間にシグナルする目的で寄付が行われることもある．大物の寄付の宛先が映画ではなくてオペラなのは，映画を観賞する大衆ではなくオペラを観劇するエリート層の意見を大事にしているからである．

　第二に，受け手が個人である場合は，贈り物を受け取ることにより受け手

の社会的地位は損なわれていることを強調しなければならない（興味深いことに，受け手が組織である場合は，社会的地位は損なわれない．組織の理事や役員についても同様である）．お返しすることとされておらず，またはお返しをしなかった場合においては，高価な贈り物を受け取ったということは，受け手は富をあまり有していないことをシグナルしているのである．そして，社会的地位が，他人が認識している富の大小の関数であるとすると，受け手の社会的地位は損なわれるのである．このため，ある人を辱めたい者は，その人に施しをすることにより目的を達することができる．施しをとても必要としている人が，時々受け取りを拒否したり，施しを隠すことにこだわったり，施しを受けた後にお返しをしようとしたりするのは，社会的地位の低下を避けるためなのである．そして，これらの振舞いのすべては，ヴィクトリア朝時代の小説家のお好みのテーマだったのである．

　第三に，社会的地位に関するシグナリングは，実は他人の信頼を獲得するためのシグナリングの競争の一形態でしかないのであるから，信頼できるものでなければならない．慈善事業を行う者は，彼らに寄付が集まるのは，寄付者が自らの社会的地位を他の人にシグナルするためであることを承知しているので，寄付者の氏名を広く知ってもらえるように骨を折るのである．職場の同僚は，あなたがどれだけ豪勢な休暇をとっただとか，芸術作品のコレクションがどれだけ価値のあるものかといった話をしても，決して本心から信じたりしないだろうが，オペラのプログラムのパトロン（後援者）のコーナーにあなたの氏名が掲載されているのを見れば，「オペラのパトロン」という称号へのあなたの権利を疑問視することはもはやできなくなるのである．次の節で論じられるように，慈善事業の存在理由の一つは，協力の相手方をある限られた範囲の集団の中から見つけたい場合に，裕福な人々が自らの能力と財力とに関する信頼できるシグナルをその集団へと送ることができるようにすることにある，との説を唱える慈善事業の理論もあるのである．

贈り物の社会的（不）効用

　贈り物と社会規範はどう関係するのだろうか．よくある議論の一つは，社会規範は望ましくない贈り物を禁ずるというものである．気前よく物をあげすぎたりケチりすぎたりすれば，われわれは彼の行動を非とするし，社会規

範に違反したという理由で彼に制裁を科すこともあるかもしれない．だがそれより私は，「社会規範」とは均衡行動に貼り付けるラベルにすぎないと考える．他者の模倣をすることで何が最適かを見つけようとしている場合を除いては，社会規範は人々に何かを「させる」ことはない．そして基礎になっている行動のインセンティヴを理解しないまま，社会規範が良いか悪いかを決めることなどできないのである．破壊的なステイタス競争のために物惜しみなく贈り物をするコミュニティでは，人々は自分のタイプを示すためにむやみやたらと贈り物をする．十分な贈り物をしない人は悪いタイプだとみなされて避けられてしまう．行動の合理性が理解されるならば，ケチな贈り手は社会規範に違反しているが気前のよい贈り手は従っている，と言えるであろう．異なるコミュニティの人たちはこのような行動を遠くから眺め，気前のよい贈り手をあざ笑い，ケチな贈り手に同情するかもしれない．この後者のコミュニティでは，惜しみなく贈り物をするということは適切なシグナルとはならない．だが，前者のコミュニティにいるケチな贈り手にとっては，こういうコミュニティも存在しているということだけでは何の慰めにもならない．もっとも，比較的貧しいという理由からステイタス競争で負けてしまっても前者のコミュニティから後者のコミュニティへ移り住める，というのなら話は別であるが．

　ワルドフォゲル（Waldfogel 1993）は，1992年のクリスマスのプレゼント交換で40〜130億ドルのデッドウェイト・ロス（死重的損失）が発生していると論じている．この数字はある調査からはじき出されたものである．その調査では回答者が最近もらった贈り物の価値を評価するのだが，その評価額は購入価格よりも低かった．この結果の解釈の一つは，「金銭は交換可能で，それを使っていちばん欲しい物を何でも買えるため，人々は物よりも金銭を好む」という解釈である．したがってある人が贈り物としてある物（またはサーヴィス）を渡すたびに，「もらい手がその物に付与する評価額」と「購入に使われた金銭の評価額」の差と同じだけのデッドウェイト・ロスが生じるということになる．クリスマスのときのようにこの行動が大規模に起こると何十億ドルもの損失が出てくる．

　ワルドフォゲルの計算結果は，プレゼント交換が莫大な社会的コストを生み出している可能性を示唆している．しかし本当にそうなのだろうか．この

答えは驚くほど込み入っている．シグナルをまったく伴わないような純粋に利他的な贈り物でも，社会的コストとなりうる．このことはシグナリングがどのように社会規範を生成するかというわれわれの関心からは外れるけれども，これらのコストについての議論は重要なので，ちょっと脱線してもよいであろう．

利他的な贈り物には社会的価値があるということは明らかなことに見えるかもしれない．贈り物をすると，第三者の状態を悪化させることなく，贈り手も受け手もよりよい状態に至る．受け手がよい状態になるのは，何もないよりは贈り物をもらった方がましだからである．一方，贈り手がよい状態になるのは，彼が受け手の効用増加から効用を得るからである[12]．

けれども，この議論にはいくつかの問題がある．一つは，贈り手は自分自身の効用関数に置き直した形でしか受け手の効用を考慮できず，受け手の効用関数を自分のそれとは別個独立には考えないが，社会的厚生関数の算出においてはそれが必要である，という問題である (Kaplow 1995, Friedman 1988)．たとえば，贈り手が自分にとって100ドル，受け手にとって200ドルの価値のある絵を贈ろうとしているとしよう．そして，贈り手は受け手の幸福（効用増加）を40パーセントの割引率で評価しているとする．贈り手が贈り物をするのは，100ドル分の効用を失う代わりに120ドル分の効用を得るためである．そのうえ，受け手はその贈り物から200ドル分の効用を得る．この贈り物はパレート改善をもたらすので，贈り物は行われるだろう．さてここで，贈り手が受け手の幸福（効用増加）を60パーセントの割引率で評価しているとしよう．そうするとコスト100ドルが利益80ドルに勝るから，贈り手は贈り物をしない．しかし贈り手が贈り物をするなら，受け手は200ドル分の効用を得て，それは贈り手の損失を上回る．贈り物は行われないのだが，もし行われるなら効用の総計は増加しただろう（ただ，パレート改善にはならないが）．受け手の方がたとえば21ドルを渡して贈り物をさせ，両者とも状態が改善するようにして「贈り物」が行われるのを可能にするというのは理論的にはありうることだが，このようなコース流の取引はあったとしても稀であろう．こういう取引が起こらない理由として挙げられそうなのは，贈り物が利他主義的な動機からなされるのか，あるいは信頼を高めようとする動機からなされるのかが受け手側にとっては全く判然としないということである．信頼を高め

るための贈り物について取引を試みるのはおそろしく不適当である．というのは，そのようなことをすると，受け手が「関係を作ろうとする協力者」でもなければ「特別の関係を求めない協力者」でもなく，シグナルの役目を果たす贈り物（しかも，取引を行った後では，誰にとっても意味のないようなもの）を自分自身ではコストを負担せずにせしめようとする機会主義者（日和見主義者）だ，ということを示してしまうのである．贈り手が利他主義者であれば取引は適切である．だが純粋な利他主義者なら物ではなくお金を贈るであろうから，取引は必要でなくなるだろう[13]．

　利他主義は別の問題も生み出す．贈りたいと思っている分以上の贈り物を利他主義的な贈り手にさせたいと考えている受け手がいると，過剰消費に陥る可能性がある．そうなると，裏切った人に対して仕返しをするという利他主義者の脅しを骨抜きにしてしまい，協力が妨げられるかもしれない（Bernheim and Stark 1988）[14]．けれどもここではシグナルとしての贈り物に話を戻すことにしよう．

　一見しただけだと，信頼関係を築いたり維持したりするために贈り物をするのは社会的に価値のある慣行だという結論を下してしまうかもしれない．しかし，良いタイプを真似ようとする悪いタイプの人と，悪いタイプから自分たちを区別しようとする良いタイプの人が相討ちをすることから問題が生ずる．たとえば全員（悪いタイプも良いタイプも）がシグナルとして贈り物を贈るとしよう．悪いタイプにとって，贈り物のコストを節約するよりも自分のタイプがばれて避けられる方が損であれば，均衡から逸脱することはないだろう．けれども良いタイプも逸脱しないだろう．逸脱すると悪いタイプだと誤信され，信頼関係から得られる利益を失うからである．両方のタイプの人が「決して贈り物をしない」ということにコミットできるならば，他の利益は何も失わずに贈り物のコストを節約できるので，両者の状態はよりよくなるであろう．だがそのようなコミットメントが行われるようなメカニズムは存在しない．ここで，良いタイプだけが贈り物をし，悪いタイプは贈り物をしないとしてみよう．だがそれでも，もし誰も贈り物をしなければ（悪いタイプと良いタイプを区別できないときは協力関係から得られる利益を贈り物のコストが上回る）良いタイプは全員状態がよくなるのだが，良いタイプは単独では均衡から逸脱しない（悪いタイプと間違われて避けられるコス

トよりも贈り物のコストの方が小さい）という場合があるかもしれない．これらの例は両方とも，信頼を高める贈り物がもたらす均衡が効率的かどうかについて抽象的な判断は下せないということを示している[15]．

　協力者を求める競争が公の場で行われると，問題はより深刻になる．大物が大学の校舎や冠講座を自分の名義で提供するとき，明らかに大学は利益を得ている[16]．学生，教授，その他の人も，その寄付によって援助された公共財の消費に与るという点で利益を得る．しかし，人々が自分の地位（ステイタス）を気にかけており，そして地位が寄付の相対的な大きさによって決まるものである分，彼らは損もする．多大な寄付がなされると，地位を強く意識する第三者（観察者）は，ただ自分のランクを維持するために持ち金に手をつけなければならない．けれども彼らがそうすると，最初の寄贈者は寄贈の際に負担したコストに見合うだけの地位を得ることができない．自分の地位を贈り物によって高めようとする人が一定数を越えれば，地位を高めるために必要となる特別な贈り物にかかるコストは上昇するに違いない．

　ステイタスを求める競争は囚人のディレンマになっている．贈り手になるかもしれない人はどの人も，自分の地位を示すために贈り物をするか，それとも贈り物をしないかという選択に直面する．他の人が贈り物をしてくれるだろうと期待しているならば，自分も贈り物をすべきである．そうしないとステイタスを失うからである．逆に他の人が贈り物をしてくれないだろうと思っていても，贈り物をすべきである．そうすることによって彼は他者を犠牲にして自らのステイタスを高めることができるからである．したがって贈り手になる可能性のある人はみな贈り物をするであろう．けれども全員が贈り物をするので，誰もステイタスを得ることができない（贈り物をするだけでは自分を他の人から差別化することができないからである）．この帰結は誰も贈り物をしない場合よりも望ましくない，つまり非効率的である．後者のケース（誰も贈り物をしない場合）ではどの人もステイタスを獲得しないけれども，少なくとも誰も贈り物のコストを負担せずにすむ（Frank 1985）．たとえば，

　　「ニューヨークの慈善団体の慈善行為はここ20〜25年の間に変わってきており，『買い込み』をして目立つポジションに昇ることができるよう

になった，という見方は繰り返し述べられていた．ある人はこのように言う．かつては締まり屋の仲間たちがいたのだが，それを粉々に吹き飛ばしたのは［某たち］や誰も知らなかったような新参者で…『成金の新参者たち（nouvelle society）』と呼ばれている人たちだった，と．状況は一変した．突然この人たちは莫大な金額のお金を寄付し始めたのである．けれども，そのことによってほどほどの寄付をしていた人が悪い人のように見えてきた．そして，彼らも自分たちの地位を失いたくなかったのである．」(Ostrower 1995, p.43, 括弧と省略符号は原文のまま．強調はポズナー)[17]

ステイタス競争は公共財の供給を導くからこういう帰結は望ましいのだ，と主張する人もいるかもしれない（McAdams 1992）．たしかに，公共財に対して寄贈者が寄与した分の外面的な価値は，寄贈者自身が負担したコストよりも大きい．だが，このような議論が抱える問題点は，寄贈者が贈与をしている均衡状態が社会的に望ましい贈与のレベルに適合していると信ずる理由はない，ということである．社会的に望ましいレベルよりも少ないかもしれないし，多いかもしれない．

それに加えて，社会的効用とまったく関係なく，他の団体の犠牲のもとで一部の慈善団体が益するような均衡になるであろう．ステイタスを求める人々の慈善行為によって調達される金額は社会的価値に依存するのではなく，その目的がメディア（寄贈者のリストを広く流布させる）に対する支出をどのくらい正当化してくれるか（埋め合わせるか）に依存する[18]．次のような場合にステイタスが高まる可能性が大きい．つまり，寄贈者の気前よさが深く心に刻まれうる場合，校舎や講座に彼の名前がつけられる場合，多くの人に見られる銘板やプログラムに名前が列挙される場合である．貧困撲滅を目標にした団体など，多くの慈善団体はこのような顕名サーヴィス（顕彰）を提供できず，自分たちの使命を歪曲したり（たとえば援助をするのではなく建物を建築するなど），あるいは人々の注目を浴びる場を寄贈者に提供したりすることによってのみ，顕名サーヴィス（顕彰）を行うことができる．そういうわけで，恵まれない人を救済するための資金を工面する目的で賄いの正装パーティー（舞踏会）が開かれる，という矛盾した光景が現れるのであ

る．慈善団体が世間において著名であること，その活動がよく知られていること，あるいはその慈善団体の任務が建物や常置の施設を作ることをどれだけ正当化しやすいかということはその社会的価値とは全然関係がないので，ステイタス目的の慈善事業が社会厚生を最大化するなどということは期待できないのである[19]．

　ステイタスを高めるための贈与が社会的に負の効用をもたらすことの証拠は，さまざまな文脈で見出すことができるかもしれない．多くの社会，とりわけ高度に階層化された社会では，贈与の義務を果たそうと努力することで身を持ち崩す人々もいる．たとえばインドの持参金システムは大混乱を引き起こしており，効率的な制度だとはとても言えない (Roulet 1996, Teja 1993)．宣教師たちがポトラッチをやめさせようとしたのは，ポトラッチが非キリスト教的な信仰を反映していたからではなく，貴重な資源を無駄にしていたように見えたからである．「大半のインディアンたちは勤勉である．もし彼らが無駄遣いをやめて，彼らの間にはびこるポトラッチのシステムを廃止させるようにできたら，本当の困窮はほとんどなくなるだろう」とアラスカ・インディアンの集団にいた宣教師は書いている (Simeone 1995, p. 26)[20]．いくつかの贈与の形式が逆機能的性質を有していることは，法的な対応が時折行われることから分かる．たとえばインドでは持参金を禁ずる法律がある．些細ではあるがこのことをよく示してくれる例を挙げると，20世紀の初めにアメリカ合衆国でチップの慣行が発生したとき，多くの州ではチップを法で禁止した (Zelizer 1994, pp. 94–99)．シグナルを発するために贈り物を用いる結果として現れた行動の斉一性は，よく使われる言葉では「社会規範」と言われる．したがって，われわれが得たより一般的な教訓は，社会規範は望ましいものでない場合があるということであり，そのことから社会規範を変えたり弱めたりすることが正当化されるかもしれない．

法制度に対する含意

　法は多くの面で贈与の規範に影響する．ここでは興味深い三つの法を取り上げる．契約法，詐害的譲渡禁止法，非営利団体法の三つである．

「契約法」

契約法が無償の約束（無償契約）について不可解な取り扱いをしていることに関しては，多くのことが論じられてきた[21]．慈善事業に向けられていて十分な形式を整えたものや，オプション契約のように相当明らかなビジネスの目的を持っているもの以外は，裁判所は一般に無償の約束を強制しない．にもかかわらず，(次節で述べるように) 無償の譲渡が詐害的譲渡を根拠として無効とされやすいことは別として，裁判所は無償の譲渡を商業における譲渡と同様に扱う．贈与の法的扱いをちゃんと説明するためには，(1)なぜ無償の約束は有償の約束よりも保護されないのか，そしてその一方で(2)なぜ無償の譲渡は有償の譲渡と同程度の保護を受けるのか，ということを示さなければならない[22]．

前に述べた贈与の社会的効用についての議論からは簡単に答えが出ない．もし贈与が利他主義からなされたものであれば，必ずしも制限すべきであるとは言えない．それどころか，受贈者の効用を重く見ることを保障するために補助金を与えなければならないかもしれない（Kaplow 1995）．これらの問題は別の箇所で分析しており，その分析は複雑なうえ社会規範とはほとんど関係がないので，ここでは繰り返さない（E. Posner 1997a）．

シグナルとしての贈与が法律に対して持つ含意についてはどうだろうか．信頼関係にある当事者は，争いが起きても互いに提訴しないのが普通で，その代わり法以外の制裁に頼る．だが，法は訴訟が起きた場合には重要になる．信頼関係にあるように見える当事者たちがなぜ訴訟を提起するのかを説明するには，次のことに注目する方法がある．つまり，個別の長期関係にある2人の当事者は，法的に強制できる約束と強制できない約束を混ぜ合わせた約束を取り交わすことによって最大の利益を得られる可能性がある，ということである．たとえば，研究者は「解雇しない」という約束を破ったとして大学を訴えることはできるが，通常の昇給がなかったとか厄介な委員会の仕事を押し付けられたとかという理由で大学を訴えることはできない．強制できる約束と強制できない約束がこのように混合している背景には，裁判所は強い制裁発動力を有しているが持っている情報は少ないので，極端な機会主義を見定めることはできてもちょっとした機会主義を見定めることはできないだろう，という当事者たちの判断がある．

当事者が互いに訴えたとき，価値を最大化したいと思っている裁判所は，

法的なものとして意図された約束と非・法的なものとして意図された約束を区別しなければならない．たしかに，どの約束が法的に強制可能であるかを契約に明示したり，強制可能性を放棄したりすることによって，このような判断が容易になるようにはできる．しかしながら，不慮の事故を予見してそれを書き入れるのにはコストがかかるため，当事者たちは強制可能な約束と強制不可能な約束をすべて記述することはできない．したがって，約束が強制できるかどうか（これは契約に書かれていない）を決めるためにデフォルト・ルールが必要になる．

そのようなデフォルト・ルールの候補の一つは約因法理である．約因法理は無償の約束が強制可能ではないということを意味していると今日では理解されるが，歴史的にはもっと意味が狭かった．約因法理のもとでは，「特定の」履行や反対約束に動機づけられている，あるいはそれらを目的として取引がなされている場合に限り，約束が強制できた．この約因法理によると，贈与の約束というだけで強制不可能になりうるが，反対の履行または約束を明確にすることができないという理由でも強制不可能になりうる．したがって約因法理は贈与の約束だけでなく，必要量購入契約や生産量一括売買契約，撤回権が制限された申込，契約の補正，そしてその他明瞭でないものを対価としてなされた約束を強制することを禁ずるものであった．現在でも裁判所はそのような約束を強制することに難色を示すが，それは証明が困難だからである．昔の裁判所が強制したがらなかった理由は，おそらく，そのような約束を強制してしまうと本当は言ってもいない約束を言ったものとする詐欺的な主張が法廷で容易にできるようになる，ということを裁判所が恐れたからであろう（この点で契約法理は，詐欺防止法と同様，契約の要式性について述べたものである）．けれども，複雑で不確定な契約については，機会主義の抑止をするには法的メカニズムを通して裁判所が行うよりも非・法的メカニズムを通して当事者が行う方が効率的だ，と裁判所が理解していた可能性もある．裁判所による強制を防ぐ法理は，裁判所が強制してしまうと信頼関係が阻害されるという根拠で正当化されるのである．

本章の初めで述べた考え方――贈り物は不特定の交換を作り出し，その一部となっているという考え方――は，約因法理が不特定の交換を強制することを禁ずるという考え方に近づいていく．約因法理が贈与の約束を強制不可

能なものにするのは贈与を禁ずる方針を持っているからではなく，交換の内容を特定されたものにするように当事者を促し，裁判官が解釈する際の負担を軽減させたいと裁判所が思っているからである．同じように，かつての裁判所が撤回権の制限された申込や必要量購入契約を強制するのを嫌がったのはそれらが社会的に望ましくないものだからではなく，それらが贈り物の交換のように曖昧だからである．しかし裁判所側の便宜は商業上の急場に譲歩することになった．曖昧な文言を強制できるかどうか分からない状態の方を，強制できないと確定している状態よりも当事者は好む，ということを徐々に認識するように——あるいは少なくとも，そう信じるように——なった．やがて裁判所は，曖昧な契約を強制してほしいという嘆願に屈するようになった．裁判所が贈与の約束を同様に扱うようになるかどうかはまだ分からない．そのような約束を強制することの社会的価値が詐欺のコストを超える場合——これは経験的な問題である——にのみ，強制すべきである[23]．われわれの分析が示唆するのは，一般に贈与の約束は商業上の取引と異なっており，贈与の社会的価値は商業上の取引よりもっとあやふやだということである．それゆえ，約因法理の要件をこれ以上緩和するにしても，それは慎重に行われるべきであろう．

「詐害的譲渡禁止法」

最近の判例[24]に基づいて定型化した次の事実（詐害的譲渡の扱いの現状）は，詐害的譲渡禁止法について面白い問題を提起する．ねずみ講（無限連鎖講）方式の詐欺（Ponzi scheme）で，贈与者が2万ドルを稼いでいる．彼は1万ドルをさまざまな財貨サーヴィスにつぎ込み，自分自身はメンバーになっていない教会に残りの1万ドルを寄付する．ここでの争点は，教会に対する寄付が詐害的譲渡に当たるかどうかである．

詐害的譲渡禁止法は，債務者が適正な約因を受けている譲渡と，ほとんどあるいはまったく約因を受けていない譲渡とを区別する．債権者を詐害するという意図を持たずに債務者が2万ドルで車を購入した場合，詐害的譲渡禁止法によればその売買を取り消すことはできない（ただし債権者は車を得ることができる）．一方，債権者を詐害するという意図なく2万ドルを親友に譲渡した場合，その2万ドルは取り戻すことができる．詐害的譲渡禁止法の

目的は，友人や親戚を使って資産隠しを行い，債権者が取立てをやめた後に取り戻すという債権者の行動を防ぐことにある[25]．不履行を見越して資産を隠せても，利率が低くなるのであれば大抵の債務者は隠すのをやめるであろう，というもっともな考え方からこの目的は導かれる（Baird and Jackson 1985）．

したがって詐害的譲渡禁止法は，普通の贈与者（債務者）と受贈者は信頼関係にある，と前提している．もし信頼（信託的）関係にないならば，債権者が取立てをやめた後にその財を回復することを贈与者が期待することはできないだろう．しかしここでの仮想事例では，贈与者と教会は信頼関係にない．贈与者の動機は利他主義か，あるいはことによるとステイタスの向上であった．どちらの場合でも，贈与者は出所後に自分の資金を教会から取り返すことはできないであろう．詐害的譲渡禁止法の方針からは，このような贈与の取消は正当化されないのである[26]．

これに対して，詐害的譲渡禁止法の方針はただ単に債務者の財産の価値を最大化することにあるのだ，ということが言われるかもしれない．だが，債務者が1万ドルで航空券を購入した場合，航空会社はそれを債権者に払い戻す必要はない．その理由はおそらく，詐欺から得られた資金から支払われるのを航空会社が防ぐよりも，債権者の方が安価に詐欺を防ぐことができるということ，もっとはっきり言えば，詐欺をしそうな人にお金を貸さないようにするために用心することができるということだろう．けれどもそれが航空会社について言えるならば，同様のことが慈善団体にも当てはまる．

「非営利団体」

本章の初めで現金と評判が補完関係に立つと述べた．現金があれば財貨サーヴィスを買えるけれども，関係を「購入（買収）」することはできない．評判があれば人的関係に入ることができ，公務（官職）のように現金で買えない非市場財を得ることができる．現金をたくさん持っているが評判があまりないという場合，現金を評判に換えたいと思うだろう．これはどのようにすればできるのか．

現金を評判に換える方法の一つは，適切な方法で寄付することである．慈善事業に寄付すると，その人が富裕で気前がよいこと，そして割引率が低い

ことを人々に示せる．友人関係においては不確定な長期的利益を得るために即座にかなりの投資をしなければならないため，悪いタイプの人は良いタイプの人よりも友達を欲しがらないだろう．それゆえ，何の見返りもなしにお金を与えることは，自分を悪いタイプから区別する一手段となる．だが重要なのは，寄付をなすときに人々がそれを観察できるということである．

　これは見かけよりも難しい．見ず知らずの人たちの目の前で小切手を切るというのは手間のかかるものであるし，それよりも何よりもほとんど信憑性がない．小切手を切った後に破り捨てることができるからである．見る者の方も，現金が与えられるのを見ながらつっ立っている場合ではない．そこで，お金が贈り手から受け手に渡されたことを証明する機関・施設が必要になる．

　このような機関は存在する．オペラ，交響楽団，環境保護団体，大学がそれである（Glazer and Konrad 1996）．これらの機関の目的は，人々のお金を公の場で使うことである．お金をもらうと，その寄付を直接に（プログラムや銘板で）知らしめたり，自己宣伝の道具を寄贈者に提供したりする（ステッカーやデカル（転写シール）など）．こういう機関は評判を「売って」いるのである．その対価は現金の「贈り物」である．

　この説明では，なぜ慈善団体がオペラを催したり，貧しい人たちに食料を施したり，あるいは若い人を教育したりするのかが説明できないではないか，と反論されるかもしれない．ある人々からその機関に巨額の寄付がされた，ということを全員に分かるようにただ証明するだけの機関が存在しないのはなぜだろうか．

　この答えは，それらの機関が人々の注目を引きつけようと労をとっている，ということである．これにいちばん似ているのが，国内の大富豪のリストを載せるフォーブスなどの雑誌である．けれどもこのような雑誌は面白い記事を載せて読者を引きつけなければならず，そして誌面が限られているうえに読者層に関するいろいろな制約があるので，並外れた富豪だけしか世に知らしめることができない（ある都市，町，コミュニティでいちばん富裕な人を載せることができない）．

　慈善団体にもっと似ているのはテレビである．宣伝しようとする人たち，つまりスポンサーが，テレビ局にお金を差し出すのはその番組に関心があるからではなく，公衆に自分たちの広告を見せたいからである．一般の人たち

がその広告を見るのは彼らがテレビを見る場合だけであり，彼らがテレビを見るのは番組を楽しむ場合だけである．したがってテレビ局はよい番組に投資しなければならない．同様に，寄贈者は必ずしもオペラに関心があるわけではなく，プログラムに載っている彼らの名前を他のオペラ愛好者に見てほしいから寄付するのである．一般の人たちが寄贈者の名前を見るのはオペラを楽しむ場合だけである．だから機関や施設は人々が好むようなもの（オペラなど）を作ろうというインセンティヴを持つ．

　慈善団体への寄付は投資と同じである．株主が配当をある期間受ける権利を取得するのと同様，現金の「投資」の見返りとして贈与者はある期間人に知られる権利（残余請求権）を得る．株主の権利と違って，贈与者の権利は法的に強制できない．誰も見ないような拙いオペラを受贈者が催して，結局贈与者を知った人がいなかったとしても，訴訟を起こすことはできない．したがって，機関・施設が寄付を引き寄せるには，贈与者の名前をうまく知らしめることができたという実績を打ち立てるしかない．オペラの一座は聴衆を引きつけられなければ将来お金を増やすことができないので，よいオペラを作るインセンティヴを持つのである．

　なぜオペラは非営利団体なのだろうか．オペラや類似の機関のマネージャーを監視するのは外部の投資家ではなく消費者の方がよい，とハンスマン（Hansmann 1996）は述べている．もっともらしい主張ではあるが，なぜオペラが消費者所有の協同組合になっていないのかを説明できない．この事実についてハンスマンは非営利団体の形をとれば価格差別ができるからだ，と説明している．もしオペラが利益を上げれば，人々は寄付しないだろう．寄付したお金が株主の懐に納まるだけだからである．贈与者が株主をそれほど気に入っているのなら，直接現金を渡した方がよい（！）．人々がオペラに寄付するのは，寄付金がオペラ作品の質を向上させるのを望んでのことなのである．けれどもこのような主張は人々が非合理的であるのを前提にしている．彼らはただ乗りするに決まっているのである．上の主張がとても信じられないものであることは，大学が教育料としてより高い金額を請求せずに寄付を募るのはどういうわけなのか，という疑問に関するハンスマンの同様の議論にも表れている．彼は，教育のコストを低くしてもらう見返りとして，学生は寄付をする「暗黙のコミットメント」関係に入ると論じている（Hansmann

1996 p. 233) のだが，彼はこのコミットメントがなぜ実効化されるかを説明していない．もし実効化されないのであれば，卒業生がただで母校にお金を与えるのはなぜかという疑問が残ってしまう．

オペラ，大学，それに関連した機関や施設が非営利団体となっていることについての別の説明は以下のようなものである．つまり，寄贈者がリターンを受けるのは，すばらしい上演を見る機会を得たり，若い人たちが教育を受けることを見たりすることからなのではなく，自分の評判が高まることからなのである．これは多くの人に知られること，上流社会のディナーに招待されること，あるいは新しいビジネス関係に入ること，などの形をとる．この残余物としての評判は，株主が営利目的の会社から得る残余物としての現金と同じ役割を果たす．オペラや大学がうまくやっていけないならば，贈与者は自分の求める評判から得る利益を受けることができない．そうすると贈与者は自分の投資からもっと大きなリターンを生み出せる機関へ資金を移すだろう．この非市場的原理は，営利目的の団体を規整している市場原理の代わりをしているのである．

オペラが非営利団体から営利団体へ移るのに不都合なことは何もない．病院は何年にもわたってこの変化を受けてきている．非営利団体となるか，それとも営利団体となるかという選択は，一方では評判をどのくらい需要しているかに依存している．それから，非営利団体がどの程度効果的に評判を贈与者に与えることができるかにも依存している．後者の点自体も，市場原理が相対的に有する効果，そしてエリート層の観客に届くように贈与者の名前を広める機関の能力によって左右される．オペラに特徴的であり，オペラが大学と同一のカテゴリーに入る理由となっているのは，寄付してくれる観客がエリート層の人だということである．

この分析は多くの規範的問題を提起する．以上の分析によれば，金銭のリターンは税が課されるが評判のリターンは非課税（友人関係や政治的影響力といった非市場財となっている場合）であるから，人々は評判に対して過大投資するだろう．このことから，非営利団体や慈善事業への寄付を非課税にすることは必要なのか，という疑問が生ずる．しかしこの疑問やその他の疑問については将来の研究に委ねるのがよいであろう．

第5章　家族法と社会規範

　法と社会規範に関するどんな有益な理論も，家族の事をおろそかにすることはできない．伝統的な家族は，法的強制よりも非・法的制裁によって維持されている制度の好例であり，そのような制度が政府に与える好機と危険について分かりやすい視点を与えてくれる．一方では，家族関係を形成している人は，大部分は市場や他の外部の制度からは得ることのできないような，価値のある財貨やサーヴィスを家族から得ている．そして，それは，政府による強制という威嚇を背景にする正式の契約に頼ることなくなされている．他方では，婚姻上の義務は政府の強制に頼ることができないので，家族内部での機会主義的行動（他者の犠牲のもとに自己利益を追求する自分勝手な行動）の高いリスクに晒されている．一般的にいって，政府は家族に高度の自治を認めてきたが，時代によってその程度にはかなりばらつきがある．アメリカ合衆国では，家族の自治はここ30年で低下しているが，法と慣習の問題としては，家族はかなりの自治をなお有している．

　このような観察からいくつかの疑問が生じる．なぜ政府は家族に自治を認めるのだろうか．もし，市場や公的制度よりも家族の方がより効果的に財を生産できるというのが答えだとしたら，家族のどんな特徴によってそれが可能となるのか，そして，なぜ法はそのように独特な方法で婚姻を規制するのか，について説明をしなければならない．一般的に，婚姻法は婚姻関係に入るときとそれを解消するときについては強い規制をしているが，婚姻関係において義務を強制したり，婚姻の中で生じた問題を矯正したりすることはあまりない。婚姻関係とは対照的に，契約法は契約関係に入る当事者に対し，

要式性をほとんど要求しない．フランチャイズ契約を結ぶのには，婚姻関係に入るのに必要とされるような許可証（license）は不要である．伝統的な婚姻法とちがって，契約法は契約関係を終わらせようという努力に干渉しない．最後にもっとも重大な点として，契約法はどんなに契約内容が特異なものであろうと，それが法的なものである限り，人々のたまたま結んだどんな契約内容でも強制する．ここ30年で変化してきてはいるが，伝統的な婚姻法は，合意によっても排除できない義務をワン・セットにして課している．

本章では，第２章のシグナリング理論を用いて，婚姻法の一般的な構造と，なぜそれが，以上に述べた点で契約法と異なっているのかを説明したい．この理論は，通常の商取引と比べて家族生活では，非・法的制裁がより重要な役割を果たしている，ということを前提としている．ただし，後の章で述べるように，これまで，この違いはしばしば現実よりも誇張されてきたと思う．

婚姻による余剰

家族生活について形式的な記述をすることは，嫌われがちではあるが，社会的相互作用のさまざまな分野にわたって行動を比較することが可能になり，有効なことである．そこで，「婚姻による余剰」を定義することからはじめよう．これは，異性（同性であっても別に構わない．下記を参照）の人と長期にわたる排他的な性的関係に入ることで得られる財貨やサーヴィスをいう．婚姻による余剰には，子どもを持つことによる効用，一緒にいることや性的な親密さによる感情面での効用，相互扶助，その他いろいろな価値ある財貨サーヴィスがある[1]．

たしかに，この一般的な記述さえあまり正確ではない．さまざまな時代とさまざまな地域を見れば，家族の形は多種多様であることが分かる．人々は自らの手で子どもを育てることができ，実際に育てているが，子どもを産むときの父親ないし母親の役割は，最小限のもの，あるいは，匿名的なものたりうる．つまり，父親は匿名の精子提供者かもしれない．また，母親は卵の提供者かもしれないし，遺伝的な関係のない胎児を受胎した代理母かもしれない．歴史的には，子どもをもうけるためにのみ，あるいは，経済的な利益のためにのみ婚姻関係に入るのであって，深い情緒的関係を形成しようという意図など伴わないということもよくあることだった．そして，援助は，婚

姻からではなく，むしろ，友達や生家，さらには市場制度から得ることも可能である．しかし，現在のアメリカ合衆国においては，上記の一連の効用は多くの人の目標であり，「かつ」，これらの効用は，一人の人との長期の関係によってのみ得られるものであると仮定する．私はこれらの効用を「婚姻による余剰」と呼ぶが，それらを生産するのに必要な長期の関係は，法的に認可された婚姻によっても，認可されていない「内縁」によっても，あるいは，長期の同棲によっても，達成されうるものと仮定することとする．

夫婦の財は集合財なので，夫婦の財を最大化する行動が，その行動をすべき配偶者の自己利益と一致するとは限らない．夫婦の財の価値を最大化する行動を，婚姻上の「義務」と呼ぼう．婚姻による余剰は，配偶者が婚姻上の義務を怠るのを思いとどまったときにのみ得られるとする．国は違反行為を抑止する場合もしない場合もあり，国が抑止しない場合には，当事者は自分たち自身に，あるいは他の個人に頼るしかない．最後に，得られる婚姻による余剰はカップルによってさまざまであるので，その余剰を最大化する婚姻上の義務もさまざまとなる．カップルの中には貞操義務を要求しないカップルもいるであろう．多くのカップルは要求するであろうが．

婚姻関係にある，あるいは入ろうとする当事者は，2種類の戦略上の問題に直面する．第一の問題は，男性や女性が潜在的な配偶者集団の中から特定の相手を選ぶとき，すなわち「相手探しの段階」ないし「求愛の段階」で生じる．第二の問題は，それぞれの当事者が婚姻による余剰を生産するために協力しなければならないとき，すなわち「婚姻関係の段階」で生じる．求愛の段階で，同様の利害関心と低い割引率を備えた人たちの間で結婚に至ったなら，婚姻関係の段階での協力はうまく行くであろう．

もう一つのポイントは，婚姻による余剰の供給における分業に関するものである．「伝統的な」アメリカ合衆国の家族は，市場労働に従事する男性と，主として家事と育児について責任を負う女性からなっている．このように，当事者はそれぞれ特定の活動に特化している．より「現代的」な家族では，男性も女性も市場労働に従事し，共に家事に貢献する．もっとも彼らは，料理，清掃，子守りのような「婚姻による」利益を，以前と比べると市場からより多く得ている．夫と妻が婚姻による余剰の供給に貢献するように，平等にか否かはともかく，彼らはまた婚姻による余剰を消費してもいる．

求愛の段階

　ジェーン・オースティンの読者なら19世紀初めのイギリスでは，社会生活にとって求愛が欠くことのできない要素である，というだろう．特にエリート社会の若い女性は，その将来がかなりの程度まで，よい出会いがあるか否かにかかっていた．求愛段階の最大の課題は，良い夫になる男性（魅力的で，まじめで，お金持ちの人）と，悪い夫になる男性とを見分け，それと同時に自分が良い妻になるだろうと求婚者を説得することにある．シグナリングはもちろん両方向で働く．男性は良い妻になる人と悪い妻になる人とを見分けようとし，同時に，自分が良い夫になると相手を説得したりだましたりする．有能な者は外見に騙されることなく，その下にある真実を見極める．求愛ゲームは戦略的で，両性によって最大の真剣さをもってなされる．今日では重要性がやや低下したとはいえ，まだまだ重要性は高く，求愛は熱心に遂行されるゲームである．

　人々は結婚したい人に望まれるような特徴を示すシグナルを送る．たとえば，生殖能力などの健康．富および人的資源（人脈）など富の形成に役立つ資産．感じのよさ，ユーモアのセンスなど，魅力的な結婚相手として役立つさまざまな特徴．それに当然強調しなければならないのは，信頼である．信頼とは，繰返し囚人のディレンマ・ゲームで裏切をしないということ，つまり，割引率が低いということを意味している．他の要素がすべて同一であるとすれば，人々は一般に信頼に値する人と結ばれたいと考える．なぜなら，信頼に値する人だけが，長期の婚姻による余剰を生産するのに必要な短期のコストを引き受けてくれるからである．

　求愛の段階では，このように，人はさまざまなシグナルを送るが，その中心は自分が良いタイプであり，悪いタイプではないということを示すためのシグナルである[(2)]．求愛のシグナルは数も多く，種類もさまざまである．一つの例に，他の人を無視して相手にだけ注意を向けている時間の長さがある．この排他的な注目の時間は，①低い割引率であること，②他の誰よりも相手に専心していること，を直接的に示すシグナルである．

　もう一つの求愛のシグナルとしては，プレゼントがある．プレゼントの贈与は，(いつかどこかで) 高価な婚約指輪で最高潮に達することになる．贈り

物は，①贈り主が（金銭的にも時間的にも）コストをかけており，割引率が低いこと，②贈り主が裕福で，相手を支えられること，を示している．前の章で論じたように，ここには若干の曖昧さがある．もしも贈り主が十分に裕福なら，高価な贈り物は，より貧しい人からの同じ贈り物が「その人の」タイプを示すほどには，タイプを十分に示さないからである．

禁欲は，その人の割引率に関するシグナルとなる．しかし，セックスも実は同様である．男性が長い期間，禁欲的に女性に求愛するのは長期の関係に関心を持っているという信頼できるシグナルとなる．他方，結婚前にセックスを許すという女性の側の意思は，妊娠し扶養家族になるリスクを敢えて負担することになる限り，相手の男性に自分のタイプを示す良いシグナルとなる（避妊しないセックスは，よりいっそう信頼できるシグナルとなる．）婚前のセックスは当事者にとって，健康であり，セックスができること，そして互いに魅力的だと感じていることを示す方法でもある．しかし，セックスすることでコミットメントをシグナルする女性に対して，男性が禁欲を維持してタイプをシグナルするには，どのようにしたらいいのだろうか．セックスは引き伸ばしてから，しかしコミットメントを結ぶ前になされなければならないだろう[3]．

求愛のシグナリングは，結婚の誓いで最高潮となる．結婚の誓いは，贈り物や禁欲と違って，本質的にはコストの高いものではないが，他人が誓いを見ており，後で結婚の誓いを破る人には否定的評価がなされるからこそ，シグナルとして価値のある言動となる．結婚の誓いは，国がそれを強制する場合にも，価値のあるシグナルとなる．結婚の誓いが価値あるシグナルになる前者の場合に評判が傷つくことと，後者の場合に法的制裁を受けることとでは，どちらのコストの方が大きいかは一概に言えない．また，これらのコストが，他の形態のシグナリングの結果として生じる時間や労力や富の喪失のコストよりも大きいとも限らない．宗教的儀式が，法的制裁よりも強く当事者を結びつけるかもしれない．高価なプレゼントは，法的ないし社会的な強制力を持つ結婚の誓いよりも効果的に送り手を受け手に結びつけることもありうる．正式な結婚の誓いの重要性は文化によりまちまちである．非・法的強制メカニズムが強い文化では（たとえば，比較的小人数からなる集団では，人々は市場にない財物やサーヴィスの供給を相互に依存しあっているので，

集団を出ることはコストが高くなる），正式な結婚の誓いが相対的に重要ではない，という仮説が立てられるかもしれない．最適な婚姻法を決めるには，すべての代替的なシグナルの形態を考慮に入れなければならない．なぜなら，結婚の誓いを破ったことに対する法的制裁を変更したとしても，近似の代替物が利用可能なら，当事者が婚姻による余剰を得る上での難易度に変化が生じないからである．

婚姻関係の段階

「夫と妻による非・法的拘束」

　婚姻関係には，繰返しの囚人のディレンマ・モデルが当てはまる．婚姻関係では，夫婦は互いに，相手が婚姻上の義務に違反したら絶対に罰すると脅すことで，相手が裏切らないようにする．そのための一つの戦略としてはしっぺ返し作戦があるだろう．つまり，各配偶者は，相手方配偶者が直前回に裏切をした場合に，その応答として「裏切」をするというものである．たとえば，夫が時間通りに帰宅しなかった場合には，妻は夫が望む休暇旅行に同意することを拒むのである．妻が家計収入から一部をこっそりへそくりにした場合には，夫は友人と遅くまで外で過ごし始めるのである．こうした報復を避けるために，夫婦は裏切りあわない．しかしながら，情報の問題が存在しているため，相互行為は複雑なものとなる．当事者は何が裏切となるのかについて，あるいは裏切が本当にあったのかについて同意できないことがありうる．話し合いや口論や脅しによって，何らかの刑罰を実際に科すよりも前に，これらの問題が解決されるかもしれない．こういった相互作用を通じて，婚姻上の義務は創発するが，それは環境の変化に応じて変化するのである（婚姻上の義務があらかじめ定まっていないことを思い出そう）．

　夫婦はシグナルによって情報の問題を緩和できる．儀式化された贈り物やお祝いはその典型である．夫婦が情報の問題を緩和するもう一つの方法は，何らかの方法で義務や報酬を分配することである．夫婦がともに働いて，交代でともに子どもの世話をしているとする．問題は，当事者はそれぞれ相手の行動を確認できず，評価もできないことにある．当事者は，自分の配偶者が市場で熱心に働いているのか，子どもに十分な注意を払っているのか分からない．夫がもしも解雇されたら，たとえ真実は夫が仕事を怠けていたのだ

としても，解雇されたのは上司の不合理な判断だと文句を言うだろう．夫が熱心に働かなかったのは，怠けているのがばれて解雇されたとしても，妻の収入でやっていけると知っていたからかもしれない．もしも夫が子どもとテレビばかり見ていて，もっと積極的に子どもの面倒を見ていなかったとしても，妻は何年にもわたってこの夫の怠慢の効果に気づかないかもしれない．このようなモラル・ハザード問題は，両当事者に影響する．夫婦は相手と余剰を分かち合うので，家事と市場での生産のどちらにおいても怠けるかもしれない．

スコットとスコット（Scott and Scott 1998）のいうように[4]，伝統的な家族形態は，このような二重のモラル・ハザード問題への解決策と考えられるかもしれない．妻は家事生産に特化し，夫は市場生産に特化するのである．妻が怠けないのは，育児の不手際に関するすべての結果を自ら負わなければならないからである．もし子どもを寝かすのが遅かったせいで，翌日子どもの機嫌が悪くなったとすれば，夫ではなく妻自身がその結果を負わなければならない．もしも解雇されたら妻の収入に頼るというわけにはいかないから，夫は仕事を怠けない．その上，夫婦はコスト面のみでなく，効用面でも特化する．子どもは母親と強い関係を持つが，父親は遠い存在になる．こうして妻は，良い子育てからのすべての余剰を得ることができる．父親は家族を養うのに必要な分を超える部分すべてにつき，市場生産からの地位とお金を得る．こうして市場労働によるすべての余剰を夫は得ることができる．この場合には，協力は生産ではなく分配のみに限られる．こうした考察は，伝統的な家族が長い間比較的安定しており，多くの文化で存在すること（必ずしもいつも家事負担が女性に割り当てられるというわけではないが）を説明し，そして，両性が同じように市場と家事生産に参加する完全な両性の平等という理想が現在直面している問題を説明してくれるだろう．

しかし，伝統的家族は現代においてはかなり不満な代物とされている．そして，モラル・ハザードに対する新たな別の応対策の存在を見つけることができる．それは，配偶者に伝統的な役割を再び強いるものでもなく，また，完全な平等という理想に従うものでもない．自分の足を使って調査しない肘掛け椅子の人類学者でも，アメリカ合衆国の中産階級の若者たちの結婚式に関する次のような3種類の傾向を指摘できるであろう．具体的には，「理解の

ある男性」の出現，高学歴の女性のためのパートやきつくない仕事の再評価，「主夫（house husband）」に対するスティグマの緩やかな減少である．後の二つの傾向は，家庭での分業への回帰を意味しているが，以前ほど極端なものではなく，また，伝統的性役割への依存も低いものである．こうして，各配偶者は伝統的な婚姻関係の利点を再獲得し，それぞれが相手より相対的に多くの排他的な権限を持つ事項を家事について分配し，それぞれの権限領域にある事項について，コスト負担も余剰の利益享受も両者で共同するのである．前述の1番目の傾向は，男性が育児でもっと責任を果たす約束をし，その見返りとして，子どもとより密接な関係を築くようになってきていることを示している．女性は男性からそのような約束を取り付けることを，以前より強く求めるようになっている．女性にとって以前よりも家にいることの機会費用が高くなってきているので，女性は男性に育児にある程度以上は関わって欲しいと思うのである．また，利他主義は男性に育児に関わるよう要請する．旧制度のもとでは利他性を押さえていたような，生来的に利他的な男性は，自分が理解のある男性であることを宣言し，求愛期間中それを証明するであろうことは疑いない．それほど利他的でない男性も，振られないためには，求愛期間中利他的な男性のふりをしないといけない．理解のある男性であるというコミットメントを事前にするので，事後に理解のない男であることがばれた場合，利他的でない者は評判による制裁を受けることになる．このような新しい体制が安定的なものかどうか分からないが，この体制には，夫婦のどちらにとっても，有利なところと不利なところがある[5]．

　情報の問題，婚姻関係内部での戦略的行動の機会，婚姻関係外部での機会主義的行動の高い価値，これらすべてが婚姻の安定を脅かす．これらの脅威から守るために，男女ともに求愛段階でシグナルを出しあい，夫婦となってからは報復の脅しをちらつかせて裏切りを互いに抑止しながら情報の問題を最小化するような役割分担をする．しかしながら，機会主義的行動をさらに抑止する非・法的制裁があり，それは夫婦の有する制裁力を超えたものである．

「夫と妻のそれぞれの家族による非・法的強制」

　歴史的には，夫と妻のそれぞれの両親は，現代のアメリカ社会におけるよりも，機会主義的行動を思いとどまらせるのに重要な役割を果たしてきた．

このことは，求愛の段階でも婚姻関係の段階でも当てはまる．求愛の段階では，家族はお見合いの世話をしたり，少なくとも，「ちゃんとした」相手を候補者の中から選り抜いておいたりした．婚姻関係の段階では，一方配偶者の両親は娘や息子の保護をし，もう一方の配偶者が機会主義的行動をとったならその相手に報復をしたであろう．夫婦の両親らのもっとも重要な点は，子ども夫婦に財産を分与したりしなかったりすることで，子どもとその配偶者の行動に影響を与えることができることである．親が（しばしば宗教的理由から）気に入らないような人間関係を子どもが断たない場合に，大学の学費の支払いを拒否すると脅すのは今日でもあることである．（そのような両親による影響の驚くべき例は，インドにおいて今日でも見られる．）

　一見，夫婦の両親の参加で何が変わるのかと思うかもしれない．相対的に貧乏な夫と妻による繰返しゲームの代わりに，相対的に裕福なそれぞれの両親による繰返しゲームがなされるだけだと見えるかもしれない．しかし，繰返しの囚人のディレンマで２人のプレーヤーの財産を増やすことは，それ自体としては，協力の可能性を増やすものではなく，むしろ減らしうるものである．

　両親を巻き込むこと（加わること）による利点の一つは，子どもたちよりも両親の方が結婚相手の候補者について，財産，スキル，コネ（人脈），信頼性などを含めて，より良い情報を有していることである．両親は年の功で良い判断をすることが多く，恋愛感情によって判断が鈍ることもない．両親は，孫の教育時に宗教の違いがいかに重要かなどの，子どもたちが見逃してしまっている将来のもめごとのタネを見越すことができる．

　両親を巻き込むことによる利点のもう一つは，配偶者間の財産がつりあわない場合に現れる．貧乏な方の配偶者（たとえば，仕事のスキルのない妻）の両親が（裕福なら），家庭内紛争で影響力を持ちうる．もしも，一方の配偶者が大きな外部機会を有しているなら，相手の配偶者はしっぺ返しなどの戦略によって裏切を抑止することはできないだろう．しかし，もしも，後者の（貧しい）配偶者の両親が（裕福で），相手の配偶者にプレッシャーをかけられるなら，婚姻関係は持続するだろう．人は，贈り物や，いつか生じる配偶者の両親の遺産に対する期待によって，裏切を思いとどまるかもしれない．

　両親を巻き込むことのもっと興味深い利点は，子どもが結婚適齢期にある

時，子どもより親の方が長期の視点を持っていることである．多くの大人は地域社会の責任あるメンバーとしての評判の獲得・維持に精力を注いでいる．ファミリー・ネームは信頼性に関する一種のトレードマークになっている．両親はこの良い評判の利益を以下のいくつかの理由で子どもに引き継がせたいと望むであろう．たとえば，両親が子どものことを気遣っているから，あるいは，彼らの老後の面倒を見る余裕があるように子どもに裕福になってもらいたいから，あるいは，子どもに家名を維持してもらいたいからなどである．実際，法人と同様に，「ファミリー」は，ファミリーの評判を維持するインセンティヴを各メンバーに与えることでエンド・ゲーム問題（最終回に裏切るインセンティヴが存在し，逆推論で裏切が初回まで遡及するという問題）を解決するような，不滅の（少なくとも相当長く続く）制度だと考えることができる（Kreps 1990a 参照）．両親は子どもたちの恋愛の熱情や性欲に基づく衝動を押さえて，結婚相手候補の富と地位に基づいて選択をするように仕向けるのである．

　両親を巻き込むことによる不利な点も，たくさんある．両親と子どもの利害が一致するという普通に見られる仮定は，歴史，理論，共通の経験によって否定されている．両親は自分たち自身のことに「加えて」子どもたちのことをも気にかけているにすぎない．そうでなかったら，死ぬまで経済力を維持して子どもへの影響力を維持しようという両親はめったにいないことだろう．利他的な両親なら，代わりに年金に入り，自分たちが死ぬまでの生活維持に必要な分を引いた余剰をすべて，まだ子どもが若いうちに与えるはずである．両親は，子どもたちの婚姻関係よりも，ファミリー・ネームが自分たちの利益を支えてくれることの方に強い関心があるかもしれない．賄賂をちらつかせたり脅したりして，両親は子どもが，良い結婚相手とはいえないけれど，両親の良い協力者となりそうな人と結婚するように仕向ける（閨閥・政略結婚）．この点に関する両親と子どもとの緊張関係は，近代初頭のヨーロッパにおける，親に内緒の結婚や，それに続く駆け落ちがしばしば実行されたという結果になって現れている．

　両親は，婚姻関係の段階のことは気にもかけずに，いつも求愛の段階で子どもたちがうまくいくように教育・訓練する．これは，子どもたちに比べて両親が，婚姻関係の初期の段階に利得を受けるという事実によるのかもしれ

ない.「良い結婚」は,子どもたちに愛情のない関係をもたらすことになるかもしれないとしても,ただちにファミリー・ネームの利益になるものなのである.たとえば,両親が娘たちから性に関する情報を遠ざけるのは,娘の好奇心を抑制し,結婚前に経験しないようにするためである.これは,求愛段階において娘たちが良いタイプの評判を獲得するのに役立つ.しかし,婚姻関係の段階における性的欲求に関しては,未熟な準備不足のままとなってしまう[6].女性版の割礼(clitoridectomy)の慣習は,女性をより理想的な結婚相手にするという観点から,同様に正当化されることもあるだろう.これもまた,娘たちの(肉体的にのみでなく)感情的な幸福を両親の利益のために犠牲にしているのである.

「コミュニティによる非・法的強制」

　コミュニティによる非・法的強制は,歴史的に,非常に重要である.最も顕著な例は「シャリヴァリ(charivari)」(どんちゃん騒ぎの集団いじめ)である.これは,ほとんどすべての西ヨーロッパ文化で(間違いなく他の地域でも同様に)20世紀に至るまでずっと行われてきた.ごく簡単に言うと,シャリヴァリは地域の家族規範(たとえば,年齢や家格の釣り合いの取れない結婚をしないとか,妻を殴らないとか,夫を殴らないとか,不貞行為をしないとか)を破った人々をこらしめようとする地元の若者集団によってなされる[7].こらしめはだいたい1日から数日続く.これにはお祭り的なところがあって,みんなでぞろぞろ歩いて,騒音を上げ,奇妙な格好に変装し,ゲームなどでふざけあう.集団は違反者の家の前で騒音を立てていじめることもあれば,相手をかたどった人形の回りを練り歩くこともある.その場合さらに,その人形を焼いたり,手足を切断したり,葬式ごっこをして埋葬したりする.また,違反者に対して屈辱的な行動を人前でやるように強制することもある.たとえば,後ろ向きにロバに乗って町中を回るとか,集団の仲間が泥や排泄物を投げつけるのを我慢するとか,といったことである.強大な政府権力が現れるまでは,お偉方もこの行動を黙認したものである.その理由は一つには集団いじめにも利点があると思っているからであり,もう一つにはそれを押さえつけるだけの力がないからである[8].

　第2章で紹介したモデルがコミュニティの強制を分析するのにも役立つ.

潜在的な結婚相手が，協力の相手方としての信頼性を互いにシグナルするように，コミュニティのメンバーも協力の相手方としての信頼性をシグナルしあう．信頼性に関するシグナルの一つは，コミュニティを脅かし，または脅かしているように見えるはみ出し者を（高いコストをかけて）非・法的に罰するのに手を貸すことである．自分が協力的なタイプであることを示したいという気持ちがあるので，ただ乗り問題は部分的には解消される．人が結婚するのは（互いのためだけではなく）自分たちが信頼性の高いタイプであるとコミュニティに対してシグナルする意味をも有していることに注意が必要である．

もし，正式の結婚によってコミュニティのメンバーとしての信頼性に関する疑いが晴れるとすれば，均衡状態では，適齢期までに結婚するのは良いタイプで，しないのは悪いタイプだと人々が信じるようになる．彼らの態度はさまざまな方法で，ときにはそれとなく，ときには露骨に示される．非婚者は仕事でも社会でもパートナーとして歓迎されにくくなる．彼らは何となく「欠けている人」と思われるかもしれない．そう思われないように，たとえ（先に定義した）婚姻による余剰が取るに足りないものと思っていても，すべての人，少なくともほとんどすべての人が結婚する．

シグナルを出したいという願望の結果として外部公共財が生産される．婚外子を持つ親が子どもを育てられず，コミュニティにとって重荷になっていたら，人々は婚外子を持った人に腹を立てる．彼らは，付き合うことで利益を得られたかもしれないにもかかわらず，わざわざそういう親を避けることで自分たちのタイプをシグナルする．彼らは除け者にされた子と自分の子が一緒に遊ぶのを禁じるかもしれない．こういった制裁は，第一次的には婚外子をもうけることを抑止するであろうし，あるいは，結婚して普通の家庭を築くというかたちで子どもについて責任を果たすようにさせるであろう．

このようなコミュニティによる強制（これは，評判を高めたいという欲望から内生的に生じる）は，コミュニティから抜けるのが容易なときや，行動を監視すること自体，あるいは違反を見つけられたとしても伝えることが困難なときには，あまり効果を発揮できない．また，コミュニティのメンバーが多様な価値観を持っているときにもあまり効果を発揮できない．これらはすべて言うまでもないことであろう．より興味深い点は，シグナリング分析

によると，見かけ上たとえ一瞬であっても，コミュニティにとって脅威に思われる人は誰であれ制裁することでコミュニティに対して忠誠心を示そうとするということである．逸脱者ではないかと疑われる人に対する自分の攻撃に人々の注意を引く方法の一つは，面白みのある方法で攻撃することである．というのは，逸脱者に対する制裁を他の人々が見ていなかったら，この行動はコミュニティに対する忠誠心のシグナルとして働かないからである．これこそが，シャリヴァリには，からかい，パロディー，音楽，ゲームといったお祭りの要素が備わっている理由である．これらの要素は観衆や参加者たちを引き付け，それを通じて集合行為の問題（共同作業をサボる者が出てくるという問題）を解決する．しかし，もしも処罰が面白かったら，あるいは処罰した人が報酬を得るとしたら，処罰はそれ固有の目的のためになされるのであって，疑惑を受けた被害者が処罰に値するからなされているのではないかもしれないことになる．ゴシップや仲間外れは，変わったことをする人すべてに向けられ，フィードバック効果を通して何ら害悪に責任のない人々が厳しく罰せられることになるかもしれない．シグナリングはリンチのような爆発的暴力を招きうる（Ingram 1984）．また，シグナリングは，(理想の結婚をねたむ人のような）悪いタイプによる私的な利益のために悪用されることもある（Ingram 1984, Wyatt-Brown 1982）．

　コミュニティは，そのメンバーの家族関係について，昔よりは劣るとはいえ今日でもなお強い支配権を有している．政治家は通常の家庭規範に違反したとしたら，(次回選挙で落選するなどの）非常に高い代償を払わされることになる．これはもちろん，それほど世人の注目を浴びはしない人でも同様である．一般の職場では，性的な問題についての噂話がなされるのが常である．(ロー・スクールでのシャリヴァリは，退屈でつまらない教授を真似た学生による寸劇のかたちで行われる．そこでは，ときにそういう教授の個人的生活や家庭生活に対する攻撃にまで及ぶ．）社会制禦のためのインフォーマルな制度は，いつもこのような病理を内在させている．

法制度に対する含意

　これまでの議論では，婚姻上の機会主義的行動を制約する，いろいろな非・法的メカニズムが存在しており，それぞれは，利点と病理の双方を持ってい

ることを示してきた．人々が協力を通じて効用を最大化するゲームにおいては，社会規範は内生的であるということに注意してほしい．社会規範は人々の利害や信念や行動から独立しては存在しないのである．ここでの問題は，社会規範の分析を通じて家族法の理解が深まるかということである．

「離婚」

スコットとスコット（Scott and Scott 1998）は，事前の情報が完全であれば当事者が同意するような婚姻上の義務が定められている婚姻契約を想定し，そのような仮想的婚姻契約が締結されれば，離婚は抑止されると主張する．夫が外で働き，妻が家事・育児をするという伝統的な家族についていえば，婚姻関係解消のためのルールでは，2年の待機期間が要求され，その後夫が妻に離婚給付金を支払うことになる．2年の待機期間があることによって，妻は機会主義的に離婚を求めて訴訟を提起するのを思いとどまる．これは，生活保障のための離婚給付に上限がある場合に，機会主義的離婚訴訟が抑止されるのと同様である．他方，離婚給付金を支払わなければならないという離婚要件のために，夫は機会主義的に離婚を求めて訴訟を提起するのを思いとどまる．離婚のコストを高くすることで，それぞれの当事者は機会主義的行動をした相手に対する強力な報復手段を法によって与えられていることになる．共働きの場合には離婚給付金はそれほど役に立たないが，2年の待機期間は，ある程度機会主義的離婚を思いとどまらせることができる．法はそれ自身としては機会主義者を罰していないことに注意してほしい．ここでの仮定により，裁判所は有責性を審理判断できないのである．

　この議論はシグナリング・モデルを思い出させる．夫は妻と結婚することで妻にコミットする．なぜなら，もし夫が後に妻と離婚すれば，重大なコストを負うことになるからである．もし，夫が妻に魅力を感じなければ，あるいは，高い割引率の人であったなら，夫はこのシグナルを送らないであろう．しかし，もし，夫と妻が共働きを予定しているなら，2年の待機期間を要求する条項は，両当事者にとって大して負担とならない．夫も妻も，待機期間中，他の人との恋愛関係を進めることができる．昔とは違って，子どもが婚外子としてのスティグマに苦しむことがなくなったので，夫も妻も，他の恋人との間に子どもを持つことすらできる．彼らは，次の法的な婚姻を待機期

間の2年間制限されるにすぎない．しかし，夫と妻が，事前段階では，伝統的な夫婦と同様の深いコミットメント問題に直面しているというのも十分ありうることである．そうすると，共働き夫婦のシナリオでは，シグナルはコストが低すぎ，実効性がないことになる．

　この主張に対する一つの対応は，法が，夫婦に都合の良い選択肢のメニューを用意するべきだというものである．2年の待機期間が短すぎるなら，夫婦間で5年とか10年の待機期間を選択すれば良いというのである．しかしながら，この主張の論理ではきりがない．なぜ夫婦は，無期限の待機期間ルール，すなわち再婚禁止規定を選択できるとしないのであろうか．夫婦はそのようなルールを選択するほどの能力がないからだと言う人がいるかもしれない．しかしながら，能力の問題とする主張は，何でも説明し過ぎて意味がなくなってしまう．なぜ，5年あるいは10年の待機期間ルールならば夫婦に選択する能力があると考えることができるのであろうか．能力に欠ける人の選択しうる契約条項と，能力のある人が選択しうる契約条項とを区別する原理がないのだから，婚姻契約についてどんな制約を課すことも，あるいは，制約を課さないことさえも正当化可能となってしまう．しかし，いずれにしても，契約条項選択能力は問題とはならないのである．能力のある夫婦は「離婚の際には，それぞれの当事者は，政府または慈善団体に，離婚以降死ぬまでの所得の半分を支払わなければならない」との契約に同意することだってできることになるであろう．能力のある夫婦はもっと奇妙な契約内容にだって同意することが可能となるであろう．たとえば，浮気は一切かまわないが，配偶者虐待のみが離婚原因となるというような婚姻契約が考えられる．あるいは，一方配偶者には2人の婚外子を持つことが許されるが，他方は1人も許されないというような婚姻契約も考えられる．能力のある夫婦なら，夫が妻を離婚しようと決めた時には，妻の方が夫に金を支払わなければならないという点を除いては，伝統的な家庭関係を想定した婚姻契約を結ぶこともできるだろう．こうした（奇妙な）契約内容は，コミットメント問題を克服しようとする能力の高い夫婦によって選択されうるであろう．

　任意規定としておき，夫婦がその適用を回避したい場合には自分たちで別途契約を結ぶことを認めることはせず，婚姻法は当事者が変更できない義務の束をワン・セットで課し，それに違反することはほぼすべて禁止する．婚

姻契約内容への制限の長い歴史においては，(私通，不貞行為，重婚を禁止する法律や，婚外子に課される罰など）婚姻前や婚姻外でのセックスに対する制限や，離婚，財産分与，子に対する親権に関する強行規定，それに婚姻内の財産に関する権限に関するルールを含んでいる．頭を悩ませるべきは，これらのルールの中身ではない．問題とすべきなのは，ルールが任意規定ではなく，ほとんどにおいて，強行規定であるという事実である．婚姻法の理論によって解決されるべき問題は，なぜ人々は婚姻法に関するものについて契約内容を決定することが許されないのかということである．

　私はこれらの現象について十分に満足な説明ができるわけではないが，いくつかの説明案を提示してみたいと思う．

　1．婚姻契約の自由を制限することは，正規の婚姻契約が，人々の注目を一致させる「フォーカル」なものに近づくようにさせ，コミュニティによる強制を容易にする．何の制限もない場合を考えてみよう．たとえば，他にも夫がいるような4人の女性と四つの「婚姻」ができ，しかも4人すべての女性と子どもをもうけることができるとしよう．あるいは，妻には2人の愛人を持つことを許して，私は子どもの面倒を見なくてもいいというような同意をすることが，配偶者と私の婚姻契約の中でできるとしよう．子どもの利益のことはとりあえずおいておくとして，コミュニティによる強制が機会主義的行動を抑止する場合にのみ，このような婚姻契約に信頼できるコミットメントを形成できるとしよう．問題となるのは，多様なあるいは奇抜な婚姻関係が存在すると，コミュニティのメンバーを困惑させ，コミュニティによる強制が不可能となるということである．伝統的な家族関係の下では浮気は機会主義的行動とされ，簡易迅速にコミュニティによる制裁を呼び起こすのに対し，もし私の配偶者と私との間で一定数の浮気は許すとの婚姻契約がなされている場合，浮気は私の家族関係の下では機会主義的行動とはされないことになる．コミュニティのメンバーは，われわれの婚姻上の同意内容を十分に知りえないので，どんな行動が同意に違反しているのか判断できない．彼らには，私の行動を評価する婚姻の標準型が必要であり，それがあるから，どんな行動が機会主義的か判断できるのである．コミュニティのメンバーが機会主義を抑止できてはじめて，婚姻はコミットメントのシグナルとして働く．しかし，コミュニティのメンバーが機会主義的行動を抑止できるのは，

機会主義と判断される行動がすべての婚姻関係に共通するときに限られているのである(9)。

　2．正式の婚姻契約をフォーカルなものにすることを通じて，婚姻契約の自由を制限することは，「法的」な介入を容易にする．婚姻許可証を要求したり，婚姻契約を標準化するのは，婚姻契約違反となる行動を確証可能なものとすることにその目的がある．かつての有責主義制度の下では，不貞がなされたことは離婚原因であったが，愛情が冷めたことは離婚原因とはならなかった．しかし，実際の婚姻では，不貞の事実は許せても，長期にわたって愛情が冷め切ることは許せないというのはありそうなことである．それにもかかわらず，「平均的に見れば（on average）」不貞行為は婚姻契約違反であるが愛情が冷めるのはそうではない，とか，不貞行為は被害者による報復では抑止できないが愛情が冷めるのは報復による抑止が可能である，と主張することができよう．もしそうなら，愛情が冷めたことを法的に罰しても効果はないが，不貞行為を法的に罰することは，婚姻関係内のあらゆる機会主義的行動を法的に尊重するよりも，婚姻関係における機会主義的行動を抑止する上で効果的であることになる(10)．

　3．婚姻契約の自由を制限することは，両親が子どもの面倒を見なくなるのを防ぐ．婚外セックスや婚前セックス，および離婚の問題は，それらの結果として望まれない子どもが生まれうるということである．すなわち，子どもの面倒を見ることよりも新しい別の家庭を築くことを望むような親（片親であれ両親であれ）が，子どもを持つことになるという問題である．この考え方によれば，婚姻契約の制限は必ずしも両親の利益のためのものではない．むしろ，子どもの利益や，望まれない子どもの養育をしなければならない政府の利益のためのものとなる(11)．

　4．婚姻契約の自由を制限することは，婚姻市場での平等（男女間平等や，社会的地位の差がある同性間での平等）を促進する．正式な複婚制や事実上の（de facto）複婚制（たとえば，夫が複数の妾を持つような場合である）に対する法的制約について考えてみよう．複婚関係の下では，妻たちは婚姻による余剰を妻たちの間で，ならびに夫との間で分配しなければならず，その結果大きな不平等が生じる．また，複婚制の下では，社会的地位の低い男性は妻を得ることができない．いくつかの歴史的証拠によれば，複婚関係に対

する制約が生じた一つの原因は，一般の人々の支持を取り付けようとした世俗権力や宗教権力の命令であった．権力のある支配層の男が，より下の階層の適齢期女性の中から妾をとることに対して，一般の人々は憤りを感じる．家族法の目的は当事者の婚姻による余剰を最大化することだという反対の仮定では，婚姻による余剰の最大化ではなくその平等な分配が可能なように設計されている法の説明ができない(12)．

5．厳格な離婚法は，両親が子どもの結婚相手選択に対して強いコントロールを維持していたような時代であれば，正当化できていたのかもしれない．婚姻適齢期にある子どもは判断力が弱く，性欲を押さえたり結婚相手を冷静に評価するのに必要な自制心に欠けているとしよう．離婚法と同棲に関する法律が厳格であれば，ひどい結婚をしてしまってもそこから抜け出すことができないであろう．しかし，たとえば，法的に親の同意を必要とすることや，子どもたちの将来の財産に対してコントロールすることを通じて，両親が子どもの結婚をコントロールできるとすれば，両親は子どもが確実に望ましい結婚ができるようにするであろう．そして，離婚や複婚関係に対する厳格な制限は，両親の影響力が衰えた後に，コミットメントのための制度として機能する．これに類した論理は，将来の相続人への融資に対する制限についてもあてはまる．将来の相続人は，将来の相続分を，若さゆえの浪費のための借金の担保として使ってしまいがちである．しかしながら，婚姻の制約は，子どもへの支配権を維持しようという両親の，非・利他的な努力をも反映していたのかもしれない(13)．

以上のどの理論も，厳格な離婚法を正当化するが，法的な結婚に近い代替物に対してもまた制限を必要としていることに注意してほしい．もし，婚姻関係解消のためのルールがあまりにもきついものであったなら，人々は結婚はしないで，同棲して婚外子を持つか(14)，不貞関係を持つことになるであろう．だから，婚前セックスや不貞行為や重婚を禁止する法，あるいはまた，婚外セックスの証である婚外子を罰する法を，それぞれの理論は正当化するのである．加えて，はじめの二つの理論は，法が奇抜な夫婦財産分配や奇抜な婚姻上の義務を強制することを拒否していることを説明している．三つ目の理論は相続や贈与における制限について説明できるであろう．

最近制定されたルイジアナ州の婚姻契約法は，婚姻の形態に対して実質的な影響力を有しそうにないし，スコットとスコット（Scott and Scott 1998）が推奨するような，選択肢のメニューを用意するもっと強烈な法でも影響力を持たないだろう．立法者が，不貞行為や婚外子をも厳しく取り締まろうとしないかぎり，「契約婚姻」が通常の婚姻より著しくコストが高くなるということはない．なぜなら，もし契約婚姻に不満になれば，婚姻当事者は非公式の結婚（つまり，不貞関係）へと代替できるからである．コミュニティが契約婚姻違反者を罰するだろうと思うかもしれないが，コミュニティによる強制をあてにできるか否かは，シグナルがはっきりとしているか否かに依存している．コミュニティが，契約婚姻に違反した者を罰しようとしても，それが可能となるのは，ある婚姻が契約婚姻か否かコミュニティに分かるときに限られる．しかし，婚姻について簡単な知識しか有しない人々には，その婚姻がどのような内容の婚姻なのか分からず，また，その婚姻が契約婚姻であることを，犠牲となった配偶者がコミュニティに対して証明するための訴訟手続のような機会はない．コミュニティによる強制を可能とするためには，違ったレベルでのコミットメントを証明するような，それぞれ違った形態の婚姻儀式が必要となる．そしてその儀式は，観察者に強い印象を与え，コミットメントのレベルを思い出させるのに十分なだけの差異がなければならない．しかしながら，単にあるカップルが結婚しているのか否かを記憶して想起するだけでも人々の記憶能力を超えてしまうだろう．契約婚姻は通常の婚姻よりも拘束力が弱いので，通常の婚姻に比べ，コミットメントを示す効果的なシグナルとならないのである．

「婚姻内紛争」
　スコットとスコット（Scott and Scott 1998）は，その仮想的な婚姻契約では，契約内容を法的に強制することが禁じられるだろうと主張した．その理由として，(a)裁判所には婚姻関係においてどのような行動が機会主義的行動なのか判断不可能であること，(b)社会規範や関係的規範によって機会主義的行動は抑止可能であること，があげられている．
　しかしながら，この主張は妥当とはいえない，あるいは不十分である．不当な扱いを受けた方が，相手の配偶者を訴える権利を法によって与えられた

としよう．まず，もししっぺ返しその他の戦略を用いて婚姻上の機会主義的行動を抑止し，夫も妻も婚姻による余剰を享受できるなら，法が一方の配偶者に他方に対する義務を課すか否かは問題とはならない．どんな紛争でも非・法的な解決の方が法的な解決よりもコストが低いので，訴訟は機会主義的行動とみなされ，報復の威嚇のもとに抑止されることになる．法による契約内容の強制可能性は，うまく協力できる配偶者にとっては「どうでもよいこと（irrelevant）」にすぎない．しかしこのことは，潜在的な配偶者が契約内容の法的強制を禁ずるだろうということを意味しない．妻が，報復の威嚇によっては，夫の機会主義的行動を抑止できないとしよう．その理由は，妻は，夫が機会主義的行動をとることによって得る利益を超えるような婚姻による余剰を留保することができず，同時に，婚姻関係の解消は妻にとって非常にコストが高いからである，とする．夫を訴えうるということは，報復をするという妻の威嚇を信頼できるものにするので，夫の機会主義的行動ははじめから抑止されるであろう．

　このようなことはさまざまな違った方法で生じうる．第一に，もし裁判所が悪い行動の証明をできたなら，それがとても正確であるとはいえないにしても，妻は勝訴しうることになる．法的コストを避けるため，夫は妻が訴えの姿勢を見せればすぐに機会主義的行動を控えるであろう．たとえば，不貞行為が犯罪とされているような法体系の地域で，夫の不貞行為を当局に対して訴えると妻が脅した場合を考えてみよう．もし不貞行為が常にとはいわないまでも多くの場合に婚姻契約違反であるとすれば，常に不貞行為者を処罰している裁判所は，たいていの場合に婚姻契約の規定を正確に強制するだろう．

　第二に，たとえ裁判所が悪い行動を証明できないとしても，そして，たとえ訴訟によって夫と同様に妻も損害を蒙るとしても，妻が訴訟提起によって夫に対するコミュニティの制裁を発動できるなら，妻の訴訟提起の威嚇は信頼できるものとなる．夫の浮気についての妻の言葉を信じなかったコミュニティのメンバーも，妻が提訴すれば信じるようになるであろう．なぜなら，訴訟は妻にとってコストが高いので，それにもかかわらず提訴するということは，妻が本当に損害を蒙っていることの信頼できるシグナルとなるからである[15]．このことは，コミュニティのメンバーが夫の機会主義的行動を独自

に証明できるか否かとは無関係である．

　コミュニティが婚姻による余剰最大化にとっていつも助けになるとは限らない．コミュニティ（それに両親）は，しばしば，いろいろなタイプの通婚に反対する．特に異なる人種，宗教，階級の間の通婚に反対する．そして，たとえその婚姻によって他の場合と同様の婚姻による余剰がもたらされるとしても，その婚姻関係を終えるようにプレッシャーをかける．妻が夫を尻に敷いたり，夫婦間で性的な排他性を要求しないような婚姻を，コミュニティは否定する．また，ある文化では，夫が妾を持たないような婚姻を認めない．男性が不貞行為をするのは，性的な精力を発揮できる人や複数の妻を養える財力を持っている人を，関連するコミュニティのメンバーが賞賛するからかもしれない．しかしそれにもかかわらず，不貞行為は，余剰最大化をもたらす婚姻契約の規定に違反している．コミュニティによるプレッシャーが婚姻関係の規範と衝突するとき，「社会規範と関係的規範」が総体として（in toto）法規範よりも効果的に婚姻における機会主義的行動を抑止できると信じる根拠はなくなる．おそらく法は，一方が社会規範に屈して不貞行為をしたときに相手の配偶者が報復できるようにすることで，破壊的な社会規範に耐える力を当事者に与えている．

「子の扱い：婚外子というスティグマ効果の弱まり」

　つい最近まで，他国同様アメリカ合衆国でも，婚外子に対するスティグマ効果は高いものであった．婚外子に押されるスティグマは，公的地位から婚外子を排除する法律，婚外子の相続権を制限する法律，および婚外子のその他の権利を制限する法律などにみることができる．しかし今日では，法的差別も非・法的差別も，ともにほぼなくなった[16]．アメリカ合衆国は，最高裁が婚外子であることを理由に人を差別する法を違憲とする過渡期もあった．

　なぜ，人々は婚外子を差別してきたのであろうか．この習慣は理解しがたい．なぜなら，この慣習は，誰かを罰する道具として罪のない別の人を扱ってはいけない，という重大な道徳的規範を破っていることになるからである．この謎を解き明かす筋書きは以下のようなものだろう．コミュニティのメンバーはみずからの忠誠心を互いにシグナルする方法をいつも求めている．型破りな，あるいはコミュニティに脅威を与える行動は，忠誠心を示す良い機

会となる．婚外子のいる家庭はそういったシグナリングの機会となる．なぜなら，婚外子は（ほとんどの人は1人の配偶者との間にのみ子どもを持つという）統計的な規範に違反しているか，または，コミュニティの負担となる扶養者のいない子どもとなるからである．罪を犯した親とその違反行為から生まれた子ども（婚外子）の双方を忌避することで，人々はこの行動に対する強い非難をシグナルする．この行動は，マジョリティが被害にあった問題の責任をかぶせられるマイノリティの，何の罪もないメンバーに対する差別と非常によく似ている（第8章参照）．さらに，婚外子を持つ人の両親（祖父母）は，家産を維持しようとする努力の妨げになるので，孫である婚外子の世話をしないかもしれない．そして，配偶者は，相手の不貞に対して，そこから生まれた子の世話をしないことで，互いに制裁を科しあうのかもしれない．このように，婚外子に対するスティグマは，繰返し囚人のディレンマ・ゲームで婚外子の親を罰する手段として，あるいは，コミュニティに対する忠誠心をシグナルする手段として，婚外子として生まれた子どもを制裁する戦略を人々が採用することによって生じるのである．

　このことは，お金持ちや権力者の婚外子についてはスティグマがなされずにすむことがよくあることを説明する．コミュニティが子どもにスティグマを押さないのは，コミュニティのメンバーが，その親の，あるいはその子が大人になってからの支援を失いたくないからである．

　婚外子のスティグマ問題は，社会規範を婚姻関係に対して良性の（benign）効果しかないものと考えている人々に問題を提起する．たしかにスティグマを押すことで，大事にされない子どもの出産や，紛争や混乱を引き起こすような性的関係が形成されるのを抑止したの「かもしれない」．しかし，このモデルでは，スティグマは他の問題への対処の副作用として生じることになる．婚外子のスティグマは，社会の他のメンバーと同じ条件で協力することのできない，スティグマを押された人をたくさん生み出した．しかし，ここ数十年で婚外子のスティグマが急激に消滅したことは，たとえかつては目的にかなっていたとしても，とうの昔にその役目は終わっていたのに残っていただけであることを意味する．歴史の過程で「公法的」家族法（public family law）が成立したということは，より混乱し差別的な非・法的強制メカニズムに代えて，中立的な法的強制制度をもって代替しようとした政府の努力の結果と

いえる.

「同性婚」

　同性婚を法的に認めるべきであると主張する人々は，この国の自由主義者や自由市場の伝統に訴えるが，同性婚は重大な価値を転覆させることになるだろうとの強固な主張にぶち当たる．その重大な価値がいったい何なのか，なぜそれを守らないといけないのかを説明してくれる人はどこにもいない．反対者は盲目的に信じている宗教的な主張を曖昧なままにしておく．なぜなら，そのような主張は，より知的な者の間でなされる議論では重要だとされないからである．反対者の中には，婚姻は重要な社会的利益を生み出すものであり，同性婚はそのような婚姻制度を破壊してしまうと主張する人もいる．しかし，彼らは，破壊の生じる過程については述べていない．

　この難しい問題について考えられる一つのアプローチは，同性婚を法的に認めることは，ある重要な点で婚姻の「意味」を変えてしまうとの主張である[17]．婚姻の意味とは，人々が既婚者に対して抱く見方のことのようである．これが何かを見るには，非婚者に対する伝統的な見方を考えてみよう．伝統的には，非婚男女は，形は違うが，ともにスティグマを押されてきた．いい年をして独身でいる男性のステレオタイプとは，まじめに責任が持てず，好き勝手ばかりしていて，いささかしつけ（自己規律）が足りない（undisciplined），というものである．いい年をして独身でいる女性のステレオタイプとは，情熱に欠け，冷たいうえにおそらくはややわがままで，多少おっちょこちょいというものである．よって，結婚することで，人々は自己の特性に関してこういったイヤな推定を避けるのである．これらのステレオタイプは，かつてほど強いものではないが，かつての，そして，今日における，婚姻の意味を明らかにするのに役立つであろう．既婚者は，たとえかなり因習的な嗜好の人であったとしても，一般的に信頼できる人物，つまり，コミットメントできて約束を守るという意味で，自己管理できる人だとみなされる．

　もし，これが婚姻の意義であるとしたら，なぜ同性婚に反対するのか理解が困難である．実際，同性婚支持者は，婚姻の規律効果を強調する（Eskridge 1996）．そして，この主張は部分的に，法的婚姻の誓いのシグナルが同性間でも可能なら，異性間の場合と同様に，長期の一夫一婦制関係に入りや

すくなるだろうとの主張になるかもしれない．

　婚姻の公的承認をより広い範囲の人に与えるのは，狭い定義の下で承認を受ける資格を有していた人たちの犠牲の下に，そういう人の利益を図ることになる，との反対論がありうる．この主張を理解するため，一緒に暮らしてはいないが性愛関係を続けている人々や，複数の異性と肉体関係を持っている人々が，肉体関係を持った人なら誰にでも自分が「既婚者」であることを宣言するとしよう．彼らは正式の儀式を経て，結婚指輪と法的権利を獲得するとしよう．この場合に考えられる結果は，既婚者であることを宣言したものの，普通の既婚者のように行動せず，婚姻許可証（marriage license）を得ない（で法的婚姻をしない）人々にどう対応すればいいのか，人々は困惑することになる，というものであろう．あるいは，誰が本当に既婚者で誰が本当は既婚者ではないのかについて困惑することになるのかもしれない．混乱を解消するため，人々はこれらの擬制上（fictive）の婚姻を真の婚姻として扱うかもしれない．その結果，「既婚者」の集合（pool）は，法的に結婚し同居しているペアから，一定以上の形で性的関係を維持しているペアへと拡張されるであろう．そうなると，「既婚者」とされる価値が，伝統的婚姻関係にある人にとって低下するであろう．なぜなら，長期的一夫一婦制にコミットできない人にも，コミットできる人と同様に，同じラベルである夫婦という呼称が適用されることになるからである．もしそのような長期的一夫一婦関係に対するコミットメントが，その人のタイプに関するシグナルであるなら，結婚の誓いは以前よりもタイプに関する弱いシグナルになってしまう．結婚の誓いに投資したにもかかわらず，「真実の既婚者」の評判価値は下落してしまうだろう．もっとも，彼らが，ただの性的関係とは区別されうる新たなシグナルを見つけ出すまでのことではあるが．婚姻の意義が目減りするのを予期すれば，既婚者は誰かが婚姻の定義を広げようと努力するのに反対するであろう．これは英雄行為の勲章を受ける軍人のグループを広げることへの反対運動の場合と類似している．狭い定義の下で勲章を既に得ている者たちは，英雄行為の定義を変えることに反対する．なぜなら，そのようなことが行われると，勲章が彼らに付与した社会的地位の栄誉が目減りするからである．

　この議論は同性婚にも当てはまる．同性婚を認めることは，既婚者に対するわれわれの評価判断に影響を与え，既婚者というラベルの価値が，伝統的

婚姻関係にある人にとって減殺されることになる．こうして，同性婚が公認されたら，現在よりも婚姻のシグナル効果が下がるだろう，と異性婚者は恐れることになる．しかし，これにはもう一つ前提がある．それは，普通の婚姻に比べ，同性婚はコミットメントが低いという前提である．同性婚より異性婚において普通に見られる，良き子育てへの関心が夫婦を強く結びつけるという仮説が成り立つとすれば，その限りにおいて，同姓婚はコミットメントが異性婚より低いという前提は，ありえないことではない．しかし，この前提が真実か否かは明らかではないとともに，仮にそれが真実だとしても，ここでの議論の中でどれほどの重要性があるかは明らかではない．

「婚姻法の自由化」は，社会的地位としての婚姻から契約としての婚姻への転換が進むことであるといわれている（これは，中世の婚姻が今日の婚姻に比べずっと契約的であったことを見逃している）．もっと即物的な解釈を提示するなら，家族関係の規整におけるコミュニティの関与を排除してゆくことである．ここでは二つの論点がある．すなわち，(a)特異奇抜な婚姻関係に入ることを認めるか，そして，そのような婚姻関係を強制するべきか，および，(b) 誰がそのような婚姻を強制するべきか，の2点である．コミュニティや両親が子どもの婚姻選択に歴史的に関わってきたことを非難するとすれば，コミュニティの連帯性を促進するための構造が機能不全を起こして，特異な嗜好や需要を有する人にとって，酷な結果を招来することがままあることが根拠となるであろう．他の人々からの制裁を恐れて人はコミュニティに順応するものであり，恥をかかされることや除け者にされることを警戒して，妻子不法遺棄や虐待など，婚姻の作法に明らかに反する行動を控えることは事実であるが，だからといって，そのことによって人が婚姻から得られる価値を最大化していると信じる理由はない．社会あるいは両親による規整を法による規制に徐々に置き換えることは，病的になりうるコミュニティの群衆に比べ，秩序正しさと正確さを持つ司法官僚の方が，規整システムとして合理的な選択であることを反映しているようである．

たとえ可能であったとしても，婚姻関係に対するコミュニティの強制の実効性を高めることが望ましくないのならば，とりうる手段は離婚法を強化することのみだと考えられるかもしれない．しかし，当事者の選択に委ねるか

否かにかかわらず，離婚法を強化することは，それ自体では婚姻による余剰を増加できない．離婚法を強化しても，それが，より注意深い調査やより強いコミットメントを，人々に必ずしも生じさせるものではない．むしろそのような法は，事前的には，晩婚化，同棲，あるいは婚外子の出産を促進させたり，婚姻をした後の場合（事後的）には，不倫関係に入り，婚外子の出産を促進させたりすることになるであろう．人々の行動を実質的に変えるには，国家は，婚姻関係の代替物のすべてに対して，全面的な攻勢を開始しなければならない．そして，このことは，婚前交渉，不倫関係，婚外子，複婚・重婚などに対して古めかしい制裁を復活させることを意味する．これらの行動に対して人々の大半が無関心であり，かつ，それらを支持する強力な利益集団が存在しているのであるから，婚姻を奨励し，同棲や婚外子を生むことを抑止し，離婚を抑圧し，婚姻による余剰を最大化するような法的介入が成功をおさめるとしたら，その介入は劇的かつ高度に高圧的にならざるをえないであろう．これは望ましいことではないのみならず，現在の時代の流れが続く限りは，実現不可能であろう．

第6章　社会的地位, スティグマ, および, 刑事法

　辱めの罰に対する関心がここ近年高まってきており，刑事罰による犯罪の抑止のあり方について問題を提起している．犯罪に関する伝統的な法と経済学の理論は，刑事罰を科すことにより犯罪が抑止されるのは効用を減少させるからだと仮定してきたが（Becker 1968），罰金が富を減らすことや，富を増やして好きな物に費やす機会が刑に服することにより減ることなど，自明な説明以上の，刑事罰が効用を減少させる「メカニズム」については何も説明されてこなかった．辱めの罰の支持者の主張によれば，一定の条件の下では，犯罪者をおおっぴらに辱めることにより，高いコスト・パフォーマンスで犯罪を抑止できる．たとえば，買春や公衆の面前での飲酒といった軽い罪を犯した者は，自らの犯罪を表すサイン（緋文字）を身に付けるか，車のバンパーに同趣旨のステッカーを貼るか，公共の場に一定の期間さらし者になるか，またはそれと分かる服装を着用することとされるべきであり，重い罪を犯した者は，入獄にはスティグマの効果があるが罰金の支払いにはかかる効果がないことから，罰金の支払いではなくムショ暮らしをさせるべきだと考えられているのである．このような手段で犯罪を公に晒すことの狙いの力点は，犯罪には刑事罰が科されるということを人々に納得してもらうことにも，ある犯罪に対する刑事罰がどのようなものであるかについて情報提供することにも，いかなる行動が犯罪とされるのかについて情報提供することにもない．今挙げたような狙いはすべて，冒頭の伝統的理論と矛盾をきたさないものであるか，ないし容易に取り込まれうるものである．辱めの罰の支持者によれば，犯罪を明るみにすることの狙いは，人々をして犯罪者と関わる

のを避け,または自らの交友の輪から追放させることにある.重要なのは,「辱めること」なのである (Kahan 1996, 1997).

　辱めの罰の歴史は古い.古今東西を見渡すと非常に長いリストを作成することができ,そのリストには次のようなものが含まれることとなろう.鞭打ち,焼き印,入れ墨,(有名な緋文字のように)身につけなければならない印,公の場での陳謝,手足の切断,忌まわしい処刑,檻への監禁,失明させる罰,儀式的な屈辱(擬似の打ち首など)である (Spierenburg 1995, pp. 53-54).ここで注目するべきなのは,これらの刑事罰の多くの目的が,犯罪者であるという社会的地位を公衆に伝達することにある,ということが明白である点である.その他のもの,たとえば鞭打ちは人々の見ていないところで行われうるし,実際にもそういうことがよくあったが,公衆の面前で執行されることも多かった.公開の処刑が非公開の処刑と異なっていたのと同様,公開の鞭打ちは非公開の鞭打ちとは異なる罰であった.鞭打ち等が行われていた時代の人々はこれらの刑事罰が辱めの効果をもたらす点についてしばしば言及しているが,このことは,かかる懲罰的な効果の一部として,ある犯罪者に辱めの罰が科せられるのを見た人々が,以後その犯罪者や犯罪者の家族を以前とは異なる目で見るようになることを示しているのである.

　辱めの罰の支持者はさらし台を復活させろとまでは主張していないが,辱めの罰はコストが安くその抑止効果が絶大であるとして,さらし台ほどには屈辱的でない刑事罰の復活が望ましいと主張しているのである.中流階級に属する普通の人たちは,刑が罰金になっている場合よりもさらし者にされる場合の方が買春をしなくなるであろう.普通のホワイトカラー犯罪者は罰金(これはさほど恥ずかしくない)よりも刑務所に入れられる恥の方を恐れる.このような主張が前提としているのは,人々は自分の評判を非常に大切にしており,かかる心情を政府が利用することができることおよび伝統的手法で罰するよりも評判を貶める方が日常生活での評判に大きな影響を及ぼすということである.

　これらの議論は,協力モデルが刑事法の分野で有する含意を調べてみる機会を与えてくれるのである.

辱めのモデル

辱めの罰は政府により科せられるものではあるが，本質的には非・法的制裁である．屈辱を与えられるのは，他人の望ましからざる特性や行動に注意が引き寄せられ，その結果として，当の他人が協力の相手方としては好ましさの程度が劣ると見られるに至った場合である．人々は標的となった人をそれ以後ただ単に避けるだけかもしれないし，信頼しないかもしれないし，あるいは以前よりも信頼しなくなるかもしれない．また，その人を嘲ったり叱ったりするかもしれない．しかし，嘲笑や叱責が効果的なのは，実際に社会の表舞台から追放される可能性があるという支えがある場合のみである．自分が悪い人間で信頼できない奴だという評判が立ってしまっては大きな価値のある機会を将来失ってしまうのではないかという予測のために，痛みが生じるのである．

　したがって，人を辱めるという行動は，悪い評判を立てた人と関わるのを拒否するという相対的に受身的な行動とは区別されるべきである．人を辱めることは，ベンチャー（リスクを伴った仕掛）なのである．つまり，この行動には時間と労力が必要であり，しかもその報酬はよく分からないのである．コミュニティのメンバーに話をして，槍玉に挙げられている人が悪い行いをしていたということを説得的に説くのには時間と労力が要る．と同時に，かかる行動にはリスクが伴う．辱めの標的になっている人やその友人・家族が，辱めを行った人に対して暴力を振るったり，その人に関する無遠慮な噂を広めたりして仕返しをするかもしれない．もしある人を辱めるべきだとする発案者（恥仕掛人）が，人々を説得することができなかったら，人々は恥仕掛人をでしゃばりか嘘つきであり，避けるべき悪いタイプの人間だと結論付けることとなる．このような理由から，人を辱めるという行動は，恥仕掛人が，自分は良いタイプに属していることを示そうとするシグナルであると通常理解されるのである．

　人を公に辱しめる行動を最初に企てる人は，内部情報を持っているかもしれないし，自らが良いタイプに属していることをシグナルすることで最も多くを得ることができる人であるかもしれない．ひとたびある人を辱めるべきだとする恥仕掛人がシグナルを送ったならば，受け手は返答しなければならない．恥仕掛人を信頼すれば，人々は辱められるべきだとされた人を単に避けることで返答することとなる．しかし，人々はこの機会をとらえて自らも

シグナルを送ることができる．公の辱め行動に関与しないならば，そのシグナリング行動はその人にとってコストがかかりすぎるのだと，人々が信じるのではないか，と恐れる．シグナルのコストが高いのは，その人が悪いタイプの人との関係を重要視している場合，あるいは彼が将来の利得を大きく割り引いて考える場合（悪いタイプ）である．どちらの場合でもその人の評判を下げてしまうであろう．より多くの人々が犠牲者を辱めることで，自らのタイプについてのシグナルを送るようになればなるほど，その犠牲者を辱める行動に加わろうとするインセンティヴは大きくなっていくのである．というのも，ぐずぐずして加わらないと，最悪の人間だと周りから見られるのではないかと恐れるからである．

　第三者が，屈辱を与えられた人と関わるのを避けるようになるのはなぜかについて，辱めについてのモデルにより二つの理由が与えられることは，強調しておく価値がある．第一理由は，逸脱者は好ましくない協力の相手方であることが明らかになったので，第三者としてはまだ評判が損なわれていないような人と関係を築きたいからである．第二の理由は，第三者は，嘘つきとされた人に制裁を自らも下さないと，周りの人が自分との関わりを避けることで制裁を下してくるのを恐れるからである．つまり，第三者は制裁行為に参加することにより自らが良いタイプに属していることをシグナルしようとするのである．人々が制裁行為に参加する理由が第二の理由であった場合にのみ，制裁行為は連鎖反応を起こして，逸脱者の極端な公での辱めや暴徒によるリンチにまで至るのである．ここでは，暴徒とは，銀行のとりつけ騒ぎのように，個人としては合理的な行動により引き起こされた集合的な悲劇に他ならない．

サブコミュニティ内部における辱めの罰

　あるサブコミュニティ（部分社会）があって，より大きくて支配的なコミュニティのメンバーにコントロールされている法システムを通じて規整を受けているとしよう．サブコミュニティのメンバーの中には，法によって抑止されていない逸脱行動をする人がいるとする．法が抑止しないのは，その種の逸脱行動を法廷で立証するのが困難だからかもしれないし，警察官その他の法執行機関の官吏がエネルギーを別のところに集中させているからかもし

れない．法が抑止してくれないので，抑止はサブコミュニティの中で非公式に行われなければならない．そうではあるが，強制もできる法制度のようなシステムをサブコミュニティのメンバーが創設して強制することは難しいであろう．サブコミュニティにおいては，警察は売春婦を逮捕しようと労をとることはないかもしれないが，そのくせ，売春婦を罰しようとしたり法を組織的に強制する自警団を作ったりするサブコミュニティのメンバーの方を逮捕してしまうかもしれない．

　このような状況のもとでは，凝集性の高いサブコミュニティは秩序を維持できる場合もあるだろうし，できない場合もあるだろう．自分のタイプを示すために逸脱者を暴いて処罰する人もいるかもしれない．そして，他の人たちが積極的に逸脱者を辱めるか，消極的に彼らを避けるかすれば，他者を食い物にするような行動が抑止されうるであろう．非公式な制裁には以下のものが含まれるかもしれない．まず，逸脱者に対する叱責である．叱責はそれ自体辛いもの，または，辱めるものであるが，「行動を変えなければより重い罰が待っている」という警告でもある．次に，逸脱者に対し執拗に嫌がらせをするという制裁である．おそらく物理的に行われるが刑事司法当局があまり気に留めないような目立たない方法で行われるであろう．逸脱者を村八分にするという制裁もある．この制裁には，逸脱者を雇ったりその人のもとで働いたり，付き合ったり一緒に事業をしたりするのを拒むことも含まれる．さらには，逸脱者を殺害することも，逸脱者やその家族を傷つけることもある．ホーソーンは，彼の小説の主人公が付けている緋文字の効果についてこう言っている（Hawthorne 1981, p. 51).「それは呪法のような効果を持っていて，彼女を通常の人間関係から引き離し，彼女だけの世界に封じ込めた．」もちろん，これ（非公式の制裁）はそうなるように決まっているわけでは全くない．このような分散的なシステムに代わりそうなものとして次の二つを挙げることができよう．第一に，1人あるいは少数の人が急速に力をつけ，やがて既得利益を固めて守るために平和を維持するようになる場合である．第二に，保護を求めて家族に大きく依存する場合である．第一の経路は組織犯罪やギャングといった現象からよく知られている[1]．また第二の経路は，政府の力が限られていた状況で展開された氏族間の武力闘争（フェーデ）の歴史でお馴染みのものである．

非公式の制裁システムの長所は，人々の相互監視能力，コミュニケーション・ネットワーク，そして悪いタイプを避けようとする欲求を利用していることである[2]．人々がすでに社会的な理由やビジネス上の理由で絶えず相互作用をしなければならなくなっているのであれば，監視やコミュニケーションの限界コストは取るに足らない．したがって，非公式の制裁に頼れば，警察，裁判官，刑務所への多大な資本投資は必要ない（刑事司法システムが無情な政府によって運営されているときはこの点は問題とならないかもしれない）．これらの長所は非常に大きな意味を持っているので，非公式の社会統制システムは公式の刑事司法システムと常に共存している．なぜかと言えば，当局が察知して処罰することがなかなかできないような犯罪行動，あるいは，政治的影響力の乏しいサブコミュニティ内部で起こる犯罪行動を刑事司法システムは抑止しないからである[3]．

しかし，非公式の制裁の短所もまた重大である．よくある問題点は，サブコミュニティが大きくて人々の持つ外部機会の価値が大きいと非公式のシステムがうまく働かないということである．これとは別の問題点として，非公式のシステムは専門分化（政府とコミュニティの協働，後述）の効率の良さを利用できないということが挙げられる．これらの問題点は重大な病理を生む．

辱めの病理

コミュニティが犯罪者に対して，彼の犯罪行為によって他者に課される期待コストと同じだけのコストの制裁を彼に科すとき，最適抑止が達成される．もしある店が，万引で100ドルの被害にあっているならば，発覚する確率で100ドルを割ったのと同じだけの罰にするべきである．

誰かが泥棒だということをある人が知るとしよう．その人は利益がコストを上回るなら泥棒を公表するだろう．そのコストには，泥棒からの復讐の可能性，それに泥棒の行動を明かすための時間やコストも含まれている．また利益には，(その人が泥棒を公表するコストを負担しているので) 他者がその人を良い協力の相手方とみなす可能性も含んでいる．言うまでもなく，泥棒を公表することによる私的利益と社会的利益の間には相関関係はない．泥棒を公表するか否かの判断は，泥棒が被害者に負わせたコストによって左右さ

れるのではなく，公表者自身の評判が上がるかどうかといったことによって左右される．けれども，これはさまざまな外生的要因に依存するであろう．たとえば，協力的だという評判を得ることで得をするような職業にその人が就いているかどうかということである．職人や小説家よりも，政治家やビジネスマンの方がそういう評判が重要になってくる．そしてまた，タイプの分布についての事前の信念にも依存するだろう．

そのうえ，公表されることで泥棒が負うコストは，彼の行動の社会的コストとは無関係である．その者の評判が，その者にとって重要であることもあれば（彼がペテン師または万引であるとき），全然重要でないこともある（彼が空巣狙いであるとき）．そして，他の人が泥棒を村八分にする場合よりも叩きのめす場合の方が，公表することに重要性が出てくるであろう．だが，コミュニティの他のメンバーが泥棒を叩きのめすか村八分にするかは，彼ら自身の外部機会と，自らが協力的なタイプだと互いに示すことの重要性にかかっている．

そのようなことが重要でないならば——情勢が安定している時期がそうであろうが——人々は泥棒を処罰しないかもしれない．協力的だという評判からくる利益はコストを上回らないのである．けれども評判がとても大事になる場合もある．不確実で緊張度の高い時期には，ただ自分が協力的なタイプだということを示すために泥棒を処罰するであろう．良いタイプの人たちは自分を悪いタイプから何としても区別しようとするので，処罰はエスカレートしていく．魔女狩りやその他の，極端で非合理に見えるような処罰を集団が行うことを，これによって説明できる．それについては後の節で論じよう．ある者が犯した罪が軽微なのにもかかわらず，各人はその犯罪者を（彼を村八分にすることによって）処罰する．これは，各人の信頼性についてのシグナルを送る好機を犯罪者が提供するためである．

辱めが社会にとって役立っているように「見える」ことがある．妻を殴る人を集団は村八分にするので，夫は同じ制裁を恐れて妻を虐待するのを差し控える．このことは，辱めが望ましい処罰形式であると信じる論者が出てくる理由となっている．しかし結果として現れる村八分のレベルが適切なレベルの抑止をもたらすと信じる理由はない．

歴史上の例がこの点を明確に示してくれる．前章で述べたとおり，シャリ

ヴァリは集団による辱めの一形態であって,非常にさまざまな文化や時代において存在し,消滅したのはやっと最近になってからであった.シャリヴァリの対象はいつも,配偶者の虐待や夫婦喧嘩のような両性間の不品行であった.これらの不品行は集合的な努力において裏切ることだと考えられるかもしれない.けれども単に珍しいだけの行動にもシャリヴァリは矛先を向ける.たとえば,年の離れた者同士の結婚,異人種間,異民族間,異宗教間の通婚,特異な性生活,不人気な変わった意見を持っている人々などである.したがって,ある行動が人々を困らせたり公秩序を脅かしたり,または怠慢を示したりしているという事実からその行動が目立つものとなり,そのような行動をする標的を処罰することによって,人々は自分に注意を惹きつけることが可能となる.しかしこれ(上記のように行動が「悪いもの」であるということ)は必要条件ではない.行動はただ単に変わったものであるだけでよいのである.この場合も,その行動は目立つものとなる.もし自らが低い割引率を持っていることを示そうとして人々がシャリヴァリに参加するのであれば,問題なのは彼らがコストを負担しているということだけである.つまり,彼らの行動が社会的な利益をもたらしているかどうかは問題とならないのである.公共財がある行動の抑止から生み出されるとしても,そして,そのような公共財がどういうものであれ,彼らの私的財(高まった評判)は当該公共財とは一致しない.

リンチ(暴徒による支配)はこれと同様の現象である.暴徒の行動は被害者を辱めるのではなく死に至らしめることもあるかもしれないが,そこでの論理は同じである.人々が暴徒の一員となるのは,暴徒には匿名性があるので一緒に悪い行動をしてもその責任を押し付けられないからだ,と言われる.けれども,人々が悪事を喜んで行うと考える理由は何であろうか.人々が暴徒に加わるのは,標的となるよりも暴徒の一員になった方がよいからである.たしかに暴徒の恐ろしさから犯罪行為を控えることもあるだろうが,暴徒が抑止の最適レベルを導くとは考えられない.特に,被害者が本当に罪を犯したかどうかにかかわらず,人の血が流れてはじめて暴徒のエネルギーが収まるように思えるからである(Wyatt-Brown 1982).

辱めの主たる動機は評判を高めることであって正義を実現することではないから,このことは正しい.よって,自分以外の全員が無辜の民を攻撃して

いる限り，暴徒の敵に対して同情的だと思われるリスクを冒すよりも暴徒に加わった方がよい．無実ではあるが何らかの方法で悪事と結び付けられた人にも辱めは行われる．だから，悪事を働いた者自身だけでなく，その者の配偶者や子どもにも辱めが行われることがよくある．シャリヴァリは姦通者のみならず，不義をされたその配偶者をもしばしば辱めていた（Wyatt-Brown 1982, p. 450）．人々は親に加えて婚外子も辱めるのが常である．第8章で見るように，マイノリティに対する「処罰」や彼らに対する差別は，よくあるシグナリングの形態である．そういうわけで，犯罪が行われると，犯罪の証拠があるかどうかにかかわらず，暴徒はマイノリティのメンバーを攻撃することが多い．

　ここでは辱めのレベルのバラツキについての議論はしない．職業的な司法制度によって実現される法の支配よりも暴徒の支配の方が激しいバラツキを見せるので，他の条件が同じであれば，リスク回避的な市民は法の支配の方を好むであろう．それはそうなのだが，私がもっとも主張したいのは，「平均的」な辱めの罰であっても，最適な抑止のレベルをもたらす可能性はほとんどなさそうだということである．

政府による辱めの罰

　今まではコミュニティの強制によって科される辱めの罰について議論してきたので，辱めの罰を科す政府の話をするのは奇妙に思われるかもしれない．だが，ここで「政府が辱めの罰を科す」と言うとき，コミュニティによる村八分（排斥）を容易にするために政府が科す処罰のことを指している．なぜこのことが意味を持つかを考えるために，「逸脱者を見つける」ことと「罰を科す」ことを分けておこう．前の節においては，コミュニティのメンバーは逸脱者を察知し（すなわち，その人の逸脱行動を認識する），罰を執行する（たとえば逸脱者を村八分にするなど）という前提が置かれていた．これらの行動には情報伝達が暗に含まれている．そうでなければ，村八分にされても逸脱者は痛くもかゆくもないだろうし，また，逸脱を察知してもコミュニティの役に立たない．政府が辱めの罰を利用する場合，以上の二つの要素が政府とコミュニティにそれぞれ分属する．政府は犯罪者を見つけて（辱めの罰を通じて）その情報を伝達する．そしてコミュニティのメンバーは，犯罪者

を避け，さらに犯罪者を避けるのを互いに促進することによって罰を執行する．

　逸脱を察知して伝達することにおいて政府に比較優位（相対的な有利さ）があり，一方，処罰ではコミュニティに比較優位があるなら，この分業が意味を持つように思われるかもしれない．少なくともある種の逸脱行動に関しては，これは，すなわち上のような比較優位についての仮定は，たしかにもっともらしいことである．どの児童（学童）が銃を所持しているかをコスト効率的なやり方で発見することができるのは，おそらく政府だけであろう．なぜなら，銃所持を発見するためのいちばん安価な方法は学校の入口に金属探知機を設置することであり，そのようなことはコミュニティのメンバーが非公式な協力をしてもできないことだからである．だが，政府は犯罪者である銃所持児童を効果的に処罰することはできない．どうしてかと言うと，——たとえば——児童が投獄によりトラウマを受け，生産的な市民になる可能性を台無しにしてしまうほどになるだろうし，政府がトラウマを与えないような罰を科すというのは非現実的だからである．コミュニティのメンバーであれば，銃を持っている子どもを叱ったり，彼らの行く店や映画館からつまみ出したり，他の子どもから引き離したり，あるいは普段から彼らを監視したりすることによって効果的に処罰できる．銃を所持している子どもの名前を公表するという罰は，すでに独立して存在している非・法的な制裁を政府が利用するための手段なのである．

　この歴史上の例はさらし台である．政府の官吏は犯罪者を捕らえ，彼の犯罪を裁判で立証し，さらし台にさらして処罰した．犯罪者をできるだけ多くの人に見せるために，さらし台は公共の広場に置かれていた．この罰には，拘束されたり物を投げつけられたりすることからくる身体的苦痛もあるが，目的として重要なのは他の人々に「この人は罪を犯したのだ」と伝えることであった．実際，イングランドでは，当局が巡査をさらし台のまわりに配置し，群衆によるさらし者の身体への虐待を禁止しようとすることがたびたびあった（Beattie 1986）．このように当局は，さらし台の罰を身体的なものではなく純粋に情報伝達のためのものにしようとしていたのである．

　さらし台は復活しつつある．売春婦の客はたいてい社会において生産的なメンバーであり，家族を持っている場合も多い．彼らを刑務所に入れると家

族の人たちから給料という生計を奪い，社会から勤労を奪うことになる．これらのコストは売春の抑止（しかもこれはほとんど効果がない）による利益を上回る可能性がある．より安価で効果的な罰は，友人，同僚，家族が買春客に対して浴びせる嘲笑である．けれども，周囲の人が誰なのか分からないような都市部で犯罪者が買春をしようとするなら，コミュニティのメンバーだけでは効果的な監視をすることができず，犯罪の発見には警察や司法組織の力が必要になる．逮捕と有罪判決の後，彼らの名前が新聞で公表されるとコミュニティによる罰の執行が容易になり，罰金や投獄よりも優れた抑止効果を低いコストで達成できるかもしれない．同様の議論は飲酒運転，暴力的ではない性的攻撃，いろいろなホワイトカラー犯罪についても行うことができよう．これらの罪を犯す人の多くは中流階級の人であって，他の中流階級の人たちが自分のことをどのように思っているかを気にかける人たちなのである．

　公権力による辱めの罰を十分に弁護するためには，前の節で述べた欠点を克服しなければならない．リンチやシャリヴァリから発生する暴力が問題なのではない．現代の政府は近代初期の政府と違って，そのような暴力を力によって抑止できる．問題なのは，自らが引き起こした村八分の程度を政府がコントロールできないということである．村八分の程度を政府がコントロールできないということ，そしてそれどころか，辱めの罰の厳しさが恣意的なために辱めの罰が廃止されるに至ったということを証拠立てる歴史上の事例についてこれから述べていく．まずさしあたり，現代において辱めの罰がもたらしそうな結果を想像してみよう．買春で有罪となった人の氏名を，政府が新聞に印刷したりテレビで流したりするとしよう．このような公表によって恥をかく人とかかない人がいそうである．なぜこうした違いが出てくるのだろうか．恥をかかない人は買春客を非難しないコミュニティに属しているか，他の人が必要とする特性を持っているために人々が村八分にしようとしないか（映画俳優のような大物の場合），あるいは，他者の協力に頼らなくてもだいたいの利益を得ることができるか，以上のいずれかであろう．だが，有罪とされた犯罪者が辱めを恐れていたのに，結局何の影響もなかったという場合もあるだろう．犯罪者の公表に対して他の人々がどのような反応をするかは予見できない．つまり，その犯罪者を村八分にするかもしれないし，

数日だけその人を忌避した後は犯罪のことを忘れてしまうかもしれないし，全く何もしないかもしれない．これは複数均衡の問題である．処罰が「どのような程度であっても」それは維持されうるのであり，このことは実際の処罰の程度が，裁判官には分からないパラメータによって大きく揺れ動くということを示している[4]．

さらに，辱めの標的になった人の配偶者が，友人，隣人，同僚に辱められるというのもありそうなことである．前述のように，シャリヴァリの参加者は姦通者だけでなくその配偶者も辱めるのが普通であった．彼らシャリヴァリ参加者は，夫を尻に敷く妻のみならず夫も辱めていた．夫の方がもっと辱められるのを恐れて妻に言いなりにならなくなるというのを期待していることもあろうし，別にそういう期待がないこともあろう．不倫や同棲の場合には，親だけでなくそのもとで生まれた婚外子も辱める．こうした歴史的経験が示しているのは，もしたとえば買春客の氏名を公表するように現代の政府が命ずるようになれば，彼の妻や子どもも彼と同じような（あるいは，それ以上の）辱めに苦しむだろう，ということである．

この議論に対する一つの応答は，これらの問題は辱めの罰特有のものではなく，自由刑（投獄）のときにも生じるという反論である．刑務所入りが科す不効用のレベルは人によりさまざまに異なる．刑務所に入るのを忌み嫌う人もいれば，それに耐えられる人もいる．それゆえ，同じ形態の辱めがそれぞれの人に違った効果を与えるように，同じ刑期であっても別の人には別の効果を与える．けれども，この反論は難点を見落としている．なぜかを考えるために，すべての人が同一の選好と機会を持っていると仮定しよう．そうすると，10年の刑期は異なる人に対しても同じだけの痛手となる．しかし辱めの罰の場合は，それが同じ罰であっても，異なったレベルの痛手を引き起こすのである．人々は共同して犯罪者を村八分にする一括均衡を形成するかもしれない．あるいは，人々は，犯罪者を村八分にするグループもあれば，村八分にしないグループもある，という分離均衡を形成するかもしれない．さらには，だれも村八分をしない，という一括均衡を形成するかもしれない．これらはすべて，それぞれの時代において辱めを目撃した特定の人たちが協力を一般にどれほど重視しているかとか，他者とゴシップを楽しむ性癖とか，人々のうちの誰かが別のシグナルを利用できる可能性とかというような，偶

然的な社会要因に依存しているのである．

　投獄がもたらすスティグマも同様に変化しやすいものかもしれないが，スティグマの付与は投獄の唯一の目的ではない．スティグマ付与が投獄の目的であり，または，それが目的とされる限りにおいて，投獄は辱めの罰の一種となるのである．投獄が持つスティグマ付与の効果は，大きなコストをかけなければ除去できない（現在，政府はこういう情報を広げるようなことはほとんどせず，情報を制限することも多いのだが）不可避の副作用だと考えた方がよい．

情報開示としての「政府による辱め」

　「政府による辱め」を考える際，もう一つの見方がある．辱めが持つ教訓的な性質を無視しておくと，辱めは情報開示の一形式だと考えることができる．政府が犯罪者を審理し，判決を下し，（刑務所に入った場合は）釈放したとき，政府は犯罪者に関する貴重な情報を生み出している．この情報は記録に残される．政府は犯罪記録を公開するか否かという重大な選択に直面する．一方の極として，政府は犯罪記録を抹消することができよう．実際，少年だけでなく，一定の比較的軽微な犯罪（大部分は薬物犯罪である）で有罪となったが，一定期間まっとうに生きた成人についても，犯罪記録を抹消することは多い．法執行の目的（警察捜査）のために記録を保管はするが，利害関係のある私人（その犯罪者を雇うかもしれない人など）にそれを公開するのは拒否する場合もあるだろう．犯罪者を雇うかもしれない人に犯罪記録を見せたり，その被用者がデリケートな仕事（たとえば保育所など）を持っているときに犯罪記録を見せたりする政府もある．連邦政府は興信所が過去の逮捕歴や犯罪記録を興信録（報告書）に掲載することに制限を課している．反対の極には，請求する人には誰にでも犯罪記録を見せたり，子どもに対する性犯罪者の前科を公開することを定めるメーガン法（Megan's Law）のように，犯罪記録（またはその一部）を一般に公開したりするケースもある．政府が犯罪記録を非公開にすることが多いという事実は，犯罪記録のスティグマ付けの効果を政府が問題視していることの強力な証拠になっている．しかし，さまざまな議論を見れば，辱めの罰に反対する理論的根拠は必ずしも完璧ではないことが分かり，この罰の妥当性は経験的な研究を必要とする問題だと

いうことが分かる[5].

敵対するサブコミュニティのメンバーに科される「政府による辱め」

　辱めの刑罰を公的に用いることの難点は，制裁の恣意性だけではない．別の難点を分析するために，この難点は脇に置いて，説明を分かりやすくするよう，そのような恣意的な結果が生じないと仮定しておこう．第2章で述べたコミットメント・モデル（シグナリング・モデルと混同してはならない）は，政府による辱めのさらなる問題点を示してくれる．

　「X」「Y」という二つのグループに分けることのできる社会を想像してみよう．ここでの「X」「Y」とは，身体的特徴や容易に観察・発見できるその他の特徴（たとえば人種，民族，移民としての地位，宗教など）が異なっている人々を指している．各グループ内部では，「良いタイプ」と「悪いタイプ」がいる．XはYよりも裕福で，政治的にも力が強いとしよう——おそらくその理由は，彼ら（X）が多数派であったり，政治的勢力の大きなグループの末裔であったりするからであろう．そのような条件のもとでは，XのメンバーはYを差別することによって自分の協力的な性格を知らせることができる．差別にはコストがかかり（差別を行う人は，良いタイプのYとビジネスをしたり付き合ったりするという外部機会を断念することになる），そして，身体や文化が異なる人々や新参者を伝統的に恐れることに由来する陰謀説がフォーカル・ポイント（注目一致点）を提供するので，差別はシグナルとしての役目を果たすのである．これらの信念を所与とすると，外部者（アウトサイダー）に対して差別をする人は内部者（インサイダー）に対して忠実なように見えるだろう．均衡では，すべて，あるいはおおかたのXたちはYたちを避ける（そうしない人たちはXたちによって村八分にされ，Yたちのところへ逃げ場を探して避難するかもしれない）．その一方でYたちはXたちを避け，協力が望ましいときにはグループ内部で互いを頼ることになる．最後に，Xたちは政治的・経済的に優勢なので，政府そして刑事司法システムもXのメンバーがコントロールしていると仮定しておこう．

　次のことに注意しなければならない．Xは数字の上での多数派であるかもしれないし，そうでないのかもしれないのである．アメリカ合衆国の多くの

地域，特に過去のことについて論じるときには，「X」は白人を，「Y」は黒人や他の人種・民族グループを表しており，Xが多数派だと言っても正しいであろう．しかし，Xが支配階級，つまり貴族の血を引いていたり巨大な富を持っていたりする少数の人々から構成されており，その一方でYは大衆から構成されている，という場合もあるだろう．

　もしXたちがYたちの不利になるように刑事司法システムを運営しているならば，そしてより一般的に，Xたちが支配的な政治的・経済的権力を持っていて，それを差別に用いているならば，Yたちは犯罪に対して自分たちの身を守るために互いに大きく依存しなければならなくなる．彼らは連帯性の高い，つまり団結力のあるグループを形成する（第2章参照）．ただ乗りの危険があるので，Yたちは自分の属するグループへの忠誠心を示すためにシグナルを送る．効果のあるシグナルは次のようなものである．すなわち，Xたちが非とする活動，さらにはXたちが罰するような活動に携わることである．そのような活動に従事するYは，そうでないYよりも信頼のできる協力の相手方である．それは，万一彼が裏切ってYたちに村八分にされるようなことがあっても，彼は外部機会（Xたちと関わる機会）をすでにある程度断ってしまっており，外部に頼ることができないからである[6]．

　刑事罰はXたちとYたちに異なった影響を与える．Yたちが刑事罰を受けることになった場合，他のYたちの間での評判からくる利得を彼らは得ているため，Xが同じように刑事罰を受ける場合に比べて（Xには評判から得られる利得はない），刑事罰の抑止効果は弱くなってしまうだろう．前科のあるYはXたちからは信頼されないであろうが，このYは協力のためにYに頼らざるをえなくなるので，他のYに比べて彼が仲間を裏切る可能性は低くなる．こうした理由から，刑事罰はむしろ犯罪を助長することさえあるかもしれない．この仮説はデータによって裏付けられており，そのデータによれば，ある特定の犯罪に対する刑事罰が厳しくなると，内集団（in-group）のメンバーによる犯罪行為は減少したのに，外集団（out-group）のメンバーによる犯罪行為は増加したのである（Sherman 1993）．

　今までの話は辱めの罰だけでなく，刑事罰一般についての話だった．しかし，辱めの刑罰には情報伝達としての要素があるため，これがXたちとYたちに対する効果の違いを増幅するであろう．殊に，敵対するサブコミュニテ

ィに政府が科す辱めの刑罰は，かえって逸脱行動を促すであろう．なぜかというと，辱めの刑罰は「この人は逸脱者だ」という情報を支配的なコミュニティのメンバーに知らせるので，彼らはその逸脱者を避けることになり，一方でサブコミュニティのメンバーに対しては，協力をする際の彼の信頼性を高めることになるからである．前述のように，準自発的な処罰は他のYたちに対して信頼性の高いシグナルを提供するため，Xらによる処罰を受けるインセンティヴ，あるいは，(たとえ犯罪を行いたいという欲求が特になかったとしても) 犯罪を行ってXらに罰せられるようにするインセンティヴをYは持つようになる．処罰が政府によって知らされる場合には，そのシグナルは他のYたちからずっと多くの注目を受け，より容易に理解される．刑事上の処罰が公の目にさらされなければ，犯罪を公にする場合よりも効果的に犯罪を抑止できるだろう．

たしかに，一部または多くのYたちが，処罰を「この犯罪者は悪いタイプだ」ということを知らせるシグナルとして受け取る可能性もある．つまり，この人は衝動的で将来のことには無関心だから犯罪に携わった，という解釈である．もしその人が悪いタイプであれば，Yたちは彼を村八分にするだろう．けれども，Yたちが政府側の動機を信頼しなければしないほど——「刑事司法システムが政治的に偏向している」と彼らが信ずるほど——，彼らが政府による処罰を「この犯罪者はYたちに対して忠実だ」と解釈する可能性は高くなる．このような状況においては，政府はYたちに対する処罰をなるべく内密に行い，何としてでも辱めの刑罰を避けるべきである．上に述べたような種類の罰を含め，辱めの刑罰が次第に流行してきているのにもかかわらず，黒人やその他のマイノリティにより頻繁に行われる犯罪については辱めの刑罰を科すことがさほど歓迎されていないのだが，その理由は以上のことから説明できるかもしれない．

インナー・シティーのコミュニティにおけるマイノリティに属する囚人の地位は，政治犯の地位と似ている．通常の囚人と政治犯の違いは次の点にある．すなわち，後者は，政府と敵対関係にあるサブコミュニティを援助するために自らの自由を放棄している，という点である．それゆえ政治犯は，サブコミュニティ内部やその賞賛者たちの間では高い地位にある．たしかに，万引のような犯罪を行って「それはわれわれのサブコミュニティを助けるた

めにやったのだ」と主張する人がいたとしても，そのような人は信頼されないだろう．信頼できる政治犯の犯罪というのは，たいてい，自分たち自身の利益にはならない犯罪である．たとえば，政治犯は政党を作ろうとし，結社を禁ずる法律に背く．また，彼らは銀行強盗をするが，自分たちは質実剛健で簡素な生活を送り，強盗の収益金は革命組織を支援するために用いる．あるいは，財産を盗ったり暴力を働いたりすることなく街路や店を占拠するというような，自分たちには明白な利益がない破壊的な行動に携わる．自らの自由を賭して行動を起こすということは，それが私的利益のために合理的に行われたものととられない場合にのみ，「その人はコミュニティに対して忠実だ」ということを示す信頼できるシグナルとなる．同様に，犯罪者や敵のギャングのメンバーからコミュニティを守る（Jankowski 1991, pp. 180-93）というような貴重な奉仕をコミュニティに対して行うギャングのメンバーは，あまり働いてくれない敵の警察によって刑務所へとしょっぴかれた場合，非難されるのではなく賞賛されるだろう．

　事態を複雑にさせる要素がもう一つある．たとえYたちが「その犯罪人はわれわれのサブコミュニティに忠実なわけではなく，正真正銘の逸脱者ではないか」と疑ったとしても，シグナリングの論理からして，そのような事実を認めることはできないかもしれないのである．この問題について疑義がある限り，人々は犯罪者の無実を主張して，自分たちの忠誠心を知らしめようとするであろう．このような主張を心から信じる人もいるかもしれないし，ただ自分がサブコミュニティに対して忠実だということを示すために同調する人もいるかもしれない．こうした意見に同意しないということは，その人がサブコミュニティを捨てたというシグナルとして捉えられる．このことは支配的なコミュニティのメンバーとの緊張関係を生む．支配的なコミュニティのメンバーにとっては犯罪者の逸脱は明らかであって，したがってサブコミュニティのメンバーがそれを認めようとしないのはなぜなのかが彼らには分からないのである．最近の有名な例として，妻を殺害したとして起訴され陪審に無罪判決を受けた人気映画俳優で元フットボール・スターのO. J. シンプソンや，麻薬（コカイン）事件を起こしたワシントンD. C. の人気黒人市長のマリオン・バリー，白人に誘拐され強姦されたという狂言で騒動を起こした高校生のタワナ・ブローリーなどが挙げられる．一部の黒人たちの間で

は，これらの人々の有罪を認めるのを拒否することは，サブコミュニティへの忠誠心を示すシグナルとしての役目を持っているのである．だがこれはどこでも見られる現象で，マイノリティやその他の集団でも，敵対集団が支配的になっているために集団内の忠誠心が重要性を帯びている場合には，あらゆるところでこうした現象が起こる[7]．

　アメリカ合衆国の都市では歴史的に，多数派の白人が警察を支配してきた．人種差別がある程度撤廃された後も，刑事司法システムは黒人よりも白人を優遇し，白人は黒人を差別し続けていると黒人の間では信じ続けられてきた．白人支配を怪しんでおり，メンバーの不忠（たとえば，警察で働いたり，コミュニティから逃げ出したりするなど）を恐れるインナー・シティー地区のようなコミュニティが関わってくる場合には，犯罪を行うことがコミットメント・メカニズムとしての役目を果たす．そして実際，インナー・シティーにある黒人やヒスパニックのコミュニティでは，投獄その他の処罰があると，その犯罪者には（少なくともギャングのメンバーの間では）高い地位が与えられることがある[8]．「もっと多くの黒人が刑事司法システムに関与すれば，黒人のコミュニティにおいて処罰が人種的・政治的に偏向したものとはみなされなくなるだろう」と白人の役人たちは考えている（Jankowski 1991, pp.260–63）．しかしこの戦略は，公の司法システムに参加する黒人がコミュニティに対する反逆者だとみなされるかもしれないという問題，あるいは，システムに参加している黒人がルールに従わないかもしれないという問題に直面してしまう．こうした問題ゆえに，連邦最高裁判事指名の際にセクハラ疑惑を追及されたクラレンス・トマスや，O. J. シンプソン裁判で一敗地にまみれた検察官のクリストファー・ダーデンはあのような運命をたどったのである．またその一方で，黒人の被告人を有罪にすることを黒人の陪審員たちが拒否する「陪審による法の無視」(jury nullification) という劇的な現象が起こるのである．おそらく差別撤廃が効果的になる状況もあるだろうが（黒人コミュニティ出身ですでに認められた指導者が，システム内の目立った権力の座についた場合に，最も効果的になる），差別撤廃だけでは「処罰が逆に高い地位を与えてしまう」という問題は解決されないであろう．

逸脱サブコミュニティの創造

辱めの罰について論じる際に，私は「敵対するサブコミュニティがすでに存在している」ということを前提にしていた．そしてそのうえで，サブコミュニティのメンバーの行動に対して辱めの罰がいかなる効果を持ちうるかを問うてきたのだった．だが，「敵対するサブコミュニティ」はひとりでに出来てくるものではない．それらは作られるのである．「敵対するサブコミュニティ」が作られる一つの道は，ブレイスウェイト（Braithwaite 1989）も述べるように，刑事法を通じてである．

　これがどのように作用するかを理解するためには，「信頼関係やコミュニティを作るためにはシグナルが必要だが,それらは歴史的偶然によって生ずる」ということを思い出せばよい．一般的には，コミュニティへの忠誠心を示すシグナルとしての役割を果たす行動は，人によって異なったコストを課すことになる．それが意味するのは次のことである．つまり，普通の人にとっては，協力からくる利益を得るためにシグナルのコストを負うのは合理的となるけれども，シグナリングの行動に高いコストがかかってしまう人にとってはそうならない，ということである．後者の人々はそうした行動を行わないので，支配的なコミュニティのメンバーによって村八分にされるだろう．すると彼らはこれに対してサブコミュニティを形成するのである．

　例として，イデオロギーや宗教上の信仰が挙げられる．コミュニティがある特定の宗教にコミットしており，それが私のコミットするものと同じである場合には，忠誠心を示すシグナルは私にとってはコストのかからないものとなる．私が宗教に関心を持たないのであればシグナルにコストはかかるだろうが，協力から生ずる利益を手放すよりはましかもしれない．もしコミュニティのものとは相容れない宗教や信条に深くコミットしているとすれば，コミュニティのメンバーになることによる利益（物質的，または心理的・精神的利益）よりも大きなコスト（心理的・精神的コスト）がかかるかもしれない．改宗・転向にはコストがかかりすぎるので，同じ考えの人を探して，支配的なコミュニティとは区別されるサブコミュニティを形成するのである．また，人種的・民族的な差別に対抗して作られるコミュニティを考えてみよう．私は自分の身体的特徴や自分の祖先を変えることができない．それゆえ，自らが忠実であることを互いに示す手段として，すべての人がこれらの特徴に基づいて私を差別するのであれば，私はコミュニティに入ることはできな

くなる．やむをえず，私は同じ特徴を持つ人たちと一緒にサブコミュニティを作ることになる．

　双方のケースとも，自分自身が他の人と協力できるか否かという問題を私が抱えていることに注目しよう．というのも，排除された集団に属する人々に「私はあなたたちに対して忠実だ」ということを示さなければならないからである．第2章で論じたように，サブコミュニティにおいて信頼できるシグナルは，支配的なコミュニティでとられているシグナルとは相反する行動である．サブコミュニティで忠誠を維持するためには，自分たちより大きな集団のメンバーの感情を損なうようなシグナルが特に効果的である．サブコミュニティのメンバーがそのようなシグナルを用いれば，彼らが大きな集団に受け入れられるチャンスが減るからである．ティーンエイジャーが大人や自分たち以外のティーンエイジャーに対してわざと鼻つまみ者のように振る舞うのであれば，彼は自分の友人たち以外と交わる機会の価値を減らしていることになる．したがって彼は，裏切って，それが見つかり，自分の集団から除け者にされてしまうと，より多くを失ってしまう．それゆえ，他のメンバーは以前よりも彼を信頼するようになる．大きな集団に向けられた犯罪行動がサブコミュニティに対する忠誠心のシグナルとなりうる，という理論は以上から直ちに導くことができよう[9]．

　聖アウグスティヌスはその放埓な青年時代に，友達と一緒にナシを盗み，そしてそれを捨てるために豚に与えた．こうした無駄な行動は私たちにショックを与えるもののように思える．その青年たちが空腹でナシを食べたいがために盗んだのであれば，もっと同情を寄せることもあろう．しかし，シグナルというものはすべて無駄なものなのである．ナシを盗んで無駄に捨て去るという行動は，アウグスティヌスとその友達が互いに送ったシグナルであった．彼自身も述べているように，友達がいなければこのような行動は決してとらなかったであろう（Augstine 1961）．

　支配的なコミュニティでたまたま広がっていくシグナルによって，どれが「逸脱コミュニティ」になるかが決まってくる場合がある．シグナルが性的な自制を要求するもの（性行為の頻度，相手の数，性的行動の種類など，いずれに関するものであろうと）であるならば，そのような自制に特別なコストがかかってしまうような人たちがサブコミュニティを形成するだろう．同一

のものと認められる身体的特徴を持つ集団のメンバーを差別することがシグナルに含まれているとすれば，それらの人々やその友人たち，あるいは支持者たちがサブコミュニティを作るだろう．また，さまざまな逸楽的な活動（違法薬物，アルコールなど）を抑制することがシグナルになっているならば，サブコミュニティを作ろうと思っている人たちは逆にこうした活動を行うことになる．さらに，ある特定のイデオロギーへのコミットメントを表明することを求めるシグナルだったとするならば，サブコミュニティはそのようなコミットメントを拒否するであろう．したがって，ある行動とそれと正反対の行動は，どちらもシグナルとなりうるのである．

　この点を例示するために，次のことを考えてみよう．時点0において，大した辱めもなく売春婦から買春をする人がいるとする．これに対して，時点1において，政府はこの行動を罰する決定をする．政府は二つの処罰を選択できる．(1)ある期間だけ刑務所に入れる．これにより，犯罪を行うことによる平均的な効用をちょうど相殺する分の害悪を犯罪者に与える．(2)辱めの罰を与える．これにより，上と同じだけの害悪を犯罪者に与える（ここでは，政府が辱めの程度をコントロールできると仮定している）．どちらの場合でも，平均以上の効用を犯罪から得るような人たちは犯罪を行い続け，一方，そうでない人たちは犯罪を行うことをやめるであろう．したがって，この二つの刑罰の抑止効果は，その行動をとる直接のインセンティヴに関しては（そのように作ったからであるが）同じである．しかしながら，辱めの罰が犯罪者の行動についての情報を効果的に伝え，そのうえ支配的なコミュニティがそのような行動を全く認めないのであれば，人々はその犯罪者を村八分にすることになる．犯罪者は利益を得る正当な機会を失ってしまったので，犯罪の道に身を委ねなければならなくなる．そして犯罪者たちが互いに協力できるならば，支配的なコミュニティを脅かす「逸脱した敵対コミュニティ」を形成するであろう．これとは逆に，(1)の処罰制度のもとで刑務所に行って釈放された犯罪者は，逸脱サブコミュニティのメンバーになることによる怪しげな利益のために，自らの正当な時間の使い道からくる便益を放棄するインセンティヴなどは持たないこととなる．

　投獄や罰金のような通常の刑事上の処罰でも，辱めの罰と同様の効果を持つことがある．すなわち，人々は前科者に対してスティグマ付けをするので

ある．たとえば雇用者は犯罪記録を調べる．けれども問題は，犯罪者の氏名を公表したり別の方法で辱めたりすることによって，投獄やその他の処罰がその人の評判に及ぼす効果を政府が増幅すべきか，あるいはすべきでないか，ということなのである．通常は，評判に与える効果を政府が増幅させるべきではない．その理由は，政府がそのようなことをしてしまうと，逸脱した敵対コミュニティを作るように人々を駆り立てる結果となりうるからである．

歴史上の証拠

　歴史的には辱めの罰は衰退してきたのだが，それには次の三つのことが含まれている．(1)先進国においては公開処刑，特に残酷な公開処刑が廃止されたこと．(2)鞭打ち，さらし台，特別な服装など，公衆の面前で辱める刑罰が廃止されたこと．(3)焼き印，入れ墨，手足の切断など，前科者であることが誰にでも分かるようにするための，見た目を傷つける処罰が廃止されたこと．これらの傾向をつぶさに見ることで，理論的な主張を具体化することができる．

　これらの処罰が廃止されたのは道徳観念の向上によるものだ，と主張したくなる人もいるだろう．しかし，因果関係が逆だという可能性も同様にある．つまり，人々が拷問や処刑を許さなくなったのは，そういうものを見ることがなくなったからだ，という可能性である．ちょうど，人々が農場に住まなくなったために家畜の屠殺を直視することができなくなった，というのと同じである．もしこちらの因果関係の方が正しいならば，刑事処罰の移り変わりの原因は別のところにあるはずである．

「公開処刑」

　公開処刑は犯罪者を処罰するだけのものではなく，犯罪者に恥をかかせるものであった．当時の見物人は，有罪判決を受けた犯罪者が引っぱり出されて衆目にさらされると，彼の怯えた哀れな姿に大喝采をしていた．通常，それはカーニバルのような雰囲気になっていた．商人たちは土産物を呼び売り，子どもたちは見物人の足の間で遊び，さらにゲームや歌もあった．群衆が犯罪者の哀れな様子に気持ちを動かされたり，犯罪者に対して憤激したりすることも頻繁にあった．しかしどちらの場合であっても，しばしば結果として

生ずるのは騒動だった（Gatrell 1994, pp.90-105, 266-72, 589-91参照．また，Beattie 1986も参照）．群衆によって引き起こされる危険の方が，騒動が起こらない場合に公開処刑がもたらすであろう抑止効果よりも重大かどうかは難しい問題である．初期の頃は当局が公開処刑には抑止効果があると信じていたことは間違いない．けれども19世紀までには，非公開の処刑や投獄といった別の形態の処罰の方が騒動を起こすことが少ない，と広く認識されるようになっていた．その結果，イギリスでは公開処刑が1868年に廃止された．

たとえば近代初期のヨーロッパにおいては，支配的地位を有するXが人種上あるいは民族上の多数派ではなくごく少数のエリートにより構成されていた．だが，彼らもまた同様に大衆に恐れられ，蔑まれ，そして信頼されない存在であった．それゆえ，処刑台に乗せられている人が貧民に対する脅威なのか，それとも救いの主なのかというのは答えの分からない問題だった．そういうわけで，辱めの情報伝達効果は逸脱に対する罰を容易に強めうるが，その効果は同じくらい容易に政府側の不条理さをも増幅しうるものであった．犯罪者は人々のために犠牲となった人物と見られるかもしれないし，処罰は政府の正当性を代償として彼の献身を証明するものだと見られるかもしれない．この最も劇的な例は殉教であって，殉教者の処罰は殉教者側の理由よりも政府側の動機の合理性に対して疑問を投げかける．長い期間を経て，キリスト教信者の殉教はキリスト教の正当性を高め，ローマ帝国公認の宗教としての地位を確立する道を整えたのであった．

「鞭打ち，さらし台」

犯罪者の死まではもたらさない刑事罰は，見ている群衆に犯罪者の罪についての情報を伝え，さらにゴシップを通じて，コミュニティ全体に伝える（Beattie 1986, p. 464）．さらし台はこの現象の最も純粋な例である．犯罪者は文字通り全員の「見世物」にされる．このとき，政府の役人により行われる身体的な処罰はない．群衆が犯罪者に物を投げつけたり打ちのめしたりすることはあるが，ここに処罰の核心があるわけではない．前に述べたように，役人は犯罪者を群衆から守ろうとすることもあったのである（Beattie 1986, p. 616）．

さらし台の難点は，刑罰の厳しさが予測不可能だということである（Beattie 1986, pp.466-68). 評判の悪い政府に抗する治安妨害のうちの二，三の事例に見られるように，たまに（稀ではあるが）群衆が犯罪者を解放することがあった．逆に，群衆が犯罪者をさらし台から引き剥がして殴り殺したり，物をぶつけて死に至らしめたりすることもあった．群衆が犯罪者を単に嘲るだけのときでさえ，さらし台が評判に及ぼす効果を前もって測ることはできない．誰が現れて犯罪者が辱めに遭っているところを見るか，そのニュースをどれだけ熱心に広めようとするか，その時間にどのようなことを他にしなければならないか，ということに常に幾分かは依存していたはずである．また，犯罪に対して刑罰を適用する仕事は非常に大雑把に行われていた．実際，厳しすぎる刑罰（死刑，流刑，そして同様の生死に関わる刑罰）を避けるだけの目的で，裁判官はむやみやたらとさらし台の刑を犯罪者に言い渡していた．一方で，改革者は刑務所を用いた刑罰に変えるための運動をした．そちらの刑罰であれば，いろいろな長さの刑期を用意することで，裁判官が刑罰の厳しさをよりよくコントロールできるからである（Beattie 1986, p. 608）．

　鞭打ちの場合でさえも，処罰の主眼は苦痛を与えることにあるのではなく，公衆の前で恥をかかせることにあるのだと推測できよう．苦痛は犯罪者を懲らしめるために与えられるのではなく，見ている人たちのために与えられるものなのである．陰惨な処刑を受ける人に麻酔を施すという例や，火炙りの刑の際に死を早めるために火薬を用いるという例は，この理論——身体的な刑罰の目的は犯罪者に苦痛を与えることではなく見物人の記憶の中にイメージを焼き付けることだ，という理論——を裏付けてくれる．そうした不愉快な処刑の目的が苦痛を与えることだとすれば，苦痛を軽減するような措置を講ずるのはなぜなのだろうか．鞭打ちや残酷な処刑はさらし台の一形態だと解釈することができる．犯罪者が殴られたり殺されたり，あるいは手足を切断されたりするのは，苦痛を伴う死が苦痛を伴わない死よりも効果的に犯罪を抑止するからではない．そうではなく，刑罰が異常で厳しく気持ちの悪いものであれば，犯罪者がどの人であるか（鞭打ちの場合）とか，犯罪者に対する刑罰（死刑の場合）とかについて人々がよく記憶するようになるからである．そういうことであるから，ある男がサリー（Surry）の治安判事に「私の刑を公開の鞭打ちから非公開の鞭打ちに変えて下さい．そうなれば，サザーク（Southwark）で職を見つけることもまだできるし，家族を食わせてや

ることだってできる」(Beattie 1986, p. 464) と懇願するわけである．以下でもこのテーマを掘り下げていこう．

「焼き印，その他の印」
　近代初期のイギリスでは，重大な犯罪のうちたいていのものについては「聖職者の特権」(benefit of clergy) を申し立てることができた．つまり，自分は聖職者であるから世俗の王の裁判権には服さない，と主張するのである．記録がお粗末なうえに識字率が低く，しかも「聖職者」とはどういう人たちを指すのかが非常に曖昧だったため，記録文書にあたったり教会の人に問い合わせたりするだけでは，裁判所はその人が聖職者かどうかを確かめることができないのが普通であった．それゆえ，(ほとんど) 誰でも聖職者の特権を申し立てることができた．けれども法律によれば，聖職者の特権を主張できるのは1回だけということになっていた．次に罪に問われた場合には，この主張はもう通用しないのである．誰が聖職者の特権を使い，誰が使っていないかを文書の記録に頼ることなく識別できるようにするため，聖職者の特権を主張した人の親指に焼き印を入れるよう裁判所が命ずることになった．したがって，聖職者の特権を主張する人の親指にこの焼き印がすでに入っているならば，この主張は認められないということになったのである．
　やがて当局は，この親指の焼き印は特権の行使を記録するには適さない方法であると認識するようになった．焼きが甘くなって皮膚が治癒してしまうことがしばしばあったのである．そこで当局はこの問題に対し，聖職者の特権を主張した人の頬に焼き印を入れるとする法令を制定して対処した．だがこの方法も結局廃止されるに至る（再び親指の焼き印に戻った）．「[頬への焼き印を廃止する] 新しい法令の制定理由は，永続的で可視的なスティグマを犯罪者につけてしまうと，彼らが正直かつ正当に生計を立てようと思って働いても信頼されないであろうし，彼らを『自暴自棄』にさせて犯罪の道へと進ませることになる，ということだった」(Beattie 1986, p. 464)．おそらく「罪を犯した人は雇われたとしても不誠実だろう」という推論に基づき，雇用者たちは頬に焼き印を付けた人を雇わなかったので，こういう人々は正直に働いて生計を立てることができなかった．だから彼らはギャングに加わり，犯罪を手段として生活していくのであった．私が見る限り，焼き印の狙いは

聖職者の特権を行使した人を辱めることではなく，単に特権行使を記録することだけだったのだが，それでも焼き印には辱めの罰としての効果があった．当局は頬の焼き印を廃止したのだが，その理由は多分「犯罪を行うギャングができて，それが社会秩序に対して重大で絶え間ない脅威を引き起こすぐらいだったら，犯罪の抑止が不十分でも我慢できる」と当局が考えたからであろう．

　歴史を顧みると，辱めの罰には二つの問題があることが分かる．第一に，これらの刑罰は予測可能性を欠いている．辱めの罰は群衆のダイナミクスという独立した力を利用しようとするものなのだが，群衆のダイナミクスは予測不可能である．最適抑止を実現するなら，裁判官は厳しさが予測できないような刑罰を使うことはできない．第二に，辱めの罰は逸脱サブコミュニティを作ってしまう．前科者をいともたやすく見分けることができるなら人々は彼らを避けるので，犯罪者はギャングに参加せざるをえなくなる．これらの問題は両方とも，後の19世紀に起こる改革の要求を置き土産として残すことになった（Beattie 1986, pp. 500, 614, 616）．

　これら二つの問題はともに今日においても重要な問題である．飲酒運転者，喫煙者，買春客に対して辱めの罰を使うと，思うような結果にはならないであろう．特に逸脱サブコミュニティにおいては，こうした処罰を受けることや行動は，尊敬すべきもの，サブコミュニティへのコミットメントを示すシグナルとみなされる．現在の喫煙に対する取締りを考えてみよう．この取締りによって，喫煙者と不服従・反抗とのつながりが深くなってきている．熟練した映画制作者は，ある登場人物に，唇の間にタバコをはさませるだけで，その人物が独立独歩の一匹狼であるということを非常に手っ取り早く伝えることができる．そしてそれによって，反抗心のある若者に映るタバコの魅力が増すことになる．ここ5年の間にティーンエイジャーの喫煙が30パーセント以上も増加しているが，これは映画における喫煙の頻度と同様の増加率である．その一方で成人の喫煙は減少しているのである（Klein 1997）．けれども私は，映画がティーンエイジャーの喫煙の原因となっていると主張しているわけではない．映画制作者とティーンエイジャーの両方が，喫煙に対して社会的・政治的な不寛容が高まりつつあるのを自分たちの目的のために利用

しているのである[10].

救済，慈悲，および，社会復帰

19世紀イギリスの改革家は「社会復帰」のスローガンのもとに辱めの刑罰を廃止しようとした．この「社会復帰」の考えによれば，刑事罰の目的は犯罪者を善良な市民に更生させることである．社会復帰は，神学上の二つの重要な考え方，つまり「救済」(redemption) と「慈悲」(mercy) の世俗版である．「救済」そしてもう少し程度は軽くなるが「慈悲」とは，コミュニティに対して罪を犯した人を赦すということである．処罰が免除されたり軽減されたりするかもしれないが，救済は「その人は無罪である」という宣言とは違う．救済が意味するのは，「その人は罪を犯し，しかもそれは追放に値するものであるが，今や彼は受け入れられ，コミュニティの抱擁のもとに戻っている」ということである．

救済や慈悲はキリスト教神学の中で強力な役割を演じているが，世俗の法においても同じく重要になっていることが分かる[11]．たとえば，犯罪記録を抹消する場合がある．また国によっては，ある人が犯罪を行ってその記録が抹消されると，その人は自分の犯罪歴について記録抹消後に公然と言及した人を名誉毀損で訴えることができる．

このような法は，犯罪に関する古典的な経済理論の枠組にはなかなかうまく当てはまらない．過去の犯罪についての情報は，雇用者など，前科者を扱う人々にとっては意味のある情報である．もしスティグマが刑罰を厳しくしすぎ，その結果として過剰な抑止がもたらされるならば，これに対処するための論理的な回答は，情報流布を禁ずることではなく，もともとあった刑罰を軽減することである．犯罪者が合理的ならば，赦しを考慮して期待刑罰を小さく見積もるであろう[12]．

こうした法を説明する鍵は，情報伝達の効果が予測できないという点にある．投獄そのものが犯罪者に課すコストは予測しやすいけれども，投獄が評判にもたらす効果は予測しにくい．評判の上での予想外の損失によって追い討ちを食らう人がいることを国家は気にも留めないかもしれないが，犯罪者全員がこのような損失を受けることは望んでいない．しかし，後者のカテゴリー，つまり評判によるダメージを受けやすい人に属するのは，どういう犯

罪者たちなのだろうか．この問いに答えるために，犯罪者を四つに分類しよう．(1)サディストなど，もとから反社会的な嗜好を持っている人たち．(2)犯罪を行った時点での外部機会（つまり，適法な手段を用いた場合の状況）が極端に悪い人たち．たとえば，空腹のあまりパンひとかたまりを盗んだ人など．(3)高い割引率を持つ人たち．平たく言えば，衝動的な人たち．(4)逸脱サブコミュニティへのコミットメントを示そうとして犯罪を行う人たち．

　刑事法では，どの動機が主であるかに基づいて人々を区別する．サディスティックな犯罪者は赦しが得られない．すなわち，刑罰は軽減されない．この場合，過剰な抑止は問題とならない．外部機会が悪くて犯罪を行った人は，外部機会が改善されれば犯罪を行わなくなるだろう．刑務所内での教育・教練は，このような人を対象にしているのである．割引率が高くても，年齢が上がれば割引率が低くなるかもしれない．少年犯罪の記録を抹消したり，犯罪行為を一定期間行わなかった人の犯罪記録を抹消したりすることがあるのはそういう理由からである．最後に，慈悲を乞う人，つまり，逸脱サブコミュニティとはもう関わらないと誓う人は，サブコミュニティに再び加わらないことを訴訟手続において約束する．そして「慈悲を《乞う》」という言い回しでほのめかされているが，卑下（self-abasement）が決定的に重要なのである．この行動は，すべての関係者に対して「この犯罪者は，逸脱サブコミュニティから支配的なコミュニティに乗り換えて忠誠を誓うようになった」ということを示す，コストのかかる行動なのである[13]．たしかに，サブコミュニティの他の人たちはこのシグナルを信ずべきものとは見なさないかもしれない．だが，その犯罪者がかつての仲間を密告して，支配的なコミュニティへの自分のコミットメントをさらに示すならば，信ずべきものと見なさざるをえなくなるだろう．

　犯罪記録の抹消，公的辱めの拒否，焼き印，入れ墨，公開処刑の廃止——これらはすべて密接に関連している．ある人の犯罪を公表することに対して制限を行う背景には，「スティグマ付けをされた人々は法的社会から抜け出し，そうでない場合よりも大きな脅威を彼らは生み出す」という不安が存在しているのである[14]．

　しかし，そうだとすると，いったいなぜ犯罪記録を残しておかなければならないのだろうか．その答えは，犯罪記録の情報が正当に用いられるなら，

そうした情報は貴重だ，ということである．小児性愛者は学校の教師にはなれない．また，強盗は警備員にはなれない．警察は記録を見て，容疑者と思われる人を絞り込めるようにしなければならない．しかしながら，このように限られた方法で情報を利用することは決して辱めではない．犯罪者の側も，人を選ぶような仕事を申し込まないようにすれば，馬脚を露わさずにすますことができる．

入獄，身体的刑罰が恥ずかしいのはなぜか

　先ほどはついでに触れただけだったが，焦点を当てる価値のある問題である．ある処罰が他の処罰よりも恥ずかしいのはなぜなのか．カーン（Kahan 1997）によれば，投獄されるのは不面目だが，罰金を払うのは恥ずかしくなく，あるいは入獄ほどには恥ずかしくない．どうしてそうなっているのか．この問いは重要である．もし投獄が（たとえば）稀だという理由だけで恥ずかしいのだとすれば，辱めるためにたくさんの人を投獄してしまうと，囚人であることの恥ずかしさが弱まってしまうかもしれない．

　なぜ刑務所行きは罰金よりも恥ずかしいのだろうか．政府が次のように言えないのはなぜか．「罰金を科された人たちは投獄された人たちよりも悪い．または同程度に悪い」．自由な社会では，自由を剥奪されること，物理的に無理を強いられることが恥ずかしいのだ，と主張する人もいるかもしれない．けれども，伝染病が蔓延している国から帰国したために隔離され検疫を受けている人がいたとしても，そういう人に対してスティグマ付けをする人はいない．だが，検疫を受けている人は検疫の期間は事実上閉じ込められているのである．

　ある犯罪に対する刑罰の持つ恥ずかしさは，その情報伝達効果だけに依存して決まる．そして刑罰の情報伝達効果は，(1)見えやすさ，(2)覚えやすさ，(3)処罰と，罰せられる人の悪質さとのつながりの強度によって決まってくる．

「見えやすさ」

　入獄が相対的に恥ずかしいのは，入獄が罰金よりも分かりやすいからだとする説明がある．投獄された人は家族や職場からいなくなり，人々は彼がいないのを見るたびに彼の悪事を思い出すことになる．これに対して罰金を払

った人は，その人の小切手帳が人々の目につかないところにある限り，罰せられていることが見た目だけでは分からない．たしかに，罰金が十分に高いと生活水準が低下するという結果を招くであろうから，投獄の場合と同じくらい分かりやすくなることもありうる．たぶん生活水準が下がったのを別の要因のせいにすることもできよう（「親戚が病気だから助けてやらなければならなかったんだ」）が，うまく嘘をつくことができるなら，長い間不在だったことについても言い抜けることができるだろう（「病気の親戚のところに行ってたんだ」「仕事でよそへ行っていた」）．

「覚えやすさ」
　罪を犯して処罰される人はたくさんいる．一般の人たちは，ある人が処罰されたことや，なぜ処罰されたかということを忘れてしまうものである．上にも述べたが，過去の処刑が陰惨だったのは，おそらく陰惨な処刑の方が通常の処刑よりも鮮明な記憶として残りやすいからであろう．また，人々はさらし台よりも鞭打ちの方をはっきりと覚えるだろう．鞭のバシッという音，慈悲を乞う金切り声，血のにおい——これらは冷酷な社会においてさえも忘れられないものとなる．それほど冷酷ではない私たちの社会では，罰金を払う人が多い．刑務所に行くのは比較的少数の人たちである．それゆえ，知り合いが罰金を払ったことよりも彼が刑務所行きになったことの方をよく記憶するであろう．

「悪質さ」
　処罰が辱めの効果を持つのは，処罰後にその人が称えられる場合ではなく，避けられたり村八分にされたりする場合だけである．言い換えると，「ある人は処罰されたことがある」という事実から，普通の人は「その人は悪い人である」と推論する．もし政府が善良な人々だけを刑務所に入れるのであれば，投獄はスティグマ付けの役割を果たさないであろう．
　ある犯罪者が犯罪を本当に行ったかどうか，あるいはその人の犯罪が本当に社会にとって有害かどうかということは，一般の人々が知らないことかもしれない．このことから，「犯罪者は悪い行動をしたのだ，と政府が人々を納得させることができる場合にのみ，処罰が恥ずかしいものになる」という可

能性が出てくる．入獄が罰金よりも恥ずかしいのは，入獄は罰金よりも，受刑者に対する政府の態度を示すためのよいシグナルになっているからである．人を投獄するのにはコストがかかる．罰金の方ははるかに安価にすますことができる．したがって政府は，ある人を投獄することによって，「政府はその人がコミュニティ（あるいは政府）にとって危険だと思っている」ということを信憑性をもって示せる．一方，罰金は信頼できるシグナルではない．実際，堕落した政府が自らの懐を肥やすために罰金を利用するというのは歴史上よくある話で，最近では「没収法（forfeiture law）」のもとで警察が財政を潤すため，薬物使用者の中でも富裕な人たちを標的にして処罰する，という例がある．罰金ではなく刑務所を用いるのは，政府が「自分たちは官僚の利益ではなく公益のために行動している」ことを示すための一つの手である（終身刑の場合よりも死刑の場合の手続の方が政府にとってコストのかかるものになっているのは，これが「死刑は正当」ということを示せる唯一の方法だからだ，と説明できるかもしれない）．

　この理論は，受刑者が政治犯であるときには入獄により地位が高まる，という事実と整合的である．入獄によって，政治犯は「私は政府にとって本当に危険人物なのだ」と主張できる．しかし同時に，ここで政府にとっての悩みの種が出てくる．つまり，政府がある人を投獄すると，あるいは罰金を科すときでさえもそうなのだが，政府がその人を脅威と見なしていることが明らかになると同時に，政府が脆弱であることも明らかになってしまうのである．もし政府が自らの脆弱さをばらしてしまい，多くの市民が政府に反抗するようになれば，彼ら市民はますます「自分たちは政府を打倒できる」と確信し，この確信に基づいて行動するようになる．「反抗者を処罰する政府より，寛容な政府の方が安定で強力だ」という考え方は一見逆説的だが，政治理論において根強い考え方でもある．

　この議論は，入獄はもともと（性質上）罰金よりも恥ずかしいものだとする仮定に疑問を投げかけることにもなる．ゴミのポイ捨てのような些細な犯罪で有罪となった場合にも，政府が1時間の入獄を要求するとしてみよう．このような犯罪者が，ただ刑務所に入ったことがあるというだけでスティグマ付けをされることはなさそうである．同様の理由で，政府が自らの政敵を投獄するだけでは，入獄しても恥ずかしくないだろう．入獄がスティグマ付

けの役割を果たすのは,「悪い人だけが刑務所に入る（あるいは,刑務所に入る人はたいてい悪い人である）」からなのである．それゆえ,普通の人々は入獄の経験から「この人は悪い人なので,避けるべきだ」と推論する．悪い人と思われていないのに投獄される,という人々（それは薬物使用者だろうか,ホワイトカラー犯罪者だろうか？）が非常に多いなら,入獄はスティグマ付けの効果をある程度失うだろう．バスティーユに投獄されていれば,泥棒でも称賛されうる．著名な思想家のエマソンが,アメリカ合衆国の奴隷制廃止論者のジョン・ブラウンについて述べているように,ブラウンは「絞首台を十字架のように栄誉あるものにした」(Furnas 1959, p. 381)．社会奉仕が刑事罰として用いられることに人々は反対する．それは,犯罪者が街路を掃除させられると街路清掃人の地位が低下してしまうからである．ほとんどの街路清掃人が処罰されている犯罪者だとすると,「正当に雇用されて街路清掃人になっている人も悪い人」と一般の人たちが推測するようになるだろう（Kahan 1996)．かつては,斬首されるのは恥ずかしいことではなかったが,絞首されるのは恥ずかしいことだったようである．その理由はただ,庶民が絞首されて貴族が斬首されていたからにすぎない．このようなパタンがなぜ生じたのかはよく分からないが,こういうパタンがいったんできてしまうと,貴族の人間が絞首されたときには,彼や彼の家族が持つ貴族としての自負が失われることになる．

最後に述べておきたいのは,抑止効果が高まるという理由で入獄に伴うスティグマが望ましいとしても,人々を投獄しすぎるとその抑止効果を減殺してしまう可能性がある,という点である．入所者数がある閾値を超えると,人口のかなりの割合が入所経験者になるので,人々は彼らを避けなくなるだろう．すべての入所経験者を避けようとすると,その人は誰も雇用できなくなってしまう．入所経験者の中には非常に悪い人だけではなく,それほど悪くはない人もいるから,雇用者やその他の人たちは「入所経験者は必ずしも悪い人たちばかりではない」と推測するようになるであろう[15]．

抑止モデルと規範モデル

犯罪学では,「抑止モデル」といわゆる「規範モデル」の区別が重要になっている（Tyler 1990)．前者は経済学的なモデルであって,「法が十分な刑罰を

用いて抑止しない限り, 人々は犯罪を行う」と仮定される. 後者のモデルは「刑事法が『正統 (当) 性』を持っていない限り, 人々は犯罪を行う」と仮定する. すなわち, 人々が「法は道徳的に正しい」と信じており, そのうえで道徳的な行動をとるか, あるいは, 人々が「正統な権威が作った法なら何でも, それに従うべきだ」と信じていて, しかも彼らが現在の権威 (政府) が正統である (つまり, 役人は公益のために行動する, 適切に選ばれている, など) と信じているかのどちらかになっていれば, 人々は法を守ることになる. 容易に予想されるように, 実証データによれば, どちらのモデルも人々の行動を部分的にしか説明できない (Tyler 1990).

　今まで議論してきたアプローチを使えば, この二つのアプローチを統合できる. 人々はコストのかかる行動に携わり, 自分が協力者であることを互いに知らせる. そうすると, 規範モデルが意味するのは以下のことだと解釈できる. すなわち,「違反による利益が法的処罰の期待コストを超えるとしても」, 協力的であることを知らせるシグナルの一つが「望ましいと思しき法の遵守」になっているのである. 規範モデルと抑止モデルの緊張関係は明白である. もし私が, 逮捕されて刑務所に入れられるのを恐れてゴミのポイ捨てをやめたとすれば, 抑止モデルが私の行動を説明してくれる. 他方, ポイ捨てを取り締まる法律が実効化されていなくてもポイ捨てをしないなら, 私の行動を説明してくれるのは規範モデルである. ポイ捨てをしたい衝動を抑えることは,「私は協力者だ」ということを他者に対して示すシグナルとなっている. けれども, ポイ捨てしないことが協力のシグナルになるのは, 多くの人が「ポイ捨ては悪い行動だ」, 換言すると「法律は正当である」ということで意見が一致している場合だけである. したがって, 法が正当であるなら, 正当な法を遵守することから直接利益が得られるという理由ではなく, 自分が法を守るところを他の人が見てくれれば将来見返りが得られそうだという理由で法が守られる可能性が高くなる.

第7章　投票, 政治参加, および, シンボル行動

　法が持つ側面の中で, 重要なのにもかかわらず見過ごされているのはシンボル（象徴）としての法の機能である. シンボルとは信念の体系を表すイメージであり, シンボルを見た人はその信念を（必ずしも共有するまではいかないとしても）だいたい知ることができる. シンボル行動(symbolic behavior)とは, このような信念を共有あるいは拒絶していることを示すために行為主体がシンボルを利用する行動である. シンボル行動には, シンボルに敬意を払ったり拒否したりする行動が含まれているのが普通である. たとえば閲兵式（パレード）でアメリカ合衆国の国旗を振るとき, サンドバッグをパンチするのを楽しむ場合のように運動目的でそうするのではない. 国旗を振るのは, 人々に「私は合衆国に関してある特定の信念を持っている」と説得するためである. もし私が旗を燃やしたり切り裂いたりすれば, こうした信念を私が拒絶しているという点に人々の注意を向けさせることになる.

　シンボルの使用が政治や法において重要であることはほとんど言うまでもないであろう. 国旗冒瀆は周期的に人々の怒りの感情を爆発させてきた. 最近では1990年代に起こったが, ヴェトナム戦争期や19世紀終わり頃にも遡ることができる（Goldstein 1996). 最近の感情爆発の結果, 州によって立法がなされたり, 最高裁判所の重要な意見が出たり, そして合衆国憲法改正に努力が注がれたりすることさえあった. しかし何が問題となっているのだろうか. 多くの国では国旗は何の意味も持たず, 国旗冒瀆というものも知られていない. むしろ, 国家の歌詞や国鳥の扱いといった別のシンボルをめぐって国民が争っていることがある.

アメリカ合衆国の法のうち，他の領域もシンボルが関係している．合衆国憲法の宗教条項についての判決は，宗教的シンボルを掲げるために公共物を使用するという件に関わっている．また，投票は本来シンボル的な行為である．個人の投票は選挙結果に対して実質的には何の影響も及ぼさないからである．したがって，投票を規整する法律はシンボル行動を規整する法律なのである．祝日（たとえばキング牧師記念日）をめぐる争いや，国の言語（国民語）を持つべきか否かをめぐる争い，歴史的に虐げられていた集団に対する謝罪など，これらは本質的にはシンボルについての争いになっている．だが，シンボルの使用が政治・法において重要であるにもかかわらず，法律学の文献はシンボル使用を理解するための方法論を持ち合わせていない[1]．

シンボル行動のモデル

ここでは愛国心を示すシンボル使用（ここでの「愛国心を示すシンボル使用」とは，自分が国家にコミットしていることを示す行動を意味する）に話を絞ろう．とは言え，宗教的グループや民族的・人種的グループへのコミットメントを示すシンボル行動にも，ここでの議論は拡張できよう（次章参照）．愛国主義のモデルは，第2章で述べた協力モデルを解釈し直しただけのものである．

愛国心を示す行動は自分が良いタイプに属していることを知らせるシグナルとなりうる．誰もが認めるように，典型的な愛国的行動——陸軍の志願兵になる，集会や閲兵式に参加する，旗を振る，投票する，など——は通常の人々の選好を満足させない，というのがその理由である．7月4日に星条旗を「美しいから」というだけで家の外に飾る人はいない．星条旗がすばらしく美しくて，飾ると自分の家の見た目が良くなる，と本当に思っているならば，7月4日だけでなく年がら年中旗を掲げているであろう．愛国心を示す行動が常に明瞭なシグナルになるというわけではない．昔，軍隊は冒険好きな人にとって魅力のあるものであったし，今では貴重な訓練を提供する場となっている．しかし戦争の時期に軍隊に入るとなれば，どんな期待利益をも上回るコストにたいていの人が身をさらすことになる．同じように閲兵式への参加は，愛国の意味とは別に，ただ楽しいものであるかもしれない．けれども，たとえばヴェトナム戦争の時期に閲兵式に参加したり，復員軍人の日

(Veteran's Day) に降りしきる雨の中で閲兵式に参加したりすることは，ほとんどの人たちにとってはそれ自体として楽しいものではない．この点で，愛国心を示す行動は贈り物と似ている．つまり贈り物の場合，贈り手がそういう行動をしたのは利他主義からなのか（このケースではシグナルにコストがかからず，したがって意味がない場合），それとも自分のタイプを示したいという欲求からなのか，ということがいつも幾分かは曖昧になってしまう．それゆえ，「シンボル行動」というのは事実上シグナリング行動そのものなのである．愛国心を示す行動は人々が抱いている事前信念（prior belief），すなわち「国の利益に関わる行動は一般にコストのかかる行動だ」という事前信念を利用したシグナリング行動になっているわけである．

　よく引き合いに出される例でこれらの点を具体的に示すことができる．マッカーシー時代が始まったのは，ソヴィエト連邦（ソ連）の水爆実験が行われ，そしてアメリカ合衆国政府内でソ連のスパイが摘発された後であった．これらの出来事は合衆国の安全保障に対する不安を募らせ，国内の団結への関心を呼び起こすことになった．人々は社会的またはビジネス上のパートナーの信頼性についていつも気にしているけれども，国際的な緊張関係によってこれらの懸念が一層高まった．戦時下の経済は物資に乏しいため，平和で健全な経済成長を続けている時期と比較して（他の条件が同じならば），相手方の機会主義的行動の犠牲になった人はより大きなコストを負うようになるのである．　恐慌の状況では，愛国心を示す伝統的なシグナル（たとえば閲兵式に出席するなど）では良いタイプと悪いタイプを区別するのに十分ではなくなる可能性がある．コストや忌避される可能性が増してくるにつれて，［それまではシグナルを送っていなかったが］相対的に安価なシグナルに投資する方が割に合う，と悪いタイプが思うようになってくる．そうなると，良いタイプは自分たちを悪いタイプと区別するためにより高価なシグナルを見つけなければならない．マッカーシーが企てたシグナルは，共産主義者たちの他，伝統的なアメリカ合衆国の政治制度や価値観に対して疑念を表明している人たちすべてを忌避するということであった．アメリカ経済のうちのある領域（娯楽産業など）では，この企ては劇的な成功をおさめた．人々は職を失わないようにするために共産党員を密告したり忌避したりした．当時，この行動は多くの人にとって（もちろん批判する人にとっては違ったが）愛国

的な行動だと思われていた．つまり，志願兵になることや民間防衛に参加することは，(第二次大戦期の例を借りれば) ゴムをリサイクルすること，家庭菜園の手入れをすること，閲兵式や記念式典に参加すること，祝日を祝うこと，あるいは国旗尊重の意思を示すことと同じような行動だと思われていたのである．

　世界情勢は二つの意味で重要であった．まず，悪いタイプを避ける必要性が以前にも増して感じられるようになった．平和な時期には，悪いタイプに関わってもそれほど危険ではないかもしれない．悪いタイプは裏切るけれども，いずれにしても大したことにはならない．だが戦争の時期になると，悪いタイプと関わるのは危険になる．資源の余裕がなくなり，裏切られた場合に失うものは大きくなるからである．これに対しては次のように反論する人もいるかもしれない．「本当の緊急事態，つまり物資が欠乏して日用品が消えるようなときには確かにそうかもしれないが，国際的な緊張があるからといって製品の買い手が売り手からの信頼を失うということはないであろう．」これはもっともな反論である．そこで第二の点になるのだが，世界情勢はシグナリング均衡をもたらすフォーカル・ポイント（注目一致点）を提供するのである．ソ連が脅威で，そしてソ連が共産主義者にコントロールされているのだとすれば，おそらくアメリカ合衆国の共産主義者も脅威だ，と推論されるだろう．アメリカ合衆国の共産主義者や彼らの味方を忌避すれば，それにコストがかかる限り，非共産主義の人々との協力に自分がコミットしているということを示せる．製品の買い手と売り手は，スターリンを称賛することではなく共産主義者を糾弾することで，自分たちの信用を再確認する．

　代表的な規範仕掛人であったマッカーシーは，共産主義と国家転覆とのつながりをでっち上げたのではなく，このつながりに注意を向けさせてそれを強めたのだった．マッカーシーの時代以前は，共産主義者を避けても忠誠心を示す強力なシグナルとはならなかった．マッカーシー時代になると，共産主義者を避ける行動は忠誠心を示すための強いシグナルとなり，これによって分離均衡が作られた．だがたった何年かでこの均衡は崩れた．「ソ連の脅威だなんて誇張されていただけだ」「悪いタイプからの脅威を過大視しすぎていた」「悪いタイプではない人たちを間違って忌避すると高くつきすぎてしまう」とアメリカ人たちが信じるようになったのである．

最後の点は重要である．国の利益に深い関心があった良いタイプの人たちもマッカーシーの策略に反対していた人たちも，あるいは共産主義にコミットしていた人たちも，みな同様に愛国心を示すシグナルを発しなかったかもしれないのである．それでも，これらの人々は一様に村八分にされてしまっていたことだろう．ここでは人々の［実際の］タイプ——割引率のことだが——と，何が国にとって最善かに関する人々の信念の間には懸隔が存在している．「悪いタイプと一緒に良いタイプも避けられている」と人々が気付いたことが，マッカーシズム（赤狩り）が終焉した一因であった．「良いタイプだけがマッカーシーを支持し，悪いタイプだけがマッカーシーに反対する」というふうに人々が信じなくなってしまえば，マッカーシー支持はコストのかかるだけの行動になり，自分が良いタイプに属することはもはや示せない．分離均衡は崩れて一括均衡になる．そこでは愛国心を示すメッセージを送る人は（ほとんど）おらず，そのようなメッセージを送らなくても「この人は信頼の置けないパートナーだ」と推論する人は（ほとんど）いないであろう．

緊張が高まると人々はより多くのシグナルを送るようになる，ということをモデルは示してくれる．戦争，疫病，市民の不安，そして大きな社会変動が起きている間は，人々は以前よりも互いに信頼しなければならなくなり，しかも国に頼ることができなくなるので，彼らは自分の評判を気にするようになるだろう．けれどもそのことだけがポイントなのではない．シグナリングに特有なのは以下の点である．すなわち，適切なシグナルを送ることが重要になればなるほど，余剰を生み出して分け合う目的で協力する場合にとる通常の価値最大化行動とは違った行動を人々はとるようになる，という点である．人々の行動は価値最大化行動からかけ離れ，そのために後の時代の人から見れば奇妙な行動に映る．どの人も自分が誤解を受けないよう気にするので，行動は極端になり，情勢だけでは説明できないほど強烈なもの，熱狂的で儀式化されたものとなる．第一次大戦後に起こった反共パニック（Red Scare），大恐慌期に広がった強い不安感，冷戦期のマッカーシーの赤狩り，各大戦期に起こった移民を排斥するショーヴィニズムといった事例はこのようにして理解できる．

けれども協力ゲーム（協力へ向けてのゲーム）の主たる関心は，法が人々の行動と意味解釈に影響を及ぼしうるさまざまな方法を示すことにある（法

の意味解釈的影響とは「ある行動がタイプを示すか否か」に関する人々の信念に法が及ぼす影響である，と第2章で述べたのを思い出していただきたい．そうした信念の例としては，「共産党員を密告する行動が良いタイプの行動であるか悪いタイプの行動であるか」についての信念がある）．第一に，法はシグナルを送るコストを変化させうる．第二に，法は協力から生じる利得を変化させることができる．第三に，集団内のタイプの比率に関して人々が持っている信念を法によって変化させることができる．第四に，シグナルを作り上げることで規範仕掛人が受け取る利得を法は変化させうるし，しかも法はシグナルそのものを作り上げることもできる．これら四つの影響が組み合わさると均衡が変わるかもしれない．新しい均衡での人々の行動は「法の行動的影響」に対応し，この均衡での人々の信念は「法の意味解釈的影響」に対応する．以下の例はこれらの現象を示してくれる．

国旗尊重・国旗冒瀆

シグナルの一つの方法は，国旗に対する尊重の意思を示すことである．機会があるときに実際に国旗に敬礼したり，国旗を掲げたり，国旗を尊重する儀式に従うなど，同じ種類の行動をまとめて「国旗に敬礼する行動」と呼んでおこう．また，国旗尊重の意思を示すべきときに国旗を無視する行動から裁判所の入口の階段で国旗を燃やす行動まで，国旗に対して無礼だと思われるような行動をまとめて「国旗を毀損する行動」と呼ぼう．もちろん国旗は安いもので，旗を旗竿に掲げるのにもコストはかからない．しかし，国旗を所有したり敬意を払ったりすることに伴う儀式をすべて守るとなると，コストはたちまち跳ね上がってしまう．とにかくこれは人々が用いるシグナルのうちの一つにすぎないのである．

国旗に対する熱狂が沸き起こったり冷めたりする理由は協力ゲームで示すことができる．重大な時局にあるときは村八分にされた場合のコストが大きすぎる．みんなが国旗を尊重している均衡状態から逸脱すれば処罰を受けてしまうかもしれないのだが，コストが大きいのでそのようなリスクを冒す人はいなくなる．安全が保障されているときには，村八分にされた場合のコストは割合小さい．したがって悪いタイプの人はわざわざ国旗に敬礼することはない．だが国旗に敬礼しない人たちとも人々が協力関係を結ぼうとするの

であれば，良いタイプの人たちも国旗に敬礼するコストを負おうとはしないだろう．それゆえ誰も国旗に敬礼しなくなる．[ほどほどの] 緊張があるときは，良いタイプにとっては国旗に敬礼するのが得になるため，分離均衡が生ずるかもしれない．

「国旗尊重の意思を示さない人たちは良い協力の相手方ではない」と信じるのは人々にとって意味をなすのだろうか．それは時と場合による．合衆国においては，偶然と意図的設計とが重なって，ほとんどすべての人たちの頭の中で「特定のパタンの星と縞模様」（星条旗）と一群の信念とが結び付けられた．この一群の信念の中心に含まれているのは，アメリカ合衆国の政治構造へのコミットメントである．そして，偶然と意図的設計により国旗がフォーカル・ポイントになっている．もし誰かが家にアメリカの国旗を掲げているのを見れば，その人は合衆国に対する自らのコミットメントを示そうとしているのだ，と人々は推測する．逆に，見覚えのないデザインの旗を誰かが掲げているのを見ても，その人が伝えようとしている意味を理解することはできないだろう．

前述の通り，アメリカの国旗に敬礼する行動は比較的明確な意味を持っているので，ただ「国旗が美しい」と思っているだけでその人が国旗を掲げるなどと思う人はいない．人々はこう信じる．国旗を掲げる人はそうすることでコストを負っており，本来の選好からくるどんな利益もこれらのコストを超えないので，その人たちは評判を高める目的でコストを負っているのである．国旗を掲げる人というのは，その人が良いタイプで評判による利益を得る場合にのみそうするのであるから，国旗を掲げる人は良いタイプに属するはずである．彼は良い協力の相手方になるであろう．彼が良い協力の相手方になる理由は，国旗をなびかせることから連想されるような愛国的な信念を彼が必然的に持っている，ということではない．製品の買い手からすれば，売り手に愛国心（それがどのように定義されようとも）があるか否かはどうでもよいことである．国旗を振る人に買い手が惹かれるのは，旗を振るコストから「旗を振る人は低い割引率を持っている」ということが分かるからである．

旗を振る行動が有する2通りの意味——その人が愛国的な信念を持っているという意味，そしてその人の割引率が低いという意味——が乖離すると，

ある異常な現象が起こる．国旗を燃やす行動（およびそれに関連した行動）は国旗を振る行動と同じくらいコストがかかるので，国旗を燃やす行動も自分が低い割引率を持っていることを示す役目を果たすのである．実際，旗を燃やす行動は旗を尊重する人たちの価値観を拒絶しているという強い表明であって，旗を燃やすと旗を尊重している人たちと関わりあう機会を減らすことになるため，著しくコストのかかる行動なのである．したがって，多数派の価値観を拒むグループに属していれば，国旗を燃やす行動は効果的なシグナルとなりうる．それが効果的なシグナルとなるのは，その行動にコストがかかるからである．加えて，これは効果的なコミットメント装置になっている．なぜなら，旗を燃やして支配的なコミュニティから村八分にされると，サブコミュニティから村八分にされた場合のコストが高くなり，ただ乗りを行うインセンティヴが減殺されるからである．分離均衡では旗を振る人も燃やす人も低い割引率を持っており，そして双方ともそれぞれのグループ内では良い協力者となる．どちらのグループでも，国旗に対して何の反応を示さない人たちは悪いタイプである．国旗に限らずこのような現象は起きる．ビザンティン帝国期のイコン破壊，宗教改革・フランス革命・スペイン内乱における教会破壊，あるいは1989年から1991年の大変革期における共産主義の英雄像の破壊などにも同じように当てはまる．

　分離均衡は社会的に価値があるかもしれないし，ないかもしれない．国旗に敬礼する行動は，協力する傾向を示すシグナルとしては不完全だからである．協力の利益を得るために国旗尊重の意思は示すが時機が到来すれば裏切る，という人もいるだろう．尊重の意思を示してから裏切るということをこの人たちができるのは，旗を振る行動や愛国心を示す他の行動に対して彼らが特異的に低い評価しか与えていないからである．また，愛国心をきちんと理解していれば愛国心を示す行動に加わることはないのだ，と信じている人たちもいるだろう．そのような人たちは，国旗尊重の意思を示すと本来の選好に由来するコストがかかってしまうので，こうした行動を拒否するであろう．すると協力の利益は失われることになる．誤りによる損失が小さくて，国旗に敬礼する人とだけ協力してもまだ利益の方が大きくなる限りは，均衡が維持されるだろう．この状態よりも一括均衡の方が優れている場合もあるし，劣っている場合もある．シグナル自体のコストが相対的に小さく，そし

て逸脱のコストが極端に大きいために（たとえば戦争のときなど）すべての人が国旗に敬礼するとすれば，不必要でコストのかかるシグナリングが生じる．だが愛国心は持っているが旗を振るのは好きではないという［前述の］社会的価値のある人たちは村八分にされずにすむだろう（逸脱のコストが大きいので，彼らでさえも旗を振るだろうから）．けれども，時の経過とともに「旗を振る人の中には悪いタイプの人がいる」「旗を振る行動は愛国心を示すシグナルとしては信頼性がない」と人々は認識するようになる，という点には注意しておこう．あるいはそうならずに，旗を振る行動が空虚な儀式となり，やがて良いタイプがこのシグナルを放棄せざるをえないようになる——そして規範仕掛人が新たなシグナルを創出する——かもしれない．これは「シンボル変容」（symbol transformation）の例である．

　国はいろいろな手段で旗振りゲームに影響を及ぼしうる．まず，旗に敬礼する場合に人々が負うコストを国は加減することができる．国旗を燃やすのを禁ずるだけではなく，国旗尊重の意思を示すことまでも要求する法律を考えてみよう．この法律が成立する以前には分離均衡が存在していると仮定する．つまり，良いタイプは国旗尊重の意思を示し，悪いタイプは国旗を冒瀆する．法律ができたことで，国旗を冒瀆したり無視したりする行動のコストが増し，国旗に敬意を表する行動によって人々が負うコストは［相対的に］減少する．このような変化は一括均衡を生み出すかもしれない．シグナルを「送らない」場合のコストがとても大きくなったので，悪いタイプは良いタイプを模倣してシグナルを送らなければならないのである．

　しかし，この法律は人々の行動に対して別の影響も及ぼしうる．シグナルを「送らない」コストが上昇すると，人々は「全員が——良いタイプも悪いタイプも同様に——国旗尊重の意思を示すだろう」と予想するかもしれない．そうなれば，国旗を尊重しているか否かを，人々のタイプを示すものとして当てにすることはもうできなくなる．両方のタイプともに国旗に敬意を払うことができる場合には，ある人が悪いタイプと協力関係を結んでしまうことで十分に大きい損失を受けるならば，その人は相手が誰であれ協力しようとはしなくなるだろう．だが，メッセージの送り手がこういう反応を見越していれば，たとえ国旗に敬意を払うコストを法律が減らしていたとしても，彼らはそうしたコストをわざわざ負おうとはしないだろう．他の人が協力関係

に入ってくれないのなら，どうしてこんなコストを負うだろうか．この点をより明瞭に理解するため，国旗を尊重しなかった人を処罰するのではなく，国旗を尊重する行動を非常に安価なものにする目的で，そういう行動をした人に対して金銭的な報酬を与える——家に国旗を掲げた人や閲兵式に出席した人には減税措置を行うなど——法律になったとしてみよう（「非常に安価にする」とは言っても，次に良い選択肢，つまり何もしないこと，よりはまだコストのかかる行動になっている）．この場合，モデルでも直観でも，人々は国旗を掲げるのを拒否し，閲兵式にも欠席するようになるであろう，という予測で一致する．この法律は，国旗尊重行為のシグナルとしての価値を減却させてしまい，誰も国旗を尊重しないような一括均衡に導くのである．

　人々の行動に法がどのような影響を及ぼすかを予測するのはほとんど不可能である．国旗尊重の意思を示す人の割合を，法は，増やすかもしれないし，減らすかもしれない[(2)]．しかしながら，国旗冒瀆法の擁護者は「この法律の目的は信念を変えることにあるのであって，行動を変えることにあるのではない」と主張するかもしれない．すなわち，国旗を尊重しようとする感情を人々にしみ込ませるという目的である．だが，法の意味解釈的効果もまた同じように予測不可能なのである．良いタイプだけが国旗尊重の意思を示している，と人々がますます信じるようになったときは，国旗尊重の意思を示す人は増えるであろう．もし現在の均衡で国旗尊重がほとんどあるいは全く行われておらず，そして，法律によって分離均衡が生じるならば，人々に「国旗に敬礼する人は奇妙でおかしい人」という信念を捨てさせ「国旗に敬礼する人は良いタイプの人」という信念を受け入れさせる，ということが法律を用いてできるかもしれない．けれども現在の均衡がすでに分離均衡であって，法律の目的が国旗尊重の念を高めることにあるのならば，その法律はたぶん失敗に終わるだろう．誰もシグナルを発しない一括均衡を法が生み出してしまうと，人々はもはや国旗に対する敬礼とタイプ（いかなるタイプであれ）とを結び付けなくなるであろう．また，全員がシグナルを発する一括均衡を法がもたらすとすれば，人々は「旗を振る人は，良いタイプかもしれないし悪いタイプかもしれない」と信じるようになる．言動が特別な意味を失って，もともとの言動それ自体でしかなくなるようなこの現象を「月並化」（即物化）（reification）と名付けよう．この場合の法律は，シンボルに対する尊重の感

情を高めるのではなく，シンボルの意味を曖昧にしているのである．法の目的が国旗尊重の感情を高めることなら，その法は目的に反する結果を招くだろう．

国旗焼却禁止法が人々の行動や信念に与える影響を予測することの複雑さは当然明らかである[3]．そういうわけで，「国旗焼却を禁ずる法律の効果は予測可能で，その効果は社会的に望ましいものだ」という一般的な見方は疑わしいと考えるべきである．だがそうだとすれば，国旗焼却を禁ずる法律を支持する人たちがアメリカ合衆国にあれほどいるのはなぜなのか．本章の後の方でこの問いに答えが出される．

検閲：政府によるものと社会によるもの

国旗に対する尊重のように，自己検閲（政府批判の自己抑制）は協力的タイプであることを示すシグナルとして創発する可能性がある．自分のことを，良いタイプとして他から区別される方法を探している人々は，政府に対する批判者を悪いタイプであると指弾する．このことで，指弾者は，自分が政府の支持者であることに注意を引いてしまう．これは愛国心を示すシグナルとなることを意味する．普通の人々は政府を批判したがるかもしれないし，そうすることが義務であると感じるかもしれない．そうであれば，政府批判をしないことは，通常はコストとなる．しかし，良いタイプは他者と協力することでこのコストを回収できるが，悪いタイプはそれができない．自己検閲と愛国心の間のこのような関連性はしばしば生じる．このことの部分的な理由は，自己検閲の伝統ならびに権威への尊重であろうし，戦時における国家存亡をかけた血なまぐさい紛争がもたらす威嚇でもあろう．

自己検閲と国旗尊重との間の相違点は，行動のコスト構造の相違に過ぎない．人によっては自己検閲の方がコストがかかると思うであろうが，国旗尊重の方がコストがかかると思う人もいるであろう．いずれにせよ，ある行動や他の行動，あるいはそれら双方が協力のシグナルとなるか否かは，タイプごとのコストによって決まるであろうし，伝統やその他の状況によってそれぞれのシグナルが，人々の注目を一致させるフォーカルなものとなる程度にもよって決まるであろう．

自己検閲均衡に関する問題点は，それが人々の厚生を減少させるかもしれ

ないということである．この点はキューラン（Kuran 1995）が詳細に分析しているので，ここでは簡略に見るだけにする．評判へのコストが十分に効果的なら，国家のことを深く考慮するが世間一般の見方には与しない真面目な良いタイプは，政府に対する批判を避けるかもしれない．その場合には，貴重な情報が失われることになる[4]．マッカーシズム（赤狩り）が吹き荒れていた当時は，政府批判のコスト（ないし，ともかく，マッカーシー上院議員とその支持する政策を批判することのコスト）は極度に高くなったので，多くの人々は，良いタイプも悪いタイプも同じように，政府批判をやめた．この均衡においては，社会的に貴重な愛国的批判が失われたのみならず，悪いタイプを暴露するという社会的価値も失われてしまった．ここまでの議論は，市民や政治家の側について政治をあまりに道具的に捉えすぎているように見えるかもしれないが，少し考えてみれば，この方が正確であることが分かるであろう．クリントン大統領は同性愛者を同等に扱うべきであると深く信じていたかもしれないが，ゲイの人々を支援する努力は，その他の重要な政策を実現するために必要な人々の政治的支持を失うというコストをもたらすことにすぐに気付いた．人々が，他の点で変化させたいと思うようなコミュニティの支持を失わないために，自分の考えの表明を自制することはよくあることである．

マッカーシズムの最も恐ろしい点は，この政治運動が法の変更によって起きたのではなく，マッカーシーが仕組んだフォーカル・ポイント変更の仕掛けによって起きたという点である．しかし，法の効果を分析することもできる．たとえば，検閲法である．一括均衡が存在すると仮定しよう．そこでは誰も自己検閲をしないとする（自由に意見や批判を表明している）．ここで国家が検閲法を制定したとする．この法が，ちょうどよい按配の制裁を規定するなら，法は分離均衡を招来できる．検閲法は，重要な二つの効果を持つ．一つは悪いタイプを明らかにするという点であり（これを「内的」効果と呼ぼう），もう一つは政府批判を抑止できるという点である（これを「外的」効果と呼ぼう）．本章で検討するすべての法律において，これら二つの効果が見られる．国旗冒瀆法は悪いタイプを明らかにするとともに，国旗への尊重を促進する．検閲法は，国旗冒瀆法よりも効果的に悪いタイプを明らかにできるが，国旗冒瀆法よりも多くの損害を惹起するのかもしれない．なぜなら，

第7章 投票，政治参加，および，シンボル行動　175

言論は貴重な外的効果を持っており，他方国旗にはそのような外的効果がたいていの場合存在しないからである．

　国家は人口に占める悪いタイプの割合についての信念に影響を与えることによって，分離均衡となるか一括均衡となるかを決定したり，生じた均衡を維持したりできる．人々は，ほとんどすべての人々がよいタイプであり誰とでも協力しあうという信念を持っているとしよう．ここで政府が，実際には多くの人々が悪いタイプであるという警告を発したとしよう．政府のこの主張に説得されれば，人々は新たな協力の相手方を受け入れようとはしなくなるであろう（あるいは，もっと現実的には，人々は予防措置を採ることで，互いにとっての利益を低減させてしまうであろう）．これに対応して，良いタイプは自らを良いタイプとして他から区別するために，政府批判を自制するようになるであろう．悪いタイプがコストを回収できないならば，彼らは良いタイプを真似しようとはしない．その結果，分離均衡が出来する．人々はシグナルの送り手のタイプしか知りえないので，シグナルが不正確であっても，後になって自己の信念を改定することはできない．

　プロパガンダは別の方法で分析することができる．規範仕掛人ゲーム（これを以下ではＮＥゲームと呼ぼう）において，国家はプロパガンダを発することで規範仕掛人の役割をすることができる．プロパガンダを発することで，国家は人々が自己の愛国心または反逆心をシグナルする機会を作出する．こうしてプロパガンダ・シグナルは自己検閲となる．つまり，プロパガンダに反論する衝動を押さえつけさせるようにする．プロパガンダが大きな嘘であればあるほど，人々はそれに反論しないことで自己の愛国心をより明確にシグナルできることになる．公認の嘘はこのような意味で国旗や国民の祝日のようなものとなる．すなわち，人々が政府への忠誠を証明するための機会を提供するものとなるのである．

　政府による検閲の問題と自己検閲の問題には，別の視角からアプローチすることもできる．普通の人々を怒らせるような言論と政府を批判する言論と，二つの種類の言論を区別しよう．現代において，普通のアメリカ人は，ポルノグラフィ，信教に関するおちょくり，アメリカ合衆国の統治制度に対する批判，そして，女性やマイノリティに対する誹謗中傷に怒りを感じるようである．他の国々においては，普通の人々は，ポルノグラフィ，ほとんどの人

が信じる宗教に関するおちょくり，基本的な政治制度への批判，そして，支配的民族集団への批判，などに怒りを感じることが多いようである．このような種類の言論を，あまり適切な表現ではないが，「社会的に不愉快な言論」と呼ぼう．これに対し，政治制度や憲法的制度ではなく，時の政府を批判する言論を「政治的に不愉快な言論」と呼ぼう．

　国家というものは，これら2種類の不愉快な言論のどちらも検閲しないか，一方のみ検閲するか，あるいは，双方を検閲することになろう．社会的に不愉快な言論に対する政府の検閲を「s検閲」と呼び，政治的に不愉快な言論に対する政府の検閲を「p検閲」と呼ぼう．ソヴィエト連邦のような全体主義国家はs検閲もp検閲も行う．多くの主要民主主義国家ではs検閲のみ行う．そして，オランダのようにいかなる検閲も行わない国家も中には存在している．少数の国家は，p検閲は行うがs検閲は行わない．セルビアがその例のようである（Hedge 1998）．これらの区別によって，次のようないくつかの仮説を提示することができる．

1. 誰でも直ちに思いつく仮説は，十分に機能している民主主義国家においても，s検閲は存在しうるが，p検閲は存在しえない，というものである．普通の人が社会的に不愉快な言論に怒りを感じるのであるから，普通の民主主義国家は，憲法上の制約の範囲内で，そのような人々の意見を立法して強制するであろう．しかし，指導者が例外的に圧倒的な国民的支持を受けている場合を除いて，普通の人はその時々の政府に対する批判を耳にしても怒りは感じないであろう．
2. p検閲とs検閲は，戦争のような国家存亡の危機の時には区別がなくなるであろう．戦時においては，平均的投票者は，社会的言論についての自己の普通の選好が尊重されることも，政府が批判から保護されることも，ともに望むであろう（少なくとも，政府は良くやっていると平均的投票者が考える限りにおいては）．
3. p検閲の法に違反し，よって処罰された個人は，s検閲の法に違反した市民よりも，より高い社会的地位と名誉を獲得し，より影響力を社会に対して持つようになるであろう．ここで「影響力を持つ」とは，多くの人々に影響を与えるような社会変化を惹起することができると

いう意味である．たとえば，政府の崩壊や社会的慣習の変化をもたらす能力があるということである．ソ連での反体制派知識人として活躍し，後に合衆国へ亡命した原子物理学者のサハロフ博士と，ポルノ雑誌『ハスラー』発行者で，批判者に暗殺されそうになったり言論の自由のために憲法訴訟をしたりしたラリー・フリントを比較すればよい．ソ連において多くのポルノ作家たちも刑務所に入れられたことは疑う余地がないが，彼らのことについては誰も聞いたことがないであろう．

4. 極端な選好や強度のコミットメントを持つ個人は，言論の自由の保障された体制の下においてよりも，p検閲の下においての方が，より大きな影響力を持つ傾向がある．これは，殉教者の理論といえる．サハロフ博士は法に違反し，それによってソ連で大きな影響力を持つようになった．これに対し，アメリカ合衆国ではp検閲に違反することは不可能であり，よって誰もサハロフ博士に比肩しうる社会的影響力を獲得することはできない（この点は，Hirschman 1982, pp. 105-106 と比較せよ）．

5. 自己検閲が存在するとき（たとえば，政治的正しさ（PC）とか宗教的正統など），それを支援するようなs検閲を政府が行うよう人々は要求する（たとえば，人種や信仰による憎悪に基づく犯罪についての憎悪犯罪法や，異端を禁止する正統宗教法など）．しかし，s検閲は，自己検閲の本来的形態が持つシグナル価値を破壊することで，自己検閲が一般的となっているような均衡を図らずも破壊してしまうことがある．

6. 政府は，p検閲とs検閲の区別を曖昧化することで，p検閲を正当化しようとするであろう．たとえば，人々の道徳を保護しなければならない（s検閲），政府攻撃は人々の道徳を破壊する，よってp検閲もまた正当化される，というような三段論法を政府は主張するかもしれない．このことから，合衆国連邦憲法修正第一条の解釈に際して，政治的言論と非政治的言論を区別しようとする考え方が間違いであることが説明されるであろう．

7. p検閲とs検閲とは，異なる種類の社会現象を作り出す．人々は，p検閲に違反したり，回避したりすることで，政府に反対であること

を示すであろう．人々は，s検閲に違反することで，社会道徳に反対であることを示すであろう．両方とも，人々が手を組み合って（部分）社会集団を形成するための方法となりうる．両者の相違点は，1960年代における，学生運動の活動家たち（政治的）と，ヒッピーたち（文化的）との相違点と同じである．

投票および市民の政治参加のその他の形態

　合理的選択理論の研究者たちは，人々がなぜ投票をするのかの説明に成功していない．1票の投票で選挙結果に影響を与える可能性はほとんど全くないという事実と，それに対して職場を一定時間はなれ，投票所の行列に並ばなければならないという，投票の比較的高く，かつ，確実なコストとに鑑みれば，人々は決して投票などしないと合理的に期待せざるをえない．しかし，人々は投票する．これがいわゆる投票者のパラドクスである．投票への「嗜好」を仮定するアプローチや（あるいは，「自己表出（self-expression）」への嗜好を仮定するアプローチもある），効用関数の側から取り組むその他のアプローチはすべて満足の行く結論に至っていない（Green and Shapiro 1994, p. 70）．投票を促進するような社会規範を仮定することも考えられ，そこからアプローチすることもできようが，これでは問題のすり替えでしかない．つまり，なぜ人々は投票するのか，という問題が，なぜ社会規範は人々に投票させるのか，という問題に入れ替わるだけである．

　たった1人の票が選挙の結果を左右するということはないので，投票は純粋にシンボル行動であると考えなくてはならない．ちょうど，国旗を掲揚するのと同じようなシンボル行動である．ここにおけるシグナルは，投票所での投票行動そのもののことであって，候補者の誰かを支持して票を投じるということではない．誰に投票したかを見ることはできないが，投票行動そのものは外から見ることができる．たとえば，友人や，同僚や，家族には，投票に行ったかどうかが分かる．投票のために仕事を休めばそれと知れるし，二枚舌がばれれば評判に傷がつく場合には，投票に行ったと単に告げるだけでもいい．良いタイプにとっても悪いタイプにとっても，投票行動にはコストがかかる．しかし，良いタイプは投票のコストを，他者との協力の繰返し

によって回収できるが，悪いタイプにはそれができない．分離均衡において，投票者は良いタイプであると考えられ，投票を棄権する者は悪いタイプであると考えられる．この説明は投票者のパラドクスの論理を逆転させる．すなわち，投票の実利をそのコストが凌駕するからこそ，まさに，投票はシグナルとなりうるのである．もし，人々が，投票によって報酬をもらえる場合や，投票をしないとひどい処罰を受ける場合や，あるいは，投票から「表出的効用（expressive utility）」が得られる場合のように，投票が人々に利益をもたらすものであったなら，良いタイプも悪いタイプもともに投票するであろう．したがって，シグナリング理論では，投票をする動機が，投票への嗜好を満足するためや，自己の意見を表明するためや，自国のためなどというものではなく，他の私的プレーヤーとの協力による余剰の均霑を受けるためであるとされることになる．愛国心は，投票と協力との間に心理的な関連性を感じることの原因としてのみ，この理論に関係するのである．

　分離均衡においては，より協力的な人々の方が投票し，あまり協力的でない人々は投票をしない．合衆国においては，投票をしないで，かつ，そのことを表明する人を，多くの人は非難する．このような反応を説明することは，投票への嗜好を仮定する理論には不可能である．他方，シグナリング・モデルには容易である．すなわち，棄権者への非難は，お前は信頼できないやつだろう，と人々が考えることを示している．国家の緊急時には，一括均衡へと動き，全員，ないし，ほとんど全員が投票するようになるということも起こりうる．そのような有事の際に投票することの主要な理由は，1票の重みが増すからなどでは全くなく（むしろ重みは最小となるのである），人々から悪いタイプであると思われると大変なことになるからに他ならない．

　ここで，投票のシグナリング理論の傍証をいくつか挙げておこう．第一に，富と教育が上の者ほど投票する傾向が大きいという事実は（Leighley and Nagler 1992），シグナリング理論の証拠となり，嗜好理論の反証となる．ある行動がシグナルとなりうるのは，その行動にコストがかかる場合のみである．よって，投票のコストは，その機会費用とともに増加する（富や教育があるほど機会費用は大きい）．これに対し，投票の嗜好理論の下では，投票への嗜好を満たすためのコストが増加すればするほど，人々は，その他の嗜好を満たす行動の方に乗り換えるようになるであろう．

第二に，ＰＴＡ，慈善組織，近隣組織，業界団体，利益団体，労働組合など，メンバー間の協力的行動が必要とされるすべての組織において，組織のメンバー同士の活動が活発であればあるほど，投票する傾向も大きくなる[5]．投票の嗜好理論は，組織に属する人々の方がよく投票をする理由を説明できない．シグナリング理論は，次のように説明できる．すなわち，協力の相手方を求める良いタイプの人々なら，シグナルを送るために投票をするであろうし，シグナルを送るために組織に所属するコストを負担するであろう，と．

　第三に，世論調査の調査員に対して回答者がしばしば自分の投票行動を水増しして答えるという事実から，投票をサボったことを認めるのは恥ずかしいとされることが分かる．投票しないという嗜好を持つ人々が棄権を恥じる必要がないのは，リンゴを食べないという嗜好を持つ人々がリンゴを食べないことを恥じる必要がないのと同じである．にもかかわらず人々は棄権を恥ずかしく思うのである．それは，投票しなかったことを認めると評判に傷がついてしまうことを回答者が知っているからである（Presser and Traugott 1992, Hasen 1996, pp. 2160-61も参照）．つまり，棄権の自白は適切でないシグナルなのである．たしかに，電話調査の匿名の調査員が自分のことを良いタイプと思うか悪いタイプと思うかを回答者が気にするということはありそうもない．しかし，同様に，回答者には，調査員に自分の真のタイプを開示する理由もないのである．

　第四に，人々が投票しない人を非難するという事実によって，これが嗜好の問題ではないことが分かる．人々は，リンゴやオレンジを嫌う人を非難しないのに，どうして投票への嗜好を持たない人を非難しなければならないのであろうか．シグナリング理論によれば，人々が非難するのは，自分が信頼しない人々は避けたいという，人々の傾向の表れなのである．

　第五に，投票者の無知は，嗜好理論よりもシグナリング理論の方により整合的である．ある研究によれば，候補者間に何らの区別もつかない人々も，その43パーセントが投票をした（Mueller 1989, p. 357, Brody and Page 1973を引用している）．投票の嗜好理論からは，これらの人々は投票しないはずである．なぜなら，候補者のどちらが勝っても利得に何の差も生じないはずだからである．これに対し，シグナリング理論では，誰が勝つかはそもそも問題とならない．重要なのは，投票するということそれ自体である．実際のとこ

ろ, 既に死んでいた候補者が, 合衆国上院の議席への, 民主党の予備選挙 (候補者指名選挙) で最多数の票を獲得したことを説明できるのは (「死後の女性候補が上院選挙のレースで決選投票に残る」1998), 嗜好理論ではなく, シグナリング理論の方である. その他の研究では, 各人の投票が結果に影響を与える確率が増加するほど, 投票する傾向が大きくなるという命題に対する, 明確ではないが証拠は得られている (Mueller 1989, p. 358). なお, この命題の真偽は, 嗜好理論にとっては決定的だが, シグナリング理論にとってはどちらに転んでも関係ないことに注意して欲しい. たしかに, 投票所で投票者が投票するのは, 自分が選好する候補であるし (そうでないということがありうるだろうか), 投票者が持っている一般的な情報に鑑みれば, 投票内容は投票者の利害と相関するのが通常であろう[6]. この事実は, 投票の嗜好理論ともシグナリング理論とも整合的である.

　最後に, 投票する人々よりも投票しない人々の方が, 型破りの生き方に対して, 寛容である (Crotty 1991, p.10). シグナリング理論はこのことを説明できるが, 投票の嗜好理論はできない. 社会規範に従うことで自分が他のタイプから区別されたい, という良いタイプのインセンティヴの帰結であるという説明である.

　シグナリング理論から予測を立てることは常に困難である. 上に挙げた例は, 投票行動に関する諸事実が, シグナリング理論とは整合的であるが投票の嗜好理論とは矛盾することを明らかにする. とはいえ, これらの諸事実は, シグナリング理論以外の無限に多数の可能な投票行動理論とも整合的でありうる. ここでシグナリング理論の要諦だけに簡略化して, 均衡概念の精緻化に絞れば, 今後の実証的研究に値する下記の仮説を導くことができる. (1) 緊張の高まった時期には投票率も高まるであろう, (2)投票行動が他人に見られやすくなればなるほど, 投票率は高まるだろう, (3)候補者に関する情報を有権者がどれほど持っているかは投票率とは無関係だろう (有権者の選択自体は秘密のままである限り). 第一の仮説はもっともらしいが, これを検証した研究は見当たらない. 第二の仮説の逸話的証拠としては, 公共の場所に棄権者名簿が公表されるイタリアでの選挙の投票率の高さが挙げられる (Hasen 1996, pp. 2169-71). 第三の仮説の逸話的証拠としては, 候補者について何ひとつ知ることなく, 名前の響きに基づいて投票する人々がいるというよく知

られた事実が挙げられよう．

　ここに挙げた仮説は，投票することのコストが高すぎる場合には成り立たない．市街で暴動が起きている場合のように，緊張が高まりすぎている時期には，誰も投票などしようとしない．したがって，シグナリング理論と嗜好理論とを比較するためのもう一つの方法としては，十分に広範囲の者にとって投票のためのコストが増大したときに，投票率がどうなるか測定するということが考えられる．投票の嗜好理論の方が正しければ，投票のためのコストが増大すれば，人々はだんだん投票しなくなるはずである．シグナリング理論の方が正しければ，投票のためのコストの増大に対して，投票率は初め上昇し，ピークを迎え，その後は減少するはずである．投票のためのコストが小さ過ぎるとシグナルとして役立たないので，投票率は初め低いレベルから始まるはずである．コストが上昇してシグナルとして利用できるようになってくると，投票率は急激にか，または不連続的に上昇するはずである．コストがある閾値を超えてしまうと，ペイしなくなるので，人々は投票しなくなるであろう．ここでも，閾値以上の人々が投票をしなくなるや否や，投票による評判への利得は消えてしまうので，投票率の減少は急激なはずである．ここで言うコストには，投票税のような直接的なコストから，投票所での待ち行列が伸びたときや，その他の理由で投票がますます不便になった場合に生じるような機会費用までありうる．

　投票率の低さに気をもむことに対しては，政治の現状に対して人々が満足していることを低投票率は意味しているのだからとして，冷笑を買うことがある．しかし，この解釈の問題点は，平和と繁栄の時代には，悪いタイプであると思われることはさして不利益とならないのであるから，人々はそもそも愛国心を示すために投票をしてシグナルしようなどとは考えなくなる点である．その結果，投票率が下落すれば，選挙結果の変動幅が増大し，市民の利益を代表しないような政策を掲げる政治家が当選するというようなことにもなりうる．とはいえ，多数ないし全員が投票するような均衡が必ずしも望ましいというわけでもない．単に評判のためだけの理由で投票する人々は，あまり真剣に考えないで投票するであろう．その結果，それぞれの候補者について十分に検討しなかったり，あるいは候補者の名前に好感がもてるとか，聞いたことのある名前だとかの理由でその候補者に投票したりする．このこ

とは，先に紹介したイタリアの選挙法や，投票しなかった者に罰金を科すその他の諸国の選挙法など，法を使って投票率を高めようとする努力は，それが公共財（社会的に望ましいもの）をもたらすとは限らないということを意味する．つまり，法によってたしかに投票数は増えるだろうが，十分に情報を集め慎重に検討した上での投票が増える保証はないということである．

実証的含意

　法の効果を予測するに際しては，以下の点を知っておかなければならない．すなわち，シグナルとして使われる行動のコストを法がどのように修正するか，協力からの利得，および，シグナルを送る者のタイプについての人々の信念，である．それに加え，以下のようなさらなる複雑化要因も考慮しなければならない．第一に，法の効果は現状の均衡に依存する．全員が自己検閲というシグナルを送っている一括均衡に検閲法を施行しても，人々の行動には何の影響も与えないであろう．しかし，その他の均衡に施行すれば，法は人々の行動に重大な影響を与えるかもしれない．第二に，所与の均衡に対してでさえ，法の効果は予測不可能でありうる．先に見たように，シグナルのコストを低減させる法は，全員がシグナルを送るという一括均衡をもたらしうるが，誰もシグナルを送らないという一括均衡をもたらすかもしれないのである．

　さらに，不連続性とシンボル変容という二つの複雑化要因がある．不連続性の問題を理解するために，全員が共産主義者に対して差別をするという一括均衡を考えてみよう．差別への「嗜好」は均一に分布していると仮定する．多くの人々は差別しないことを好むが，仲間外れにされることを回避するために自分の嗜好は隠蔽しているとする．ここで，差別をした者を処罰する法が制定されたとしよう．この法の制裁が微小なら，人々の行動に影響を与えそうにない．村八分にされるコストの方が，法的制裁を受けるコストを凌駕するからである．法的制裁がだんだん厳しくなっても，差別はあまり変化しない．評判の制裁が法的制裁を凌駕する限り，最も極端な選好を有する者を除いて，人々の行動にはあまり影響を与えない．しかし，法的制裁が評判の制裁を凌駕するようになるある閾値を超えると，差別の量は不連続的に減少する．このことの理由は，差別反対の選好を強く持つ人々が十分な人数で一

括均衡から逸脱すれば，評判の制裁は消滅し，評判の制裁が存在しなかったならばマイノリティのメンバーと協力したであろう人々のすべてが，差別をやめるようになるからである（Bernheim 1994, Kuran 1995と比較せよ）．この現象が意味するのは，小さな制裁しか持たない法も（あるいは，当局者による通知のような，制裁のないものでさえ），人々の行動に対して不釣合いなほどの影響力を持つことがあり，他方，大きな制裁を持つ法でも人々の行動に対してほとんどないし全く影響力を持たないことがあるということである．その相違をもたらすのは，法が当該行動のコストを高めることでシグナルを強化するか無効化するかである．社会規範とはかくも微妙なものなのである．

シンボル変容が起きるのは，外生的変化が従来のシグナルを無効化し，良いタイプと悪いタイプとを区別する能力を人々から剥奪し，こうすることで，良いタイプの者と規範仕掛人たちに対して新たなシグナルを発見して古くなったシグナルと取り替えるインセンティヴを与える場合である．一つの例は，マッカーシー旋風の時代からのものであるが，以下ではパタン化した形で説明する．マッカーシーが共産主義と破壊活動との間に関連性を捏造していたのとほぼ同じころ，同性愛と破壊活動との間の関連性を主張していた者もいた[7]．キンゼイ・リポート，および，第二次世界大戦が惹起した社会的ならびに人口統計的な混乱のために，人々は，多くの者が同性愛的行動を採っていることも，多くの者が共産主義を支持していることも，急速に知るようになった．同性愛者であると知れ渡っている者との協力を拒否することにはコストがかかるので，差別は協力のシグナルとなることができた．しかし，このシグナルがうまく機能するには，同性愛者差別が，道徳的確信，偏見，あるいは嗜好によるのではなく，協力のシグナルを送りたいという意思表示であると人々が理解するのでなくてはならない．規範仕掛人たちは，同性愛と破壊活動との間の関係付けをせねばならなかったのであり，これはさまざまな方法でなされた．たとえば，国家の安全保障にとっての団結の重要性を主張しつつ，伝統的道徳や宗教による同性愛行動への反感にアピールするとか，国家がよって立つ若者の「男らしさ」を同性愛者たちが堕落させていると主張するとかの方法が使われた．同性愛に対する法的ならびに非・法的な攻撃は，共産主義に対する主として非公式な攻撃と軌を一にして，広範になされた（D'Emilio 1983）．

シンボル変容が起きるのは，一つのシグナル（たとえば自己検閲）が悪いタイプを明らかにできなくなり，他のシグナルへの交換や追加がもたらされる場合である（同性愛者に対する差別）．アメリカ合衆国市民の誰かが1950年代に合衆国に対する脅威となるとしたら，それは，同性愛者よりも共産党員やその他の政治的批判者の方であろう．にもかかわらず，同性愛者に対する差別の方が，共産主義者に対する差別よりもはるかに強力な均衡を作出したのである．これが皮肉でなくして何が皮肉であろう．この顛末の理由は，たぶん，合衆国の1960年代以前の伝統では，性的自由よりも政治的自由の方が尊重されていたので，自己検閲は愛国心の指標として同性愛者に対する差別ほど信頼性が認められなかったという事情によるのであろう．実際のところ，自己検閲は愛国心の欠如としても解釈可能であった．

規範的含意：行動への効果

本章のこれまでの例は，以下に述べる一般的命題を例証している．第一に，個人にある行動を採らせる動機と，その行動の社会的な望ましさとの間には，緊張関係が存在する．そして，ある行動がもたらす2種類の公共財（社会的に望ましいもの）の相互間にも緊張関係が存在する．すなわち，一方では情報の開示，他方ではその他の公共財の生産があり，両者間に緊張関係が存在するのである．たとえば，人は，自己の低い割引率をシグナルしたいという動機から，投票したり自己検閲したりするかもしれない．幸いなことに，投票は外的公共財（政治的選好の開示という社会的に望ましいもの）を産み出す．自己検閲は逆に外的公共負財（政治的選好の隠蔽という社会的に望ましくないもの）を産み出してしまう．これらの行動の双方とも，悪いタイプの暴露という内的公共財は生産する．しかし，ここにおいてもシグナルのコストが，当該情報（悪いタイプの暴露）のもたらす利益を凌駕するかもしれない．このように，シグナリングには社会的望ましさの点で必然性は何もないのである．社会的に望ましい場合もあれば，そうでない場合もある．

第二に，シグナルはアバウト（大雑把）なもので，社会的に望ましいと広く考えられているような均衡でさえ，望ましくない行動をもたらすことがある．政治的にあまり知識のない人々も，評判への制裁を恐れて投票する．この場合，評判以外の選好に従って投票しない方が望ましいかもしれない．自

己検閲均衡が生じたとき，政治的安定性は確立する．これは戦時においては重要なことかもしれないが，政府に対する根拠のある批判を持っている良いタイプも，悪いタイプと一緒に沈黙させられるのである．

　第三に，シグナリング均衡が社会的に望ましいとしても，それが実現することはあまりに稀でしかないかもしれない．その理由は，このような場合には，シグナルが公共財であるからである．（これは標準的なシグナリング・モデルにおいては当てはまらないが，標準モデルはシグナルとして利用されうる行動の曖昧さを考慮に入れていない．）均衡が確立するためには，ある行動があるタイプには他のタイプにとってよりも低廉であるということを，全員が認識しなければならない．しかし，シグナルの利益は全員が享受する一方，この関係性を作出するためのコストは一部の者のみ（規範仕掛人とかゴシップを触れ回る人など）によって負担されることになるので，利用できるシグナルの種類が少なすぎることになるであろう（Lessig 1995と比較せよ）．同様の理由により，望ましくない均衡も，シグナルが集合行為によって生み出される場合には，本来よりもっと稀にしか生じないであろう．

解釈学的(hermeneutic)な効果：社会的意味の創造と月並化の問題

　法が分離均衡を，全員がシグナルを送る一括均衡に変更する場合，人々はシグナルと協力との関係付けを解消する．もし，シグナルとして利用できる行動の「社会的意味（social meaning）」を重視するならば，関係付けの解消は望ましくないことになろう．これは，敵性国家で自国の国旗を掲揚することと，自国の郊外の自宅に国旗を掲揚することとの違い，あるいは，独裁国家で当局を批判することと，民主国家で当局を批判することとの違い，もしくは，同性愛者であることを示すピンク色の三角形を大学のキャンパスで1970年代や1980年代初めに着けて歩くことと，同じ行動を1990年代にすることとの違いである．全員，ないし，ほとんど全員がシグナルを出すのなら，シグナルには，人々を他から区別することがもはやできなくなる．普通の人々がある行動をする者のタイプについて有している信念，と定義される行動の「社会的意味」が，この場合には「月並化（reified）」したのである．

　法が分離均衡を，誰もシグナルを出さないという一括均衡へと変化させるとき，シグナルは消失する．戦争経験者たちは，人々が以前のようには国旗

を重視しなくなったと不満を述べる．そうであれば，このシグナルは，月並化はしたが，無意味になったわけではないことになる．なぜなら，国旗に敬礼しない人はほとんどいないが，国旗に敬礼しない人は必ず悪いタイプであり，したがって，敬礼する人は少なくとも良いタイプの可能性がある．現在では，多くのサークル（部分集団）の仲間の間で国旗に敬礼することはほとんど無意味となっている．そのような人々は，国旗に敬礼するような人は時代遅れか，少しおかしい（奇天烈な嗜好の持ち主）とさえ思っている．あるシグナルを発する人があまりに少なくなって，人々がそのシグナルと特定のタイプとの関連性をもはや感じなくなるとき，その社会的意味が「破壊された」と表現する．テキサス州の刑事控訴裁判所が州の国旗冒瀆法を無効宣言した判決の理由書で述べるように，国旗についての社会的意味の破壊はまだ生じておらず，かつ，「団結心と愛国心を励起する」能力を国旗が失い，国旗がただの「無意味な一切れの布」に成り下がってしまって初めて破壊が生じるのである（Godlstein 1996, p. 63）．

　国家が，誰もシグナルを送らない一括均衡を分離均衡に変更する場合，社会的意味を産み出す．従前はほとんど意味のなかった行動が，今や重大な意味を持つに至るのである．星型と縞模様を描いた一切れの布（星条旗）に敬礼することは，合衆国の独立戦争以前には何の意味もなかったであろうが，その後には，重大な意味を持つようになったのである．同性愛行動をする者に対する差別は，当初は単に，非道徳的であると考えられる行動に対する反応と同じに見られたが，国家が差別を公認してからは，愛国心の表れとみなされるようになった．すなわち，社会的意味が「創造された」のである．

　これまで国家の役割を強調してはきたが，社会的意味は自生的に創発したり消滅したりするものなのであり，しかも，多くの場合国家の制禦努力にもかかわらずそうなのである．この点を見るため，時点1で分離均衡が存在し，良いタイプは自らが良いタイプであることを示すためだけに国旗に敬礼するとしよう．時点2において，国旗に敬礼しない者を処罰する法を国家が制定したとしよう．時点3において，一括均衡が存在し，それは悪いタイプが法的処罰を避けるために国旗に敬礼するようになったことで生じたものであるとしよう．しかし時点3において，国旗に敬礼することはもはや愛国心を示す信頼できるシグナルではなくなってしまう．多くの人々が，法的処罰を避

けるためだけに国旗に敬礼するのであれば，国旗に敬礼する者が必ずしも良いタイプに限られるわけではない．こうして敬礼は月並化する．この愛国心ゲームにおいて，両方のタイプは国旗に敬礼し続ける．良いタイプは敬礼しないと悪いタイプと間違えられると恐れて国旗に敬礼する．しかし，時がたつにつれ，良いタイプか否かに関わらず，多くの人々は，国旗に敬礼することが今や空疎な儀式となってしまっていることに気づく．そうすれば，国旗に敬礼することはむしろ恥ずかしいことになる．なぜなら，人々が法的制裁を逃れるためだけに国旗に敬礼しているということをみんなが知っている（そして，さらに，みんなが知っているということをみんなが知っている）からである．皮肉な表情を浮かべて恥ずかしさを隠そうとする者も出てくるであろうが，このような状況下では，国旗に対する敬礼の意味は最終的には「ひっくり返り（flip）」，愛国心のシグナルから法的処罰に対する恐怖心のシグナルとなる（Kuran 1995と比較せよ）．今や，国旗に敬礼する人は奴隷のように従順であり，当局やその他の人々を怒らせないように戦々兢々としている人である．他方，国旗に敬礼しない人は，高潔で独立独歩の人である．こうして，今や，国旗に敬礼しないことの方が国旗に敬礼することよりも，忠誠心の良いシグナルとなるのである（たぶん，これが実際に起きている部分社会がいくつか存在する）．

　行動の「政治化（politicization）」は，従来人々が自発的にしていた行動を強制する法が制定された場合に生じる．人々が既に国旗に敬礼したりセレモニーでお祈りをしたりしていた場合，それと同一の行動を強制する法が制定されたときである．一見するところ，この場合に法は人々の行動に何の影響も与えないように見えるであろう．あるいはせいぜい当該行動を強化するだけであろうと思われるかもしれない．しかし，この場合に法はシグナルの意味をひっくり返してしまうかもしれないのである．すなわち，シグナルの送り手は，正真正銘の愛国心や宗教的情熱を表出するためではなく，法を遵守するために自分が当該行動をしている，と他の人々が思うかもしれないと心配になる．その結果，人々は当該行動を止めるかもしれないし止めないかもしれない．どちらになるかは，制裁の程度やその他のファクターによる．ここでの目的にとって重要な結論は，行動の政治化は，法によって強制されているのではないという事実によって意味を獲得していた行動に対し，法律で

強制することによって，その重要な社会的意味を破壊してしまうということである．この議論は，財貨やサーヴィスの「商品化（commodification）」の議論からの類推である．商品化の議論とは，市場を通じての財貨やサーヴィスの商品化が，それが無料で提供されるという事実によってその意味を獲得していた行動の社会的意味を破壊してしまうというものである（Radin 1987と比較せよ）．商品化と政治化とは互いにミラー・イメージ（鏡像）となっている．

　国家は，レシグ（Lessig 1995）が主張するように，「社会的意味を制禦」すべきであろうか．この主張の問題点は，シンボルを変更したり維持したりしようとする政府の努力の結果は，それが法を使うものであれ，役人の指導によるものであれ，予測不能であるという点である．シグナルを変更しようとする政府の努力は，政府が変更しようとしたシンボルの強化を導くかもしれないし（クリントン大統領が，軍隊での同性愛者の受容を促進しようとして失敗したことが，この例に当たるかもしれない），あるいは，望ましいシンボルの月並化をもたらすかもしれない（国旗冒瀆法にそのような効果があるかもしれない）．意図的であろうとなかろうと，政府の努力が，既存のシンボルを破壊したり月並化させたりした場合，規範仕掛人が，元のシンボルよりも悪い効果を持つような新たなシンボルを提案するかもしれない．シンボル行動を利用しようとの政府主導の努力で成功した例を探すと，常に行き当たるのは，ファシスト国家と全体主義国家における最も鮮烈な成功である．これは，合衆国にとってはあまり魅力的なモデルとはいえないであろう．合衆国での規範仕掛の目覚しい成功例は，公民権運動，フェミニズム運動，宗教上の伝道主義運動（evangelism）など，非政府組織の運動である．

　以上の分析は，きょうび人気の議論民主主義（deliberative democracy）の考え方とは一線を画するものである．議論は，それが，行動する前に良く考えましょう，ということを意味するだけなら，良いことであるといえる．しかし，それ以上の主張をしようというのなら，むしろ危険である．反対意見を表明するような人々が悪いタイプとされる均衡では，反対意見を持つ者は自己の意見を隠すのが合理的行動であり，普通の人々には，誤った信念を訂正するための情報が与えられないであろう．政治的な「議論（deliberation）」の意味するものが，現実世界に存在する現実の公開の議論であるとし，哲学

の思考実験の中でのみ存在する,仮定的で,様式化された議論のことなどではないとすれば,政治的議論は,上記のような望ましくない均衡をより強固にこそすれ,掘り崩すことはないであろう.そうであれば,人々は自己の誤った考え方にしたがって行動して,その誤った考えを法として強制するような政治家に投票するであろう[8].そのような例は枚挙に暇がない.ごくわずかを挙げれば,有害物質の大量不法投棄でパニックと非難合戦が起きたラヴ・キャナル事件や,その他の,打ち上げ花火のように大騒動になっては消えて行った多くのバブル事件(regulatory bubble)(Kuran and Sunstein 1999),合衆国の反共パニック(red scare),それから世界中で見られた戦争への熱狂的支持があろう[9].

国家の内生化

政府が規範仕掛人となることにはもう一つ問題がある.この問題を見るために,悪いタイプであるというラベルを貼られないように,すべての人が自己検閲をしていると仮定しよう.この一括均衡はほとんどの人々の利益に役立たないが,すべての市民は怖くて逸脱できない.したがって,ここには,政府が解決しうる集合行為問題があるといえることになる.政府の方策としては,たとえば,新聞や雑誌の発行に補助金を出すとか,政治家に無料の政見放送の時間を提供するとか,文書・口頭による名誉毀損(libel and slander)に対する特別の免責特権を認める法を制定するとか,その他の免責特権や補助金を認めるなどである.ここで問題となるのは,このような方策を政府が行うことをどうして期待できるのか,である.この問題は,政府当局者が,自己検閲によって批判を免れている現状の方を選好するはずだというだけの問題ではない.問題の本質は,政府の側としては,これらの法案への支持を,自分は悪いタイプであるというシグナルとして受け取られないために,政府当局者はこれらの法案を提出しないであろうという点であり,かつ,市民の側から見れば,これらの法制定へのロビー活動は,それ自体が自己検閲規範に対する違反となるので,自分は悪いタイプであるというシグナルとして受け取られないように,市民はこれらの法の制定へ向けてのロビー活動をしないであろうという点である.したがって,望ましくない社会的意味が十分に強いパワーを持っている場合には,政府がそれを変更することは期待できな

いのである．

　以上の考察から，本章の冒頭に提起した問題に再び逢着することになる．すなわち，国旗焼却が何らの「本当の意味の」損害を惹起しないにもかかわらず，人々はなぜ国旗焼却を禁止する法を制定しようとするのか，の問題である．この問題に対する解答は，市民がそれによって，自己の愛国心をシグナルしようとする，ということである．すなわち，愛国的な行動をするだけではなく，非国民的な行動をする者に制裁を科すような法の制定へ向けて積極的にロビー活動をするとか，少なくともそれへの支持を消極的に表明するとかによって，自己の愛国心をシグナルしようとするわけである．この政治的支持というシグナルは，まだ比較的安価であるので，全員がシグナルを送るという一括均衡が生じうるのである．ひとたび国旗焼却禁止法（国旗冒瀆法）への「支持」が，愛国心のシグナルとして受け取られたならば，選挙で選ばれた議員たちにとって，そのような法案に反対することの政治的帰結は受け入れられるものではなくなる．このように，政府当局者も，このシグナリング・ゲームの部外者ではないのである．シンボルが十分に強いパワーを持っている場合には，政府当局者も市民と同様，当該シンボルの虜（とりこ）になっているのである．トルーマン大統領やアイゼンハワー大統領が，マッカーシーの最盛期（レッド・パージ期）に彼に抵抗することは不可能だったのは，当時マッカーシーを批判することは，大統領の弱腰のサイン，さらにはアメリカ合衆国の敵に共感していることとさえ解釈されかねなかったからである．

　政府主導の規範仕掛けのさらなる問題点は，政府資源への無駄な競争を煽るという点である．競争し合っているグループは，自己のシンボルを送るための道具として政府を利用しようとする．重要な具体例の一つは，公共の物品や施設に宗教的シンボルを付けさせようとすることである．問題は，宗教団体のロビー活動の成功を示すものとしてシンボルを人々が理解し，その結果，当該宗教団体が大きな政治力を持つに至るという点である．このように推論して，人々は，その宗教団体の信者がものすごくたくさんいるとか，あるいは，その宗教団体がものすごい政治力を持っているとかと，思い込むようになってしまう．いずれの思い込みにせよ，それによって，当該宗教団体は有益な（ないし不可避の）協力の相手方となるであろう．こうして，マジ

ョリティ・メンバーが，この宗教団体の信者を差別することを，忠誠心とか愛国心とかのシグナルとして利用しようしても，それは失敗する．したがって宗教団体としては，自分の宗教的シンボルを政府が採用するように，影響力を及ぼそうと競争することは，自己利益にかなう．憲法による国家宗教の禁止（政教分離原則）は，宗教団体同士が，公認を得ることで政府を信者獲得のための道具として利用しようと競争し合うことの無駄を抑止するものである[10]．そして，憲法の規定する信教の自由条項および平等保護条項は，政治的影響力の追求へと宗教を導いてしまうような種類の差別から，宗教的マイノリティの信者を保護するものなのである．

第8章　人種差別とナショナリズム

　これまでの章における分析は，人種，民族，血統，その他の類似のカテゴリーに根ざした差別に法がどのように影響するのか，という問題に応用することができる．この問題に答えるためには，なぜ人々が差別をするのかについての理論が必要である．

なぜ人々は差別をするのか？

　人々がなぜ人種差別をするのかについての満足のいく経済的理論は存在しない．ベッカー（Becker 1971），エプスタイン（Epstein 1992）やその他の論客は，人々は差別に対する「嗜好」を持つのだと仮定する．この仮定が方法論的に有益であるかどうか，また行動の心理的理論を反映するよう意図されているかどうかは明らかではない．善意に解釈すれば（忖度すれば），この仮定には，人々の人種的選好の源泉について不可知のままにしておいて，法やその他の外生的要因における変化によって生じるであろう差別的行動への影響を予測できるという方法論的利便性がある．しかしながら，人々の人種的選好は自然であるか固定されていると含意する著作もあり，説明の都合上，これからこの見解を「選好理論」と呼ぶことにする．

　選好理論はありそうもないことであり，なぜ人々が差別するのかについてのシグナリング理論よりも劣るものである．後者の理論に従えば，好ましい協力の相手方からシステマティック（規則的）に異なった，顕著で固定的な特徴を持つ人々に対する差別は，前者の人々に対してその人が低い割引率を持つというシグナルとして役に立つ．この理論は，選好理論と異なり，差別

への選好を内生的なものとして扱う．すなわち，人々が他の人種集団のメンバーに対する差別から効用を引き出すのは，そのような差別が，協力関係に対して評判が利得をもたらす限りにおいてなのである[1]．この理論は，人種が好ましくない性格の代理変数であるときに人々は差別するという，統計的差別の理論とも対照可能である（Arrow 1973）．これらの理論は，しばしば職場差別を説明するために提案されるものである．これらの理論は，関係のある隠された情報を当該労働者の能力であると仮定し，人々が統計的差別をするときに，労働者は人間関係へのマイナスの投資で反応していることになるとする（Arrow 1973, Coate and Loury 1993, Cooter 1994a, Shwab 1986）．アカロフ（Akerlof 1984, ch.5）は，他者を排除するような社会的慣習を外生的なものとして扱っており，小規模市場では，非差別的企業家による参入努力を排斥できるという意味で，そうした慣習が安定的でありうることを示した[2]．マックアダムス（McAdams 1995）は，人種差別はステイタス（地位）をめぐる競争から帰結すると論じる．

人々が差別への嗜好を持ち，その嗜好を満足させるコストが高すぎない限りは，人種に基づく差別はこれからも起きるだろう，と選好理論は予測する．この理論は，マイノリティの雇用や補償についていくつかの興味深い予測を行っており，この点についてはベッカー（Becker 1971）を参照するとよい．

シグナリング理論の予測はこれと異なるものである．第一に，差別は緊張が生じたときに，起こりやすくなるものである．人々は自分たちが良いタイプに属しているというシグナルを互いに送り合おうとするのだが，それは協力の相手方というものが，強く求められるものだからである．稀少性がほとんどなく，ほぼ完全に近い情報が存在している場合に初めて，差別は全く役目がなくなるのである．

第二に，差別の標的となる人々は（肌の色のように）一目瞭然であるか，または（宗教や血筋のように）発見可能で，しかも，変えられない特徴を共有しており，それは好ましい相手方の特徴と異なるものである．特徴は不変でなければならない．さもなければ差別の対象者は単にそれを変えてしまうだろう[3]．ある人の人種は，差別を可能にする特徴の関数である点に，注意して欲しい．異なる人種に属するがゆえに人々は誰かを差別するのではなく，ある人が他者と共有する不変の特徴を根拠に人々が差別するがゆえに，ある

人は異なる人種に属するのである．

　第三に，「人種」に対する差別は正しいコスト構造を持たなければならない．すなわち，安すぎても高すぎてもいけないのである．もしも不変の特徴を共有する人々があまりに少なく，貧しく，凡庸であったなら，彼らを避けることにほとんどコストはかからず，安すぎるということになるだろう．もし不変の特徴を共有する人々があまりに数が多く，豊かで，有能であったなら，彼らとつきあうことなしに繁栄することはできないので，高すぎるということになるだろう．投票のように，差別のコストが高すぎもせず低すぎもしないときにのみ，人種差別は起こるだろう．そしてそれは，より低いコストで同様の結果を生み出すより優れたシグナルの形態（贈り物交換，愛国心の発露，宗教差別など）が存在しない場合でなければならないだろう．

　第四に，「人種」に対する差別は何らかの特異な嗜好の満足であると受け取られるのではなく，むしろ協力のシグナルとして認識されなければならない．もし差別をする人が特異な嗜好によって動機づけられていると人々が信じるなら，差別する人が必ずしも常に良いタイプであるとは人々は信じないであろう．もしそうであれば，リンゴやオレンジを食べることについての規範がないのと同じように，人種差別の規範はありえないことになる．人種差別の近代以降の形態が起きるのは，人種差別をする人のすべてかほとんどが低い割引率を持つ人であると人々が信じるときだけである．ではそのような信念はどのようにして始まったのであろうか．

　第2章におけるフォーカル・ポイント（注目一致点）の議論が示唆するように，歴史的事件は差別的均衡を支持する信念の重要な源泉である．しばしば，ある集団が差別のフォーカル・ポイントとなるのは，その集団に属するメンバーが，マジョリティ集団に対する確実な脅威である集団と社会的ないし血統的な繋がりを持つからである．例としては，パール・ハーバー奇襲後の日系アメリカ人，クロアチアやボスニアに住むセルビア系住民などが含まれる．この理論は，内集団（in-group）のメンバーにとって外集団（out-group）のメンバーが「本当に」脅威であることを要求しない．多様な文化的仮定や同時代の事件があったときに，多くの人々にとってその連想がありそうなことだとみなされるということだけである．

　しばしば，マイノリティ集団が差別のフォーカル・ポイントになるのは，

稀少資源をめぐってマジョリティ（多数集団）のメンバーとそのメンバーが競合するからである．もしも黒人移民が一地域の労働市場において白人勢力を脅かすのなら，白人は黒人に対して差別することで互いに忠誠を顕示することができる．差別をする人は，彼の集団のメンバーを助けるためにそうするのであって，選好を満足させるためではないと，もっともらしく主張することができる．あるいは，マジョリティが貧しいときにマイノリティ集団が豊かであるなら，そして，マイノリティ集団の繁栄の源泉が理解されずマジョリティの問題と関係があるのなら，マイノリティへの差別は人々の注目を一致させるフォーカルなものとなるかも知れない．ヨーロッパ史におけるユダヤ人の金融市場やその他の重要な市場での成功は，人々にユダヤ人は彼らの人口に比して大きい政治的権力を持っているのだと信じ込ませてきただろう．これは，宗教対立の長い歴史と相まって，ユダヤ人をキリスト教ヨーロッパにおける差別へのフォーカル・ポイントにした．これらの現象は自己補強的である．つまり，外集団が繁栄するとき，彼らは嫌疑をかけられ，より大きな社会のメンバーは彼らを差別して互いの忠誠心を顕示する．しかし，このために外集団にとっての方が，互いに依存することがますます重要になり，彼らの信頼関係や相互利益を拡大するが，これは内集団による彼らへの差別をさらに助長することになるのである．

　身長や髪の色や目の色といった固定的な身体的特徴なら「何でも」差別の根拠になりうるわけではないように思われる．このことへのありうる理由は，その特徴が，多様な人々の間であまりに連続的に分布していては差別の根拠となりえないということであろう．というのも，その特徴を持つ人と持たない人の間に線を引くことができないからである．もし内集団と外集団の間の線が曖昧なら，外集団のメンバーへの差別はやりにくくかつ認識しにくくなり，したがって内集団への忠誠の信頼できるシグナルとして役に立たない．差別は，肌の色や血筋といった，人々の集団間のシステマティック（規則的）に異なる特徴を標的にするのであり，そうした特徴は，集団内部でのみの婚姻を長期にわたって行ってきた集団の移住の結果として生ずるのである．

　もし人種集団のメンバーに対する差別がシグナルとして役立つのなら，以下のような均衡のさまざまな状態が，今までの均衡分析と同じ構造で生じうる．一括均衡においては，すべての人ないしほとんどすべての人は，外集団

のメンバーを差別する．古い時代の南部において，黒人に同情的な白人が，礼儀をもって黒人と交際することを怖れるのは，他の白人が彼らを協力的なタイプではないと推察するかもしれないからである．分離均衡においては，多くの人が外集団のメンバーを差別するが，多くの者はそうしない．後者はより高い割引率を持つか，外集団のメンバーとの交際により強い関心を持つかのどちらかである．

　純粋に利己的な動機から発する集団への差別は，しばしば合理化される．差別を擁護する一般的な合理化は，人種的ないし民族的優越性であり，そうした合理化は規範仕掛人によって際限なく供給されており，ナチスはその突出した例である．そこでの理論は，神秘主義的であり，疑似科学に基づき，証拠によって支持されず（特に純血の重要性への強調は），矛盾だらけで，あるいは単に荒唐無稽なだけである（Mosse 1978）．しかしすべての民族は規範仕掛人を持ち，物語を持ち，その信奉者を持つ．その理由は，ちょうど全体主義的国家においては明らかに誤謬であるプロパガンダ（誤謬が明瞭であればあるほど，そのシグナルは効果的である）を支持することによって愛国心を表明するのと同じである．すなわち，ファシスト国家において愛国心を示したり，民族集団への忠誠を表明したりするために，たとえ外部者のことが好きだったり，たとえ外部者の定義が困惑するほど明らかに恣意的であったりするときさえ，人々は外部者への集団的差別に加担するのである．何がシグナルとして重要であるかは，個人の協力の重要性（それは政治経済的環境における変動を伴って浮沈するのだが），ある種の行動とある種の人々との間の連想を生みだす歴史的事件，これらの連想によって顕著になった行動の相対的コストなどに依存する．シグナリング理論は，潜在的脅威に対する協力を促進するような区別の基準を求めるニーズに応えるものとして，民族や人種という観念が発明されたものであることを明らかにするのである．

　多くの理由で，シグナリング理論は選好理論に対して優越している．手短にそれを概観してみよう．

　1．シグナリング理論は経済学の標準的仮定に従う．人々の行動はその選好と一貫するが，その選好が何であるかについては立場をとらないと仮定する．選好理論は，人々がなにゆえにシステマティック（規則的）に異なる身体的特徴を持つ人たちと付き合いたがらないのかを説明できない．実際，そ

れは差異の概念全体に混乱をきたすのである．人々が食物や衣類や健康な人や釣り合いのとれた人との交流への選好を持つであろうことは，進化論的生物学理論の自然な帰結であるが，人々がある異なる身体的特徴を持つ人々を避けたがるということはそうではない．差別の標的となる人が差別する人と集合としては身体的にほとんど変わらず，近い過去の血統においてか文化的実践においてしか異ならない場合でさえ，多くの差別は起きるのである．キリスト教徒のスペイン人とユダヤ人は何世代も混血を重ねていたのに，中世のスペイン人はユダヤ人を差別したのである．セルビア人，クロアチア人，ボスニア人は，彼らを分かつ遺伝的根拠がないのに民族的根拠から分裂してきた．人種や階級の差異に基づく暴力的な衝突は，何百年にもわたって諸民族集団のメンバーを引き裂いてきた．衝突の目的にとって民族的区別として何が重要であるか，実際「民族的」特徴やその他の特徴が，注目を一致させるフォーカルなものであるかどうかは，より深い力から生起する．ブリテン人とゲルマン人が一つの民族集団として数えられるべきか（アーリア人），二つかそれ以上なのか（スコットランド人，ウェールズ人；イギリス人，サクソン人，ババリア人，などなど），あるいはこれらの国々の人々が異なる線に沿って分裂するのか（宗教や階級）は，忌避のいかなる形式が「都合がよく」，また歴史的に「都合がよかったか」に依存する．19世紀の人種の哲学者たちはしばしば「アーリア人」は優越種であると仮定したが，誰がアーリア人とみなされるかについても議論が起こり，提案されたのは，東部インド人，イラン人，そしてもちろん，北部ヨーロッパ人にまでわたるほど多様であった（Mosse 1978）．そして，第二次大戦前のドイツでは，最後のカテゴリーのみが政治的に都合がよかったのである．

　システマティック（規則的）な身体的差異に基づいて，付き合いの上での好き嫌いの嗜好を持つということが正しいとしても，他の嗜好と同様に，それらは通常は連続的に分布していると仮定すべきである．リンゴがとても好きな人がいるように，それを嫌いな人もいるのであり，多くの人はその中間の嗜好を持つ．同様に，ある特徴を持った人々を好きな人々がいるだろうが，それを嫌いな人もおり，多くはその中間の嗜好を持つだろう．後述するように，もしもそうであるならば，それは，なぜ人々が差別をするかの全体の物語にはなりえない．

2．外集団への差別は通常不連続である．すなわち，すべてないしほとんどすべての人が差別するか，誰も差別しないか，あるいは，わずかな人だけが差別するかのどちらかである．人種差別は通常，現代においては，評判に関連する行動の規則性であるといえよう．多くの人々にとって配偶者の選択において人種が道徳的に重要な要因ではないような社会にわれわれは暮らしうるかもしれないが，われわれはそこに暮らしてはいない．そのような社会に暮らしうることは，かつては堅固な人種的障壁（アイルランド人とイタリア人，ユダヤ人と非ユダヤ人）であったものが，もはやそうではなくなったという事実から明らかである．

この点をより明瞭にするために，10人のXと10人のYからなる社会を想像してみよう．ここではXとYは異なる民族とみなされており，それぞれ半分ずつの男女からなる．もし人々が人種以外の要因に基づいて配偶者を選択するのなら，6組の混合結婚，2組のX同士の結婚，2組のY同士の結婚に至ると予測するだろう．数が増えるに従って，曲線は統計学でいうところの正規分布的であり続け，連続的になる．XとYの比率が変わるに従い，曲線は一方か他方に振れるが，連続的となることに変わりはない．さてここで，集団の外部の人と結婚すると，スティグマが押されると仮定しよう．スティグマが十分に苛酷なものであれば，ほとんどないし全く混合結婚は起きないと予測できるだろう．この場合には，人数が増えても，曲線は不連続のままであろう．

時の経過につれて不連続になる場合もあるだろう．長く安定した期間の後に，極度の早さで，差別的慣行が変化することもある．ヒトラーが権力の座に上る前のドイツ社会では，ユダヤ人は同化しつつあった．第一次大戦でユダヤ人は，熱狂的にドイツ軍に従軍し，多くの武勲を立てたのである．その後のユダヤ人排斥は，異常なまでの急激さであった．公民権運動以前の数世紀にわたって，アメリカ社会では黒人が社会の外に追いやられてきたが，ほんの一世代のうちに，最もあからさまな形での黒人差別は消失したのである．これらのパタンは，シグナリング・モデルと整合的である．すなわち，人種差別のような行動の規則性は，小さな衝撃に対しては長時間にわたって自己補強的であり安定しているが，ひとたび十分に大きなショックが起きると，その行動パタンは消え失せる．これに対し，選好理論では，ちょうどリンゴ

の消費がそうであるように，差別的行動は連続的かつ正規分布的に分布し，差別のコストが少しずつ変化すれば，それに応じて差別行動も少しずつ変化すると予測する．

　3．内集団に属する人々は，外集団のメンバーと協力する内集団の他者を避けたり，遠ざけたり，攻撃さえしたりすることがよくある．セルビア民兵は，クロアチア人やボスニア人と結婚したセルビア人を殺すことから，村に対する「民族浄化（cleansing）」を始めるのが常であったし（Kuran 1998），ジム・クロウ法（黒人差別法）の下の南部の白人は，黒人に対して敬意を持って接する白人に対して，ことのほか加虐的だった（Wyatt-Brown 1982）．これらのパタンは，シグナリング理論と整合的である．差別的規範を破る人々に対する差別が起こるのは，良いタイプの戦略から逸脱する者が，そのことで自らが悪いタイプであるか，悪いタイプであるらしいことを明示することになるからである．その上，内集団内の逸脱者に対する差別は，外集団に対する差別と同様に，自己のタイプのシグナルとして機能しうるからである．規範仕掛人は，差別的シグナルが明瞭さを失ってゆくことへの不安に付け込んで，差別を引き起こす特徴が目立つものであり続けるようにしたり，さらに目立つようにしたりする法や慣行を推進する．だからこそ，南部の混血禁止法から，ナチスによって行われた民族的出自についての身分証明義務に至るまで，これらの法律はすべてシグナルが明瞭であり続けることを保障するために考案されたものなのである．これに対して選好理論は，外集団のメンバーを避けるという選好を持つ人々が，その選好を共有しない内集団の他の人々に，コストを負担してまで制裁をなぜ科そうとするのか，ということを説明できない（McAdams 1995, pp. 1039-41）．

　4．差別的行動は，それを合理化するための理論を伴っているのが通常である．私は先にその例をいくつか述べた．これらの合理化理論は，シグナルを台無しにしてしまうような2種類の曖昧さへの対応である．第一は，差別の潜在的犠牲者が属する集団についての曖昧さである．混血は，異なる集団の間で連続的に分布するような特徴を持った人々を生み出す．合理化理論は，外見から血統へと検査要素を変えることで，この曖昧さを解決する．人種や民族は，血の滴（これも，もう一つのフィクションに過ぎない）によって決められるのであり，それは家系図を辿ることで決定できるとされる．第二の

曖昧さは，差別する人の動機に関わるものである．利他的な贈与者の場合と同様に，サディスティックな人種差別主義者は，シグナルとして認識される差別行動をするときにも，コストが何らかからない．ナチスは，アーリア人の血の純潔をユダヤ人が脅かしていることを証明するための人種理論を考案したが，それによって，ユダヤ人に対する差別が，単なる個人的嗜好の満足のためではないことを示す理論ができあがったのである．そして，シグナリング理論は，容易に見抜けるようなバカバカしい理論を，人々がなぜ公に支持しようとしたのかを説明することができる（第7章参照）．これに対して選好理論は，規範仕掛人がなぜ人種的優越性の理論を考案しようとするのか，そして，これらの人種差別理論が，もっと分別のあってよいような人々の公の支持をなぜ受けるのかを，説明できないのである．

　5．差別的行動は，緊張や不安の時期に急激に増加するが，これはシグナリング理論から直ちに導かれる帰結である．緊張が高まると，見ず知らずの人との交流はより危険になり，そうして協力者との交流がより重要になる．もし外部者に対する差別が，歴史的に，集団への忠誠を示すシグナルであったなら，外部者のことを気遣うような人々でさえも，集団に対する自己の信頼性を示す方法として，差別に参加しようとするであろう．旧ユーゴスラヴィアでの内戦は，強力な家族の絆やコミュニティの忠誠心を，民族の区別に沿って引き裂いた．選好理論はこの行動を説明できない．緊張の時代になると人々が，差別への選好をより満足させたがるようになると信じる理由はない．同様の点は，さまざまな文化で見られる多様な差別的慣行についても指摘できる．合衆国での黒人差別，アフリカでのインド人差別，インドネシアでの華僑系住民差別，ヨーロッパのユダヤ人差別なども，説明されなければならない．文化に応じて嗜好は異なると単に言うだけでは（選好理論はこのように言うことにならざるをえないのだが），何らの説明にもならない．これに対して，シグナリング理論は，脅威と見なされた集団に対して頻繁に差別が起きるのはなぜかを説明できる．

　6．差別は，その技能や資産が拡充してきた集団に対して，増大することがある．その例としては，ヨーロッパでの反ユダヤ主義とユダヤ人の経済力，あるいはアフリカでのインド人への差別とインド人の経済力などがある．選好理論は，外部者の技能や資産が拡充するにつれて，彼らに対する差別は減

少すると予測するはずである．なぜなら，価値ある技能や資産を持つ人々に対する差別は，それらを持たない人々に対する差別よりもコストがかかるからである．シグナリング理論は差別の増大と整合的である．それは，コストがかかるときにのみ差別はシグナルとして役立つからに他ならない．他の者がうまくやってゆけないときに，経済的に繁栄するマイノリティ集団は，普通の人たちの間で疑心暗鬼の標的になるので，ある集団の経済的繁栄は，その集団を差別のフォーカル・ポイントにするのである．

7．肌の色や血統といった固定的な特徴に基づいて，人が他者を忌避するとき，差別が発生すると以前に述べた．この主張は，支配的集団に忠誠を示す手段として，自分も共有している特徴を持つ人々に対して差別することがある，ということを排除しない．実は，これはしばしば起こることである．その一例は「ユダヤ人の反ユダヤ主義」の現象である．シグナリング理論は，自分自身の集団に対する近親憎悪的な差別行動は，その集団に対する外部からの差別が存在するときに起こりやすい，ということを導く．同時に，シグナリング理論は，なぜ外集団のメンバーが（ナチスでさえそうしたように），近親憎悪的な人々をかばい立てするのかをも説明する．選好理論はこれらのパタンを説明できない．逆に言えば，反ユダヤ主義が社会に行きわたっているが，特にそれほど強力なシグナルではないときには，ユダヤ人の友達を持つ公の反ユダヤ主義者も出てくるわけである（たとえば「世紀末フランス（fin de siecle France）」と呼ばれる19世紀末の時代）．同様にして，寛容へのコミットメントが社会に行きわたっているが，特にそれほど強力なシグナルではないときには，寛容と民族的和合の公の擁護者が，自分の民族集団の外には友人を持たないなどということも起きるのである（たとえば，20世紀末のアメリカ合衆国）．

8．少数者を忌避する「嗜好」は，さまざまな種類の財を忌避する嗜好や，あるいは，魅力のない人を忌避する「嗜好」とは異なるという点で，広く道徳的に誤っているとみなされる．これは差別的行動の理論が説明しなければならない社会学的事実である．シグナリング理論は，これらの態度が異なった取り扱いを受けるのはなぜかを説明できる．すなわち，他者へのコミットメントをシグナルするためにある人を忌避することは，その者を，目的のための手段として扱うことである．他方，単にある人が自分にとって魅力的で

ないから忌避するのは，人を目的のための手段として扱うことと同じではない．この点は道徳哲学における，有力な概念区分になぞらえられる．選好理論は，食物への嗜好のように，心理学的要因（仮に文化的に媒介されたものであっても）によって駆り立てられる行動と，自己の属する集団において良い地位に留まりたいという欲求によって駆り立てられた行動とを混同するのである．

法の役割

　差別的行為の社会的コストは明白であるが，国旗の焼き捨て，自主検閲，投票などの例とは違って，そのシグナルがそのゲームのプレーヤーではない第三者を傷つけるということは言及する価値がある．マイノリティ集団のメンバーが「悪いタイプ」なのではなく，彼らへの差別を怠った者が「悪いタイプ」なのである（ここでは「良い」と「悪い」は差別する集団の観点から定義されている）．たとえば，昔の南部における白人は，黒人に対して差別することで互いの忠誠を示しあうが，恐らくこのゲームにおいては，白人の悪いタイプも良いタイプもともに差別行動をするという一括均衡に陥っている．黒人の場合，双方のタイプがともに差別によって傷つけられるのだが，悪いタイプ（アンクル・トム的な黒人）は白人の人種差別主義を容易に甘受してしまうという，分離均衡ゲームを黒人の間でプレーしていたのである．ある集団に対して差別しない人々は裏切者であるという見解を正当化するどんな合理化も，ほとんど確実に差別される集団のメンバーもまた裏切者であると結論するけれども，差別の序列を破壊し外部者を敬意をもって扱う内部者に対しては，特別の悪意が向けられるのである（McAdams 1995, pp. 1039-40；Kuran 1998）．

　エプスタイン（Epstein 1992）は，差別的雇用は企業において合理的な経営であると主張する．エプスタインは，雇用主は被用者と協力関係をつくらなければならず，かつ，雇用主は被用者の間での協力関係を促進しなければならないと仮定するが，それは，労働市場が完全な代替労働力を供給できないときには，そうした関係が価値を最大化するからであるとする．この仮定自体は，シグナリング理論も受容する．しかしながら，エプスタインはさらに，市場の細分化は起きるであろうが差別的賃金は起こらないだろう，と主

張する．ところが，この主張は，差別的行動がランダムにかつ均一に分布しているという仮定を前提とする．さて，差別的「選好」がランダムに分布しているということは真であるかもしれないが，しかし差別的「行動」はそうではないことを，シグナリング・モデルは導く．もし白人が，黒人を雇わないことで評判上の利益とともに本来的な利益も受けているとしたなら，黒人と付き合うのが好きな白人でさえ彼らを雇ったりともに働いたりするのを拒否するだろう．このように，(賃金差別は起きないという) エプスタインの楽観主義は，今日では40年前の南部とは異なり，差別が忠誠の強力なシグナルではもはやなくなったという前提に依存しているのである．

　エプスタインは，その理論を用いて差別禁止法を批判する．しかし，差別禁止法に反対する経済的論拠は実際のところ極めて弱いものでしかない．差別は合理的な企業経営構造であるとエプスタインは信じているので，それに介入する法は，利潤や，賃金や，雇用を減少させ，消費者の支払う価格を上昇させると彼は結論することになる．けれども白人の雇用主が黒人差別をするのが評判上の目的のためである場合には，そうした差別を禁止する法は，すべての雇用主をより有利にするであろう．

　この方が真実であるということはありそうに思えるが，しかし以前の章で議論したように，シグナルを変容させようとする政府の努力がもたらしうるリスクを過小評価すべきではない．裏切者を見つけ出したいというニーズが残っている限り，規範仕掛人は新しいシグナルを探し出すだろう[4]．その結果生じたシンボル変容の驚くべき例は，ヨーロッパの反ユダヤ主義の歴史からのものである．14世紀のスペインや19世紀のまたもやドイツやその他の地域において，ユダヤ教を理由とする差別は，実効的に分離均衡を引き起こすことができなくなった．スペインでのその理由は，迫害によってユダヤ人が移民になって国外へ出たり，キリスト教へ改宗したりしたことであった．ドイツでの理由は，社会への宗教の影響力が一般的に薄れて来たために，差別のための神学的基盤が，そのもっともらしさを失ったことであった．しかし，両国における国家統一への大規模な必要性は，不忠と忠誠とを見分けるための方法への需要を喚起したのである．すなわち差別の新しい理論への需要である．スペインのカトリック当局やドイツのナショナリズム・イデオローグなどの，その時代の規範仕掛人たちは，そうした差別理論を考案した．新し

い差別理論は人種に基づいており，宗教に基づくものではない．ユダヤ的儀式に従ってきた者や，両親がユダヤ的儀式に従ってきた者たちは，人種的にユダヤ人として分類された．ところが，スペインにおいては，すべての人がユダヤの血を受け継いでいたのである（この点は，当時の教養ある人たちが承知していたことである）！ 規範仕掛人たちは，人口構成変化（移民）や神学の変容によってもたらされた困難を，差別の対象となりうる人々を定義し直すことで解決したのである．彼らの解決策は，自らの忠誠を示す方法を探していた人々に熱狂的に受け入れられたのである[5]．この差別理論が成功したのは，規範仕掛人たちが，差別と寛容の長い歴史の一つの要素をうまく取り込んだからである．人種という観念は広まっていたのであり，ユダヤ人に対する差別は長い歴史を持っていた．規範仕掛人たちは，これらのテーマに関心の焦点をあて，他のことから注意をそらし，人々がそれをめぐって調整するであろうフォーカル・ポイントを作り出すことで，成功したのである[6]．（これと対照的に，19世紀のイタリアでは，国家統一への明白な障碍はユダヤ人コミュニティではなく，外国の占領者の軍事力であった．合衆国では，国家統一への明白な障碍は，奴隷制の問題と，北部と南部の経済的利害の対立であった．だから反ユダヤ主義はそれほど目立つものとならず，したがってあまり受け入れられなかった）．

差別禁止法については，さらなるポイントがある．もし雇用主が人種によって差別することが自由であったなら，そして，その結果として，黒人が同じだけの生産性の白人よりも少ない給料しか得られないとしたなら（エプスタインなら反論する結果だが），黒人は白人に比べて（人脈形成や教育，職業訓練などの）人的資本へ投資するインセンティヴが小さくなるだろう．このようにして，黒人についての誤った信念は自己実現的予言となり，したがって，この循環を断ち切るための法的介入は正当化されるのである（Arrow 1973）．コートとローリィ（Coate and Loury 1993）は，同様の理由でアファーマティヴ・アクション（人種差別解消のための積極的介入措置）が正当化されうると導く．もし均衡において，雇用主が黒人は劣った能力しか持たないと信じており，そのため雇用や昇進を拒否するなら，雇用主は黒人の能力を知ることが不可能となり，よって，その信念が誤りであったとしてもそれを訂正する機会を持たなくなるのであり，したがって，再び，黒人は人的資

本に投資するインセンティヴをほとんど持たなくなるのである．しかし，もしアファーマティヴ・アクションが制度化されるなら，黒人は雇用主が彼らを雇用し昇進させることを期待して，黒人は技能開発に投資し，雇用主は黒人が技能を持つことを知ることになり，誤った信念を訂正するのである．なお，コートとローリィのモデルは異なる均衡も生み出す．その均衡とは，アファーマティヴ・アクションによって十分な技能開発をしなくても黒人はよい職を得ることが可能になるので，黒人は合理的に技能に過少投資することになるという均衡である．労働市場における信念の役割と評判の役割とを適切に考慮に入れる限り，これらの問題についての証拠が集まるまでは，経済分析が，アファーマティヴ・アクションの擁護者にも反対者にも支持を与えることはないだろう[7]．

ナショナリズムとナショナリズムの神話

ナショナリズムをめぐる議論では，「国民国家（nation）」のメンバーが，自らは会ったこともなく，また，ほとんど空想以上のものではないような属性を共有するだけの幾千万の人々との間の，深遠な一体感を抱く一方で，このほとんど空想でしかない属性を共有しない者に対して，大変な残忍さで憎悪する，というパラドクスが注目を集める．ここでは，採り上げるべき価値のある二つのポイントがある．第一のポイントは，ほとんどの国民国家が，真実に反するか，あるいは，独断と偏見に満ちた基準を用いて，自らを定義するという点である．たいていの場合，国民国家は，その国民が共通の祖先を持つと主張する．すなわち，全国民が同じ民族に属し，同じ種族を共通の祖先に戴くと主張する．しかし，民族移動や通婚混血の歴史に鑑みれば，これらの主張がいかにナンセンスか明らかであろう．あるいは，国民国家が，共通の言語や共通の文化を主張することもあるが，その場合，実際のところは，一つの言語が公用語と宣言され，国境内のその他のすべての言語が公用語に対する地方語であると宣言されるというだけのことである．つまり，現実的な差異ないし想像上の差異に基づいて境界線を引き，ここからが内部者の言語，ここからが外部者の言語と宣言しているのである．文化の場合も同様に，最も強力な地域の文化が，たまたまその国民国家の領域内とされるに至った他の地域の人々にも共有されているとされるのである．第二のポイントは，

たとえそれが現実的なものに基づくとしたとしても，これらのわずかな差異が，どうして暴力や征服を正当化しうるのかを理解することは困難な点である．実際のところ，国民国家の正統性を合理化するような，国民的屈辱や復讐という神話が，国民を構成するとされる人々すべてに与えられる．そして，現在生きている人が，数世紀前に負わされた軍事的敗北を屈辱に感じているとされる．しかし，その人の祖先が勝者側だったか敗者側だったかは，その祖先が，その戦いのずっと後になってから，全く別個独立の政治力学に基づいて引かれた境界線の，こちら側に住んでいたか，あちら側に住んでいたか，という全くの偶然によって決まることがらでしかないのである．

これらの観念は，「想像の共同体（imagined community）」(B. Anderson 1983)や「創作された伝統（invented tradition）」(Hobsbawm and Ranger 1983) というフレーズに表現されている．国民国家とは幻想の共同体であり，真実のコミュニティではない．なぜなら，その広範囲の国民の相互間には，接触がほとんどないか全くなく，共通点もほとんどないからである．国民国家の紐帯の主張を正当化するためにこそ，伝統というものが創作されるのである．伝統というものは，その国民国家のメンバーに共有されるもの，すなわち共通の歴史を与えるものなのである．「創作された歴史」というフレーズに問題があるとすれば，それは，伝統とは自生的に創発するのが通常であるのにもかかわらず，それが何かの謀略機関によって作出されたものであるという印象を与える点であろう．ホブズボームや他の者が示したように，政府や私的な規範仕掛人が伝統の創作において重要な役割を演じてきたことは確かであるけれども，それだけでなく，それを受容しようと待ち構える一般大衆がいなければ伝統は創発しないのである．「自生的伝統（spontaneous tradition）」という表現なら，伝統の創発において影響力のある個人が必ず重要な役割を演ずるという含意なしに，ナショナリズムのパラドクシカルな趣きを示しうる．ナショナリズムについての研究文献は，いかにしてナショナリズムが可能であるのかという問題，そしてそれと密接に関連するナショナリズムの起源の問題に焦点をあてる．後者の問題は事態をややこしくする．たいがいの歴史家は，ナショナリズム運動は最近の現象であると考えている．19世紀より前には，ナショナリズム運動はなかったし，近代のナショナリズム的感傷のごときものも存在しなかった．しかし20世紀の二つの世界大戦は，強いナショ

ナリズムの性格を持っていたし，冷戦のイデオロギー的対立によってもたらされた短い中断の後で，ナショナリズムは世界中で再燃している．

シグナリング・モデルは，ナショナリズム運動に解明の光をあてることができる[8]．ナショナリズム（および，それと関連する運動，孤立主義や保護主義など）が巻き起こるのは，世界的なあるいは地域的な不安定の時期においてであり，それは，協力の相手方の信頼性がますます重要になるときである．国民国家の外部者として定義された人々に対する差別的態度や慣行がシグナルになるのである．例はたくさんあるがあえて指摘すれば次のようなものが挙げられよう．ユーゴスラヴィアやソヴィエト連邦の中央政府の崩壊後のナショナリズムの復興，ドイツにおける19世紀の国家統一に先立つ時期の不安定や第一次大戦後の不安定に対する対応としてのナショナリズム，ユダヤ人に対して相対的に寛容だった長期間の後の19世紀におけるポグロム（組織的計画的なユダヤ人虐殺）の突然の頻発への対応としてのシオニズム（パレスティナにユダヤ人国家を建設しようとの運動）の伸長（Klier 1997），経済的停滞に対するフランスやその他のヨーロッパ諸国での最近のナショナリズム興隆の流れ，などである．

「国民国家」において，その国の他の者全員が信頼できる者であると全員が考えているか，あるいは少なくとも外部者よりは信頼できると考えているときは，その国の中の外部者もまた協力する．血縁に基づくシステムでは，血統か婚姻関係のある小規模集団のみが互いに協力できるに過ぎないことと比べて見るとよい．水増しされたものに過ぎなくとも，互いに信頼しあっている人々からなる国民国家が，部族や氏族よりも強力であるのは，他の条件を一定におけば，国民国家の方がより大きいからに他ならない．軍事力を用いて多数の部族や氏族を一つにまとめなければならない国や帝国よりも，国民国家の方が強力であるのは，前者の国や帝国が内部の単位同士の反目によって弱体化されるからである．19世紀の政治に生じた新展開は，それ以前よりもずっと多くの人々の間での（若干水増しされたものではあるが）現実の連帯感が成立したということであり，これはコミュニケーション（電信や印刷）や輸送（鉄道）における進歩がもたらしたものである．これらの技術的進歩は，なぜナショナリズムがそれ以前ではなく19世紀に生起したかを説明するものだが，言語や地理的距離による障壁を乗り越える程の連帯感を創出する

ことはできなかった．そういったわけで，言語的共通性や領域的結合が，ナショナリズム信奉者の政治的言説での主要なテーマとなるのである．

　疑問はまだ残っている．どのようにして人々の集団は，国民国家を形成するのだろうか．なぜある集団が国民国家となり，他の集団はならないのか．国民国家の規模には限界があるのか．

　ナショナリズムが存在するのは，国民国家の外の人々を忌避することが，非常に有効なシグナルであるからである．「国民国家」とは外から作られるものではない．何が国民国家とみなされるかは，何が人種とみなされるかとちょうど同じように，シグナルの経済に依存する．忌避さるべき人々は，ちょうど手ごろな特徴を持っていなければならない．すなわち，そのような人々は，協力しようとする人々の持つ特徴と異なる特徴を持っていなければならず，かつ，その特徴は容易に識別できるものでなければならない．もし，土地や，富や，価値ある技能や，ある特定の地理的領域で政治力を持つ人々が，ある肌の色や身体的特徴を持っている場合，その集団の内部の人々やその集団の境界線上にいる人々もまた，異なる肌の色や異なる身体的特徴を持つ人々を忌避することで，内部者に対する忠誠をシグナルするだろう．だからこそ，国民国家の帰属と，民族や人種とはしばしばオーバーラップするのである．しかし，好ましい協力の相手方の集団が，好ましくない相手方の特徴とシステマティックに異なる身体的特徴を持っていないかも知れない．そういった場合には，内部者の特徴を持たない人々を忌避することはシグナルとして役に立たない．しかし，言語的あるいは文化的能力は，比較的容易に識別することができる．もしも，土地や，富や，価値ある技能や，ある特定の地理的領域で政治力を持つ人々が，同一の言語を話し，あるいは，同一の文化を共有するなら，その集団内の人々や，その集団の境界線上にいる人々もおそらくまた，当該言語を話さない人々，ないし，当該文化を受容しない人々を忌避することで，内部者への忠誠をシグナルするだろう．人々は，言語的能力取得や文化能力取得に投資することによって，内部者へのコミットメントをシグナルするのであり，これらはコストがかかり観察できる行動である．同一の言語を話さず，あるいは，同一の文化を共有しない人々を忌避することは魅力的な戦略である．なぜなら，共有された言語や文化は，コミュニケーションの失敗のリスクを減らすことで協力を促進するからである

(Gellner 1987, p. 15).

　しかし，土地や，富や，価値ある技能や，政治力を持つ人々が，同一の言語や同一の文化を共有しているとは限らない．もし，土地や，富や，価値ある技能や，ある特定の地理的領域で政治力を持つ人々が，現実のものであれ神話上のものであれ祖先を共有するか（ただし神話は広く信じられていなければならないが），あるいは，現実のものであれ神話上のものであれ共通の関係付け（昔の戦争での敗北などの縁）を有する祖先を持つなら（ただし神話は広く信じられていなければならないが），その集団の内部の人々や，その集団の境界線上にいる人々もおそらくまた，祖先を共有するとの主張を納得させることができない人々を忌避することで，内部者に対する忠誠をシグナルするだろう．だからこそ，国民国家の定義において，歴史や神話が頻繁に重要な役割を果たすのである．国民国家の定義はこのようにしていつも便宜や偶然によるものであるから，さまざまな国民国家がいろいろな方法で定義されることも，本書で挙げた要素のすべてや，さらにもっと多くのその他の要素が，国民国家の概念規定において役目を果たすのが通常であることも，驚くに値しないのである．

　差別は他の理由によってもまた有益なシグナルである．差別はいつも貧者のシグナルである．すなわち，差別のシグナルは，贈り物やファッションと違って，シグナルするために何らの資産も必要としない．とはいえ，雇用や商業的社会的機会を諦めることになるので，差別にはコストがかからないというわけではない（だからシグナルたりうる）．その上，差別は，たとえば贈り物とは違って，被害者集団に対称的な規範を強いる働きがある．セルビア民族がクロアチア人に対して差別を開始したとき，お返しに差別を仕返すことがクロアチア人の間での顕著な対応であった．これは，強烈な第三者効果を持つシグナルの特徴である．すなわち，主要集団の良いタイプと悪いタイプとの間でプレーされているゲームに，第三者集団を巻き込むのである．最後に，差別は高度に変幻自在であるが，それは差別の標的が，制約条件の範囲内であれば誰であれ，望ましい者の特徴を欠いた者として定義されうるからである．文化を共有しない者に対する差別は，融通無碍の形をとりうるので，文化というものは，ほとんど必然的に，奇抜で病的なものになってゆく．すなわち，もし頭の中でアルゴリズム（演算手続き・算法）を適用すること

で，ある人の文化的信念を論理的に演繹できるなら（文化が論理的で一貫した合理的なものなら），当該文化の中で生まれ育った者を外部者も簡単に真似ることができるであろうが，そうであれば，文化の共有はシグナルの機能を果たせないだろう（Gellner 1992, p. 149と比較せよ）．

　ナショナリズム運動が生じるのは，国民国家への帰属を基盤とした差別が忠誠のシグナルになるからである．国民国家が個人的な特徴の集合から形成されるのは，次の条件が満たされる場合である．すなわち，当該特徴が容易に識別でき，他のありうる集団（たとえば階級や宗教や人種による集団）が持つよりも多くのパワーを持てるほどに，当該特徴の集団の人数が十分おり，大規模な協力をなしうる人々の方が経済的・政治的利点を得られるような環境条件があり，そして，最後にして最も決定的に重要な条件として，適切な特徴を持つ者の方がそれを持たない者よりもより信頼できる協力の相手方であるという信念を人々が持つようになること，である．この最後の条件は，言い換えると，十分な数の人々がこの信念を持つ限り，この信念が自己実現的となるということである（この信念はそれ以前には誤りである）．人々はこの信念が誤りであることを認識しさえするかもしれないが，それが誤りであると表立って言うことができなくなる．なぜなら，そんなことをすれば，忠誠のシグナルを送らないことになるからである．こうして，差別の第一世代は当惑しつつも黙認を決め込むことになり，その後の差別世代は確信犯となってゆくのである[9]．ここでわれわれは，ナショナリズムにおいてこれほど重要な役割を演ずるところの，幻想の要素ないし創作された要素へと戻ってくる．すなわち，規範仕掛人の検討へと導かれる．

　規範仕掛人，政治仕掛人，および，政府当局者は，民族的憎悪をかきたてることで利益を得ることができる．そして，彼ら自身も差別のシグナルを送ることで，民族的憎悪をかきたてる．仕掛人たちは，歴史上の屈辱を利用するのみならず，新しく屈辱の歴史を創作もする．彼らは，差別や偏見や戦争の合理化を創作する．だからといって，仕掛人たちがいつもうまくゆくということではない．国民を統一するような神話を創作しようとした東ドイツの不器用な企ては，見事なほどの大失敗に帰した（Fullbrook 1997）．神話や伝統を創作しようという仕掛人の能力は，手にできる材料によって制約されている．たとえば，利用可能な輝かしい昔日や屈辱的な敗北があるかどうかで

ある（A. Smith 1997）．ナショナリズムは，誇張や神話創作の傾向自体によってもまた限界づけられている．つまり，誇張や神話創作は，国民国家同士の紛争を導いたり，国民国家内部の下位の民族集団によって創作される対抗神話に国民国家が直面させられる事態を導いたりするのである．しかしながら，カリスマ的な人々や，大衆の注目を既に集めている人々なら，神話を受け入れたがっている人々の中核集団を説得して，信念が浸透するためのある閾値をひとたび越えさせてしまえば，シグナリングのダイナミクスが後を引き受けるようになり，ナショナリズムの感傷をたきつけることが可能であるという事実は変わらない．

　本章で説明したナショナリズムのモデルはスケッチに過ぎない．それでも，個人のインセンティヴに焦点をあてる点で，このモデルがナショナリズムを理解するうえで有益であることが分かるだろう．これは，個々人が評判を気にすることで，行動の連鎖反応が引き起こされ，何百万人もの人々の行動につながってゆくというメカニズムを明らかにする．神話への依拠や，戦争と自己破壊を導く傾向などの点で，ナショナリズムは非合理にしか見えないにもかかわらず，それは，個々人の合理的な行動の帰結として説明されうるのである．

第9章　契約法と商行為

　第2章で述べた協力モデルは，協力の「非・法的」メカニズムに焦点を当てた．そこでは，いろいろな環境において人々は法的媒介なしに協力することを示唆した．しかし，法システムなしで人々が協力できるのだとしたら，法システムは一体どのような役割を果たしているのだろうか．法システムは人々の協力能力を妨害しているのだろうか，それとも協力能力を高めているのだろうか，あるいは，何か別の影響力を持っているのだろうか．
　第4章から第8章では，法システムが協力を高めることもあれば，妨害することもあることを示唆した．社会制禦のための強い非・法的メカニズムが存在する時，国家はそれを都合のよい方向にリードしたいと思うものである．国は慈善団体を援助して，公衆が寄付をするのを促進したり，私的な財産譲渡を保護するが，他方で，破壊的な持参金競争を禁止する．国は辱めの罰を科すことで，犯罪者に対して公衆が反発を抱くようにするが，他方で，処罰や犯罪記録を隠して公衆を抑止させる．国は結婚の誓いを公式化し，家庭の自己規律に委ねるが，他方で，結婚の解消は細部に至るまで規制する．国はプロパガンダを用いて愛国主義者や国家主義者の感情を高揚させようとするが，他方で，「国家」に内属している伝統的な人種・民族的な敵対者を差別した者を罰する．こうして政府当局者は「最適の」方法（内実が何であれ）で内部者と外部者の境界付けをしようとしている．そして，シグナリングと協力のダイナミクスがそれから先の社会制禦を引き受けて，大衆の熱狂を作り出すことで，通常の道具による国家の強制（権力行使）が不要となることに期待するのである．

本章では，このテーマの話を続けるが，アプローチの方法は異なる．私は，商行為に焦点を合わせる．これは，第1章，第2章，および第4章でちょっと触れた話題である．これらの章では，商人は利益を得るために協力し合わなければならないが，協力は裏切のインセンティヴにいつもさらされていることに触れた．商人がほとんどの期間（少なくとも，栄えるのに十分なだけほとんどの期間）にわたって，法的介入がないにもかかわらず，こうしたインセンティヴを克服してきたことを商行為の長い歴史は力強く証明している．近代初期のロンバルディア人・ユダヤ人の銀行家，マグリブ人の貿易商，ジェノヴァ人とヴェネツィア人，諸国の華僑，アメリカ合衆国の韓国人などの移民，それに地域社会でうまく行った共有資源利用などが例としてあげられる[1]．これらのケースすべてにおいて，法律のない環境である国際レベルで，さらには各国法の敵対的な環境の下においてすら，商人は協力し，栄えてきた．そこで，次のように問わねばならない．一体どうして商取引における協力のために国が必要なのだろうか．

よくある答えの一つは，比較的小規模で均質な集団では人々は協力できるが，人口の多い国家の市民では協力できないというものである．しかしこれですべてを説明できるものではない．多くの人々は，法的制裁の威嚇に頼らなくても協力できる．日常生活において，人々はいつも約束をし，それを守っている．そして法を発動するコストは紛争対象の額を上回るので，裏切に対する法的報復は決して選択肢とならない．そこで，このよくある答えは修正されて，情報がよく流通して評判の知られているコミュニティ内の人々の間では非・法的に協力が生じるが，見ず知らずの者の間ではそうはいかない，と考えるようになる．

しかしながら，このように修正されたとしても，まだこの見解は十分ではない．この見ず知らずの者の間の契約とはいったい何のことなのだろうか．消費者が小売店でステレオを探しており，その消費者と「店」（営業担当者でも，経営者でも，所有者でもよい）は見ず知らずの者同士である．しかし，もしステレオが壊れたとしても，消費者が店を訴えるのは稀である．合理的な消費者なら，訴訟をすれば数千ドルかかるというのに，数百ドルのもののために店を訴えるようなことは決してしないだろう．しかし，そうでなくても訴訟はめったに問題とならない．多くの小売業者は，評判に傷がつくのを

恐れて，保証書をつけ，保証を履行する．そして，消費者がステレオ代金を支払う約束を守らなければ，小売業者は消費者を訴えることもできるが，多くの場合は，クレジット会社に通告して，その消費者のクレジット記録に債務不履行の記録が残されることになるだろう．このように，小売業者と消費者は，見ず知らずの者同士ではないのである．もし，見ず知らずの者であるとするなら，非・法的協力は見ず知らずの者同士の間では生じないという主張は事実に反するものになってしまうであろう．

そうすると,「見ず知らずの者同士の契約」とは，おそらく，商人間のよそよそしい取引のことをさしている，ということになるのであろう．しかし，ここにおいても，評判その他のさまざまな非・法的メカニズムが重要な役割を果たしている．多くの商人は，業界団体，クラブ，その他の組織に属しており，それによって商人間の交流の場ができ，情報のやり取りが可能になる．大企業では数千人もの従業員がいるが，主要な職責を担う従業員なら誰でも，他企業で同様の持ち場にある人たちが集まる会合に参加する．したがって，ある2企業間のよそよそしい契約と見えたものは，しばしば，同じ社交界に属していたり，同じ慈善団体の会合に参加したことのある2人の友人による交渉の産物である．ビジネスの活動の莫大な部分は，付き合いをしたり，人脈作り（ネットワーキング）をしたりすることからなっている．これらのビジネスの活動において，自分自身の情報を相手に提供し，お返しに相手の情報を得ているのではないとしたら，これには何の意味があるだろうか．ひとたび相手に関する十分な情報を獲得すれば，相手を仕事相手として十分信頼することができるだろう．そのような情報がないならば，法システムの厄介な手続（裁判官，裁判所，書記官，判例の蓄積）はほとんど役に立たないことになろう．

だから，契約が小さいときには，相手を訴えるのは無駄なので，人々は相手を訴えない．契約が大きい時には，評判を問題とすればいいので，人々は相手を訴えない．しかし，もしそうだとしたら，法の役割は何なのであろうか．いいかえれば，法が見ず知らずの者同士の関係を制禦するのに適しているとすれば，人々が法に頼らずに，時間と手間をかけて評判に気を使うのはなぜであろうか．

商行為

　契約行為に関するパラダイムは，伝統的には以下のように説明されてきた．すなわち，裏切の方が利益をもたらすにもかかわらず，契約当事者に契約内容の不履行を思いとどまらせることができるのは，法的制裁があるからであり，だから，人々は契約を結ぶのだというものである．もし契約当事者の各々が，そのような条件の下では相手が裏切るだろうと予期するとすれば，当事者はまずはじめから契約を結んだりなどしないであろう．価値最大化を実現しようとする裁判所は，契約の事前価値を最大化するような方法で契約を強制するだろう．それは，生じうるリスクを最も安価に負担できる当事者にそのリスクを分配し，そうすることで，契約を破ったり，投資したり，関連する行動をしたりする適切なインセンティヴを，その最安価回避者に与えるような方法で，法的義務を配分するということに通常なる．

　このパラダイムは，さまざまな点で現代の商行為の現実とはそぐわない．いくつかは既に指摘した．すなわち，契約当事者が互いに見ず知らずの者であることはめったにない．ほぼすべての契約では，一方あるいは双方当事者は評判に対して深い注意を払っている．商人間の商業契約では，通常，両当事者とも将来においても相互に取引すること，そうでなくとも少なくとも，当該当事者間での行動について知識を得そうな商人と取引することを予期している．雇用主と労働者は，雇用契約にそれぞれの側から必要とされるすべての行動について定めておくことができないことを理解している．労働者は，ボーナスや昇進を獲得でき，かつ罰則を受けたり解雇されないように，適切な行動をする．雇用主は，労働者が愛社精神を維持し，市場に参入する労働者の興味を引くように，適切な行動をする．株式売買のような一時的な取引ですら，非・法的制裁により制約を受けている．流通市場では，売り手も買い手も直接の取引をすることはない．売り手も買い手もともに，仲介人と取引する．仲介人は，誠実さに関する評判を高めることに骨を折るものであり，通常彼らは，長年かけてブランドネームを築き上げてきたような会社に雇われているものである．

　その他さまざまな行動が伝統的なパラダイムでは説明が困難である．契約当事者はしばしば友人関係にある．出版者の担当者は著者をランチやディナ

ーに連れ出す．買い付け代理人は，野球，舞台，映画，さらにはストリップ・ショーを見に供給業者を連れ出す（Meredith 1997）．商談は，どこでも，バー，レストラン，プライヴェート・クラブなどで進められる．商取引はほぼ常に社交的な雰囲気の中で進められている．まず参加者はスポーツの話をする．それから家族の話．「その後で」ようやく，たいていはディナーやゴルフのラウンドがもうすぐ終わるという頃になって，取引について握手を交わすのである．

　綿業界では，「商人は，他の産業の場合と同じように買受人を狩猟に連れ出す．…その過程で…関係を深める．〔　〕時間をかけて，買い手は次のように考えるようになる．つまり，彼が私と取引しようとするのはビジネス上の損得関係からのみではなく，個人的な友好関係も理由となっているのだ，と．では，あなたが取引をしようと思うとき，あなたは誰に声をかけるだろうか．あなたが気に入っている人だろうか，それとも気に入っていない人だろうか，答えは簡単だろう」（Bernstein 1999, p. 16（ある商人の言葉を引用している．括弧〔　〕と省略は原文のまま））．主要な業界団体の中には，「地域での社交界への登竜門となる舞踏会や，毎年恒例の市民による綿の祭典，ゴルフ大会，綿産者の夫人の集い（Cotton Wives Club ［sic］），ある有名なドミノ大会，その他さまざまな市民のイヴェントを主催している．現在に至るまで，その業界団体は，年次大会を家族ぐるみのイヴェントにすることで，会員とその家族の間の付き合いの親密化を奨励している」（Bernstein 1999, pp. 20–21）．多くの企業や，業界団体，その他の産業界のグループは，労働者や会員の関係を親密化するために社交的および家族的なイヴェントを主催している．

　誰もが承知しているように，ビジネスというのは家族で行うものである．家長はその子どもを雇い，職業訓練をする．そして，自分の生きているうちにか死んでからか，所有権を子に譲渡する．夫と妻がクリーニング屋や雑貨屋を営んでおり，そこで子どもたちが被用者として参画しているとする．この現象は分かりやすい．しかし，民族的な関係に基礎を置くビジネスというのは若干分かりにくい．ある民族集団に属する人々であっても，外部者について知っている以上に集団内部の人について互いに知っているとは限らない．それにもかかわらず，全員まとめて一企業の構成員として集められる．莫大な量におよぶ社会学的研究が，民族的紐帯に基礎を置くビジネス関係を調査

の対象としている．たとえば，韓国人のみが参加できる頼母子講（rotating credit group）の一種である「契（ケィ（Kye））」，および，メキシコ人のみが参加を許される頼母子講の一種である「クンディーダ（cundida）」や「タンダ（tanda）」などがその例である（E. Posner 1996c, pp. 168-71）．都市の民族居住区によく見られるような小さい会社の多くは，たとえ他民族に属する申し込み者と比較してどんな人物なのか情報が得られないとしても，同じ民族の人しか雇わない．

　ビジネスにおいて民族・人種による区別をすることが説明困難な現象であるとすれば，もっと説明困難なのは擬制血縁関係によって区別するビジネスである．そこでは，赤の他人同士が，互いに血縁者であるかのように振る舞う．中世から続く商業上の「兄弟関係（brotherhoods）」（ないし団体（confraternities））はよく知られているが，これは，労働組合の兄弟愛イデオロギーの中に生き残っている．次は，ひどくヤクザ的な形で示された，そしていくぶん混乱させるところを含む形で示された，ビジネスにおける擬制家族関係の現代的な例である．

　　　実際のところ，フランチャイズ契約を結ぶというのは結婚式のようなものだ．たくさんの音楽，たくさんの花，お金の送り合い，それにたくさんのキス．カップルはそれぞれ二つの世界の最高の者である．パートナーの一方は経験豊かでさまざまなノウハウを持ち，実績のあるシステムを持っている．そして，パートナーのもう片方は初心者で，できれば以前に事業をしたことがない者が良い．彼らが交わす誓いは，あなたが妻との結婚の時に交わすものとほとんど同じである．清らかな花嫁は，「自分の」会社の社長になり，「自分の」事業を経営するという情熱を持たねばならない．(Hadfield 1990, p. 965, Coomer 1970 引用)．

　最後に，伝統的モデルでは裁判所に過大な役割が与えられている．多くの学者は，長期にわたる，つまりは「関係的」契約での義務を裁判所は判断できないことを認めている．「関係的」契約では，多くの事項が定められないままになっているからである．これに対して，短期の，つまり単発取引においては，義務内容を裁判所が判断できると信じているようだ．後者の主張に関

しては，確認することも否定することもできない．しかし，どうもこれが真実ではなさそうだと考える理由を二つ述べておこう．まず第一に，長期関係の価値を変化させる予測不可能な偶然の出来事が膨大な数に及ぶことは疑いなく確かであろう．しかし，単発関係の価値を変化させる予測不可能な出来事もまた膨大な数に及ぶ．関係的契約の場合に偶然性が圧倒的であるという事実からは，単発的契約の場合の膨大な数の偶然性が解決されうるということを意味するものではない．単発的契約に比較的近いはずの住宅売買も数ヵ月にわたって続くのであり，その間さまざまなことが生じる．しかし，契約の中で適切な手当てがなされるのは，その中のほんの一部にすぎない．短期契約にもほとんど常に将来に向かって無限に伸びる「尻尾」がある．買い手は，製品が届けられてから数ヵ月あるいは数年してからでも，製品の欠陥を見つければ売り手を訴えるかもしれない．その訴訟では，責任の有無を判断する上で，その間に介在した偶然事情を考慮すべきか否かの決定が裁判所に求められるのである．

　第二に，ある商取引関係における最も単純で基本的な事柄でも，裁判所にとっては理解することが困難である．これは不思議なことではない．裁判官はジェネラリストでなければならないが，特定の法分野についてのみの知識しか有していない，ということもよくあることであり，裁判官の地位は，優れた知識によってではなく，政治家とのコネによって得られたものである．裁判官が取引についてきちんと理解していないことがよくある点は，多くの事例で実証されている．たとえば，消費者クレジットに関する判例の調査では，裁判官は現在価値という概念さえ理解していなかった（Allein and Staaf 1982）．裁判官は，非良心的契約の理論（unconscionability）を使って契約を無効にした．クレジット価格が現金価格よりも高かったというのがその理由である．しかし，裁判官は，リスクや貨幣の時間的価値について考慮しなかった．これらは，決して無視しうる難解なものではなく，誰でも理解し，考慮するべき事柄である．裁判官が基本的な考え方について理解していないときですら，人々は裁判官の事実認定を真実と想定するほかないのである．裁判官の理由づけは判決理由で述べられた認定事実との関係でのみ評価されるが，認定事実自体が必ずしも信頼できる事実認定過程の産物であるとは限らない．トライアルの裁判官，弁護士，陪審員の能力にはひどいばらつきがあ

ること，ディスカヴァリ（証拠開示手続）の偶然性，証人が何を言い出すか予測できないこと，そして，法が必然的に持つ曖昧さなどを考えると，契約当事者は，契約違反に関する裁判で勝訴するかどうかは，場当たり的な要素が強く予測困難であると思わざるをえなくなる．実際，裁判官の判断に対する懐疑論は，多数の法原則に反映されている．たとえば，裁判所は，会社経営者の判断を事後的に判断しなおすことに慎重でなくてはならない，という会社法上のビジネス・ジャッジメント・ルール（経営判断（尊重）の原則）や，裁判所は，契約当事者の判断を事後的に判断しなおすことに慎重でなくてはならない，とするさまざまな契約法の原則などに反映されている．

　以上のような考察から，次のような可能性が示唆される．裁判所は，契約関係における機会主義的行動を抑止するのにはあまり役に立たないが，当事者はうまくやれる．契約上の行動の多くが，評判，民族的・家族的関係や，その他の非・法的規制に依存しており，中立的な裁判所が強制する，詳細で練り上げられた契約条項に依存しているわけではないのは，このような理由によるのである．次の節では，この仮説をより詳しく分析し，以下の問題に関する一つの解答を示したいと思う．つまり，契約内容が裁判所によって適切に強制されることを，契約当事者は期待できないとすれば，いったいどうして人々は契約が法的に強制可能か否かを確実にするために骨を折るのだろうか．

商行為のモデル

　契約内容が当事者の義務をはなはだ不十分にしか規定していない場合がしばしばあることが，学者によって指摘されている（Macneil 1978, Goetz and Scott 1981, Hadfield 1990, Schwartz 1992, 1998）．しかしながら，これらの論者の多くは，価値を最大化するような条項の補完や商慣習の適用によって，裁判官が契約内容を事後的に完全化できると主張する．

　契約が不完全である場合に，適切な条項を適用するのに十分な情報を裁判官が得られない可能性があることについて，正面から論じているのは，2人の研究者のみである．不完全契約についての裁判官の対応に関するおおむね実証的なシュウォーツ（Schwartz 1992）の研究は，裁判所は契約紛争に対して，「積極主義」または「消極主義」いずれかの戦略をとると主張している．積極

主義的戦略とは，事前的に最適な契約条項を事後的に補完するすることで，不完全契約の欠缺を埋めるという伝統的な戦略である．消極主義的戦略とは契約条項を文理的文言的に解釈適用するというものである．当該紛争をもたらした偶然的な事情は，当事者の契約締結時には考慮されておらず，その偶然的事情に照らせば当該条項が最適な義務内容を示していないと誰もが分かる場合であっても，文理に従うのである．実証的態度から規範的態度に移行して，シュウォーツは以下のように主張する．比較的完成度の高い契約では，裁判所には欠缺を埋める能力が十分あり，そうすべきである．シュウォーツが挙げる根拠は，従来論文等で主張されていたものと同じである．もう少し試論的にではあるが，シュウォーツは，著しく不完全な契約に文理主義は適しているのではないかと主張する．なぜなら欠缺補充はうまくいきっこないし，文理解釈がなされれば，状況変化に伴う再交渉の際，少なくとも当事者は定められたとおりの契約義務を基準にすることができるからである（Schwartz 1998 参照）．しかしながらシュウォーツの主張は，以下のような仮定をしてしまっている．つまり，契約当事者はある程度正確に偶然事情を予想でき，この予想された偶然事情に照らして十分に詳細な規定を約定でき，裁判所はこうした規定を的確に強制できるという仮定である．こういった仮定は不正確であり，後にこの仮定を緩和してみる．

　ハドフィールド（Hadfield 1994）は，裁判官に能力がなくとも不完全契約の内容を補充することは可能だと主張する．たとえ裁判官の決定が不正確であったとしても，全くの場当たり的（ランダム）な場合よりはましだとすれば，裁判官の決定は機会主義的契約違反を罰することもあれば，そうでないこともある．こうした結果を予想すれば，違反しようとする人は，常にとは限らないにしても，機会主義的行動を差し控えるだろう．これは，全く機会主義を抑止できないことに比べれば，まだましな結論である．裁判官の誤判によって，違反によって都合がよくなる一方当事者の契約価値が高まり，他方当事者の契約価値が損なわれることになる．しかし，事後的受益者の受ける利益は，より高いもしくはより低い事前的契約価値を有していた事後的損失者の損失を埋め合わせるはずである．もし裁判官の判断が完全に場当たり的であるなら，抑止は一切働かず，しかし，前で述べたように，事前の譲渡が事後の損失を穴埋めすることになるので，強制手段のない制度と比較して，

場当たり的な裁判官の判断は契約行為に何らの差ももたらさないだろう[2]｡

ハドフィールドの議論の問題点は，私が仮定したように，もし裁判官が極度に無能であるとするなら，契約法制度は何らの目的にも役立たなくなるということである．彼女が示すように，契約当事者は，契約関係を結ばないことに比べて，契約関係を結ぶことで何ら不利益を受けるものではないが，だからといって，利益を受けるわけでもないのである．

契約が不完全である場合の裁判所の役割に関する理解として，もう一つのモデルがある．このモデルの基礎をなす主張は，誰が契約違反をしているのか，契約違反があるのか否かについて，たとえ裁判所が判断できないとしても，裁判所は機会主義的行動を抑止できる，というものである．この主張は信じがたく聞こえるだろう．しかし，裁判所を使うかどうかは契約当事者が好きなように選べるということにそのポイントがある．たとえ裁判所に理解力がないにしても，当事者が裁判所の利用を選択するかぎり，役割を果たしていることになるのである．

このモデルは，繰返しとシグナリングを強調した第2章の協力モデルである．この分析は第2章によってよく理解されているはずなので，繰り返すまでもないだろう．そこで，これまで述べたような商行為で生じている奇妙にみえる行動が，このモデルの中でどのように説明されるのかを示そう．

ディナー，ランチ，パーティー，クラブ，贈り物，その他先に上げた商行為でのさまざまな副次的作用のように見える現象はシグナルなのである．これらの行為はコストが高く，たしかに人々はこれらの行動を好きでやっている面もあるが，ただ単に好きだからやっているだけだと信じることはできないだろう．たいていの人は仕事関係の人とディナーに行くより，(本当の)友達とディナーに行く方が楽しいだろう．仕事関係の人に食事に誘われた人の多くは，食事代分を現金でもらった方がうれしいだろう．しかし，現金は代替可能財なので，シグナルとしては働かない．かりに，XがYに現金を送ったとしよう．しかし，YがXに興味を持った理由が，Xとの取引に興味を持ったからなのか，Xのお金自体に興味を持ったからなのか，Xには判断できない．双方シグナリングにおいて，どちらの側も時間，労力，お金を無駄にすることになる．

戦略が成功するのは，シグナルの受け手が，シグナルを出すのにどれだけ

コストがかかるのかを分かっているか，または適切に推測できる場合に限られる．受け手は少なくとも二つの可能性について考慮しなければならない．まず一つは，シグナルを送った人が特異な嗜好を持っているのではないか，極端な場合にはクレイジーなのではないかということである．もう一つは，送り手の割引率が低いということ，つまりは，将来の見返りを高く評価しており，現在のコストを甘受するような良いタイプの人間であるということである．ほどよいコスト構造の行動ならどんなものでもシグナルとなるが，人々がより慣れ親しんだコスト構造の行動があり，そういうコスト構造の行動の方が，人々にとって，より分かりやすいシグナルとなる．お金を燃やしたり，輪をかいて走り回ることは，多くの人はそんなことをしないので，評価しにくいものとなる．これに対して，時節の挨拶状を送ったり，ディナーに誘ったりすることは評価しやすい．したがって，自分のタイプを示そうとする人たちは，他の人たちにとって有益なシグナルだと過去に示されたような，コストのかかる行動を実践するのである．こういうわけで，多くのシグナル行動は儀式的性格を持つことになる．人々は，他の人がしている行動をたいして考えもせずに真似するのである．この理論によれば，異なるビジネス・カルチャー（業界文化）で，特に理由があるとも思えないのに，異なった行動がシグナルとして定着するのはなぜかを説明できる．あるところではボウリングをし，またあるところではバチ・ゲーム（baci）をし，またあるところでは，ストリップ・ショーに行くのである．

　家族，友人，血縁などの関係に基づいたシグナリングは，広く浸透している．なぜなら，関係がよく理解されているような行動の類推を通じて，当事者は，シグナルの曖昧さを最小限に押さえることができるからである．新たな契約関係を結ぶことは，結婚にたとえられて，関係の誠実さが理解されている．結婚式でなされるのと同じ理由で，契約の儀式には時間とお金がかけられる．つまり，割引率をシグナルするためである．この結論は，長い「求愛期間」にも当てはまる．ここでのコストは，他の人や他の企業とのつながりを求める機会がなくなるという形で現れる．家族生活に見られる儀式（たとえば，贈り物をしあうこと，遊び，それに，敬意・尊敬の気持ちや対等意識を示す形式ばった行動など）は，商業生活にも引き継がれる．

　商業生活において家族類似の関係が広がっていることについては，別個独

立の，しかし相互補完的な説明がある．会社の経営者は，他人についてよりも家族構成員に関して，割引率や技能を含めて，多くの情報を持っている．そして会社経営者は，外部者に対するよりも同族者に対してより強いコントロールをすることができる．ある労働者が，支配的マジョリティを形成する外部者によって差別されている民族グループに属しているとしよう．そして，それが原因で同族者からしか給料のいい仕事を得られないとする．さらに，民族コミュニティの間では評判の伝達が早いとする．このような仮定の下では，解雇をちらつかせたり，同族の雇用主にその労働者の能力が低いことを触れ回ったりすることで，雇用主は労働者を統制することができる．外部者への敵対関係から生じる民族的団結があることによって，内部者としては，協力を強固にする有効な方法が得られる．こうした現象は，シグナリングの議論とは別個独立の関係にあり，シグナリング理論ほど興味深いものではないので，私はこの理論には深入りしないでおくことにする．

　協力モデルでは，なぜ人々がさまざまな状況下で約束を破らないのかの説明はできても，契約法の理論とはならない．協力モデルでは，法システムのコストが高く，あるいは利用不可能であるにもかかわらず，人々が約束を守る理由を示せても，法的に拘束される契約関係に入ることに対して人々がしばしば非常に注意深くなる理由を示すことはできない．これからこの問題に答えたい．

　法システムは存在するが，裁判所には契約当事者が約束に反したか否か判断できないとしよう．より正確に言うと，次のようになる．契約違反に対する救済を裁判所に対して求めることはできる．しかし，裁判所は間違いを犯す傾向があり，裁判所の判断は，法的正当性の点ではあてにならず，損害賠償額は，請求額のまわりの偏りのない分布で表されるとする．たとえば，XがYを裏切り，Xは50の利益を得，Yに100の損失を与えたとする．Yは100の賠償を求めて訴訟を起こす．裁判所は，50パーセントの確率でXの勝訴とし，50パーセントの確率でYの勝訴とするとする．もし裁判所がY勝訴とすれば，損害賠償は100のまわりに正規分布するだろう．もし裁判所がX勝訴とすれば，損害賠償は0のまわりに正規分布するだろう（マイナスの損害額とは，裁判所がXの反訴を認め，YからXへのプラスの賠償を認めることを意味するものと解釈される）．この仮定は裁判所の能力不足や誤判傾向の一つと

して理解される．しかしこのことは，どの程度裁判官が思慮深く聡明であるかにかかわらず，裁判官を導く手がかりとなるように十分練られた形ですべての偶然事情について想定し，かつ，約定することは当事者には不可能である，という仮定と同値である．

　そこで，約束が守られているのか違反があるのかについて裁判所が判断できないとしても，当事者が本当に契約関係を結ぶつもりであったのか否かは判断可能である，と仮定しよう．私はこの仮定を以下で正当化しよう．

　2当事者（売り手・買い手と呼ぼう）が契約を結び，互いの事前価値は，次善の機会の価値を超えているとしよう．契約関係は，繰返し囚人のディレンマ・ゲームと同じ構造であり，両当事者が裏切るインセンティヴを抑えることができた時にのみ，事前価値は実現するとする．当事者は常に相手の不履行を観察でき，次の回に協力を拒否することで報復が可能である．裁判所は不履行の有無を判定できないとする．ゲーム論の一般的な用語を使うなら，不履行は観察可能（observable）だが，証明不可能（not verifiable）である．

　2種類の出来事が起きて，当事者の不履行インセンティヴに影響を与えるとしよう．つまり，小さな価格変動と大きな価格変動である．もし，(買い手の有利にであれ，売り手の有利にであれ）価格の小さな変動が起きたとしても，どちらの当事者も不履行をすることはできない．なぜなら，不履行による利益は，関係を持続することの，割り引かれた価値（現在価値）よりも低いからである．もし，大きな価格変動が起きたら，(今の仮定の下では,）変化によって利益を受ける当事者は不履行をするだろう．なぜなら，不履行による利益は，関係を持続することの，割り引かれた価値（現在価値）よりも高いからである．法の役割は，大規模な価格変動による不履行を抑制することにある，と私は主張したい．

　しかし,(仮定によれば）裁判所は基礎事実を判定できないのに，どうやって不履行を抑止できるのだろうか．もし買い手が受領拒否しているとしても，裁判所には，買い手が不履行をしているのか，売り手が前回より品質の悪いものを引き渡したことに対する報復であるのか，判断できない．

　しかしながら，一方当事者が他方当事者を訴えた場合に，両当事者に大きなコストCがかかるとしよう．その理由は,訴訟を起こすことはネガティヴ・サム・ゲームであるからである．つまり，一方当事者が他方当事者に損害賠

償を負うにしても，どちらも損害賠償を負わないにしても，いずれのケースでも両当事者は弁護士と訴訟に莫大な時間とお金をかけなければならない．さらに，他方当事者は協力行動をとったのに違反行為をした場合に得られる利得をDとして，DはCより少ないとしよう．ここで，契約締結後，両当事者が当該契約関係に関する資産に投資するか否かを同時に選択するとすれば，ともに協力することか，ともに違反することが均衡となる．しかしながら，ともに協力する場合の方がより起こりそうである．なぜなら，今設定しているような単純な調整ゲームでは，双方プレーヤーの利害が一致するからである．つまり，各当事者はともに違反することで得られる利益より高い利益を，ともに協力することで獲得できる[3]．

この議論は，各当事者が，違反したら訴えるという威嚇を信憑性をもってなしうる，という仮定に頼っている．この仮定の妥当性は疑わしいかもしれない．買い手は協力したのに売り手が違反したとして，買い手は売り手を訴えるかどうか決断しなければならない．もし買い手が訴えなければ，買い手はだまされた人として低い利得Sに甘んじなければならない．しかし，もし売り手を訴えたとしたら，獲得するのはS－Cとなり，訴えない場合よりさらに低くなってしまう．だから，買い手は決して訴えない．したがって，買い手の訴えるぞという威嚇には，信憑性がないことになる．すると売り手は裏切を控えなくなる．買い手は，売り手は契約違反するものと想定せざるをえない．したがって，買い手はそもそも契約を結ばなくなる．

こうした結論を避けるには，他の仮定をしなければならない．買い手（売り手もだが）は，泣き寝入りするような者ではないということ，つまり，もし誰かが裏切ることがあれば，訴訟を起こして報復するだろうという評判が第三者の間でなされるように注意を払う．買い手がこのような評判を欲するのは，売り手がこれを信じれば，売り手が裏切ることはなくなるからである．この評判は，買い手が，裏切られたすべての相手を実際に訴えているかぎりは信憑性がある．そこで，将来の契約で売り手が買い手を裏切らない場合に得られる長期の利益で，短期の損失Cが相殺されるかぎり，買い手は裏切った者を訴える負担を負うことになる．この利益は，買い手が裏切者をすべて訴えることで，泣き寝入りはしないという評判を確立することによってはじめて得られるものである．買い手の割引率が十分低いとすれば，買い手は裏

切った売り手をすべて訴えるだろう．こうしたコストの高い訴訟行為は，将来の売り手に対して，その買い手が信頼できるタイプであることをシグナルする機能を有している．

たしかにCは売り手が裏切を控えるのに十分なだけ高くなければならないが，他方，Cは，良い評判を獲得することで得られる割り引き後の買い手の利益より高くてはならない．(Cは買い手と売り手とで共通であると仮定したのを思い出そう．) もし，Cが高すぎれば，買い手は，裏切られても売り手を訴えない．そしてこれを知っている売り手は，協力せず裏切を選択することになるだろう．裏切で獲得する利益Dが非常に高ければ，買い手は売り手の裏切を抑止することができないということになる．売り手は次のことを知っている．つまり，買い手は非常に高いコストを売り手に課さなければならないが，高額の訴訟は買い手自身にとっても同様に痛手であるので，買い手は，泣き寝入りはしないという評判を確立するよりも，むしろ訴訟を回避するだろう，ということである．したがって，不十分ながら裁判所が利用可能であるということは，裁判所が全く存在しないよりは協力行動を可能にするが，完全な協力行動を可能にするわけではないことははっきりしているし，直観的にも分かることである．

小規模の価格変動では違反行動が生じない．なぜなら，約束者が，裏切から得られる一度の利益より，約束を通じた関係から得られる将来の利益の割引現在価値の方を高く評価しているからである．大規模の価格変動で違反行動が生じないのは，(われわれの例の中で) 売り手が裏切で得る一度の利益が，「すべての」将来の取引者との関係から得られる将来の利益の割引現在価値よりも低いという条件が成り立つかぎりにおいてである．すべての取引者から得られる将来の利益が，1人の取引者から得られる将来の利益よりも大きいのは明らかである．このおかげで，抑止効果が改善される結果が導かれる．

しかし，説明は一見したところよりも複雑である．小さな価格変動によって裏切が生じないのは，関係を継続することで両当事者がともに実質的利益を得る2当事者ゲームでは，報復の脅しが効いているからである．これに対して，大きな価格変動による裏切は，第三者による報復や訴訟をするという威嚇によっては「抑止できない」．情報コストが高いのでそのようなシステムが機能しないからである．大きな価格変動による裏切が抑制されるのは，むし

ろ，悪事を働いた者と同様にその犠牲者にもコストを負わせることで，裁判所が犠牲者の主張の信憑性を高め，さらに，そのことを世間に広めることによってである．

　重要な問題は，どのようにCが決定されるかである．Cは，信頼利益などと同じではないことに注意しよう．買い手が訴訟を提起する時，買い手は好きなだけ訴訟にコストをかけることができる．では，買い手は実際にいくらのコストをかけるだろうか．買い手は，泣き寝入りするタイプではないという評判を獲得しないうちは，売り手と和解しないだろう．「買い手は，売り手の裏切行動による利益がすべてなくなるまで，売り手にコストをかけさせるつもりなのだ」と観察者が分かるのに十分なまで，買い手はコストをかけなければならない．勝訴見込みは訴訟にかけた金額によって高くなる，というもっともらしい仮定をするなら，買い手は自分自身が訴訟にお金を使うことで，売り手が訴訟にお金を使うよう強制することができる．買い手が勝訴しないようにするには，売り手は買い手と張り合わねばならず，勝訴見込みの均衡は保たれる．こうして，買い手がCのコストをかければ，売り手にも同様にCのコスト負担を強制することになる．

　さてここで，関係の解決を法的介入に委ねるか否かは，当事者の選択に委ねられているという仮定に戻ろう．この仮定はこの議論にとって不可欠である．もし当事者がその意思に反して契約法の義務に拘束されたり，あるいは，もし当事者が契約法上の義務を負うことを選択できないとしたら，人々は，外部者から価値を引き出そうとして，外部者がわれわれと契約を結んだのだという詐欺的な主張をするインセンティヴを持つことになるだろう．さらに，当事者は常に，相手方を拘束しつつも自分は拘束されないようにすることに関心を持つ．売り手は買い手と法的に拘束される契約を結ぼうとするだろう．ただし，売り手は，自分自身は拘束されないが，買い手を拘束するような法律関係を好むだろう．そうすれば，買い手が裏切った時には，売り手は買い手を訴えると信憑性をもって威嚇することができる．しかし，もし買い手が裏切の良い機会を見つけたときには，買い手が訴えるのではないかと脅えることなく裏切ることができる．このような結論を避けるには，われわれの不完全な裁判所は，「あまりに」不完全であってはならない．裁判所は法的拘束力のある約束と法的拘束力のない約束を区別できなければならない．裁判所

は契約条項を補完するには能力不足だが，当事者が互いに，法的な権利救済を利用できることを望んでいたのかどうかを判断できないほど能力不足であってはならない．

　これは妥当な主張だろうか．最適な契約条項がいかなるものかは，当事者ですら事前には分からないので，当事者は完全な契約として最適条件をかたちにすることはできない．最適条項は相互行為を通じてその都度明らかになっていくのであって，初めから明確であることはありえない．最適条項は行動から解釈を通じて導き出されなければならないのである．これは，どんな裁判所の能力をも超えているように思われる．しかし，当事者は，紛争が生じたときに裁判所を関与させたいか否かについては，事前に判断できるだろう．当事者が裁判所の関与を望むためには，他方当事者の裏切による期待利益がかなり高いので，他方当事者に莫大なコストを負わせると威嚇できるようにしておく必要があれば，それだけで十分かもしれない．法的強制を望んでいるということを裁判所に示すシグナルとして，当事者が遵守しなければならない形式を法的に要求し，当事者がその形式をあらかじめ知っているようにすれば，解釈に伴う裁判所の困難は回避できるだろう．もし，法によって，捺印（seal）が法的強制を当事者が望んでいることのシグナルである，とされるのであれば，当事者は契約書に捺印をすることで，法的強制に対する希望を間違いなくシグナルすることができる．

　裁判所は形式に従ったかどうかを評価する能力はあるが，義務内容を決定しその実践を評価する能力はない，という事態に関する端的な例は，家族法に見られる．裁判所には継続中の婚姻関係を評価するような能力がない，と多くの人は信じている．どのような義務内容があるのかは，第三者が理解するにはあまりに複雑である．裁判所やその他の機関は，昔に比べて今では家族関係について介入することが多くなったが，それでもなお，家族は大きな自己決定権を有している．しかし，過去と同様現在でも，当事者は，結婚する，しないの選択に従って，法的強制に服するのか否かコミットすることを求められる．このことには，裁判所は当該2人が結婚しているのかどうか判断「できる」ということが仮定されている．ここにおいてわれわれは以下の二つの仮定の違いをはっきりと理解できる．つまり，裁判所は法的関係に入る意図をシグナルする形式の利用を理解できるという仮定と，それにもかか

わらず裁判所はその関係で生じた紛争を解決できないという仮定である．婚姻は契約の一種であると言う者がいるが，その逆が真の主張である．契約と言うのは，婚姻のようなものなのである[4]．

　私が述べた契約法モデルでは，裁判所の役割はそれほど大きくない．2当事者の関係では，紛争が生じた時には，政府機関に双方が指を切断してもらう，という合意がある場合と同じようなものに過ぎない．どちらの当事者も裏切ることはない，なぜなら，互いに制裁を受ける形で権利を主張することで，相手が報復をすると信じるからである．裏切られた当事者は，必ず報復をすると信じられるだろう．なぜなら，そうしなければ，泣き寝入りするやつだという評判が立つ危険があり，次の同種のゲームで裏切られるのが不可避となるからである．政府機関の役割は，一方当事者が訴えたときに，両当事者の指を切断するということのみである．政府は親のようなものであり，ケンカを仕掛けた子どもだけを叱るのではなく，喧嘩両成敗をするのである．どちらが正しく，どちらが悪いのか判断する必要はない．契約法の目的は，両当事者間に紛争が生じた時に政府が両当事者に罰を与えるようにすることである．そして契約理論は，当事者が事前に政府の関与を望んでいたことを示し，適当な程度に罰の量と質を制限する（断頭ではなく指切断）ような，信頼できる方法を当事者に与えるにすぎない．

　非・法的制裁がこれだけ強力であるにもかかわらず，なぜ人々は自分たちの結ぶ契約を契約法の形式に沿わせることに大きな関心を示すのか，という疑問に対して，この理論は答えている．その答えとは，非・法的制裁は強力だが，裏切により得られる利益が十分高い場合には，裏切を抑止できないということである．このような場合，裏切の犠牲者となりうる人物は，契約を通じて利益を得る．そして，両当事者ともに，価格変動により不利益を受けるのか，利益を受けるのかあらかじめ分かっているわけではないので，相手の違反から身を守るために契約に合意するのである．

　こうした契約観に納得がいかないと思うのであれば，裁判所に割り当てられた役割と，それに関連する制度が歴史的に有していた役割との間の類似性について考えてみよう．法律違反に対する初期の法的救済は，闘いによる審理であった．そこでは，原告は馬上試合で被告と対決する権限を与えられ

た[5]．そして，20世紀以前のあらゆる主要な国家の歴史を通じて，非常に重要な非・法的（あるいは，準法律的）紛争解決制度は決闘であった．いずれの紛争解決方法も以下の難問を提起する．紛争の結末が腕っ節の強さに依存しており，機会主義的行動の存否に依存しないとすれば，馬上試合も決闘も機会主義的行動を抑止できず，腕っ節の強いものたちは好き勝手できるようになってしまう．好き勝手できるということは，皮肉なことに，その者の望むところではない．なぜなら，その者が約束を守るだろうと信じる者が全くいなくなってしまうからである．決闘の歴史の中で，この有利性をなくすようなさまざまな慣習が形成されてきた．たとえば，挑戦者が武器を選べるようにしたり，ピストルでの勝負であれば，かなりの遠距離で精密度が非常に低いピストルを用いさせたり，逆に，かなりの近距離で精密度の高いピストルを用いたりしていた[6]．アイスランドのホウムギャング（海賊）は，めったに死なないように大げさな鎧を着させた（Miller 1990）．こうした慣習によって，決闘の結果は偶然に左右されるものとなった．ちょうど，ひどく能力の低い裁判所で出された紛争解決が偶然の産物であるのと同じである．したがって，こうした慣習が存続したことの理由は，以下のようなものである．つまり，双方が損失を被るという威嚇ができることによって，その威嚇が実行されなかったときでも評判を通じて制裁が科されるということとあいまって，関係が破壊されることを抑止できるのである．人々は，莫大な損失を被るのを恐れて裏切らない．臆病者だと思われるのを恐れ，和解はしないのである．

法制度に対する含意

「形式」

　コミットメント装置として法的に強制可能な約束をする価値があるのは，当事者が法的義務を負おうとするか否かの選択が可能であることによる．事前同意なしに他人に法的義務を負わせることができるならば，人々は，互いに富を奪い合うために裁判所を戦略的に利用できることになる．これは，決闘に伴う問題と同じである．腕っ節の強い人やリスク選好的な人は，相手が思い通りに動かないと，決闘をふっかけて相手を威嚇することができる．そして，腕っ節の強さや大胆さは，決闘における偶然の要素を克服することが

できる．イングランドでは，位の高い貴族たちは，格下の貴族からそうした挑戦を挑まれるのを恐れ，自ら関わりを避けたり，ボディーガードで周りを固めて，格下の貴族が決闘を挑む機会を奪うようにした．同様に，Xとその3人の友人が，Yは時点0では商品を買うと同意したのに，時点1では，値崩れしたので約束を破った，と説得的に，しかし，詐欺的に陪審員の前で証言するとしたら，どんな詐欺師も，犠牲者から自分への富を移転させるような取引を強制するために，裁判制度を使うことができることになる．こうした行動を防ぐには，契約法は自発的に引き受けられた義務と，そうした義務が詐欺的になされた場合とを区別しなければならない．

　この区別を可能にする仕組みが形式である．裁判所と立法者は，捺印や書面化など，特定の形式を確立して，法的強制を望んでいることを示す方法とする．逆に，こうした形式に従わなければ，法的強制を望んでいないことを示すことになる．

　このコミットメント・モデルでは，形式が舞台の中心に位置する．標準的な単発契約モデルでは，形式は舞台の隅に押しやられている．標準的モデルの下では，形式は当事者が法的強制を望むか否かをシグナルする方法であると理解されている．形式がもたらすコストは，悪知恵のある人が，法的に拘束されないと信じている他人を拘束し，逆に彼らは法的に拘束されると他人が信じているときに，法的に拘束されるのを回避する手段となることだと理解されていた．形式を利用することの利益は，人々が法的義務を回避できるようにすることにあるとされた[7]．たしかにこうした点にも重要性はある．しかし，どうして当事者が法的強制から離脱したがるのかについて説明する理論がないので，なぜ形式が重要となるのか説明することができない．

　ホームズやハンドのような人々，つまり，当事者が要式性に応えるかぎり当事者の意図は不要になると信じていた人々に対して，現代の契約法の理論家たちが困惑した理由はここにある[8]．形式主義アプローチは道理に反するように思われる．当事者の意図がいかなるものかを問題とすればいいはずなのに，なぜ当事者が形式に従ったか否かを問題としなければならないのだろうか．もし当事者が「i」の点を打ち忘れたとしても，そんな些細な遺漏のために契約の強制を控えるべきではない．しかし，この近代的な考えというのは，形式が解決しようとした問題，つまり，当事者意思が理解可能かどうか

という問題を先取りしている考えである．近代的考えでは，裁判所は文脈や常識を通じて，当事者の意図を判断できるものと仮定している．もしこの仮定が正しければ，裁判所は形式など無視してよい．しかし，ホームズやハンドの考えは，裁判所にそのような能力がないことを前提としたときに意味を持つものである．裁判所は文脈から当事者意思を読み取ることはできないから，当事者が選択した形式に頼るほかない．裁判官が意思を判断できるという近代の信念には何ら証拠はない．そして，裁判所はもはやかつてほど形式主義的ではないが，この傾向が望ましいとか，裁判官がかつてより優秀になったとか，契約が複雑化したとか，昔の態度が間違いだったとかいうことを，信じるべき理由は何らない．近代的考えは，経験主義的直観に基づいていたのであって，それ以上のものではなかった．にもかかわらず，この直観に依拠して，契約法は次第にゆっくりとさまざまな形式要件を取り除いてきたのである．

　形式主義アプローチでは，紛争が生じた時には裁判所の介入を望むという意思を示すのに，当事者がいかなる形式を充足しなければならないか，裁判所と立法者が決定しなければならない．歴史上の例としては，捺印がある．ある種の約束に対して法的救済を受けるためには，約束を取り付けた者は，約束をした者の印を蝋で押した文書を用意しなければならない．捺印を捏造することはたしかに可能だが，困難を伴わねばならなかった．約束をする側は，法的に強制されてもかまわないと思うのでなければ，文書に捺印をしないので，捺印は形式として機能したのである．

　捺印の問題点は，コストが高くて扱いにくかったことである．時がたつと，さまざまな代用品が現れた．契約を確実にするために，書面やサインがその役割を果たした．ここでもまた，サインを捏造することはたしかに可能だが，それは困難なことであり，捏造を禁止する法律によってリスクは大きくなった．比較的低価値かつ短期の契約では，要式性は今では最小限のものであるが，それは必要とされている．契約は，成立要件を満たしていなければならない．たとえば，申込や承諾には証拠が必要である，とか，典型契約とは異なるオリジナルの契約をするには，その契約文言は分かりやすくて明確なものでなければならない，とかいったように．

　ところで，契約や契約に準じたものに対してどのような形式を要件とする

かは，簡単なものから重大なものまで幅があってよいというのは明白である．高コストの形式であれば，契約を結ばない人々を守ることになる．つまり，覚えのない約束を義務付けられるようなことは起きないだろう．しかし，高コストの形式であると，法的強制を望んでいる人々にとって，取引のコストを増やすことになる．低コストの形式であれば，契約を結ぶコストは削減されるが，詐欺や間違いによって，債務を負わされる危険が高まることになる．第4章で述べた贈与と約因法理に関する議論は，こうしたトレードオフの一つの例を描いたものである．贈与の約束を法的に強制することにあまり社会的価値がないのであれば，そして，明白な成立要件が意図された法的約束を識別するのに有効な形式であるとすれば，約因法理は道理にかなったものといえる．もちろん，固有のトレードオフは状況依存的ではあり，決して明白ではないし，基礎となるインセンティヴの変化によって変化するだろう[9]．

形式は，自己生成的である．裁判所は形式主義を止めるべきで，基準によって事件を処理すべきだと強く主張する人が多い．多くの裁判所はこれを実行している．しかし，形式的なルールを基準に変えようという試みはうまくいかない．なぜなら，裁判所が過去に法的に強制されると判断した契約を当事者が真似することで，形式は生じるからである．たとえ裁判所が基準を適用したのだといっても，用心深い弁護士は，裁判所が承認した契約に目を向けながら次の契約を起草するだろう．なぜなら，法的紛争が生じた折には，その弁護士は以下のようにまことしやかに主張することができるからである．つまり，ある契約が以前法的に強制されており，今回の契約もそれと類似である，その契約で適用された基準は今回の契約にも同様に適用されるだろう，と．この一つの例は，コモン・ローのミラー・イメージ・ルールからの，統一商事法典（U.C.C）のより複雑ではあるが同様に形式主義的な2－209条への移行である．これは，U.C.Cの起草者ルウェリン（Llewellyn）が望んだように形式性を弱めるというよりも，単に一方当事者から他方当事者へとリスクを移転させたものである（Baird and Weisberg 1982）．他の例としては，詐欺防止法（Statute of Frauds）や口頭証拠排除法則（parol evidence rule）や約因法理がある．これらは，裁判官や提唱者の強い非難にもかかわらず持続している．一方当事者が契約は成立したと信じるに足る合理的理由があると思われる場合に，法的責任を認めようとして，裁判所がある特定のケースで形

式要件を緩和すると，その新たな事実パタン自体が，将来の当事者が固執する形式になるのである．

したがって，ある意味で，裁判所の間違いはおのずから訂正されることになる．現実には形式要件を満たしていないのにある人に契約債務を課したなら，次回は，その人物は次の時にはもっと意思を明確にするような行動をとるだけだろう．契約交渉段階の相手方が現実にある作為・不作為を行ったときに，それに誘因を与えると合理的に期待されるような約束をなした場合に，約束的禁反言（promissory estoppel）を認めて，その約束に法的拘束力を認めたホフマン判決（Hoffman v. Red Owl）[10]の結果として生じたように，免責条項を逐一加えてゆくであろう．これが新たな形式となる．しかしながら，もし裁判所が形式要件をあまりに高コストにしたなら，人々は法的強制を選べなくなるだろう．形式要件が時代とともに変化し安定しないことは，多くの研究者によって指摘されている（Kennedy 1973, Johnston 1991, Hadfield 1992）．

「損害賠償額・免責」

売り手と買い手が契約を結んだとして，それぞれの利得を（S，B）で表すとしよう．両者が履行した時の利得は（100, 100），売り手が不履行して買い手は履行した場合の利得は（110, 50），両者が不履行した時の利得は（70, 70）であるとする．裁判所が完全な情報を有しているならば，相手が履行したにもかかわらず不履行した当事者に対して50に相当する損害賠償を裁定するだろう．これによって，将来の不履行を抑止するとともに，損失者の穴埋めをすることができる．

売り手が引渡しを怠ったとして買い手が訴えを起こし，Xドルの損害賠償を請求したとしよう．売り手は反訴として，買い手がスペックを特定しなかった点で不履行をしたとしてXドルの損害賠償を請求したとしよう．さらに，裁判所はマイナスXドルからプラスXドルの範囲で任意に損害賠償を選択し，両者は訴訟で1ドル使うごとに1ドル分勝訴する可能性が高まる，と売り手・買い手は信じているとしよう．このように仮定すると，売り手および買い手はいずれも，2Xドルの損失を避けるために2Xドルを訴訟に費やすだろう．たとえば，もし売り手が50ドル請求したなら，買い手も反訴として50ドル請

求し，訴訟コストとして両者ともに100ドルを費やすだろう．

両当事者の期待コスト100ドル（Cとする）がコミットメントに役立つと考えよう．各当事者は，裏切があったなら，相手に対して100ドルの訴訟コストを確実に課すことができるとする．そうすると，不履行から得られる事前の利得はプラス10ドルかマイナス30ドルであり，これは，相手が履行した時に自分も履行した場合に得られる事前の利得100ドルよりも低い．事後的には，期待利益0ドルのために100ドル使うよりも，0ドルの利益で和解しようというインセンティヴが当事者には強く働く．しかし，泣き寝入りをするタイプではないという評判を得るために，当事者はこのインセンティヴを抑える．

この結果は良いものではあるが，最適ではない．コミットメントは，11ドル以上は使わないという同意を当事者がすることによって可能となるだろう．この額は不履行から得られる利得10ドルを超えているからである．当事者が和解できなければ，当事者は20ドル以下しか費やすべきでないのに，当事者は200ドルを費やすことになるだろう．したがって，20ドルの共同出費を要求する事前同意によって，価値を最大化するだろう．しかし，当事者は事前にそのような同意をすることはできない．そして，和解の同意を事後にすれば，人々からその当事者は泣き寝入りするタイプだと評価され，将来もつけ込まれることになるだろう．これは，決闘する2人が，互いにおもちゃの銃をつかうことに同意するようなものである．

契約法のいくつかの特徴によってこの問題は緩和されている．契約理論は損害賠償額を厳格に制限している（Schwartz 1990）．損失が投機的なものであったり感情的な苦痛の結果である時に，損害賠償を否定するのはこの好例である．間接損害の賠償を制限することや，制裁としての賠償を禁止する制裁禁止原則も同様である．損害賠償に関する通常のルールは，ほとんど常に損失補償としては不十分である．したがって，当事者はマイナス50ドルからプラス50ドルの間で損失補填の判決がなされることを裁判所に期待してはおらず，もっと狭い範囲で判断されるものと期待している．こうして，どちらの当事者も訴訟に100ドル費やすことはなく，せいぜい90ドルか，80ドル，あるいはそれ以下ということになる．

さらに，特定の条件下で約束者を義務から解放する免責理論によって契約義務を制限する．裁判所の能力が不完全であるという私の仮定に合致するこ

とだが（さらに，判例法にも合致すると多くの人は言うであろうが），たとえ場当たり的に適用されたとしても，これらの理論はこうした望ましい目的を果たすのである．その理由は，もしその幅が，たとえばマイナス80ドルからプラス80ドルであったとして，免責理論によれば，ときとして裁判所は，マイナス80ドルからプラス80ドルの間ではなく0ドルを裁定するだろうからである．原状回復がしばしば判決で命じられるという事実によって，そうでなければ生じ，危険回避型の当事者を苦しめるような判決額の変動幅が縮減する．

これらのすべては，ひどく大雑把な正義でしかないように思われるが，しかし，不完全な世界においては最善のものであろう．決闘も大雑把な正義であった．介添人を使うこと，技能の違いを均すために偶然の要素を挿入すること，害を負う危険や量を減らすような武器を用いることなどを含めて，決闘は契約法と同じような要素を備えている．つまり，抑止がうまくいかなかった時に，害が抑止効果に必要な量からしてあまりに過剰にならないようにしながら，抑止効果を果たす制度であった．契約法は，決闘の現代版として理解されるのが最適である．暴力と肉体的害を除き，さらに結果のゆらぎを減らしながら，決闘制度の重要な特徴は備えている点で，契約は決闘よりも優れたものとなっている．

「慣習の扱い」

なぜ契約で特定の条項を使うのかと商人に尋ねたら，「その条件が重要な意味を持つからだ」と答える商人もいるかもしれない．しかし，たいていは「それが慣習だから」と答えるだろう．多くの契約条項・契約行為は慣習の問題である．持参債務とするか取立債務とするか，運送中の危険負担の分配，支払いに使う証書の形式や譲渡性，解約や再交渉の適否などはもちろん，価格すら慣習により決まる．取引の知恵の集積を反映したものとして積極的に評価するか，商取引の発展を阻害するものとして消極的に評価するかで，学者の慣習に対する態度はゆれている[11]．

慣習とは何だろうか．この用語はさまざまな文脈で使われているが，ここでは，その中から二つのものだけに注目しよう．慣習について語られるときには，2当事者間に成立する慣習について語られる場合と，集団の間に成立

する慣習について語られる場合とがある．まずは前者から考察しよう．

　買い手と売り手は長期契約を結んでおり，売り手は毎月，買い手の要求する商品を供給するとしよう．買い手は毎月1日に商品の注文をし，契約書の文言では「合理的期間内」に引渡すと曖昧に規定されているのみではあるが，何年にもわたって売り手は毎月10日に引渡しをしていたとしよう．しばらくして，買い手はこの規則性を信頼して，たとえばその売り手が遅れた時のための代わりの供給者を準備しなくなるなど，ビジネスの仕方を変更したとしよう．このような場合に，ある日，売り手が10日をすぎてから引渡しをしたとすれば，買い手には損失が生じ，売り手を訴えることになる．問題となるのは，毎月10日に引き渡すという慣行が，「慣習」にまで熟しているかということ，つまり，統一商事法典（U.C.C.）で言う「取引の経過（course of dealing）」といえるかということである．

　買い手は10日引渡しは契約内容となっていたと主張するであろうし，売り手は10日引渡しは偶々都合がいいから行ってきただけだと主張するであろう．この紛争をどう解決したらよいだろうか．専門家に諮問したり，その業界での行動を観察するなどして，裁判所は慣習が存在するのか否かを判断できると主張する者もいる（Cooter 1994b）．しかし，今挙げた例では，関連する行為者は買い手と売り手のみである．どちらも異なる理解をしており，慣習が存在するのか否かを示す事実は何もない．

　ここで，法的強制にはコストがかからず完全であるとすれば，あるいは，当事者が安価で正確な商事裁判所を信頼できるとすれば，伝統的モデルに基づく契約紛争解決と全く同様に，この問題を解決できるだろう．もし10日引渡しが契約の事前価値を最大化するなら，売り手は10日引渡しが義務とされるだろう．義務とするかどうかは，売り手のコストと買い手の利益の関係次第である．たとえば，もし売り手にとって，常に10日に引き渡すというのを確実にすることが安価にできることであり，かつ，買い手がこれによって大きな利益を受けるとすれば，安価かつ正確な裁判所は買い手の味方となるべきである．行動の規則性という事実のみからでは，その規則性が価値最大化行動を反映したものなのか，単なる偶然であるのか判断できない．「慣習」という概念は伝統的分析を超えて機能するものではなく，また，現実の裁判所は能力が十分でなく単発契約での最適条件を判断できないとすれば，長期

契約において裁判所が最適条件を判断できると信じる合理的理由はないだろう．

　慣習は取引者集団に広がるといわれることがある．この場合，慣習というのは具体的2個人間の行動を超越したものであるから，裁判所によってより適切に理解され，したがってより適切に強制されるということが前提とされているように思われる．どのようにこれは作用するのだろうか．さまざまな契約の当事者ペアが，類似の慣習を思いつき，これらの当事者ペアがそれ以外のペアたちよりもうまく行っているとしたら，悪い習慣に従って契約する当事者たちは，その慣習をやめて，うまく行っている人々の慣習を真似するようになると期待できるだろう．こうして良い慣習が広がる．もし人々が同時にたくさんの人と取引をするとすれば，あるいは，契約相手をたくさん換えるとすれば，慣習はより早く広がると考えられるだろう．そこから取引相手を選び出す集団を，「業界」と呼ぼう．良い慣習は業界の中で広がるだろう．なぜなら，悪い慣習に従ってきた人々は，良い慣習に従っている人々を真似するからである．しかしながら，最適ではない慣習が一般化するということもありそうではある．とりわけ，最初の実験ではできの悪い結果ばかりとなっていて，良い慣習が思いつかれる前に悪い慣習に従う人々が決定的な数（臨界量）を超えるに至ったような場合には，非効率な慣習がはびこることは，よくありそうなことである．もしある業界が他の業界と競争関係にあるなら，その業界のメンバーは当該産業から駆逐されるか，そうでなければ，新たな慣習を試みるだろう．しかし，これはすべて，（もし競争が存在するならばであるが）競争のレベルと，当事者が関係の総価値に貢献する量を通じて事業慣行を区別できる程度とに依存するものである．

第三部

規範的含意

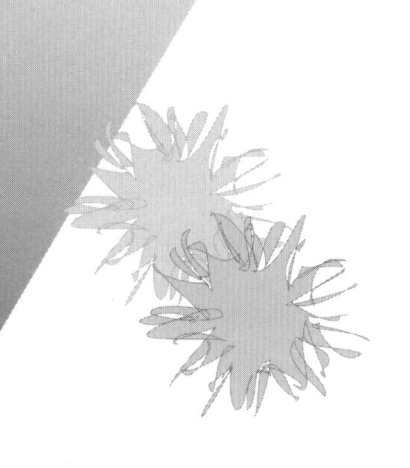

第10章　効率性と分配的正義

　これまでの章では，法と社会規範との関係について記述的な主張に焦点をあててきたけれども，ここからは規範的判断に取り組むことにする．本章と，それに続く二つの章で，それらを検討する．これら三つの章での目標はそれほど大きなものではない．つまり，何らかの特定の法的改革の価値を説得しようとするものなどではなく，法律学で一般的にみられる規範的判断において，非・法的制禦の複雑さを，現状よりももっと頻繁に考慮すべきであると主張しようとするものである．本章では，集団内規範や集団間規範の効率性，規範同士の関係，福祉システム，および，分配的正義に焦点をあてる．

月餅

　『ウォール・ストリート・ジャーナル』に載ったある記事は（C. Smith 1998），外国を由来とするにもかかわらず，極めてよく知られているある儀式について紹介している．それは，月餅の交換儀式に関するものである．

> 「昔は，4分の1ポンドほどの重さの月餅（すり潰された蓮根，砂糖，および油で練ったペーストが中に入っているのが通常である）は，特別の贈り物であった．月餅は，多くの人々がキャベツで食いつなぐような凍てついた冬の月々にも，栄養いっぱいに腹を満たしてくれる稀に見るご馳走であった．しかし今日では，都市の中国人はずっと豊かになったので，月餅はご馳走というより悩みの種になってしまった．合衆国におけるクリスマスのフルーツ・ケーキのように，祝祭期間が終わるまで，

月餅は手から手へとたらい回しされ,最後にそのケーキを持つに至った人がそれをいやいや食べるか,こっそりと捨ててしまうかすることになる.」

月餅は,かつては重要な贈り物であった.人々が毎日キャベツを食べて過ごしているとき,月餅はおいしい変化を食卓に提供したに違いない.ここでの問題は,買ったり作ったりした月餅を自分で食べてしまう代わりに,中国の人々が月餅のお返しとして月餅を贈りあうのはなぜなのか,である.取引費用の存在だけで,そうした交換は非効率をもたらすだろう(月餅クーポンの二次的市場が発展することで,問題自体は解決されたが……).この問題に対する解答は,次のようなものである.すなわち,月餅の贈り物は,贈り手が良い協力者であることを示すために,友人や身内や同僚に人々が送るシグナルであるということである.金銭以外の他の贈り物のように,月餅は贈り手にとってコストがかかり,かつ,受け手にとって関係のもたらす協力による利益を圧倒するほどには価値がない.

「幸華楼といった有名なお店の月餅は,最もよくたらい回しされる.李婦人は,箱の脇に記されている『賞味期限』が到来するまでに,多くの月餅の箱が5回から6回はたらい回しされると考えている.最近のとある新聞記事は,何週間か前に他人に回した月餅の箱が,自分に再び巡ってきたある男の事例を紹介している.」

他の物ではなくて,なぜ月餅の贈り物がシグナルとなるのであろうか.その答えは,人々が昨年も月餅を互いに贈りあったから,今年も贈りあうというものである.ある期 t においては,その一つ前の期 $t-1$ に基づく予測と調和するように人々は行動しなければならない.そうしないなら,他の人々は彼が関係を継続するつもりなのかどうかを疑い始めるだろう.それはちょうど,クリスマス・カードやホリデイ・カードを昨年は送ってきたのに,今年は送ってこないとき,それによって何か特別の意味をシグナルしようとしているのではないかと,アメリカ人が思ってしまうのと同様である.

月餅の交換の起源は,遠い月日の霧に包まれて分からない(この伝統は千

年にわたる）．しかし，月餅が交換される祝祭の期間が，秋分に最も近い満月の時期にあたることによって，月餅交換の儀式が部分的に説明されることは確かである．収穫を祝う祭日が，秋の満月の頃であるのは，たぶん次のことで説明できるだろう．つまり，書かれた暦を持たない農民たちも，月の満ち欠けや太陽の位置を確認することはできるので，秋の満月の日は，毎年毎年必ず特定できるからである．人々は衣服や他の食べ物を贈りあうこともできただろうが，祝日自体によって月餅が連想されるのであり，その祝日それ自体は収穫期間内の目立つ特徴のある日として連想されるのである．月が，したがって月餅が，人々のシグナル行動を調整するフォーカル・ポイント（注目一致点）だったのである．

「ワン・ヤー・ファンは，その季節最初の月餅の箱を開けて，客人に4分の1を切り分ける．……53歳のワン婦人は，祝祭期間が終わるまでに，1ダース以上も月餅の箱を受け取るだろうと予測している．毎年1箱分しか彼女の家族は食べきれないのではあるが……．」

社会が豊かになると，月餅はその魅力を失ってしまった．人々が月餅をもはや欲しがらないのは，田舎のパン屋でもっとおいしいお菓子を買えるからであり，キャベツが主食であった昔に比べると，もっと多種多様な食品が今は手に入るからである．しかし，千年も続いた均衡から逸脱できる者は誰もいない．人々が友人や同僚から月餅を期待するならば，この期待を裏切ることは，関係が終了しようとしているという意味としてのみ解釈されてしまうだろう[1]．この推論を避けるには，それを欲していない人にも月餅を贈り続けるしかないのであり，また欲しくもない月餅をお返しに受け取り続けるのである．

「『弟の家族には2箱送るわ，主人の兄弟にもそれぞれ二つずつね，両親にも二つ，……』と，それぞれからのお返しをどのように処分しようかも数え上げながら彼女は言う．そして『どういうわけか，うちではいつも1箱，どこにも回せなくって残っちゃうのよ』と溜め息混じりにもらした．」

誰も月餅の味が好きではないとしても，膨大な量が作られ（ある製菓会社一つだけで2100万も製造する），膨大な金額がそれに費やされる．月餅交換儀式はいつか終わるかもしれない．しかし，それがかつて何らかの価値を持っていたとしても，その価値が全くなくなってしまった後もさらに長い間存続している，という結論は避けられない．この状況の悲喜劇性は，前述のインドでの持参金競争がもたらした絶望的状況の裏返しである．インドの持参金競争との違いは，テクノロジーや人口統計の変化が，インドのようにシグナルを高すぎるものにしたのではなく，逆に安すぎるものへと変えた点にある．

社会規範と効率性

諸文献からは，社会規範の効率性について2種類の主張を見いだすことができる．第一に，多くの経済学者や法学者は，社会厚生を引き下げてしまう戦略的ディレンマを社会規範が解決すると仮定する．例としては，地位財をめぐる競争で人々は過剰に消費してしまい，競争を制限することができたならもたらされる状態より，全員ないしほとんど全員がより不利になってしまうというフランクとクック（Frank and Cook 1997）の議論である．フランクとクックは，美容整形とか，誇示的消費とか，それらと類似の行動を容認しようとしないことは，社会厚生を増大させる社会規範であると主張する．

この主張にはいくつもの困難がある．第一に，態度と行動とは区別すべきである．人は，金持ちや美人を羨んだり引け目を感じたりするかも知れないが，そのことから蓄財や美容整形が社会規範に違反することになるとは限らない．さらに重要なのは，エリートでさえ美や富をめぐる競争が全員をより不利にしてしまうと認識するかもしれないが，しかし，誰もその競争をやめられないのなら，その行動が社会規範に違反すると主張しても，何の意味もない点である．したがって，社会規範という概念を，禁止された行動をする者に人々が罰（たとえば，避けること）を加える場合に限定して用いる方が有益なのである．そして，富や美貌の持ち主をこのような方法で合衆国の人々が制裁するということはほとんどないのである．さもなければ，なぜ人々が月餅交換を自らは行いつつ，この儀式を非難しうるのかを理解できないだろう．実は，人々はしばしば，自ら嫌悪する社会規範のとりこになっている

ように感じるのである．

　第二に，当該の態度を採っているのが，どのような人々であるのかという点に注意しなければならない．たしかに，誇示的消費や美容整形に制裁を科すような社会集団は存在する．オールド・オーダー・アーミッシュ・コミュニティのメンバーは，もし装飾品表示に対する禁を犯せば村八分にされるだろう．しかし，ほとんどのアメリカ人が，誇示的消費に耽ったり美容整形を受けたりする人を制裁しようとするなどということは，極めて疑わしい．

　第三に，解釈の問題が残っている．ここで仮に，アメリカ人が美容整形を受ける人を制裁すると仮定してみよう．この場合，アメリカ人が制裁するのは,単に妬んだからに過ぎないかもしれない．つまり,美は地位的財なので,全体の社会厚生を減少させるという意味で自己反駁的な美をめぐる競争を，美容整形を受ける人が促進すると考えるから，制裁を加えるのではないかもしれない．前者の解釈の方がより現実味がある．他方，美容整形を禁止する社会規範が創発するような状況を想像することは可能であり，それは美容整形が地位的財ではなく，むしろ美容整形を受ける人とその他のほとんどの人々の双方にとって喜びをもたらすような財であった場合にも可能なのである．後にこの可能性についてもう少し述べよう．

　機能主義，すなわち社会慣行や社会規範が何らかの意味で効率的ないし適応的であるという見解は，経験的に偽であり方法論的に不毛である．ある社会規範が効率的であるかどうかの問題に答えるためには，社会規範の需要とともに社会規範の供給についても理論を構築しなければならない．社会規範の供給には二つの主要な源泉があり，それぞれは規範の二つの主要な種類に対応している．すなわち，集団規範と集団間規範である．それぞれを以下で議論する．

効率性と集団規範

　幾人かの学者は，有名なところではエリクソン（Ellickson 1991）などだが，社会規範は緊密な集団で創発するときに効率的となると論じる．エリクソンはこの議論を主に経験的主張として提起する．カリフォルニアのシャスタ・カウンティの牧畜業者と農民についてのエリクソンの研究は，これらの人々が法律に重きを置かず，また，法の規定がいかなるものであるかについてよ

く知ってもいないが，注目に値する方法で協力しあうことを示した．隣り合う土地所有者たちは柵を修理し，迷子の牛をつかまえ，その牛が惹起した他人の財産への損害を賠償し，約束を守り，借金はちゃんと返済する．これらの知見は，共有地の研究での知見に似ている（Ostrom 1990）．共有地研究が示すところは次のようなものである．すなわち，トルコの漁業，アルプスの牧場，日本の農作地帯など，ある特定の状況の下においては，実効的な法制度が不存在の場合にも，集合財の生産のために人々が協力しあうということである．これらの研究が決定的に対立するのは，法によって要求されない限り人々は決して協力しないという見解である．

余談ではあるが，観察されたこれらの協力行動が最適（最も効率的）であることを，これらの研究が証明しているわけではないことを指摘しておくべきであろう．たしかに，農夫は柵を壊れたままにしておきはせず，修理するが，最適な協力はそれ以上のことを要求するだろう．チームにおける協力行動の標準的モデルは，もし集合財に対するそれぞれの当事者の個々の利益が十分に大きいなら，当事者たちはその集合財のいくばくかを生産し，ちょうど限界点で協力はなされなくなるだろうことを示す．当事者は柵を修理するが，柵の単一の所有者が修理するほどには素早くしない．彼らは隣人の迷子の牛を連れ戻しはするが，自分の牛を探し出すときほどは敏速でない．同様の批判は，共有地の研究に対してもなされうる（詳しくは E. Posner 1996a を参照）．

集団の規範が，効率的になる傾向があると考えるべきか，非効率となる傾向があると考えるべきか，についての理論的な根拠を検討しよう．牧畜業者は効率的な規範を欲するためにそうした規範を作り出すだろうと想定するのが機能主義だが，こうした間違いを，エリクソンは犯していない．効率的な規範の供給を説明するために，彼は繰返しゲームの理論を援用する．この理論が示すのは，繰り返される囚人のディレンマにおける2人の人は，最適水準で協力しあうだろうというものである．しかしエリクソンも認めているように，その理論は最適協力が必然であることまでは示していない．他の農夫と長い柵を共有する農夫は，合理的にか間違ってか，非効率に稀にしか修理しないかもしれず，もし相手の農夫も同様な方法によってしっぺ返しをするなら，最適ではない均衡が帰結することになるだろう．それでも，2人だけの

ゲームであれば，最適な協力は起こりそうに見える．

　2人ゲームからn人ゲームへの拡張は，しかしながら，困難を引き起こす．ある牧場主の牛が，自分自身は牛を所有しない複数の隣人たちの土地に迷い込む場合を考えてみよう．協力の最適水準は存在するが，しかし協力の形態が複雑で実現することが困難かもしれない．牧場主が自分の牛が迷子にならないようにするためにX単位の努力を傾け，隣人たちはそれぞれY単位の努力を牛を連れ戻すのに使い，そして，牧場主が隣人たちのそれぞれに現金を支払ったり柵を修理したりあるいは他の方法で支援するなどして，隣人に補償するとき，協力の最適レベルに達するとしよう．たしかに，隣人の中には，Y単位の努力を払って義務を履行する者も出てくるかもしれないが，しかし，その代わりに牧場主の牛を誰か他の者の土地に追いやってしまう者が出てくるかもしれない．牧場主の報復の威嚇は協力を引き出すに十分ではないかも知れず，そして，他の隣人たちはこのただ乗り者を罰するための協力ができないかもしれない．全員がただ乗りへのインセンティヴを持ち，低い水準の協力とかそもそも協力が全く行われないといったことが帰結する．これは，もちろん，集合行為問題である．ゲーム理論家たちは，理論的にはいくつかの均衡戦略がn人協力において帰結することを示してきたが，これらの戦略は実現しそうもないものである（第2章参照）．

　シグナリング理論に戻ろう．シグナリング理論の効率性の含意を理解するためには，まず情報コストがゼロであるという想定から始めよう．全員が互いのタイプを知っているので，そして，シグナルの発信はコストがかかるので，誰もシグナルを送らない．良いタイプは他の良いタイプと組み合わされ，悪いタイプは他の悪いタイプと組むか全く組まない．プレーヤーが組み合わされた後，それらの組で一定の量の協力が生じる．完全情報の仮定をしたとしても，それでも協力の最適量が起きるとは保証できない．しかし，そのような効率的結果が起こりそうであると仮定しよう．情報コストのない繰返し囚人のディレンマにおいては，各プレーヤーはもし両者が十分な協力戦略（しっぺ返しのような戦略）を選択するなら，より協力的でない戦略（まず裏切ってからしっぺ返しをするような戦略）を両者が選ぶときよりも利益が上がると知っている．金銭的利益（第9章），友情の喜び（第4章），政治的影響力の創生（第7章），結婚による余剰（第5章）など，協力による余剰はさま

ざまなものからなるだろうが、それは第2章で導入された概念である内部集合財と同じものである．

　情報コストがゼロでないとしよう．情報コストが閾値を超えると，良いタイプは，悪いタイプから自分を区別するためにシグナルを発信する．関連するパラメータによって，シグナルは分離均衡をもたらしたり，もたらさなかったりするが，重要な点は，もたらされる均衡が他の代替的均衡よりも効率的となる傾向があると信じる理由はないということである．人々がシグナルするとき，彼らは第三者にコストを課すのであり，だから，効率的なシグナルを送る適切なインセンティヴを持たないのである．

　以上の理由を理解するために，誰もシグナルを送らないが「受け手」(シグナルを受け取る者)は誰とでも協力するという一括均衡を考えてみよう．受け手は，良いタイプとの協力に期待される利得から悪いタイプとの協力で失う期待損失を差し引いたものが，代替的機会の価値を超過する限りは，協力するだろう．そうした均衡の状態中には，いくらかのあるいは相当の量の協力が存在するかもしれないが，必ずしも最適な量の協力とは限らない．さてここで，これまでとは異なるコストのシグナルの手法が，外生的変化による新テクノロジーによって良いタイプに提供され，良いタイプはより安価に，自らと悪いタイプとを区別できるようになったと想定してみよう．もし良いタイプがこのようなシグナルを発し始めると，受け手は悪いタイプとの協力をやめ，良いタイプとだけ協力するようになるだろう．受け手はより多くの時間を良いタイプとの関係に費やすであろうから，協力から得られる利益は良いタイプにとって増大し，良いタイプのシグナルへの投資は正当化されうるということも起こりうる．

　良いタイプがシグナルを送るとき，彼ら自身と受け手によって得られる内部集合財の価値を増大させるが，悪いタイプによって得られる内部集合財の価値を減少させもする．もしこの後者の減少が小さく，かつ，悪いタイプの人数も少ないなら，効率性は向上するだろう．さもなければ，効率性の損失になろう．そして，もし悪いタイプがシグナルを真似ることができ，悪いタイプであると識別されるのを避けるためにそうするなら，シグナル・コストを相殺するような情報の利得がもたらされることなしに，均衡においてシグナル・コストが生じることになる．これらの問題のために，このレベルの抽

象度においては，分離均衡が一括均衡よりも大きな社会的富を生産するかどうか，判断することができない．新しい均衡における内部集合財の価値は，元の均衡において産出された量よりも少ないことも多いこともありうるのである．

　シグナルの創発は，「外部集合財」と呼ばれるものに対しても似たような両義的な影響を持つ．シグナルのテクノロジーは，それがたまたまどんなものであろうと，良いタイプに他者を助けたり傷つけたりすることで自己のタイプをシグナルさせる．投票，博愛的贈与，あまり強制されていない法の遵守，慈善給食へのヴォランティアなどによって人々が自らのタイプをシグナルするのなら，分離均衡が望ましい属性を持つことは可能である．そうした均衡において生ずる行動をわれわれが実際に好むかどうかは，均衡外での人々の行動やまさにそのシグナルの性質に依存する．もし人々が，十分に調査検討することなく投票したり，あるいは，意義の大きな慈善から，意義がより少ないがより目立つ慈善へと乗り換えたりするなら，そのようなシグナル行動は望ましくないものとなろう．もし人々が，マイノリティを避けたり，自己検閲をしたりすることによって自己のタイプをシグナルするなら，分離均衡はやはり当初の一括均衡に劣後する．もし人々が互いに月餅を交換することでシグナルし，全員がこの儀式的活動をしているなら，何ら情報は明らかにされない一方で資源が浪費される．もし農夫がこれみよがしに柵を修理することでシグナルするなら，柵の過剰な修繕が起きるだろう．

　全員がシグナルをし，よって一括均衡が存在する場合，情報の開示は起きず，したがって，内部集合財への貢献もない．もし，その時に，シグナルが外部集合財に対しても貢献しないならば，均衡は曖昧さの余地なく悪いものであるといえる．なぜなら，それは相殺する利益の生産なしにシグナルのコストだけを生じさせるからである．そして，人種差別の場合のように，シグナルが現実に第三者を害するなら，一括均衡も悪いものである．しかしながら，既に述べたように，これら以外の場合には善悪は曖昧である．全員がシグナルするがシグナルが外部集合財に貢献するとき，外部集合財の価値がシグナルのコストを上回っている限り，この均衡は望ましい．分離均衡が帰結するときには，情報が伝達され，内部集合財が通常は生産される（良いタイプが悪いタイプから自分を区別するために，シグナルを送りすぎないならば）．

しかし外部集合財は，望ましい場合もあれば，そうでない場合もあり，それは外部集合財が正確に何であるかに依存する[2]．次の表は以上の分析を整理したものである．

	シグナルの意味	内部集合財	外部集合財／負財
誰もシグナルしない	なし	可能	いいえ（なし）
分離	意味あり	悪いタイプにとってよりも良いタイプにとってより多そう	はい（あり）
全員シグナルする	空虚	可能	はい，他の場合よりも多く生産される

　もし，この表が無内容に思えるなら，そのこと自体が，なぜ抽象的には多くを語りえないのか，なぜ特定の社会慣行にこの枠組を適用することなしにはさしたる洞察に達しえないか，を示していることになる．

　もし，人々がある特定の均衡を好まないとしてもなお，法的介入が状況を改善するかどうかは，明らかではない．もし，法がある特定の分離均衡を支持するシグナルを発する人々に対して，課税したり罰したりするなら，人々はより良いあるいはより悪いシグナルへと乗り換えたり，さもなければ，シグナルをやめて一括均衡に移行するかもしれない．それによって帰結する代替的均衡は，いずれも最初の均衡よりも良いかも知れないし，悪いかも知れない．フランク，マックアダムス，その他の，地位財の過剰消費を抑止するために税を用いることを主張する者たちは，人々が単に他の行動へと乗り換えるだけかもしれないという可能性を見逃しており，その場合の他の行動は，同じくらい破壊的であるが，より課税しにくいものであるかもしれないのである．たとえば，美容整形の代わりにシェイプ・アップを，誇示的消費の代わりに誇示的レジャーへと乗り換えるかもしれない[3]．さらには，シグナル均衡における人々の信念が自己補強的性質を持っている場合，法の漸進的変更は人々の行動を変えることに失敗するかもしれないし，逆に，大規模で予想もつかない連鎖反応を引き起こすかもしれない．これらの場合，法を使って人々の行動を微調整しようという努力を台無しにしてしまうかもしれない．これは第5章，第6章，および，第7章のテーマであり，このような現象の

例を検討した．

　まとめると，緊密な集団の規範が効率的であるかどうかについて予断を下すことも(4)，そして法的介入が緊密な集団の行動を向上させるか否かについて予断を下すこともできないということである．法的介入が行動を改善させるかどうかは，当該集団内に存在する均衡に依存しており，その既存の均衡は効率的である場合もない場合もある．法的介入が行動を改善させるかどうかは，さらに，介入する法的制度の実効性にも依存する．エリクソンの牧場主がしていたことは，協力的行動とシグナル行動との混合形態であった．法的介入がこの状態を悪化させたかもしれないが，しかし，われわれには本当にそうだったかどうかは分かりえないのである．この結論はさして素晴らしいものではないが，しかし，私が思うに，正確な結論ではある．抽象度のより低いレベルでは，より詳細な制度的事実が分かるので，これまでの章で私が試みたように，より具体的な結論を導くことが可能となる．生活の詳細な知識が与えられれば，法が行動を改善すると予想することはできるかもしれない．たとえば，社会構成員が利用可能な協力による余剰を得ていないとか，シグナリング・ゲームで資源を浪費していると考えられるような場合である．人々が，些末な行動（国旗の保護，月餅交換）や，問題となっている資源に対して割に合わない行動（持参金競争，民族間抗争，魔女狩り）をしている場合には，機能不全のシグナルが横行していると考える手掛かりを得ていることになり，よって，法的介入が望ましいかもしれないという結論を導く手掛かりを得ていることになるであろう．しかし，残念なことに，このような場合こそ，人々の声に耳を傾ける正しい考えの政府は，世論の波に最も抵抗することができないのである．その行動や慣行が馬鹿げていると全員が考えるようになって初めて，当該社会規範は消滅するのである(5)．

　われわれがいつも陥っていた，そしてわれわれにいつも強い情緒的反応を呼び起こしてきたシグナル行動の一つが，誇示的消費である．ハーシュマン（Hirschman 1982, pp. 47-48）は，アダム・スミスでさえ人々が「効用のほとんどないつまらぬ物」を買うことを批判していたと記している．スミスは，また，「大人が真面目に追求するものというよりは，子どもの遊び道具でしかないような，つまらぬ物や安物」を買うためのお金を得るために領地の権利を手放すような封建領主は愚かだ，と罵倒した．不必要な消費に対する道徳

的攻撃は，数え切れないほどの哲学者や神学者，社会批評家，歴史家，そして，(スミスのような) 経済学者などによってなされてきた．ちなみに，経済学者は，個人的選好を批判することを他の場合には差し控え，通常は市場の拡大を賛美するので，皮肉ではある．本書のシグナリング・ゲームの理論が明らかにしたことは，評判への取り返しのつかないような損失を被ることなしにシグナリング・ゲームから離脱しうるならば，選好を所与としてさえ，人々の状態はよりよくなるということである．事実，ほとんどの主要な宗教が，伝統的に禁欲を戒律で課していることから，物質的財を持たない方が，狂乱的な蓄財競争を強いるゲームに参加するよりも良いことだ，と人々が考えていることが分かる．これは，人々の選好が間違っているということではない．シグナルに投資することを，情報の非対称性のゆえに強いられる社会においては，人々がその選好を満足させることは困難であるということなのである．

集団間規範の効率性

　第3章で，進化ゲームの理論を手短に論じた．進化ゲーム論は，互いについての情報が何もなく，相互行為を将来も繰り返す期待もないような，完全な他人同士の相互作用に適用される規範の創発を説明するために用いられてきた．第3章からの例を思い出してほしい．直角に交わる交差点に向かってハイスピードで人々が運転しており，もし互いに衝突したら低い利得しか受け取らず，互いがなんとか衝突を避けられたら高い利得を受け取る．人々が採りうる戦略には多様なものがある．たとえば「右手から来る自動車には道を譲れ」，「左手から来る自動車には道を譲れ」，「大きい方の車に道を譲れ」，「速い方の車に道を譲れ」などである．誰も，他の戦略よりもある一つの戦略を採用するべき理由を持たないので，人々が無作為に戦略を採用すると想定しよう．どんなことが起こるだろうか．

　まず気付くべき点は，ゲームが単純な2人調整ゲームの一種であるということである．もしある人が，他のすべての人が「右手から来る車に道を譲る」と信じるなら，この人も同一の戦略を採用するであろうし，その戦略から外れようともしない．もし外れれば，他の車とぶつかるだろうからである．

　次の問題は，いかにして人々が同一の認識に達することができるかである．

単純化のため，人々は次の二つの可能な戦略のいずれかのみを採用すると想定しよう．すなわち，「右手から来る自動車には道を譲れ」(右方優先)と「左手から来る自動車には道を譲れ」(左方優先)．最初は偶然に，60パーセントの運転手が右方優先を選び，40パーセントが左方優先を選んだとし，各人は誰かと衝突しない限り現状の戦略を維持し，衝突したときには他の戦略に乗り換えるとする．プレーヤーは，ランダムにマッチングされることで始める．非対称的な開始条件のために，左方優先の人々は右方優先の人々よりもより多く衝突して戦略を変えるだろう．こうして，次第に左方優先の数は減ってゆき，右方優先の数は増えてゆく．最終的に，全員が右方優先を採用し，それが社会規範の座を占める[6]．

　この例が示すように，戦略が，人々の注目を一致させるフォーカルな性質を有しているか否かの点と，初期条件とに，結果は依存している．右方優先も左方優先も，もし全員が同じ戦略に従うなら，自分がどうするべきかは明らかであり，こうして社会的に望ましい結果に到達するという意味で，注目の一致するフォーカルなものである．これと対照的に，速い方の車に道を譲る戦略は，ドライバーにはどちらの方が速いか分からないときは，いつも曖昧な状況を引き起こす．初期条件が問題になることは，たとえば人々が右方優先よりも左方優先をより多く選ぶ状態から始めたなら，左方優先が規範として確立するだろうという事実から理解されよう．しかし，フォーカル・ポイントは歴史上の事件や人間心理という偶然に依存するので，そして，初期条件はランダムなので，均衡戦略が効率的であると想定することはできない．速い方の車に道を譲るという規範は，ひとたびその曖昧さが解決されれば，右方優先や左方優先よりも効率的となるかもしれない．もし国家の介入がその曖昧さを解決できたなら，進化を通して達する水準よりも厚生が改善するだろう．

　国家の介入が規範の進化によってもたらされる水準よりも厚生を引き上げる明瞭な例は，別の調整ゲームで示すことができる．それは，複数の資源をめぐる2人の他人間の紛争ゲームである．他人同士である2人が，価値ある何かをみつけたとき，彼らは攻撃的行動か受動的行動かのいずれかを採用する．攻撃的行動とは，その財を丸取りすることを意味し，傷つくことなしに丸取りするか(他方が受動的行動の場合)，大いに傷ついてしかも確率的にの

み丸取りできるか（相手も攻撃的行動の場合）である．もし，両者が受動的行動をすれば，時間が浪費され，財は傷んでしまうとする．規範がない状態において，最適戦略は，受動的行動と攻撃的行動の間でランダムに戦略採用することである．しかし，ここで，占有者は攻撃的行動をするべし，占有していない人は受動的行動をするべしと規定する占有規範が存在すると仮定してみよう．そのような規範は，それを支持する信念が存在し，誰もそこから外れるインセンティヴを持たないならば，安定的である．自動車運転ゲームに適用された分析と同様の分析によって，ランダムに占有規範を選んだ人々は，ランダムに混合戦略を選んだ人々よりも利得が大きく，したがって，やがて占有規範が大勢を占めるようになることを示すことができる．これは，ちょうど先の例において全員が右方優先戦略を最終的に採用するようになったのと同じである（参照　Sugden 1986, Hirshleifer 1982, Young 1998a）．

　占有規範が無秩序よりも利益を産み出すのは，参加者に受動的行動同士と攻撃的行動同士という悪い帰結を回避させるからである．しかしながら，国家の介入は厚生をさらに改善することができる．占有規範の問題は，資源に投資はしたが明示的に占有していないような財産をその人に保護してやらないことである．たとえば，第三者によって最適に利用される広い土地や動産である．この問題への解決は登記登録システムであり，不動産取引での登記制度や動産上の担保権の登録制度である．しかし，登記登録システムは，占有規範が進化してきたような方法では進化できない．それは立法府のような機関によって意図的に創出されなければならない[7]．

　これは，複雑な分析のほんのスケッチであるが，重要な一般的な結論を導く上では，これ以上の詳細は不要である．集団間規範は，集団規範のように，私的な情報を持った人々が相互作用するゲームにおける均衡行動を記述するものとして理解されるべきである．これらのゲームの簡単な分析が示すのは，社会規範によって社会的価値が必ずしも最大化されるとは限らず，また，国家の介入がプレーヤーの利得を向上させることもありうる，ということである．もちろん，国家の介入が，人々をより悪い状態にするのではなく，現実により良くするかどうかは，状況に大きく依存している．

スティグマと富の再分配

貧者に富を移転する最良の方法は何であろうか．ほとんどの経済学者は，望ましいシステムは次の三つの特徴を備えるべきだという点で一致しているようにみえる．第一に，望ましいシステムは，最低賃金法や貧者を優遇する法的権利のような手段よりは，租税収入によって賄われる富の移転を基本とするべきである（Kaplow and Shavell 1994）．最低賃金法は，義務づけられた最低賃金以下の仕事しかできない人々を雇用主が雇用することを妨げる．もし最低賃金法が廃止されたなら，雇用主は低い技能の人々を雇うことができるようになり，その雇用から生まれるであろう富に貧者を助けるための目的税を課しうるだろう．最低賃金法やそれと類似の法律は，困ったことに極貧の者から境界線上の労働者に富を移転し，おまけに回収不能な無駄を生じさせるのである．

　第二に，望ましい福祉制度は，同種の利益ではなく，現金だけを分配するのでなくてはならない．その理由は，受給者が物より現金のような代替可能品を好むからである．なぜなら現金は，何であれ受給者が最も価値を見いだした物と，より容易に交換できるからである．これまでのところで，福祉法の目的が，貧者の効用を向上させることであると仮定していることは明らかとなっているであろう．しかし，消費を制禦することのように，福祉は他のより複雑な目的にも使われるのである．これらの他の目的は，フード・スタンプや医療（救急医療義務などの形式で），住宅支援，公共事業（ガス・水道など）の補助，障害者保険，年金といった，同種の利益の福祉での使用を正当化するかもしれない．しかし，この説明は合理化の雰囲気を持つ．なぜ，現金と同種の利益の混成である現状の方が，現金だけの代替策より優れているかを誰も説明してこなかったのである．現代の福祉システムで，同種の利益の移転がこれほど頻繁に使用されていることの理由は未解明のままである．

　第三に，望ましい福祉システムは，働きたくないとか，教育投資をしたくないとか，危険を冒そうとするとか，養育費を払えないのに子どもを持つといった，困ったインセンティヴを最小化するような方法で利益を分配しなければならない．歴史的には，これらの問題に対しては二つのアプローチがあった．第一のアプローチは，たいていの人が，働かないで福祉を受け取るより，働いてお金を稼ぐことの方を好むほどに，福祉給付を小さくすることである．潜在的な受給者は，働かないことのコストの一部を自分で引き受けな

ければならないのである．これはちょうど，保険の目的物の損失リスクの一部を被保険者に負担させる保険金控除制度を保険会社が用いるのと同様である．第二のアプローチは，機会主義的行動によってではなく不運から帰結した貧困の場合だけに，貧者への福祉給付を限定することである．より技術的には，避けることができない偶発的事態や，保険料が高すぎて保険を掛けるだけで貧困に陥ってしまうような偶発的事態がもたらした貧困のみを福祉給付の対象とするのである．このアプローチに従えば，福祉給付（あるいはより気前のよい福祉給付）は，身体障害者のように，働くことができないということを証明できる者や，子どもや未婚の母のように，一般的に働くことのできない状態のカテゴリーの者のみに与えられることになる．

　望ましい福祉政策についてのこれら三つの要請（すなわち貧者を優遇するルールではなく富の移転，同種の利益の給付ではなく現金による給付，インセンティヴの問題）は，「福祉スティグマ（welfare stigma）」の現象とすべて結び付いている．福祉スティグマが起きるのは，人々が政府からの福祉給付を受け取っている人々を村八分にしたり忌避したりするときである．この現象はよく研究されており，社会学者，ソーシャル・ワーカー，政策立案者にとってここ何十年も問題とされてきた（たとえば Waxman 1977）．

　なぜ人々が福祉受給者を排斥するのかを理解するには，第2章で説明したシグナリング・モデルを用いればよい．貧しい人々は良いタイプと悪いタイプに分けられる．悪いタイプが貧しいのは，主として，彼らが教育や訓練や保険に投資しなかったり，金を貯金しなかったり，そして，良い人間関係を構築しなかったりしてきたからであり，その代わりに，頭を使い節制をする人々にもたらされる長期的利益より短期的利益の追求を好んだからである．これに対し良いタイプが貧しくなる場合は，主として不運に由来する．すなわち，良いタイプは，経済的混乱や疾病，天災，犯罪といった保険のかけられないリスクの犠牲者である．比較的豊かで安定している経済において，悪いタイプにおける貧者の割合が，悪いタイプにおける非貧者の割合を超過しているとしよう．もしこれがそのとおりであり，かつ，貧困が観察可能であるなら，人は貧しい人の方が貧しくない人よりも悪いタイプに属していることが多いと合理的に推論する．雇用主は貧者を雇うのを拒否し，商店主は彼らに販売するのを拒否し，社会は彼に背を向ける．

しかし，貧困はいつも観察可能というわけではない．貧しい良いタイプは貧しい悪いタイプと同一視されるのを避ける強力なインセンティヴを持ち，このようになるのを避ける手段を講ずるだろう．主として，貧しい良いタイプは，貧しくない人々の行動を真似するだろう．彼らは，きちんとした服をまとい，貧しくない人のマナーを模倣し，住まいを綺麗にしておき，町の最も貧しい地域から抜け出ようとすることに，資源を使う．もしも彼らが，外観によって悪いタイプから自らを区別できれば，貧しくない人との価値ある協力関係を築く機会を拡大させる．

良いタイプが貧困を隠すのに失敗したとしても，シグナルを発する努力それ自体によって，彼らが良いタイプであると人に推論させることができる．実際にも，人々は長い間貧者を「尊敬すべき」ないし「価値ある」貧者と，「価値のない」貧者とに分けてきたのである．尊敬すべき貧者は，自分が良いタイプに属することを示すためにコストを支出している．人は，信頼できない他の貧者とよりも，尊敬すべき貧者と，社会的にも経済的にも相互作用しようとするだろう．しかしシグナルはしばしばぼやけている．よって，人は，明白な貧者を排斥しがちであり，自己の貧困をうまく隠しおおせた貧者や良いタイプに属するという説得的なシグナルを発信する貧者とのみ協力するだろう．

だから貧しい人々は良いタイプに属していることを示すためにシグナルを送るのであり，そのようなシグナルを送らない人々は，尊敬される社会から避けられたり村八分にされたりする．この問題を複雑化させるのは，貧者と中流の境界線上にいる人々が，貧者よりは中流により近いことを示すために，貧者とつきあうのを避けようとすることである．人々が，「価値のない」貧者を避けるのは，信頼しないからであるが，彼らが価値ある貧者も価値のない貧者も同じように避けるのは，彼ら（貧しくない者）が他者に対して，自分たちが良いタイプに属していることを信じさせたいからである．

福祉プログラムは，福祉スティグマを拡大することも，軽減することもあり，どちらになるかはその制度設計に依存する．貧困をうまく隠しおおせた貧しい人々を考えてみよう．もし，政府が彼らに現金ではなくフード・スタンプを与えるなら，受給者は貧困を明らかにせずには食料を買うことができない．さもなければ貧困を隠すことができたはずの貧者は，フード・スタン

プのためにその素性を明かさなければならなくなり，スティグマを受けるリスクを負ってしまう．同様に，福祉プログラムが，受給者に福祉事務所へ出頭することを求めたり，受給者にソーシャル・ワーカーの家庭訪問への許可を求めたり，その他の同定できる行動を受給者に求めたりすると，福祉プログラムが受給者にスティグマを押して回ることになってしまう．このようにスティグマを押してしまうような福祉プログラムは，受給者にその評判という資本を台無しにさせてしまうのである．慈善を受けることへの拒否が，良いタイプに属しているというシグナルとなる場合には，逆に慈善の受給の公開は，悪いタイプに属していることを明らかにすることになる．受給者の評判の喪失は，将来の収入の喪失と（雇用主はかつて福祉受給者であった者を雇用しないことが多い），非市場的財の将来の消費機会の喪失とを帰結する（人々はかつて福祉受給者であった者と交際したがらない）．これらのコストの代わりに，受給者は，政府からの短期的利益を受け取るということになる．つまり，福祉利益を受給すればするほど受給者は，将来の雇用主に対する自らの魅力を減少させることになるので，ますます福祉給付に依存することになる．

　さて，先に説明した望ましい福祉政策の三つの要素に戻り，反対の順序で検討してゆこう．インセンティヴ問題とスティグマの関係はどのようなものであろうか．その答えは，歴史的に，インセンティヴ問題を解消しようという目論見から，政府は福祉スティグマを乱用してきたというものである．英国のワークハウス・システムの背景にある考え方は，食料と衣料を供給することでワークハウス・システムは極端な貧困や悲惨を救済すると同時に，受給者であることを公開させることで（そしてその行動を制禦することで），人々に福祉受給申請を思いとどまらせようとするものである．福祉利益を受給するためには，ほとんどの人は自分のコミュニティを離れ，ワークハウスに入らなければならない．ワークハウスでは，受給者の移動は制限され，制服を着ることが義務づけられた．「19世紀の最後の10年まで，中央政府は意識的にワークハウスは社会的に不名誉であるという観念を助長し，中流階級の人々は当然にそれを了承していた．ワークハウスの監護者自身が，貧民の不名誉を強調しようとしたのである．すなわち，監護者の中には，教会の入口やその他の目立つ場所に掲示するための受給者名のリストを定期的に印刷配布

した者もいたのである.」(Crowther 1981, p. 255.)

　このシステムの問題は，ワークハウスへの入所が「あまりにスティグマなので」，本当に窮乏しているか，病んでいるか，老いているときを除いて,「価値ある貧者」がワークハウスに入るのを拒否し，したがって,「いい加減な」，あるいは，価値のない貧者（彼らに対しては誰も同情する者がおらず，彼らには失うべき評判もない）が，ワークハウスの主たる受益者になったという皮肉であった．ある同時代の著者によれば,「『ハウス』に対する嫌悪は極めて普遍的であった．ほとんどどんな苦痛や窮乏でも，ハウスに入るくらいなら人々は耐えるだろう．自由の喪失がこの嫌悪についての最も一般的な理由であったが，他に，まっとうな人々にとって，過去の生き方や現在の生活習慣が尊敬の対極にあるような人々と一緒に生活するよう強いられることへの反感もまた強く感じられていたのである」(Crowther 1981, p. 240, 一般的には第8章から第9章を参照）と言う．1920年代において，貧者たちが第一次大戦の復員軍人となったとき，人々は，貧者は悪いタイプであるという従前の固定観念と，塹壕の古参は良いタイプであり，実際のところ愛国者であり英雄であるという新しい観念との間に折り合いをつけなければならなくなった．そして，前者は後者に道を譲った．英国における現代の福祉国家政策は，部分的には，救貧のスティグマを除去したいという願望に動機づけられている．同様に，合衆国における現代の福祉国家政策が大恐慌の間に確立したのは，貧しい人々は悪いタイプであるという人々の先入観が，恐慌で新たに没落した中産階級の人々は良いタイプに属するという観念に道を譲ったときであった．

　福祉政策においてスティグマへの依存が減少してきたことの原因としては，おそらく以下のようないくつかの要因を挙げることができよう．第一に，スティグマが，より同情に値する人々が福祉を受給するのを阻害し，あるいは受給した場合には自尊心を傷つけた反面，それほど同情に値しない人々に対する抑止力とはならなかった．第二に，スティグマが社会から排除された階級をつくりだしたのであり，その人々は将来の雇用獲得が非常に困難となった．この問題は，犯罪者にスティグマを与えるような公衆の面前での処罰の問題と軌を一にしてる（第6章参照）．第三に，スティグマの程度は，特定するのが難しく制禦するのはさらに難しい多様な要因に依存している．たとえ

ば，失業者数や仕事のない人のタイプについての一般的な市民の観念などである．スティグマに依存することで，受給者の機会主義的行動を避けようとする福祉システムは，したがって予測不可能で逆転したインセンティヴをもたらすかも知れない．

　以上の議論は，福祉給付はいかにしてスティグマを負わせない形で提供できるのか，という問題を提起する．そして，福祉給付の形態とスティグマの関係の問題に戻ることになる．既に述べたように，受給者を明らかにするような福祉給付もあるがそうではないものもある．ワークハウス・システムは，受給者をコミュニティから隔離し，制服を着用させることで，受給者を社会に対して明らかにする．現代の福祉システムは，ソーシャル・ワーカーが家を訪問することを許すよう要求することで，あるいは福祉事務所を訪れるよう要求することで，隣人に見られるかもしれない状況を作り出し，受給者を社会に対して明らかにする．スティグマを与える福祉制度の中で，現存する最もあからさまな例がフード・スタンプ・プログラムであり，それは福祉の受給者がジャンク・フードを買うためにフード・スタンプを使うという風説を生みだした．

　これと対照的に，社会保障システムは誰が貧しく誰がそうでないかを明らかにしない．誰もがこのシステムに加入しなければならないので，誰かが社会保障の支払小切手を受け取ったと知っても，その人の富について何らの推論もすることはできない．電力やその他の公共事業の購入への補助金もまた，ほとんどの外部者に受給者を明らかにしない．次のようなフード・スタンプ・システムを仮定的に考えてみよう．その下では，平均的な食費と同じくらいの税額を引き上げた後に，誰もが政府からフード・スタンプを受け取るか，あるいは，その下では，政府機関からフード・スタンプを現金で買ってそれを使うことでのみ貧しくない人も食料を買えるとする．そのようなシステムの下では誰もがフード・スタンプを使うので，フード・スタンプの使用はもはや貧者と貧しくない人とを区別しない．最後に，決められた低所得者住宅に人々を住まわせるときには，住宅補助プログラムはスティグマを押すが，単に家賃を補助するだけのときにはスティグマを押さない．

　福祉の奇妙な形態の多くは，スティグマを与えずに貧者を助ける方法としてみれば，最もよく理解される．最低賃金法はその受益者が誰かを秘密にす

る．最低賃金法は，貧困者と技能のない失業者を目的対象とするが，これらの人々は最低賃金法が存在しなかったとしても福祉を受け取るだろう．境界上の労働者の所得を上昇させることによって，最低賃金法は彼らへの福祉給付の分配を不必要にし，それによって福祉の受給者がスティグマを受けることを免れさせることができる．これが意味することは，受給者を明らかにする福祉制度からの受給を拒否するような貧しい良いタイプの者が，外見を変えた福祉として，水増しされた賃金の形態で現実に受給するということである．家賃統制法もまたその受益者の貧困を隠すものである．豊かな人々も貧しい人々も，ともに家賃統制法の恩恵を被るので（規制が所得に関連しない場合），人は家賃統制法の適用されたアパートに住んでいることから，その住人の貧富を推論することはできない．これらや同様の法律によって惹起される社会的害悪を認めなければならないにしても，以上のように，これらの法律には大きな利点があることが分かる．すなわち，貧しい人と貧しくない人との境界を曖昧にすることで，これらの法律は社会から排除される階層が生じることの害悪を減ずるのである．たしかに，それらによってスティグマを増大させられるような人も存在する．たとえば，家賃統制法や最低賃金法の受益者となるにはあまりに貧し過ぎる人々がそうである．しかし，このようなコストも，社会から排除される階層を作らないという利点のための代価であると考えれば，採算が合うと思われる．スティグマを中程度受ける人々が厖大に存在する状態の方が，スティグマを深く受ける人々がごく少数存在する状態よりも悪いと言えるであろう．

　以上をまとめると，インセンティヴ問題を解決するためにスティグマを意図的に利用することを福祉制度がやめてきているという長期の傾向，同種の利益という給付形態を福祉制度がやめてきているという長期の傾向，そして，福祉給付の手渡しに代わる代替方策へ向かう長期の傾向は，すべて，社会政策の道具としてスティグマ付与を利用することに対する反省が広がってきているという事実と結びつけることができよう[8]．しかし，公共政策について現在戦わされている論争に対して，このような歴史経緯がどれほど関連性を有するかについては，本書はとりたてて何かを主張しようとは思わない．このような歴史もモデルも，最低賃金法やそれと類似の法制の完全な正当化を提供しない．しかしながら，この歴史やモデルは，最低賃金法やそれと類似

の法制が好んで使われているという，経済学者にとっては規範的価値判断としても事実の認識としても理解しがたい現象について，理解するための手掛かりを本章で見たように提供するのである[9].

第11章　比較不可能性，商品化，および，金銭

次の事例を考えてみよう．

・ある人が友人との昼食をキャンセルしたとする．だが，その友人にその補償として20ドルを提供するのは適切でないだろう．友情とお金は比較可能ではない（Sunstein1994, p. 785）．

・1ヵ月の間家を留守にしなければならないような仕事をしてもらうために，雇用主が被用者に1000ドルのボーナスを支払うと申し出ることはできるだろう．しかし，1ヵ月家を空けることを納得させるために1000ドルを支払うという申し出は，必ずや被用者を侮辱することになってしまうだろう．家族の関係とお金は比較可能ではない（Sunstein 1994, p. 785; Raz 1986, pp. 348-349）．

・ある美しい山は見る者の胸を打つかもしれないが，「この山は100万ドル分の価値がある」といったことは言わないだろう．環境の素晴らしさとお金は比較できない．(Sunstein 1994, p. 786; Raz 1986, pp. 348-349)．

・自分の芝生を刈ってもらうのに隣人に20ドル支払うという申し出をするべきではないし，またセックスのために支払うべきでもない．隣人であることや肉体関係はお金と比較可能ではない．(Sunstein 1994, pp. 786-787)．

・役者や教師の価値が，その人の給料やその他の金銭的報酬の額と等しいと言ってしまうと無礼である（Sunstein 1994, p. 788）．

サンスティン（Sunstein 1994）や他の論者たちは，選択肢が，しばしば通約不可能ないし比較不可能（incommensurability）であるという見解を擁護するために，こうした事例に訴えかけてきた．選択肢の比較不可能性の議論は，厚生経済学を批判する根拠として提示されている．なぜなら，厚生経済学は通常，選択肢が単位をドルとする共通の尺度に従って評価することが可能であることを前提としているからである．

比較不可能性の議論は，直観的には説得力があるものの，人々が実際にはしばしば比較不可能な財とドルとを交換しているというまずい事態に直面する．サンスティンは，いくらかのお金のために友人を放棄するかもしれない「絶望的なほど貧しい人」について言及するが，彼は要するに繊細すぎるのである．法律家，ビジネスマン，映画の大立者，政治家，時間や資源に制約された普通の人でさえもが，友情を維持するコストがあまりに高いときには友人を見捨てるのである．人々が遠く離れた場所での魅力的な仕事のオファーを受け入れて家族との関係を危険にさらしたり損なったりすることはよくある話である．洗剤を選んだり，紙製品を買ったり，瓶は別だが新聞だけはリサイクルしたり，小さなアパートよりも大きな家を買ったり，ゴミを散らかしたりすることは，人々が環境に対する評価を表明することなのである．人々はセックスや交際のためお金を払うが，ときには堂々と，ときには慎重に隠しながら（贈り物の形で支払いを行う，など）行う．芸術家や教師は，自分の給料がある水準以下に落ち込むと投資銀行家になる．労働者はリスクに対するプレミアムを受け取り，政府機関は規制のコストと便益を計算するためにこれらのリスク・プレミアムを用いるのである．

そうすると問題は，なぜ人々がいくつかの選択肢は比較不可能であると言い，そのように信じてさえおり，そして比較不可能であるという見せかけを維持するためにこしらえられた方法に従って振る舞う一方で，同時にあたかもそれらの財が比較可能であるかのように行動するのであろうか，ということである．サンスティンは価値の多元性と選択肢の比較不可能性が根源的であり，それらを説明する選択の理論こそが人々の行動を説明できると論じることで，ディレンマの一端を解決している．ここでは，協力による利得のために人々がパートナーを合理的に求めるような均衡においては「比較不可能性の主張」と私が呼ぶものが創発すると論じることで，ディレンマのもう片

方の一端を解決しよう．

筋を通す行動 (principled behavior) のモデル

　比較不可能性命題によれば，規範的に正当化された共通の尺度に人々が常に従って選択肢を評価するということは不可能である．この命題の擁護者のほとんどは，人々は選択肢の中から選ぶことはできるが，その選択は選択肢間の質的相違に依存し，単一次元の評価のベクトルに還元できないのだと論ずる[1]．これらの擁護者たちは選択の道徳性についての主張としてこの命題を提示するが，私はそれを社会学的事実として扱おうと思う．すなわち，合理的選択理論によって要求されると言われる利益衡量を日常生活で行うことを，人々が拒否する傾向である．本章では，この行動が第2章において示された協力のモデルと整合的になることを主張する[2]．

　比較不可能性命題はしばしば自分についての「自己申告」を記述するものではあるけれども，それは彼らの実際の「行動」を，すなわち，日常生活において彼らが行う選択を記述してはいない（もっとも，自己申告が自分の行動に影響を及ぼすことはあるが），というのが私の主張である．人々は，他者との交流において戦略的に有利になるように，合理的に比較不可能性の主張を行うのである．比較不可能性の主張は人々の利益や価値観を反映しているのではなく，それらを隠しているのである．

　第2章で述べた協力のモデルにおいては，ある人の評判とは他の人が彼の協調性（ないしは割引率）について持つ信念を指している．この解釈が示唆するのは，評判は連続的な変数であり，事実私たちはしばしばこのように話している．私たちは，XはYよりも良い評判を得ているとか，Xの評判は彼が事態をうまく収拾させた結果高まった，などと話す．しかし私たちは，あたかもある評判を持つことがある意味において「筋を通す」ことを意味するかのようにも話す (Schelling 1960, p. 34)．日常会話において，Xは筋を通す，筋を曲げるというふうに，あたかも評判のこの側面が二値的変数であるかのようにも話している．少しだけ筋を通すということはないのである．この「筋を通す」という観念を私たちはどのように説明すべきだろうか．

　常識的な解答は，筋を曲げる人は自己利益から行動し，筋を通す人はそうではなく，その代わりに道徳のルールや利他主義の要求に従う，というもの

である．しかしながらこの区別は役に立たない．筋を通すとみなされている人が，利得が十分に高いときには筋を曲げる行動をするのをしばしば目にすることがある．加えて，利他主義は筋を通す行動とも違う．自分の子どもが成功するように道徳のあらゆるルールを侵す両親は，利他主義者ではあるが筋を通す人ではない．反対に，慈善活動への寄付を行う人を動機付けるものは，利他主義ではなく，それが筋だと考えるからかもしれない．問題は，合理的選択で普通用いられる前提を放棄せずに，筋を通す行動をどのように説明できるかである．

　協力モデルに依拠すればこれらの前提を放棄せずにすむが，一見したところ，このモデルは筋を通す行動の二値的性質の説明をしてくれない．協力モデルが含意するのは，もしある人が良いタイプに属していると人々が信じるならば，彼が筋を通すと信じ，もしある人が悪いタイプに属していると人々が信じるならば，彼は筋を曲げると信じる，ということである．この議論の難点は，筋を通す行動の特徴である断絶あるいは不連続性を説明しないだけでなく，ある人は別の人と比べてより協力するという単純な事実さえも説明しない点である．AとBとCの3人からなる社会を想定してみよう．Aは非常に低い割引率を持ち，Bは通常の割引率を持ち，Cは高い割引率を持つとしよう．通常の関係においては，Aは決して裏切らず，Bはめったに裏切らず，Cは頻繁に裏切ることが観察されるだろう．問題は，なぜ人々が「AはCよりも将来の利得を気にしている」と言わずに，「Aは筋を通すがCはそうではない」と言うのだろうか，ということである．そしてAは，「私は裏切ったことはないが，それは十分に価値ある機会が訪れなかったからだ」とは決して言わないのはなぜであろうか．なぜBもCも自分は筋を通すと主張し，その欠点を認めるのではなく弁明したり正当化したりしようとするのであろうか．

　情報の不完全性の問題に焦点をあてることでこれらの問題に答えられる．Yと協力関係に入ろうかどうか決めようとしているXを想定してみよう．Xは過去にYとのつきあいはなく，Yの行動をX自身が観察するだけではYの割引率を推定することができない．彼はYには夫がおり，いくらかの商売上の取引相手がおり，多くの友人がいるのを知っていて，また彼女は夫や友人を裏切るようなことは決してなかったが，「彼女は手抜きをする」と彼女の商

第11章 比較不可能性，商品化，および，金銭　269

売上の取引相手の多くが不満を漏らすのを聞いている．Xの問題は，情報——肯定的であるにせよ否定的であるにせよ——にどの程度信頼がおけるのかが分からないということである．Yは夫を裏切っているが慎重で秘密を漏らさないのかもしれない．Yは商売上の取引相手を騙してはいないのだが，彼らは彼女の成功を妬み彼女の顧客を引き抜こうとしているのかもしれない．もし他の望ましい相手と取引できるのなら，Xは彼女の多くの魅力にもかかわらず，Yとの関係を拒絶するかもしれない．

　Xや他の人々に対して彼女の魅力を大きくアピールするために，Yはシグナルを送る．贈り物をし，避ける「べき」人々を避け，着る「べき」服をまとい，話す「べき」言葉で話す，などである．しかしながら，これらのシグナルはいつもそのタイプをうまく明示してくれるとは限らず，シグナルが溢れかえっているときには成功しにくくなるだろう．企業行動に関する有名なモデル，すなわち，高品質の商品を製造する費用を賄うために良いタイプの企業は高い価格を設定しなければならない，というモデルについて考えてみよう (Klein and Leffler 1981)．悪いタイプは低い価格を提示し，「廉価なのはより効率的な生産方法のためであり，商品の質が低いためではない」と主張する．顧客を引きつけるために，良いタイプは宣伝によってシグナルを発する．良いタイプが自らを悪いタイプと区別できるのは，良いタイプだけが高価な宣伝を賄えると顧客が信じている場合だけである．しかし，高額のお金を払って宣伝をする会社がよりよい商品を生産する，と顧客が信じてくれないかもしれない．良いタイプの会社は，空虚な広告を用いるよりも，自分たちの商品が競合他社のそれより良いと言うことによって，この信念を顧客の心に植え付けようとするかもしれない．しかし顧客はこの言明を信じないかもしれないし，競合する広告の雑音のただ中でそれが聞こえなかったり覚えていなかったりするかもしれない．顧客が高価な宣伝を用いる会社がよりよい製品を作る傾向にあると信じていたとしてさえ，彼らは高価な宣伝とそれほど高価でない宣伝とを区別できないかもしれない．そして，高価でない宣伝を購入する悪い会社は良い会社と区別不可能となり，お金を節約するために良い会社は悪い会社の宣伝戦略を模倣するかもしれない．

　その結果，良い会社も悪い会社もそれほど高価でない宣伝の中で，自分たちはいつも高品質の商品をお届けしています，と言うことになる．彼らがな

ぜこうした言明をするのかについては二つの考え方がある．まず，彼らは自分たちが良いタイプであることを宣伝が示していると購買者に説得するために「何か」言わなければならないし，そのとき自分たちは良いタイプですと言うのが自然なことである．彼らは「決して裏切りません」(すなわち「私たちの商品は高品質です」)と言い,「たいていの場合, 私は裏切りません」とか「私が裏切るのは1パーセントの確率です」などと言わないのは,「決して裏切りません」という主張が，人々の注目を一致させるフォーカルなものだからである (Schelling 1960, p. 57). 信頼できることを購買者に説得したい企業が，自らの信頼性について部分的な主張（98パーセントないし97.5パーセント信頼できる）よりも，絶対的な主張（100パーセント信頼できる）をするのは，部分的な主張の方がより誠実であったとしても，人々は信頼性の度合いを区別しないし，絶対的な信頼性の主張以外のものを実質的な非信頼性の承認として解釈してしまうからである．シグナリング・モデルにおいては適切な費用構造を伴うどんな行動もシグナルとなりうるので，そうだとすれば，広告の文脈で最も自然なシグナルになるのは「商品はいつも高い品質である」という主張なのである．

「決して裏切らない」とあらゆる種類の会社が主張する理由についての第二の考え方は，ほとんどの購買者がそうでなくても，一部の購買者は信じ込みやすい（ここでは，あまり情報を受け取っていないということを意味する）かもしれないというものである．もしこれらの購買者が言われたことを額面通りに受け取るなら,「裏切らない」という強い方の言明を行った会社から彼らは買うであろう．誠実にも「10パーセントの確率で裏切る」と言った会社は,「9パーセントの確率で裏切る」と言った会社に顧客を奪われるであろう．そうなれば，互いに顧客を失うのを避けるために，会社は0パーセントまで競り下げてくるだろう[3]．情報をあまり受け取っていない人はおらず，企業のうちのわずかな部分は本当に筋を通すと仮定しても，同様の帰結が導かれるだろう．

なぜ人々がこのように行動するかについて明らかにするために，後者の事例での購買者の身になって考えてみよう．もし販売者が私は決して裏切らないとあなたに言うなら，あなたは彼を信じないかもしれないが，他のすべての販売者が同じことを言うので，この言明はこの販売者を避けて他の販売者

を選ぶための根拠には全くならない．しかしもし販売者が「私はときには裏切ることもある」と言い，他の販売者のすべてが「私は裏切らない」と言っているならば，他の販売者に賭けてみようとするのはもっともなことだろう．裏切ることを認める販売者は，少なくとも正直であり，購買者はこの販売者に敬服すべきであると論ずる人もいるかもしれない．しかし裏切る者は誰であれ，定義上，不正直なのである．もし彼が裏切りますと言うなら，裏切ることを否認する人々よりも彼がより正直であると信じる理由はない．裏切ることを否認する人たちのうちの誰かが本当に正直であることはありうることだが，裏切を自認している者が正直であることは不可能なのである(4)．

　絶対的ないし極端な主張を信じないほどあなたが冷笑的であったとしても，絶対的な主張を行う販売者とそうでない販売者とで異なる取り扱いをするようなことはないだろう．異なる取り扱いをしても得るものは何もないのである．(実際，もしあなたや他の人が異なる取り扱いをしようとするなら，裏切る可能性を減らすことなく，彼らはあなたの期待に添うように行動を順応させるだろう．もし「50パーセント誠実である」とふれてまわる会社を顧客が最も信頼するなら，どの会社も「50パーセント誠実だ」とふれてまわるだろう！）けれども，もし信じやすい人たちがいるのなら，販売者は絶対的な主張をすることで利益を得る．これらの主張にコストはかからないのである．彼らは冷笑家とのビジネスを失うこともなく，信じやすい人たちとのビジネスをも得るか，少なくとも失うことは避けることができるのである．

　以上をまとめると，会社はその動機の純粋さと商品の品質について誇張された主張をするよう強いられているのである．これらの「決して裏切らない」という誇張された主張は，筋を通すという主張として書き換えられる．決して裏切らないという主張は，筋を通すという主張なのであり，しばしば裏切りますという主張は，筋を曲げるという主張なのである．

　この分析は会社と消費者との関係についてのみ適用されるものではない．それはいかなる協力的関係にも適用される．悪いタイプ，あるいはより悪いタイプが「自分は筋を通す」と主張するのは，誰かがそれを信じているという可能性があるからか，ないしは筋を通すことが，人々の注目を一致させるフォーカルなものだからである．良いタイプは悪いタイプに従わなければならず，さもなければ悪いタイプと受け取られてしまうリスクを冒すことにな

る．前に出てきた事例に戻るが，購買者は「底値以上では買わないよ」と言う．彼は「本当に欲しくてたまらないのでない限り，底値以上では買わないよ」とは言わないが，後者の言明の方が前者より正確であったとしてもそうである．第二の例では，販売者は「配送が遅れるようなことは決してありません」と言うが，「深刻な労働問題があるときだけは配送が遅れます」とは言わない．社会的関係において，人々は友人や恋人に，「僕は決して君を裏切らないよ」とか「僕を当てにしていいよ」とか言うが，「そうすることのコストがある閾値を超えないなら，僕を当てにしていいよ」とは言わない．

　これは，契約の履行を妨げるような労働問題は将来にわたって生じないなどとは販売者は決して言わないだろう，という議論ではない．そういうことを言う販売者もいるが，それは「私は裏切るだろう」ということとは違う．販売者が購買者に配送を妨害する労働問題があるかもしれないと伝え，それにもかかわらず購買者は販売者のオファーを受ける場合は（おそらくこのリスクを考慮して価格調整をしたうえで受けるのだろうが），労働問題のための配送の遅れは裏切とはみなされないのである．ある関係の中で生ずる価値の最大化の責務は，厳格でも柔軟でもありえ，それは文脈によるのである．

　さらに二つの点に言及しよう．まず，自分は筋を通すと主張する人は，真実を語ってはいないけれども，誰も欺かれていないので彼の不正直は無害なのである．前に述べたように，利得が十分に大きいときには，合理的な人は評判を犠牲にするだろう．しかし筋を通す人は，そのような利益衡量を決してしないと主張する人である．筋を通すと主張する人は「利得が評判からくる損失を上回らないなら裏切らないですよ」とは言わない．彼はただ「決して裏切らない」と言う．人々が極端な言明に駆り立てられるのは，極端な言明の方が人々の注目を一致させるフォーカルなものだからであり，そして，悪いタイプの誇張された主張に張り合う必要があるからである．こうして，すべての人々は自分は筋を通すと主張するが，信じ込みやすい人たち（子どもなど．――大人の世界のこの事実の発見が彼らの幻滅の始まりである）を除いて誰にもそれは信じられてはいないのである．頽廃の空気があらゆる交渉のテーブルを覆っているのである．

　第二に，良いタイプはできるだけ言行が一致するように振る舞うことで，そしてチェックされうる主張を行うことで，自らを悪いタイプから区別しよ

うとする．筋を通すという主張が嘘であることを聞き手が確認したときにはもう手遅れ——言った人はもう騙した後——なのである．しかし言う人の方は，発話の安っぽさの問題を克服しようとして，自分は筋を通すという主張を自分自身についての一般的な見解へと組み入れるかもしれない．次の一般的な言明を考えてみよう．「嘘をつくとき私はひどく罪の意識を感じます」「両親は私に他の人につけいるようなことは決してするなと教えました」「神は嘘を語る者を罰します」「軍隊において私たちはいつも真実を述べよと教えられました」．こういうふうに言うと，何の脈絡もなく自分の誠実さを主張するよりももっともらしく聞こえる．それは，話し手が彼自身に関する他の事柄をさらけ出しており，彼の誠実さを証明するためにはこれを利用できるからである．もし最初の話し手が後で不快な悪ふざけをし，二番目の話者が孤児であったことが明らかとなり，三番目が無神論者で，四番目が懲兵忌避者ならば，聞き手は警戒し始めるべきだろう．

　良いタイプの中には，悪いタイプから自らを区別しようとして，そうでなければしないような発言や行動をする人もいる．良いタイプは，自分の発言を歪めるだけでなく行動をも歪めるよう駆り立てられていることに注意されたい．不信心者は自分は筋を通すと主張し，教会で多くの時間を費やすという事実をその証拠として示すかもしれない．もし教会で長い時間を過ごすことが十分にコストのかかることであり，しかも人によってコストが異なるなら，こうした主張を行うことでその人は良いタイプとして自らを区別するだろうが，彼がそうするのは他の人が主張を確かめられる場合だけである．もし彼が教会に行っていないのを他の人が見ていれば，彼が悪いタイプだということがばれる．筋を通すことを示す方法として教会に行くのは，宗教的慰めを彼が求めるからではない．このシグナルへ彼が投資すれば，パートナーは彼と協力することができる．そのようなシグナルを発することもできない悪いタイプがいるので，その分だけ協力が促進されることになる．この意味において，シグナルへの投資は協力を拡大するのに役立つのである．しかし，やはりまだその人は「筋を曲げる」．なぜなら，外生的な変動が起こって彼の利得が十分に変化すれば，彼は裏切るからである．

　比較不可能性の問題に進む前に，これまでの議論を要約し，重要な反論に答えておこう．ここでの議論は以下のようなものであった．合理的な自己利

益から行動する人々は，言葉の通常の意味での「筋を通す」ということ，すなわち，彼の関わる協力関係において決して裏切らないと主張する強いインセンティヴを持つ．筋を通すと主張することで，人々は原理原則の求めるところと一貫するように行動しなければならず，さもなければすぐに悪いタイプとして認定されてしまう．それと同時に，長期の評判のコストを短期の利得が上回るときには，人々は裏切るだろう．絶対的な言明が，人々の注目を一致させるフォーカルな性格を持っていて，信じ込みやすい人たちが存在するとしたなら，真実を認めず，逆に決して裏切らないと主張する強いインセンティブを持つことになる．均衡においては「裏切るかもしれない」などと認める人はいないので，「私は裏切る」という言明を行うと「その人は悪いタイプに属しているのだ」と人々に推論させてしまう．

　次のことは強調しておく価値があろう．つまり，筋を通すという主張を行うとその人の行動を制約する場合があるため，筋を通すという主張をしなかったときよりも裏切る頻度が少なくなる（もっとも，利得が十分に高いなら彼は裏切るが）．したがって，筋を通すという主張は，仮にそれが筋を通す行動を保証したり反映したりしないとしても，実際には社会的利益をもたらす——裏切の総量を減らすことによって——かもしれないのである．

　この理論に対しては，セン（Sen 1977）の言葉を借りれば「合理的な愚か者」のように人々を扱っているという異議がある．経済学は人々が合理的な計算機械であると仮定するが，実際のところ人々は原理原則や彼が「コミットメント」と呼ぶものによってしばしば動機づけられている，とセンは雄弁に論じている．私の理論は，人々が「あたかも」原理原則によって動かされているかのように行動するのはなぜかを示している．したがって，何でも説明してやろうという合理的選択理論の野望を批評する意図がセンの議論にあるとすれば，その限りにおいて私の理論はセンの批判に答えるものになっている．たしかにセンの主張は，現象学的に言って，経済学の方法論は人間の動機の重要な側面を捉え損なっているという主張でもあった．しかしながら，センの主張の問題点は，人々が原理原則「と」合理的計算とによって行動すると単に仮定するだけでは，通常の合理的選択の仮定よりも方法論的な強みが弱まってしまい，しかも私の理解する限り，この損失を補うほどの方法論的利益もない，ということなのである[5]．

比較不可能性

　私はこれまで,「筋を通す」という概念を広い意味で使っており,それは人間関係において裏切らない人(すなわち協力者)であるということとほとんど同じ意味だった.人々が自分は筋を通すと主張するのは,そうした主張をしない人は悪いタイプであると他人から見なされてしまうからである.同様に,選択肢は比較不可能であると人々が主張するのは,比較不可能だと主張しない人は悪いタイプであると他人からみなされてしまうからである.

　この点を理解するために,他の人が自分自身について言うことのほとんどを人々が信じており,他の人々が自分と協力関係に入ってくれることをある人が望んでいるとしてみよう.どういうことをその人は言うだろうか.無限回繰り返されるという特徴のあるゲームにおいては,低い割引率の人は相対的に裏切りにくいため,ある人が低い割引率を持つなら彼は魅力的な協力の相手方である,ということを想起しよう.しかし低い割引率は協力のための十分条件ではない.所与のいかなるラウンドにおいても,他の人が協力するときに裏切ることによって,その人は相対的に少ない利得を手にするのでなければならない.したがって協力の相手方を惹きつけるためには,彼は,(1)低い割引率を持ち,(2)自分の外部機会は価値がないものである,と言うだろう.

　人々は複雑な方法でこれらの主張を行う.第一に,彼らは自分が未熟ではなく成熟していることを,衝動的ではなく自己抑制がきいていることを,弱い人ではなく強い人であることを主張する.これらの主張はすべて割引率に関するものである.第二に,もし彼らが裏切るなら,罪の意識や恥辱を感じてしまい,地獄で焼かれるであろう,と主張するが,そう主張しなければ彼らは他の人に信用されないだろう.これらの主張はすべて外部機会に関することである.第三に,彼らは筋を通すとか高潔であると主張するか,または,合理的ないし戦略的な行動はしないと主張するだろう.これらの主張は,戦略的な行動をそもそも可能とするような計算能力を自分が持っていることを否認するものとなっている.

　ある人が比較不可能性の主張をするとき,彼は第二または第三のいずれかの種類の主張を行っているのである.比較不可能性の主張が,協力からの利

得を裏切からの利得とは比べられないという主張である場合もある．この2種類の利得が比べられると認めることは，より高い利得を提供する行動（協力ないし裏切）を選びますと言っているようなものだろう．比較可能性の否定は，話し手が戦略的行動を採れることの否認であって，話し手が協力しかできないことを保証する意味である．比較不可能性の主張は，利益衡量の問題は存在しないという主張，すなわち，協力からの利得は裏切からの利得とは「異なった価値」(Sunstein 1994) であるという主張なのである．

もう一つのタイプの主張は，協力からの利得は限りなく高いという主張である．もし，裏切からの利得は（含意により）ときにかなり高いとしても限りがある一方で，協力からの利得が限りなく高いとすれば，裏切ることが後のラウンドで協力からの利得を失ってしまうことを意味するなら，合理的に効用を最大化する人でさえ裏切ることはありえないのである．比較不可能性の主張はここでもまた利益衡量など存在しないという主張になるが，今回は協力の利得が非常に高いことが理由になっている．

筋を通すとの主張には以上のように2通りの仕方があるわけだが，サンスティンとリーガンの間の論争はこのことが原因になっている．リーガン (Regan 1989) は，比較不可能性の主張は「話者が何かに限りない価値を置くこと」だと論じる．サンスティン (Sunstein 1994, p. 813) は，比較不可能性の主張は「話者が何かに違った種類の価値を置くこと」だと論じる．人々は両方の主張をしており，そしてどちらを主張しても同じ一般的な戦略的目的にかなうので，私の目的としてはそのような区別は必要ないのである．

一例として，景観の破壊はどれだけたくさんのお金でも補償できないと主張して，ある山の価値（ないしは山の景観の価値）についての費用便益調査に回答するのを拒む人を想像してみよう．環境へのコミットメントは，この人物のコミュニティにおいては，忠誠のシグナルとして役立ち，そして山の景観が何か他の物と取引可能であると言う人は悪いタイプとみなされるだろう．悪いタイプでないことを示すために，彼はそのような取引の可能性を否認するだろう．この主張は，山の景観は無限の価値を持つという断言として，あるいは比較をすることができない（問題にならない）という断言として，解釈されるだろう．両主張は，当該コミュニティへの忠誠をシグナルする戦略的目的にかなう．

なぜもっと単純に，山の景観に無限のないしは比較不可能な価値をその人が置いている，と解釈しないのだろうか(6)．その答えは，極端な状況を除けば，人々はあたかも何かに無限の価値を置いているかのように行動するわけではないということである．つまり，人々は生活の中でごく普通に利益衡量をしているのである．人々は，よりよい仕事のある場所や，子どもにとってよい学校のある場所や，より文化的な場所へと引っ越すために，山の景観を犠牲にしている．いざとなれば，人命を救ったり，薬品を生産したり，犯罪や失業を減少させたりするために，山の景観を諦めるかもしれない，と人々は問い詰められれば認める．何かに無限の価値ないし比較不可能な価値を「本当に」置いている人ならば，彼の持つあらゆるものを，あらゆる将来の機会を，他人にとってのあらゆる善を，その何かを維持するために諦めるはずである．たとえこのような，何かに無限の価値ないし比較不可能な価値を置く人がいたとしても，公共政策の指針に強い影響力を持つにはあまりに少なすぎる．

　この議論に対しては，その人は山の景観を金銭と交換するのではなく，その地域の失業の減少といった他の財と交換するだろう，という応答が返ってくる．山の景観と金銭は比較不可能であるが，景観と失業は比較可能だというわけである．しかし，もし景観と失業が比較できるとすれば，基準としての用をなす金銭とこれら両者とを比較できないのはなぜか，理解に苦しむ．ある額の金銭は山の景観と比較可能性があり，ある失業の減少とも比較可能性があり，少なくとも後者の二つがそうであるほどには，比較可能性があるのである．ここでの暗黙の前提になっているのは，その金額の金銭は他者を顧慮した目的ではなく自己利益的な目的のために用いられるであろうということである．だからこそ山の景観と金銭との交換はけしからぬことなのであり，それはちょうど，山の景観と私用の水泳プールとの交換がけしからぬことであるのと同様である．この仮想のコミュニティの人物は，山の景観と失業の減少に関しては「堂々と」(overtly) 利益衡量できるけれども，これらの選択肢とある額の金銭や私用のプールに関してはそうした利益衡量ができない．その理由は，他者の生活の質を尊重していると告白することでその人が評判からくる利益を得るからであって，自分自身に関心があることを示してもそのような利益は得られないからである．「山の景観は100万ドルのために

犠牲にされうる」と言う人は,「山の景観は失業を減らす目的の場合にのみ犠牲にされうる」と言う人よりも（彼の言葉が人々に信じられているとしたなら）曖昧なシグナルを送っていることになる．前者の人物は現金の分け前をもらうことを期待しているのだろうと他人から思われるかもしれないが，後者の人物がコストを負担しようとしていることは前者の場合よりも明らかになっているのである．

他の例として，教授会を欠席することと引き換えにお金を受け取ること，つまり賄賂は拒否するが，チャイルドケアを利用できないときは病気の子どもと一緒に家にいるために教授会を欠席するような教授を考えてみよう．これらの選択肢は比較不可能だと信じる人もいるだろう．はじめに，金銭的な選択肢（賄賂）が受け入れられないのはそれがお金に関わるからではないということに注目しておこう．政府が「もし教授会に出席したら10万ドルの罰金を科すぞ」と脅していたならば，その教授は欠席してもよかろう，とたいがいの人は考える．賄賂が受け入れられず，脅迫とチャイルドケアの選択肢が受け入れられる理由は以下の点にある．すなわち，教授会のメンバーの間に生じる暗黙の価値最大化の義務があり，その義務は，それと競合する深刻な個人的責務を果たすために，あるいは深刻な損害を避けるために会合を欠席することを認めるのである．これら教授会の義務は，変動が予測されうる嗜好を満足させたり，予測可能な機会に乗じたりすることは許さない．この見解は契約理論においては標準的な考え方である．この例については，そうした行動が合理的な行為者の選択と不整合になることを示すものは何もない．

これと関連する例は次のような人物である．家族と過ごす時間を犠牲にして金銭を得ることは拒否するが，家族と過ごす時間を犠牲にしてよりよいキャリアの機会を得ようとはする人である．この人は家族との時間が無限の価値を持つと主張しているのではなく，それが金銭や，あるいはよりよいキャリアの機会とさえ共通の尺度の上で比較することはできない，と主張するのである．けれども，この議論において達成されるものが何であるかを理解するのは難しい．家族と過ごす時間と金銭とを交換するのは，家族関係における裏切とみなされそうである．よりよい仕事の機会のために家族との時間を犠牲にすることも裏切だとみなす家族もいるであろうが，そうでない家族もあるだろう．それはただ，どのような価値最大化の義務が生じているかに依

存する．比較不可能性が起きるのは，人々が何かを得るために家族との時間を犠牲にするようなことはしないと約束するからである．このような「絶対」主義者の主張はここでもまた，より誠実で控え目な主張（たとえば「自分にとって非常に重要なもののためでなければ，私は家族と過ごす時間を犠牲にすることはない」といった主張）と比べて，人々の注目を一致させるフォーカルな主張になり，また，競合する悪いタイプが行う誇張に対して抵抗力のある主張になる．そうした交換が道徳的に見てきまりの悪いものになっているのは，ゲームの罠にかかってしまった，という人々の感覚を反映している．そのゲームでは，プレーヤーは誠実さという贅沢品を使うことができないのである．

　上述の通り，比較不可能性の主張は戯言にすぎないと言っているわけではない．実際，これらの比較不可能性の主張によって，人々はディレンマに陥っているのである．人々はそれと本当に一貫するようには行動できない．その一方で，主張と一貫した行動をしなければ，確立しようとする評判をその人は失うかもしれない．一般の人々は自分の行動が目立たないようにしているので，自分の比較不可能性の主張とは違った行動をとるというのはさほど頻繁には起きないし，また起きたとしても極端な状況においてである．だが，これは政治家にとっては厄介な問題である．それというのも，彼らの発言と行動は報道機関によって注意深く調べられるからである．比較不可能性の主張をしない政治家は，ヴィジョンと清廉さを欠いた人物と呼ばれるだろう．逆に比較不可能性の主張をする政治家は，筋を通すとか厳正であるとかと呼ばれるだろう．だが，そういう主張をしておいて妥協を強いられるようなことがあれば，その政治家は「二枚舌（slick）」と呼ばれてしまう．一般の人たちは，比較不可能性の主張が合理的行動と整合している限り，すなわち協力が合理的である限り，この問題を回避できる．協力行動が合理的でないときは，彼らは裏切り，詭弁を弄して機会主義的行動（日和見主義）をごまかそうとする．

　第三の例は，昼食をキャンセルする友人である．キャンセルされた昼食への補償として，友人のYに20ドルを出そうと申し出るXという人物は，何か間違ったことをしている．しかし何がいけないのだろうか．次のようにYが推論すると考えてみよう．

「Xが私Yに20ドルを申し出たということは, 自分のキャンセルが私に20ドルのコストを課すような裏切であったと私が考えている, とXは信じているに違いない. もし私がこんな (些細な) 裏切に金銭的価値を置いているとXが考えているのであれば, より重大な裏切や背信にも私が金銭的価値を置いているとXは考えているはずである. しかしそれはどういう意味かと言うと,『もし利得が十分に高かったならばYは私Xを裏切っていただろう』とXが考えているということである. したがってXは, 20ドルを申し出ることによって,『もし利得が十分に高いならばYは私Xを裏切るだろう』と自分が信じているということを, 私に暗にほのめかしているのである. しかしもしも,『自分の得になる機会があればYは私を裏切るだろう (たとえば, 何か彼にとって本当に悪いことが起きたのにYがXを助けに来ないなど)』と彼が考えているのなら, 自分が得する場合に私に対する裏切を彼が思いとどまることはほとんど期待できない. だが友人がそれをできないのなら, 友人というのは何のためにいるのだろうか.」

しかしなぜ,「Xは聖人ではないが, それでも私の友人でありうる. 友情に無限の価値を置くのは聖人だけなのだ」とYは自分に言い聞かせないのか. その答えは,「絶対」主義者の主張が, 注目を一致させるフォーカルなものであり, 悪いタイプの誇張された主張に対して抵抗力があるということである. もしXがYとの友情にAドルの価値を置き, 誰か他の人がYとの友情にA＋1ドルの価値を置いていると主張するなら, さらに別の人はYとの友情にA＋2ドルの価値を置くと主張し……, と延々と続く.「友情にある額以上の価値を置いている」という悪いタイプの主張に耐えうるのは無限の価値だけである. その際, 良いタイプを欲求不満にさせるのは次のことである. つまり, 友情に無限に価値を置いていると主張して「彼は悪いタイプに属している」という推論をされるのは避けているが, それと同時に, 彼は自分自身を悪いタイプと区別できなくなっており, 彼らと張り合うことで彼もまた堕落している, ということである[7].

比較不可能性の主張の中には, 多くの学者がお金に対して感じる欲求不満

が隠れている．重要な慣行・価値観・関係が金銭によって衰えていく，と彼らは信じている．経済学者は，金銭は私たちが利益衡量せざるをえない財貨サーヴィスを評価するための指標にすぎないということを指摘して，こうした主張を一笑に付す．もしお金が存在しないなら，私たちは物々交換をするであろう．だがそれでもやはり，比較不可能性を侵害するある種の交換は起きるだろう．もともとお金は全く悪くはないのである．しかし経済学者の反応が正しいわけではない．

　金銭の問題点は，あらゆる選択肢を序列化する尺度を提供することで協力の基礎にある戦略を暴露し，さらに協力の基礎にある戦略を暴露することで協力を台無しにしてしまうことにある．観察可能な選択肢が市場によって供給される場合，ある人がある特定の関係にどれほどの価値を置いているかは，ある範囲の中で推定されうる．その人は「彼は悪いタイプに属している」と推論されるのを避けるために，そして自分のパートナーに「私はこの関係に最大限の価値を置いているのだ」と説得するために，彼はその関係に置いている価値を誇張しなければならない．けれども誇張であることは誰もが知っているだけに，その誇張は厄介な代物である．これがもとになって，金銭と市場に結びついているスティグマと，市場経済が作り出すと言われる疎外感の両方が生じているのである[8]．そうしたスティグマは，比較不可能性の主張を引き起こしたのと同じダイナミクスを反映している．すなわち，より高い利得によって買収されたり裏切りそうになったりするのを（比較的）免れていることを表明するために，人々はあまりにあからさまにお金を欲する人たちに烙印付けを行うのである．そういったわけで，人々は，お金を貯め込むのに血眼になっている場合でさえ，自分たちがお金によって動かされていることをいつも否認しなければならない．また疎外感の方は，自分の行動にどうしても利益衡量が反映してしまうことと，この事実が世間では否認されていることとの不協和から生じるものである．

　隣人関係，親密な関係，仕事上の関係，政治的関係に対しても同様の分析ができる．これらはすべて協力が必要な企てであって，自分が裏切者でないというシグナルを送ることが重要である．関係に入っている当事者たちは，絶えず互いに忠誠のシグナルを送り合う．正確に言うと，関係を断ち切る方が自分たちにとって価値があるかもしれないということを彼らが知っている

——そして自分のパートナーもそれを知っているということを彼らは知っている——からである．忠誠をシグナルする方法の一つは，「この関係は他の選択肢と比較できない」と言うことである．これを本当に信じる人は少ないが，この疑念をおおっぴらに表現してしまうと，間違いなく関係の終了というリスクを冒すことになる．

先に見たように，「環境財は無限の価値，あるいは比較不可能な価値を持つ」という主張もまた，自分が裏切らないことをシグナルするために比較不可能性の主張を利用する例となっている．環境に関心のある集団（ここでは広く定義してあり，環境に巨大な価値を見いだす人たちと何らかの関係に入っている人々も含む）にいる人々は，その集団が向かう目標に無限の，ないし比較不可能な価値を自分も置いていると言うことで，他のメンバーに対して自分の忠誠を示す．人々がこういうことを行うのは，「私は悪いタイプに属していない」ということを他人に納得させるためである．このロジックは他の活動にも拡張できる．教師たちは互いに「教育こそ偉大な価値である」と言うが，その集団的努力へ自分が忠誠を捧げていることを相互に納得させるためである．研究者，医者，弁護士，俳優，芸術家，おそらく他の人たちもみんなそうである．「私たちは応分のに給料をもらっているよ」と同僚に言ってしまうと，同僚はその人を慕わないだろう．一方，「私たちはみな給料を十分にもらっていない．私たちのやっていることの価値なんて誰も分かっちゃいないのだ」と言えば慕われるかもしれない．最初の発言をする人は，たとえば組合の結成の際には頼りにならないが，後の方の発言をする人は少なくとも当てにはできるかもしれない．

このような筋を通す行動についての議論に対しては，この議論が含意するほど人々はシニカル（冷笑的）ではないという反論がある．しかしながらこの議論は，人々がシニカルであるとか，彼らが比較不可能性をシニカルに主張しているなどとは，主張していない．実際，比較不可能性の主張を信じている人は多いのである．状況が裏切への価値ある機会を提供しない限りは，比較不可能性を心から主張できる．利害とイデオロギーの要請が一致する限り，少なくとも反省的でない人については，解決されなければならない認知的不協和というものは感じられないのである．だがそれらが衝突する場合，通常の反応はその欠点を合理化することである．すなわち，信じられる方法

で，そして筋を通す人としての評判や自己イメージを保持できる方法で，自分についてのストーリーや行動を修正することである．たとえば，「それは本当の裏切じゃないのよ，だって他の人がどのみち私を裏切ろうとしていたのだから」，「誰しもときどきは間違うものよ，もうそんなことは起こらないわ」というように[9]．

規範的含意

　これまで述べてきた理論から「政府が政策を決定する場合は比較不可能性の主張を単に無視すべきである」という含意が引き出せると都合がよいのだが，それよりも話はもう少し複雑になる．ある森林の小区画を保護するか，それとも会社にそれを開発するのを許可するか，どちらかを政府が決めなければならないとしてみよう．開発による利益としては，雇用の創出と重要な薬剤の製造が挙げられる．開発のコストとしては，自然環境の一部の破壊がある．人々に尋ねたら，この区画の環境は無限の価値を持つとか，お金には還元できない，他の財とは比べられない，などと彼らは言い出し，いずれにせよ区画に金銭的価値を割り当てるのを拒否する．政府はどうすべきだろうか．

　単純な答えは，政府は人々の反応を無視すべきであり，その森の区画を保護するために人々が差し出すであろう金額を見積もるべきだ，というものである．これらの人たちはそのプロジェクトに対して本当に無限小の評価を下しているわけではないし，損失と利益が比較不可能であると本当に信じているわけでもないのだから，政府は調査の回答をあまり重く見るべきではない，ということである．

　単純な答えの第一の問題点は，社会的，商業的，政治的生活において比較不可能性の主張が果たす重要な役割を無視している点である．比較不可能性の主張が真の評価を反映していないとしても，行動の形態としては価値を持つ場合がある．比較不可能性の主張は協力的関係を維持するのに役立つし，協力的関係はそれらが第三者を害しない限り価値を持っているのである．もし国が比較不可能性の主張を人々に禁止したとしたら，この禁止は（必ずではなくとも）人々の状態を悪化させる．なぜなら，自分が協力的関係にふさわしいということを，人々がシグナルとして知らせることがより難しくなる

からである．もちろん，国はそうした主張を人々に禁止することはないだろう．しかしそうした主張を政府が無視する場合でさえも，比較不可能性の主張の信用を傷つけてしまい，その主張が持つ戦略的な有用性を損なう結果となるだろう．事実，功利主義の観点からは，比較不可能性の問題は政府をディレンマに追いやるのである．もし政府が比較不可能性の主張を真面目に受け取るならば，社会厚生を増大する利益衡量ができなくなるだろう．けれども，比較不可能性の主張を割り引いて考えたならば，協力が必要な企てに関わろうとする人々の努力を妨げてしまうかもしれないのである．

　また，比較不可能性やその他の原理原則に立脚した主張が存在していることと，それらの主張が何に「ついての」ものであるかということとは区別すべきである．人々が比較不可能性の主張を行っても，それは「何であれ」，政府が差し止めることはできない．もしそれができたとしても，新しい均衡の方がより大きな社会的富をもたらすと信じる理由は何もないのである．しかし比較不可能性の主張の中には，より多くの社会的コストがかかってしまうものがある．民族の純粋性が原理原則の問題になっているような人々は，自らの民族集団内部では素晴らしい協力者だろう．これらの人々は，外部の人々から利益を得るために，「自分の集団のメンバーを裏切ったりしない」と主張する．これがなぜ比較不可能性の主張になるかと言うと，「外部からどのような利益がもたらされようとも，それが民族的忠誠の絆を破壊するのは認めない」という主張になっているからである．この主張が効果的に協力を促進することは，ナショナリズム運動の歴史に見ることができる．合衆国においては，白人が互いの結束を強化する手段として，そのような主張が頻繁になされてきた．しかしこの種の比較不可能性の主張が政府からの尊重には値しないのは明らかであった．というのは，このように主張するとその人は第三者を害することにコミットしてしまうからである．同様の議論は，宗教上の比較不可能性の主張についても行える．これらと比べると，家族や友人についての比較不可能性の主張は，完全にというわけではないが，相対的にはまだましである．

　環境についての比較不可能性の主張も同じような困難を呈する．環境保護は人々が馳せ参じてきそうな原則である．彼らは環境についての比較不可能性の主張を，似た考えの人々への自分のコミットメントを示すために行う．

環境の比較不可能性の主張は，民族の比較不可能性の主張と異なり，第三者を直接害する行動へ主張者をコミットさせることはない．これら環境の比較不可能性の主張の問題点は，もし彼らがそのように行動したなら，間接的に第三者を害するであろう――開発の制限のために，仕事，医薬品，安価な食材が人々に与えられなくなる――ということである[10]．私は開発が必然的によいものだ，と論じているのではない．政策の影響を受ける人々の厚生に対して当該政策がどれだけ貢献するかに基づいて政策を評価しようとする努力を比較可能性の主張が妨害し，そしてこの妨害は真正な道徳的価値を持ち出しても正当化されない，ということを論じているのである．その妨害はむしろ，集団内部ではある特定の政治的地位がその人の信頼性の象徴になっている，という事実からくる副作用なのである．身体の完全さに関する比較不可能性の主張についても，同様のコメントができる．このような主張に含まれるのは，人々が自分の臓器を売るのは許されるべきではないとか，女性が代理母契約を結ぶのは許されるべきではない――どれほど本人に利益をもたらすとしても――という主張などである[11]．

　政府は比較不可能性の主張をただ無視したり割り引いたりすればよいという単純な応答の第二の問題点は，それがパターナリスティックだというものである．いったいどんな根拠で，政府はその市民の表明した見解を無視するのか．この問いに対する簡単な答えは，「それが市民の利益や価値観を反映していない場合，政府はこれらの見解を無視すべきである」というものである．評判が落ちるのを避けるために市民が比較不可能性の主張をするとき，選好は隠蔽されてしまい，選好を尊重する政策をとったとしても選好を反映できなくなる（Kuran 1995，Loury 1994と比較のこと）．こうした状況においては，政府は表明された選好に従うべきではない．

　これはイデオロギーの理論であり，第7章でほのめかしたものである．イデオロギーは人々が表向きは是認するような命題からなっているが，人々がそれを是認するのは，自分が良いタイプであることを示すためである．これらの命題を表向き是認することは，忠誠を示すシグナルとして重要である．なぜなら「これらの命題を拒絶する人たちは悪いタイプである」と人々は推論するからである．イデオロギーは，人々が実際に持っている世界観の誇張されたヴァージョン，ないしは単純化されたヴァージョンである．イデオロ

ギーでない世界観が持っているニュアンスや陰影はイデオロギーのヴァージョンでは消えてしまうが，それは，細やかさのある命題はシグナルとしての用をあまりなさず，極端な命題の方がシグナルとして役立つからである．イデオロギーは硬直的で，突然湧き起こり激しく瓦解してゆく．イデオロギーでない世界観は柔軟で，それらは徐々に移ろい発展してゆく．イデオロギーの硬直性，そしてイデオロギーの変化の不連続性は，シグナリング均衡の自己補強的性質から生じているのである．忠誠を示すために人々がある特定の立場を公然と認めている限り，それに不同意を表明したり，わずかに異なる見解を表明したりすることさえ人々は嫌がる．けれども，ひとたび環境の変化が逸脱のコストを十分に増大させたり減少させたりすると，均衡は崩れてしまうのである（Kuran 1995）．

　批評家の役割は，一般に普及はしているが，忠誠を示すための恣意的なフォーカル・ポイントになっているだけで，人々の真正の利益を反映していないような命題を見極めることにある．代議制を損なってしまうような政治過程での歪曲を批判理論は見いだそうとするのである．そのような歪曲が均衡として生じているのは，互いに関係に入ったり関係を深めたりしたいという欲求をシグナルする強いインセンティヴを人々が持つからである．人々は自分のパートナーの感情を損ないたくないと思っているため，批判——それに従っていれば，全員あるいはほとんど全員の生活状態を良くするような批判——を行わないだろう．批判理論の目的は，そうした均衡が生じるための条件を述べ，その均衡においてシグナルとなっている言明や行動を批判することである．行おうとするいかなる主張に対しても誠実な弁明をするよう人々が強いられている理想的な発話状況を想像しよう，というハーバーマス（Habermas 1984）の提案は，この問題への一つのアプローチである．そのような発話状況では，自分の忠誠をシグナルするためにある特定の政策を支持している，ということを人々は認めなければならなくなる．したがってその政策への支持は割り引いて考えられ，本当の選好が明らかになるわけである．

　公の議論においてイデオロギーによる歪曲があることを明らかにするためにシグナリング・モデルを利用しても，ハーバーマスや他の批判理論家の野心には及ばない．シグナリング・モデルを使った場合，評判に関係しないいかなる選好についても，それが倫理的にけしからぬものかどうかは示さない

だろう．しかし，批判理論の中にはあまりに野心的過ぎるものもあって，それらは深刻な概念的障害にぶつかってしまう．シグナリング理論と批判理論を結合すればこれらの問題を避けられるし，大きく得することにもなる．それによって，次のような生活上・政治上の領域を見いだすことができる．つまり，自分のタイプをシグナルすることが重要だと認識されていて，正直に話したり行動したりするインセンティヴをシグナリングの重要性が凌駕してしまうような領域である．このような領域では，評判とは関係のない選好は満足されない，という均衡が結果として生じる．批判理論家は「もし人々が違ったように行動して違ったように信じていれば，私たちの状態は改善されていた」ということを説得する役割を持つ．すなわち，彼ないし彼女の「想像力溢れる再構成」が新しいフォーカル・ポイントを提供し，そちらの方へと行動が変わっていく，ということである[12]．もちろんこれは既に起きている．そういうことが起きるのは，コストのかかるシグナル（持参金競争や誇示的消費など）が自分たちの利益にならないということを人々が苦心して他者に説得する場合である．また，シグナルを変えるために規範仕掛人が集合行為を提案する——悪い均衡を避けるためには集合行為は常に必要なので——場合にも起きる．最も顕著な例は，公民権やフェミニズム，ゲイの権利を求める運動，信仰復興運動などである．その他，軍事的愛国主義から逃れようとする試み（ヴェトナム戦争期），あるいはそれを鼓舞しようという試み（第二次大戦の初期），そして物質主義や誇示的消費へのたび重なる攻撃が含まれる．

　このことから，単純な答えの持つ第三の問題点につながっていく．人々の政治的見解の歪曲を見極める規範的プロジェクトと，人々に見解を改めるよう強いる政治的プロジェクトとの間には大きな溝が存在する．比較不可能性の主張が引き起こすのは政治的問題の方なのである．比較不可能性の主張を真面目に受け取ってしまうと，常日頃しなければならない利益衡量を政府はできなくなる．それゆえ政府は比較不可能性の主張を真面目に受け取ることはできない．だがその一方で，政府がそれを真面目に受け取らないのなら，人々はその比較不可能性の主張を行って——ここでもまた，自分が良いタイプであることを互いに示す手段として——それを政府に押しつけようとするだろう．アメリカ合衆国の政治の舞台ではこのような争いが繰り返し演じら

れている.経済学者,テクノクラート,プラグマティストは利益衡量を行い,調整し,そして妥協する.宗教上の象徴的人物,道徳におけるリーダー,イデオローグは主義の問題に関しては妥協できない,と言い張って応戦する.次いで政治家は,彼らもまた筋を通す人物であることをシグナルするために,これらの問題について態度表明しなければならない.アメリカ合衆国の政治は,一般の人々が直面する争いを映し出している.表面的には,国旗冒瀆,妊娠中絶,銃規制,アファーマティヴ・アクションなど,すべての政治家が確固たる立場を持つよう求められる問題をめぐって激しい論争が行われている.その裏では,国のレベルでは目立たない問題,たとえば橋梁や高速道路,税,複雑な規制立法について,——同じ人々が——頻繁に妥協しているのを目にする.

比較不可能性を主張する人たちの存在で発見された「概念的問題」は解決した.宗教,言論の自由,環境保護などについて極端な立場をとる人々は,関係するコミュニティに「自分は信頼できる」というシグナルを送っているのである.単に強い立場ではなくて極端な立場を彼らがとっているのは,「彼らよりも深くコミットしている」と主張する悪いタイプに真似されるのを恐れるからであり,また,極端な立場は細やかさのある微妙な見解よりも,注目を一致させるフォーカルなものだからである.

しかし「政治的問題」は解消していない.人々は自分の信頼性をシグナルしなければならないという圧力を感じて,比較不可能性を主張し続けるだろう.政府が比較不可能性の主張を割り引こうとする試みに人々は抵抗する.実際,政治家や他の官僚は,自分が悪いタイプだと一般の人たちに思われるとまずいので,努めて割り引こうとはしないだろう.だがそれでも政治的問題は概念的問題から区別されるべきである.私たちが比較不可能性の主張を気にするのは,それらがどうしても社会生活において現れるからである.しかし,それらの主張がより深い価値を反映していると認めるべきではないのである.

第12章 自律, プライヴァシー, および, コミュニティ

　相互作用が継続的かつ濃密で，参加者にとり価値があるものである場合は，明らかな行動パタンが現れる．このようなパタンからの逸脱が非・法的制裁を引き起こしているならば，かかるパタンは社会規範と呼ばれるのである．社会規範は，選択肢を設けると同時に，選択の幅を狭めるものでもある．忙しい都会を離れて田舎に共同体（commune）を創設するような人々は，自分たちのコミュニティに現れる規範は自分たちと子どもたちに対して新しく価値のある選択肢，すなわち世俗に汚染されない生活を送るという選択肢をもたらしてくれるだろうと信じるものである．しかし，子どもたちはといえば，新しいコミュニティの創設は自分たちの生活で最も価値がある選択肢，すなわち世俗の教育を受け世間で人なみのキャリアを目指すという選択肢を奪ってしまったと考えるかもしれない．

　子どもたちは，コミュニティ，小さな町，民族的または宗教的に均一的で，周囲を取り囲まれた地域その他の住民同士の関係が緊密に縫いあわせられているコミュニティの中で大きくなるにつれ，立派に成長するかもしれないし，そうでないかもしれない．嗜好や価値観が支配的な集団のものとは異なる人は，自分たちがコミュニティの目に見えない雰囲気に抑圧されていると感じるものである．そのような者が結果的にコミュニティの社会規範を破ってしまったら，自分が遠ざけられているのに気付くと同時に，おそらく，罠にかかっていて逃げ去ることができないことにも気付くことになる．これまでの章では，このような問題は，個人の選好に基づく社会厚生重視の観点（welfarist perspective）から検討されてきた．本章では，自律という視座から検討

することにする．社会規範の非・法的手法での強制は，時として，自分のコミュニティに比較的満足していて当該コミュニティの価値観を強く信奉しているような人々の目にさえ，個人の自律に対して疑問を呈さざるをえないような効果をもたらしうる．コミュニティにおける生活に対する法の二つの広汎な干渉は，非・法的強制が示す病理により正当化されるのである．その二つとは，プライヴァシーの保護と，法の支配である．

自律

　自律は重要な価値であるが，効率性や分配的正義よりも理解しがたいものであるから，自律が何を意味するのかについての簡単な議論から始めよう．自律を「欠いた」人々についての二つの例を考えてみよう（例は Raz 1986 pp. 373-74 から引用した）．

　《穴に落ちた男》
　ある男が穴に落ちてしまって，抜け出ることも助けを呼ぶこともできないので，残りの人生をその穴で過ごすことになった．慣れてしまえば，困窮せず生きていける程度の食料はある．これといってできることはなく，動き回ることすらできない．彼に与えられている選択の余地は，今食べるかもっと後にするか，今眠るかもっと後にするか，左耳を掻くか否かしかない．

　《追われる女》
　ある女は自分が小さな無人島にいることに気づく．この島には獰猛で肉食の動物もいて，常に彼女を追いかけ回している．心の余裕，知恵，力強い意思そして体力が，生き延びるために限界まで酷使されている．獣から逃げ延びる以外のことを実行するどころか考えるチャンスさえ全くない．

　穴に落ちた男と追われる女には，いくばくかの自由はあるが，多くはない．彼らに与えられている選択肢はたいしたものではない．穴に落ちた男の場合は，自分が下す選択が己の人生の重要な部分に何の影響も及ぼさないからである．追われる女の場合は，彼女の選択のすべてが生き延びるという目的に

支配されているからである．彼らの生活に欠けているものこそが，「自律」なのである．

　自律とは何か．自律と効用の比較から始めるのが便利である．経済学者によれば，個人がA，BそしてCという選択肢を有していて，CよりもB，BよりもAを好むならば，その個人はBやCではなくAを選ぶことで自分の効用を最大にすることができる．したがって，効用とは，自らの選好が充足されるか否かに関わることなのである．ここで注意が必要なのは，効用とは主観的なものであることである．個人の効用はAの選好を充足させることに依拠しているのであって，AがBやCよりも優れているという客観的な評価に依拠しているのではない，ということである．

　自律の定義への第一歩として，自律とはA，BおよびCから選択できる能力であるとしてみよう．かかる定義では，自律とは効用と意義が重なっているように見える．A，BおよびCから選択する能力がある人が常にAを選択するならば，どうして彼が選択する能力を持っていることに着目する必要があろうか．たしかに，Aを取り上げてCを与えたとしたら，彼の自律を侵害し，かつ，彼の効用を減少させることとなろう．自律と効用を区別する必要性は，国家がBとCを取り上げてAだけを残し，しかもAを選ぶよう命令したら一体どうなるか，ということを考えてみれば一層明確になる．効用最大化の観点からは，かかる国家の行動は，個人が最も好む選択肢を享受できているのであるから，彼を侵害するものでは何らありえない．しかしながら，自律の観点からは，われわれは困惑することになる．何故なら，彼は自らが望むものを得てはいるが，何の選択肢も有していないからである．換言すれば，個人が好んではいるが選択することはできないような財を国家が供給する場合には，個人は自律していないがその効用は増大するということになるのである．逆に，個人が現在享受している財の代替財を国家が提示したけれども，その個人は現在享受している財の方を好むので，国家が提示した代替財を拒否した場合には，効用は増大していないが，彼は自律しているのである．

　人が複数の選択肢から選ぶことができるからといってその人が自律しているとは必ずしもいえないことは，自分が望む財を手に入れることができる人が幸福であるとは限らないことと同様である．穴に落ちた男は，自分の耳を

いつ掻くかについて選択肢を持っているが、自律しているわけではない。他のことより耳を掻く方を好めばそうするかもしれないが、幸福というわけではない。ラズは、自律した人間には三つの要件があると主張する。第一に、自律した人間は意味のある選択ができるだけの十分な知性、健康、想像力と、感情の起伏の安定性とを有していることである。第二に、上述の通り、十分な幅の選択肢を有していて、その選択肢に含まれる活動には、どうでもいいものも重大なものも、長期的なものも短期的なものも、いろいろな性質のものがあることである。第三に、これらの選択肢には、第二の要件が充足されていたとしても、何の強制も操作も加えられていないことである。

　これらの基準は曖昧なものであるが、それは、自律という観念と多様な生き方とが両立しうるからである。修道院や軍隊に入る者は、選択肢が他にもあり（たとえば工場で働くとか）、強制されていない（たとえば、家族や警察によって）限り、自律した人間である。職を転々とする者も自律した人間たりうる。不況のため失職している人でさえ、生活の他の局面で選択権を十分に行使できているのならば、自律しているといえるかもしれない。自律していない人間の一つは、職業の選択も結婚も自分では決めることができないような、伝統の支配が強い社会における人間である。監獄に収監されている人間は自律していないが、投獄されるに至った原因が自らの自由意思で行った犯罪であったならば、そのような人間でも自律しているといえるのかもしれない。自律にはより深い意味があるのであって、たとえば、人間は自らの「人生の設計図（善き生の構想）」を描いてそれを実現しようとすることが自律なのであると考える人もいるが、今用いている自律の定義は、あくまでより精密な定義の必要条件なのであるから、今の目的との関係では十分なのである[1]。

個人の自律を高めること

　これまでの検討から提起される問題は、国家が個人の自律を高めることができるのか否かということである。ある側面については、答えは明らかにイエスである。国家は個人を釈放することができるからである。しかし、このような明白な解答は現代の先進国においては役に立たない。なぜなら、現代の先進国が直面しているのは資源配分の最適化という課題であるからである。

課題となっているのは，国家は個人の選択肢の幅を広げるだけではその個人の自律を高めることは必ずしもできない，という点なのである．個人が既に十分な幅の選択肢を有しているなら，選択肢を一つ増やしても何の違いも生まれない．政府が職を一つ増やしたとしても，私が職の選択について既に十分な選択肢を有しているならば，この新しい職により私の自律が高まることはないのである．

　もう一つの例として福祉制度を取り上げよう．福祉制度が全くないと仮定する．私はとても貧しいので家計の帳尻をあわせるため四六時中働き続けなければならず，他の職を探したり，働く以外のことに時間を費やしたりする選択肢がない．追われる女と同じ状況である．では，福祉制度を創設してみよう．福祉制度により生活が保障されることから，私は，職を辞し，より良い仕事を得るために必要な技術を身につけるために，自由な時間を費やすという選択肢が現れてくる．または，仕事に注ぐエネルギーを減らすこともできる．なぜなら，もはや以前ほどには首を切られることを恐れずにすむからである．今や私はより自律したかのように見える．しかし，現金を使えるようになったことは，ある意味では，自律度を低めてもいるのである．すなわち，完全に（あるいは大部分を）自活するという選択肢はもはやないのである．もちろん，現金を使うことを拒否することも可能ではあるし，これは新しい選択ではある．にもかかわらず，私の生活は，重要な点で変わってしまっているのである．それは，何か問題が生じたら今や政府を頼ることができるのを私がいつも承知しているということであり，したがって，完全に自活しているわけではないことである．よって，福祉に関する諸法律により選択肢が増えたか減ったかを論じるのは，間違いである．私の選択肢は，既に「変わっている」のである．そして，かかる変化が自律を増やしたか減らしたかは，この変化により失われ，または獲得された選択肢をどのように評価するかにかかっているのである．

　国家が個人の自律を高め，または低める方法は五つ挙げることができる．最初の三つは自明ではあるが，すべて列挙するためにあえて言及する．

貧困

　絶望的なまでの貧困下にある人には，追われる女と同じく，選択肢がほと

んどなく、自分たちの生活を支えるためにはどんな仕事にでも就かなくてはならない。注意しなければならないのは、どのぐらい貧困であれば自律が損なわれるのかを測定するのは非常に困難であることである。最貧困にある人でさえ職の選択がないわけではなく、また、結婚し、家族を養い、余暇を楽しむことだってできる。このような選択肢がないような人々のみに関心を向けようとわれわれがしていたならば、貧困は先進国のほとんどで問題と認められることはないであろう。

無知

物事を知らない人は妥当な判断をすることができない。ここでも、どの程度無知であれば十分に自律しているとはいえないと考えることができるのか、という問題がある。極度に重度の精神障害者だけが自律した生活を送る能力がないと考える人もいようし、素晴しい生活をおくるということに関する十分な数の見解を提示されていないならば、誰であろうが自律した生活を送る能力を欠いていると論じる人もいよう。

国家（および私人）による強制

国家は端的に自律に制約を加えることができる。投獄したり、公認された振舞いに従わない場合は投獄すると脅すことができる。国家が職業の選択を管理するならば、選択の幅を制約し、独立を侵害することにより自律度を減らすことになる。国家が少し税を課すだけなら、自律が損なわれる程度は最小限か、あるいは全くないものといえるかもしれない。しかし、税がたくさん課せられたり、ある公認された行動をとるように計算されて課税されたりすると、自律はひどく損なわれることとなる。

では次に、国家が個人の自律に影響を及ぼす方法の中でも今までのより興味深い、第四と第五のものを見ていくことにしよう。

社会が及ぼす影響，国家が及ぼす影響そして自律

次の事例を考えてみよう。

《厚遇された囚人》

巨大な建物に，完全に一人で住んでいて，決して脱出できない男がいるとする．建物にはたくさんの部屋があって，それぞれの部屋にはありとあらゆる技術や能力を修得し開発するために必要な資材が備えられている．体育館もあれば，膨大な蔵書数の図書館もある．何千もの種をそろえた植物園もある．かくして，囚人は，多様な人生設計の中から選択することができるのである．食料も与えられている（もちろん，食事を断って，自分で食材を中庭で育て，台所で調理しても構わない）．

《追われる村人》

女は小さな村に住んでいて，離れることができない．村人なら誰のことでもよく知っているし，村人も彼女のことをよく知っている．彼女は，どのような教育を受け，誰と結婚し，どの宗教に従い，どの仕事に就き，どこに住むかについて選択する法的な権利を有している．しかし，彼女が不適切な教育を受け，不適切な相手と結婚し，不適切な宗教に従い，不適切な仕事に就き，不適切な場所を住みかとしたならば（ここで「不適切」とは他の村人の期待に反している，という意味である），村人は彼女を村八分にすることだろう．すなわち，彼女を無視し，関わるのを拒み，避けるのである．

厚遇された囚人は，穴に落ちた男よりも，より重大な選択をすることができる．したがって，厚遇された囚人は穴に落ちた男より自律してはいるが，それとて，さして自律しているというわけではない．なぜなら，彼の選択を観察し，評価し，かかる選択をした彼を称賛し，あるいは非難することができる人が誰もいないからである[2]．実際，厚遇された囚人は，植物学の専門家になるか，棒高飛びの達人になるか，燭台を破壊するか，これらのうちのどれを選ぶかについての基準をほとんど何も持ちあわせていない．孤独な世界においては，これらのどの活動も自分の内面の喜びからしか価値が付与されない．厚遇された囚人には，コミュニティの価値を拒否したり受け入れたりする選択はない．コミュニティという価値の源泉がないために，耳をいつ掻くか決めるといった直接的で生物的な快楽以外で活動の選択肢を評価することができない．このような人生は，自律した人生とはいえない．

以上の議論は選択肢の評価が社会的なものであることの重要性を強調す

ぎていると思うかもしれない．厚遇された囚人が自分の人生を，数学上の真理を発見することに捧げたならば，これは自律した人間の行動ではないというのであろうか．しかし，囚人が，偉大な音楽の才能を伸ばすことを，あるいは彫刻を創造することを，あるいは小説を書くことを決断したとしよう．この場合には，彼には自分の作品を観賞してくれる人が誰もいないのだが，それでも彼の芸術活動は意味があるといえるのだろうか．難しい問題である．しかし，自律した人生に必要な多様な選択肢が有する意義というものは肯定的であれ否定的であれ他人に及ぼす影響に由来しているのであって，活動だけでは何の価値もない，という点ははっきりさせておくべきである．この点の重要性はこれからの論述でより明確となろう．

　追われる村人は，追われる女のように，見かけの上では有意義で多様な選択肢を有しているが，どちらも支配を受けている．前者の場合には，死を避けるという生命の維持の必要からではなく，村八分または「社会的死」と適切にも表現されているものを避けるという社会生活上の必要からである．厚遇された囚人とは異なり，追われる村人は，他人の期待に沿うか，それとも沿わないかを選択する機会がある．しかし，この機会なるものは単に見かけだけのものであって，実際には存在しないのである．なぜなら，他人の期待を裏切ったことに対する制裁が極めて重いものだからである．

　厚遇された囚人と追われる村人の例で描かれたような種類の自律の喪失を国家がいかにしてもたらし，あるいは防ぐことができるかを理解するには，二つの例をシグナリングのモデルを用いて説明するのが有益である．追われる村人については，彼女は，生活が自分と協力してくれる他の人に依存するようなコミュニティに住んでいる．コミュニティからの脱出は不可能である．ただ単に利益を得ることができるような機会は，存在しない．なぜなら，職，配偶者，宗教それに教育の選択はすべて重要なシグナルなのであり，また，誰もが自分が悪いタイプだと思われることを恐れるものであるから，誰もが適切なシグナルを送受する集団に加わるからである．村八分にあう恐れから，自分がもともと持っている，他人の評価からは独立した選好を人々は満足させることができないのである．

　厚遇される囚人の場合は，事態はより複雑である．ここで問題なのは，他人の期待に沿うことではない．他に誰もいないのだから，シグナリングは必

要ないのである．厚遇される囚人は，他人の意見に影響されることなく，自らの内面的な欲求を発見してその欲求を充足する．経済学者ならば，厚遇される囚人は羨むべき位置にあるとでもいうかもしれないが，かかる主張はあまり通りそうにもない．というのも，厚遇される囚人を羨む人はいないからであり，その理由は，われわれの達成感や満足感というものは，他人がわれわれに遵守することを期待している価値を熟考の末に支持したり，あるいは拒否したりすることと，このような決断に基づく活動を他人からの圧力に屈せずに追求することから得られるものだからである．

　もしこのように言えるならば，社会からの圧力は個人の自律の重要な源泉であると同時に障害物でもある，ということになる．シグナルに従えとのプレッシャーをほとんど感じず，自分の内面から生じる欲求を自由に充足できるならば，自律は欠けていることになるのであり，シグナルに従えとのプレッシャーをあまりにも多く感じていると，これまた自律が欠けていることになる．

　以上の考察は，「社会が及ぼす影響」と「国家が及ぼす影響」という考え方を導入することにより，より明快なものとすることができる．社会が及ぼす影響とは，コミュニティの期待が個人の選択肢を制限する力を意味する．村八分を避け社会的に意味ある見返りを得るためには誰もがある特定のシグナルを送らなければならないならば，生活の重要な側面に関する選択の幅は相当程度制約を受けうる．たとえば，ある特定の教会に所属していることが協力のシグナルとなりうるが，そうだとしたら，その教会では自らの宗教心を満たすことができない人々は，宗教的に満たされない生活をおくるか，違う教会に属して村八分の目にあう危険を覚悟しなければならない．

　国家が及ぼす影響とは，国家が法的に強制することさえせずに人々の活動を統一させることができる権力を意味する．次の例はレシグ（Lessig 1995）からのものである．ソヴィエト連邦（ソ連）で昔の話だが，ライダーは事故から身を守るためにヘルメットを着用していた．ところが，当局はある時期にヘルメットはすべて西側製であるから着用してはならないと決定した．法律が制定されたわけではない．その代わりに，オートバイのヘルメットを着用する者は愛国的共産主義者ではないと国家の管理下にあるマスメディアが論じたのである．反応は，多くの人々はヘルメットの着用をやめたのである．

後になって，ソ連が自前でヘルメットを作れるようになると，忠実なる共産主義者たる者はオートバイに乗るときはヘルメットを被るべきであると国家が宣言し，その結果，多くの人々は自国製のヘルメットを購入して着用した．この事例は些細なものであるが強烈な印象を与える．なぜなら，自分が裏切者とラベルを貼られるのを恐れて西側製のヘルメットを避けた人々は，国家が反対の意見を表明し，あるいは国家が反対するだろうと，正しかろうか間違っていようがとにかく「信じる」本，職，政治的見解や遊戯をも避けることになるのは明らかだからだ．忠実ではないとの評判が立ったことの結末が，国家による重い制裁であることから，自分が忠実であると思われたいということが重大事である場合は，人々は自らの愛国心をシグナルするために国家が提供する拘束力のない「提案」すら遵守するものなのである．法による直接的な行動の禁止がないにもかかわらず，自律は損なわれているのである．

　しかし，社会が及ぼす影響と国家が及ぼす影響とが自律というものの「構成要素」であることを理解することは，重要である．社会が及ぼす影響と国家が及ぼす影響が最小限に抑えられたとしたら，たとえば，他人のことは何も知らないような巨大都市では，人々は重要な選択肢を持っていないのである．彼らは厚遇される囚人なのだ．誰も教会に行かないなら，教会に所属する選択肢は存在しない．別の例をあげれば，婚姻という制度は，当事者の関係のあり方がより多様だった流動的社会慣行から次第に発展してきたものである．しかも当事者関係の当時のあり方はどれも，近代の婚姻制度におけるそれよりも安定性が乏しかったのである．社会が及ぼす影響が，教会と国家の助力を得て，婚姻をある単一の形式に従うようにさせ，その形式のもとでは，婚姻の誓いが当事者でなくても観察でき強制されるようになるまでは，多くの人々はある重要な選択肢を奪われていたのである．すなわち，生涯にわたって一夫一婦を守る関係を築くという選択肢を奪われていた．人生における重要な選択肢の多くは，コミュニティの活動への参加を含んだり，逆にコミュニティによる強制を必要とするものである．しかし，このようなコミュニティのシステムが存続できるのは，社会（そしておそらくは国家）の及ぼす影響，つまりは自分が協力的なタイプであるとのシグナルを送りたいとの欲求の結果として生じる活動の統一が存在しているからに他ならない．

　以上の指摘には，国家が市民の自律を高める方法が示唆されている．村八

分を避けるために誰もがシグナリングをしている均衡を想定する．獣から逃げ延びることが，追われる女の，その他の選択肢をつぶしていたのと同じように，シグナルとなっている行動が他の選択肢をつぶしているのだから，全員がシグナルを送るのをもはや止めることに同意して，自分たちの自律度を高めることは，実際にありえないわけではないのかもしれない．しかし，かかる同意に達するのは不可能であるが，国家ならばシグナルを送るコストを引き上げることにより均衡を崩すことができよう．次の二つの方法で可能である．シグナルとなる行動に税を課し，または刑事罰を科すことによるか，それともシグナルを送り損ねて村八分にあってしまったときのコストを引き下げることによるか，である．

　まず，福祉に関する法律を考えてみよう．この法律は，追われる村人が村人全体の期待という圧政から逃れるのを可能にしてくれるかもしれない．かかる期待を破り村八分にあったら，村の人々は誰も彼女を雇おうとはしないだろう．しかし，福祉手当を受けた結果，追われる村人はそこそこ快適な生活をおくることができるようになるのである．かくして，彼女は誰と結婚するか決めるときも，もはや村八分の目にあうことをさほど恐れないようになる．そして，彼女と同じように村八分の目にあうことを恐れなくなった人々が増えると，村八分という社会的制裁は消滅することとなる．村八分が成立するには全員の，ないし，ほぼ全員の協力が必要なのであるから，村人全体の期待に沿わない決断を下した者は，同時に，かかる期待の背景にある権力をも削いでいるのである．誰もが自律しているのであって，ここで注目に値するのは，「かかる結末が実際には誰も福祉手当を受けていなくても発生しうる」ということである．

　ただし，この法律は，自律を損なってしまうこともありうる．法律を制定する前には人々は重要な公共的な役割を自発的に担うことでコミュニティに対する自らの献身の姿勢をシグナルしていたとする．コミュニティのメンバーならばコミュニティに貢献するものであるとの期待は，全員に貢献させるほどには強くはないが，貢献した人が自分たちは重要な選択をしたのだと感じられるだけの強さはあったとする．ここで福祉の法律が制定されたならば，想定される結末の一つは，人々がより生活に安心感を覚えるようになったということである．仕事を失っても，もはやコミュニティに助けを求めて依存

することはないのである．結果として，コミュニティに貢献していた人の中には，自分たちが貢献する必要はないと考えて，止めてしまう人も出てくる．このように感じる人が増えると，コミュニティへの貢献はもはや重要な選択肢とは考えられないようになる．重要な選択肢が消えてしまったことで，自律度が下がる人が出てくるのである．

　次に，ある差別を禁止する法律を考えてみよう．コミュニティの少数派への差別の原因がコミュニティへの忠誠心を示すシグナルであったということは，よくある話である．差別を規制する法律の制定により少数派の自律度が高まるのは明らかであるが，多数派の自律度をも高めうるものである．なぜなら，法律により少数派を差別するという選択肢が奪われてしまったが，同時に，少数派のメンバーと重要な商売や個人的なつきあいをするという選択肢が設けられたことになるからである．肉食動物の退治を図る法律のように，差別を禁止する法律は，ある選択肢を除去する一方で（追われる女はもはや走るか食われるかの究極の選択に直面することはない），たくさんの新しくて重要な選択肢を創り出すのである（追われる女の選択は，もはや獣から逃げる必要に押し潰されないのだから，意味あるものとなっている）．

　しかし，この法は，多数派の自律を侵害することもある．法の規制が行き過ぎ，しかも，所期の目的を達成してしまうと，多数派に属する人々に彼らが重要と考える理想に則った活動をすることを妨げてしまうことになる．たとえば，法が宗教上の多数派の人たちに対して彼らが異端と考えている人たちを避けてはならないとしたならば，かかる規制は宗教が人々の生活に与えている意味を破壊してしまうかもしれないことになる．宗教はしばしば人々に目的意識というものを与えるが，異端者を改宗させるという宗教上の目的に基づいた目的意識は，法による規制をくぐり抜けることができない．かかる事態が残念なことなのか否かはさておき，多数派の自律が損なわれていることは認識されるべきである[3]．

　この最後の点は次の問題を浮かび上がらせる．現状では誰もが厚遇される囚人であるとしても，国家は個人の自律を促進することができるのであろうか．答えは可能であるということであり，可能であることの理由の分析は先程の分析と同じである．ただし，方向が逆である．国家は，ある種の行動（たとえば，国旗に対する敬意を示すこと）が以前は有していなかった（誰も

示していなかった）意味を持つようなシグナルの均衡を創り出すことができたとする．国旗に敬意を示すことで自らの愛国心を証明することができるということは，誰かの生活の自律度を高めることにつながるような選択となるかもしれない．国家はこのような均衡を，シグナルにかかるコストを下げること（たとえば，国旗を制定する）により創り出すのである．このようなテクニックの類により政治に関与する生活という重要な生活様式が可能となる条件が創り出されるのである．

　だが，国家が及ぼす影響は強大になり過ぎうる．たとえば，国民が政治に関与することを期待し，関与しない国民を罰する国家は，自律とは相容れない息詰まる体制順応主義をもたらしうる．このような危険を減らす方策はあるであろうか．一見したところでは，国家が「助言」するのを控えるのが解決策だと思えるかもしれない．しかし，この解決策は十分なものではない．政府の役人は今問題となっていることについて発言しなくてはならない．アメリカ合衆国では，政府の役人は麻薬や酒浸り，暴力を描写した映画やテレビの番組，ポップミュージックの暴力を喚起するような歌詞，不注意な車の運転，子どもの養育の懈怠，宗教の軽視云々をいつも非難している．政治的に自由な社会において役人にこのような類の事項について発言することを禁じるのは，過ちというものであろう．

　しかし，ソ連の国民がオートバイのヘルメット着用に関する国の「助言」に対する反応に示した積極性をもって，国の「助言」に反応する人がアメリカ合衆国ではいないことには注目すべきである．この違いの理由の一つには，法の支配に対する姿勢が二つの国家において異なっている点である．自分が罰せられるのは「非愛国的」であるとの理由ではありえず，具体的に示されたルールを犯した場合に限られていることを知っていると，国民は，政府の声明に反応する必要を感じなくなるものである．法の支配は，アメリカ合衆国その他の国の憲法の重要な柱であるが，常に何かしらパラドクシカルに感じさせるものがある．それは，規制される行動に先立って，良い法律であれ悪い法律であれすべての法律があらかじめ「ルール」として確立されていることよりも，そもそも悪い法律を避けることの方が重要ではないのか，ということである．この問題に対する解答は，どんな悪法であっても，愛国者たれ，良い人物たれといった一般論としての期待で，その意味については曖昧

な助言しかないようなものと比べたら、個人の自律に干渉する程度は軽いものだということである。国家の助言というものが個人の行動にかくも不相応な効果をもたらすのは、人々が非愛国者と呼ばれるのを恐れるからである。悪いルールならば、自律的な行動の余地が残されているのである（この議論に限界があるのは明らかである。たとえば、全員監獄に入れと命ずる悪法があったらどうなるか）。

コミュニティ

近年、研究者、とりわけ政治理論家と法理論家の間で、「コミュニティ」という問題に研究の焦点が集まってきている。かかる事態の変化には、二つの原因がある。第一に、アメリカ合衆国ではコミュニティが衰退してきており、その結果ホームレスから子どもの不十分な養育に至るまで極めて多くの社会の病理が引き起こされている、と多くの人が考えているからである。第二に、近代の自由主義的な政治理論ではコミュニティの存在とかかる存在が個人の幸福を確保する上で占めている重要性とを十分に説明することができないと多くの学者が考えているからである。

ここでは第一の主張に取り組むことにする。この主張は、次の二つの問題に分解して検討することができる。それは、(a)コミュニティが実際に衰退しているとしたならば、かかる衰退をもたらした原因は何なのか、ということであり、(b)コミュニティの衰退が実際に様々な社会の病理をもたらしているとしたならば、それはどのような過程を通じてか、ということである[4]。

コミュニティとは何か

コミュニティについては第2章で暫定的な定義を与えておいた。コミュニティは人々の集団であって、その集団のメンバーの大部分が、(1)互いに連帯感を持ち、(2)過去にさかのぼっては短くない期間にわたり継続しており、未来に向かっても継続すると考えられているような付き合いを互いに享受しているものをいう。連帯感は、メンバーが信頼関係を築いているグループを特徴づけるものであって、かかる信頼関係においては何らかの公共財を得るために協力しあい、互いにほとんどの場合騙さないよう牽制しあっているのである。連帯感は、救命ボートに乗り合わせた乗客のように、短い期間一緒に

された見ず知らずの者同士の間でも生じうる．しかし，このような急ごしらえのグループからコミュニティを隔つのは，コミュニティのメンバーは過去を共有しており未来も長期間にわたり共有すると考えている点である．過去の共有によって，人が自分のタイプをシグナルする際のフォーカル・ポイント（注目一致点）が定まる．新参者は，その新参者としての性格を変えることなくコミュニティに加わる．というのも，新参者は既存のシグナルを遵守しさえすれば，協力的関係に入れるからである．未来を相当の長きにわたって共有することが重要であるのは，将来協力的関係を失うかもしれないという恐れから他人との関係において騙すことが抑止されるからである．要約しよう．「コミュニティ」とは，相互に協力的関係にあり，かつ，共有している過去，利害，または，相互理解がもたらした，注目の一致するフォーカルな特徴を有する行動によって，シグナルしあう人々の集団を指すのである．

　共同体主義者（コミュニテリアン）はコミュニティの非自発的な側面をいつも強調しているが，人々はいつもコミュニティを選択しているのである．働く場所を大きな会社ではなく小さな会社に選ぶのは，小さな会社にはコミュニティ的な要素がより多いからである．大都市ではなく小さな町を選んで住むのは，小さな町の方がよりコミュニティ的な要素が多いからである．どちらの例においても，コミュニティに所属することで様々な便益を享受できることを人々は理解しているのである．留守宅を気にかけたり，外で遊んでいる他の家の子どもたちを見守ったりと，小さな町の方が他の住民を助けたいという意欲が強い．小さな会社の方が，他の社員と仲良くなれたり，手助けしてくれたりといったことがある可能性が高そうである．どちらの例においても，よりコミュニティ的な要素が強い環境の方が，価値のある集合財を供給してくれると同時に，メンバーが協力的関係に投資するよう要求してもいる．したがって，コミュニティが提供する集合財に価値を置かない人は大企業や郊外の町を選んで協力的関係や村八分を避けようとする．このような人は，けた外れに金を持っているものである．コミュニティが提供する生活の保障に他の人よりも依存する度合いを低くしているのは，自分で警戒システムや警備員を雇うことができるからであり，公共財の生産に参加を求められた場合に高額の機会費用の損失を受けるのを回避するためである．

　およそコミュニティへのノスタルジーが募るのは，自分が生まれたコミュ

ニティに思いを馳せるときであり，他のコミュニティよりもそれがとても魅力的であるように思われるからである．コミュニティに生まれて長い間そこで過ごした者は，そのコミュニティが供給する公共財に価値を見いだすような選好を持つものである．しかし，成人してコミュニティを選ぶとなると，市場のコミュニティは帯に短し襷に長しで，市場に出回っているコミュニティが供給する公共財は自分が最も大事にしているものとは異なっている，という現実に直面しなくてはならない．したがって，自分が生まれたコミュニティを成人として自覚的に選択することは（通常は）できず，成人としての現在のニーズを不十分ながらも最も満たしてくれる複数のコミュニティの中から選ばざるをえないので，コミュニティに対する期待はいつも低くなるのである．この点については後程触れる．

　コミュニティの非自発的な側面は，二つある．第一の側面は，コミュニティが生産する集合財（私の呼び方では「コミュニティ財（communal good）」）は，非・法的強制と高い離脱コストとが存在していることに依拠している，ということである．嘘をついても罰せられなかったり，罰するぞと脅かされても容易にコミュニティを離脱できたりするために何の重大な結果を招かない場合には，集合財を生産することはできない．かかる問題の存在を承知している人は，コミュニティに多大な時間と労力とを投入することがしばしばある．大きな家を買い，内装を整え，隣人たちとの付き合いに投資した場合には，コミュニティ離脱のコストが大きくなる．他人からより信頼され，より好ましい協力の相手方と思われるためには，単に村八分の目にあったときの損害があまりにも大きくなるように自分を追い込めばよいのである．

　第二に，コミュニティに生まれた子どもはそのコミュニティの価値観に適応しやすいのだが，その結果，コミュニティの他のメンバーの操作を受け易くもなってしまう．というのも，子どもが成人になったときにコミュニティを離れてどこかへ行くことのコストが高くなるからである．コミュニティに子どもに何が善なのかを植え付ける側面があることを共同体主義者が称揚する一方，コミュニティが子どもの発達に影響を及ぼしていることに自由主義者は反対しているが，両者は共に物事の一面しかとらえていない．コミュニティの価値観を薫習することには長所も短所もあるからである．この点を明確にするために，住民の誰もが宗教Xに属していて社会生活の大半がその宗

教の教会を中心として回っているようなコミュニティに子どもが生まれてきたと仮定してみよう．その子どもは，成長すると，自分が充実した生活が送れるのは全員が宗教Xに属しているこの町において他にないと固く信じるようになる．しかし，同時に，彼は多くの技術やこの町では満たすことができない趣味を有しているので，大都市に出てみたいとの気がないわけではない．町の新参者と比べると，彼は多くの有利な点を持っている．というのも，彼がこの町での生活をとても大事にしているので町を離れることはなく，したがって，かかる信頼を損なうようなことがあれば制裁を受けることとなる，と町の人は信じているからである．そのため，彼は信頼され，利益を受けることができる．というのも，協力の利益を享受できるからである．

　コミュニティ生活の短所は，社会規範により損害を受けることがある点である．悪いタイプだがコミュニティの価値観は奉じているような人は，他人から差別を受ける一方で，自分が満足のいく生活を送れるのはこの町において他にないという思いのため，町を抜け出して差別を逃れることができない．逆に，良いタイプだが特異な嗜好や価値観を持っている人は，(同性愛者であることを隠している者のように) 自分の趣味を押さえ込もうとするか，嗜好を満足させて鼻つまみ者になるかのいずれしか道がないのである．良いタイプの人であれ悪いタイプの人であれ，理由はともかく他人の差別シグナルのフォーカル・ポイントになってしまえば，小さな町での少数派の運命にしばしば襲いかかるように，苦しみの道を歩まなければならない[5]．

法はどのようにしてコミュニティに影響を及ぼすのか

　国家がコミュニティに影響を及ぼす方法には主に二つある．第一の方法は，コミュニティが生産する集合財の価値を税金，補助金その他の手法を用いて高めたり低めたりするものである．第二の方法は，コミュニティのメンバー間の紛争には余程大きくならない限り関与するのを差し控える，換言すれば，コミュニティ内部の統治については関与を差し控えるというものである．

　第一の方法をとれば，政府は宗教的団体，様々な種類の慈善団体や町内会にさえ補助金を支給したり，税を減免したり，法的な特権を付与したりすることになる．かかる施策の標準的な合理的根拠付けは，かかる団体の方が政府よりもその団体のメンバーに対してより効率的に集合財を生産することが

できる，というものである．実際上，政府はその機能の一部をこれらの団体に移譲するのである．

わき道にそれるが，この方法の唯一の問題は，補助金を受けた団体は，政府が望んでいた集合財その他の便益をより多く生産することよりも，その補助金をメンバー間で分配してしまうこともありうる，という点である．たとえば，政府が教会にいくばくかのお金を出した理由がその教会がホームレスにサーヴィスを提供していたからであったとしても，その教会がホームレスの救援サーヴィスのレベルはそのままにしておいて，教会がその信者から徴収する十分の一税を軽減することに政府からのお金を費やしてしまうことも想定しうるのである．しかし，かかる事態が常に起きるとは限らない．というのも，かかる事態を政府が知ったならば直ちに補助を取り止めることとなるからである[6]．

第二の方法の方がより興味深いものであって，社会規範の非・法的強制がどのようにして望ましい秩序を維持し，あるいは損なうのかについてのわれわれの問題関心により関係があるものである．この方法は，宗教団体の内部での紛争を例にとるのが好適である．

宗教団体内部の紛争には二種類ある．第一は一対多である．すなわち，集団の規範を犯した者を追放しようとする試みである．オクラホマ州裁判所のある判例（Guinn v. Church of Christ of Collinsville）では[7]，正式の配偶者ではない男性と性的関係を結んで教会の規範に違反した女性の教会区民と，教会が当事者であった．教会の長老は，彼女を教会から追放し，会衆（信者集団）に対して彼女が私通者であることを告げ，会衆のメンバーに対して距離を置くよう指示し，彼女の罪を同一会派（Church of Christ）の他の地区の会衆に伝達した．そして，伝達された先で彼女の罪は公にされてしまったのである．この女性は，名誉棄損およびプライヴァシーの侵害を理由に訴えを起こし，現実的損害賠償金および懲罰的損害賠償金として39万ドルを，下級審で獲得した．これに対し，オクラホマ州最高裁判所では判断が分かれたものの，多数意見は，原告が損害賠償金を請求することができるのは，原告が会衆から追放された後に加えられた加害行為に起因するものに限られるのであって，追放される前に受けた懲罰に起因する損害について救済を裁判所に求めることはできないと判示し，勝訴判決を破棄した．

第12章 自律，プライヴァシー，および，コミュニティ 307

　以上の結果には，いくつか注目すべき点がある．まず，裁判所は，会派からの追放については是認したが，町やコミュニティからの追放については是認していない．このように区別する判断は，社会規範の非・法的強制の力を制約するものであって，規律を求めてあるグループに入った者が実際にその規律を自ら受ける段になってグループを離脱して規律を免れることを可能にしてしまう．裁判所のこの判断は，社会規範とそれを強制するために発生する私的な制度が何ものにも制約されずに人を制約する力を持っていることへの不安を反映しているのである．これが，裁判所が宗教的団体の制裁に時々干渉してくる理由なのである[8]（もっとも，完全に目をつぶってしまうことが稀にあるのだが）．しかし，伝統的な法と経済学の純粋に理論的な見地に基づけば，協力関係の強力な制裁を背景としたあり方に裁判所が干渉してくる理由は何もないはずである．たとえ，その制裁が協力関係の外にある人に対してまで不名誉な情報を広めることであってもである．裁判所の干渉が正当化されるのは，対象となる行動が国家による辱めの罰やシャリヴァリと同様に望ましくない，ということだけである．そして，かかる理由付けは，非・法的な規制が時として病的な症状を呈することがあるという前提に立たなくてはならない．

　宗教内部の紛争の第二の種類は，分裂である．ある地域の会衆の多数が属する教会から離脱することを決議したとする．少数派は離脱することに反対であり，自分たちこそが「真の教会」なのであり，教会の財産は上部組織に信託されているものなのであるから所有権は自分たちにあるとして，上部組織に救済を求めることとなる．建物，動産その他の財産の教会の財産が誰の所有なのかを裁判所は判断しなければならない[9]．これは，厄介な仕事である．通常の契約法の原則を適用すると，その地域の会衆と教会の上部組織の間の「契約」を解釈しなければならない．この契約にはたいていの場合宗教的な意味が込められている．さりとて，二つの集団が一つの財産について所有権を主張してきたときには，両者間の暴力による解決を容認するのでない限り，裁判所は関与することを拒むことはできない．裁判所はことの解決を教会の上部組織に任せてしまうこともできるが，そうすると，上部組織には，問題となっている会衆との宗教的な契約というルールを自ら破ってしまう機会を与えてしまうことになる．いずれにせよ，国家の介入が必要なのは，明

らかである．

　以上の事例が反映しているのは，法的な強制機構よりもひょっとしたら優れているかもしれないような宗教的団体による非・法的な強制機構の役割を是認することと，非・法的な強制機構がもたらす不正義や行き過ぎを抑制するために介入することとの間に存する緊張関係である．単純な功利主義者の計算に従えば，行き過ぎが見られるのは稀なのであるから（さもなければ，人々はその教会を離脱するか，行き過ぎが稀であるような教会に移るであろう），司法が介入する制度は，望ましいコミュニティのあり方やそのコミュニティによる価値ある集合財の生産の妨げとなって一向に良い結果をもたらさない，ということとなろう．そして，かかる功利主義的計算が重みを持つのは，教会が（常に，というわけではないが，ほとんどの場合において）事前に十分な警告をしている場合である．つまり，教会内部の紛争はすべて自分たちの手で解決し，国家の手を借りない旨を教会が憲章・会則で謳ったり，メンバーにその旨を明らかにしているような場合である．教会内の不和が紛争を自主的に解決するには余りにも大きくなってしまった場合に限って国家は関与すべきなのであり，しかも，注意深く，かつ，謙抑的に関与すべきなのである（E. Posner 1996c）．

　しかし，このような単純な功利主義的な問題解決へのアプローチは，正しい道であるようには思われない．裁判所が宗教紛争の泥沼に関わるのに消極的であることは，憲法上の制約という要素によって，より直截に説明することができる．宗教的団体以外でメンバーが相互に密接な関係にある集団で紛争が発生しても，家庭内の紛争を除けば，裁判所は宗教紛争ほどには関与が謙抑的ではない．しかも，家族についても，現在では以前ほどは謙抑的ではないからである．裁判所が宗教紛争の事件で関与を自己抑制することを不快に感じているのは明らかであり，このことは驚くほどのことではない．なぜなら，謙抑的な関与が意味しているのは，うさん臭い，おそらく疑問符が付くような価値を，非・法的な手法で部分社会が強制することを促進することになるために，不正義と思われるようなことまでをも受け入れなければならないからである．

　裁判所がこのように不快に思うことは，裁判所の後知恵的な偏見の結果でしかないと一蹴する向きもあろう．宗教上の会衆やその他のメンバーが相互

に密接な関係にある集団の内部紛争を裁判するとき，裁判所は，原告と被告のそれぞれの主張について自身の意見を形成する．集団の決定に同意すれば，裁判所は介入する必要がない．しかし，集団の決定に同意しなかったならば，裁判所はその集団の意思決定者がより正確に把握していた事態の真相を把握し損なったか，それともその集団の価値を理解し損なっていたのかもしれない．もしそうだとすれば，裁判所は謙抑して非・法的な制裁を強制すべきなのであって，このことは，二当事者間で結ばれた契約が，裁判所が事後的にみれば不公平な内容であったと思われても，裁判所はその契約を強制すべきであることと全く同じなのである．しかし，裁判所の非・法的な制裁への不快感にはより深いところに根拠がある．

　過去において，イングランドとアメリカ合衆国では，刑事司法制度にコミュニティが深く関わっていた．決闘が認容されているのが普通であった．市民は，犯罪者の逮捕に協力し，（陪審員として）裁き，第6章で示したように刑罰の執行に参加していた．今日では，第一の役割は警察に取って代わられ，陪審員の権限には枠がはめられ，刑罰は市民の目から隔離されて役人により執行される．実際，犯罪記録はしばしば抹消すらされているのである．

　過去においては，他の家族の行動の規制にも市民は関わっていた．シャリヴァリやその類の自然発生的な群衆により，配偶者を殴ったり，不貞を働いたり，その他家族の一員として守るべき規範を破った者が罰せられたのである．違反者は，嘲られ，辱められ，遠ざけられるのが例であった．しかし，シャリヴァリはもはや廃れてしまった．家族による規制は，国家の機関に取って代わられたのである．

　イングランドやアメリカ合衆国ではいつも自治体が救貧活動を行ってきたが，この救貧活動は最近まで貧困者が住んでいるコミュニティの協力のもとに行われていた．そして，私的な支援団体は，意図的に慈善活動の受益者にスティグマを押したのである．政府の努力が増すにつれ，政府もこのスティグマを武器にして身体健常者が福祉の世話になることを抑制しようとした．しかし，イングランドでは，労役所制度が絶頂を迎えた後は，福祉政策でのスティグマの利用は減ってきた．今日では，救貧活動の多くが受益者にスティグマが押されるのを最小限にしている．もちろん，福祉制度が気前がよくて，しかも，スティグマを押さないとなると，社会の下層にいる人たちの勤

労意欲を損なうことであろう．また，政府の救貧活動は，大恐慌下の1920年代のアメリカ合衆国で全成人の3分の1もの人が共済組合による非公式な相互保険を受けていた（Beito 1990）というような，民間による効果のある救貧活動を排斥してしまうことであろう．しかし，政府の福祉政策に要したコストは，何百万人もの人にスティグマが押されるのを防いだという点において，正当化されたのであろう．

　中央政府が弱かったころは，取引は同族内，より大きな政治的単位としては民族集団内で主としてなされていた．同族がメンバーを保護しているので，同族からの追放は規律を確保する効果的な手法であった．同様に，民族集団のメンバーで約束を破り，取引の慣習に反した者は追放される危険を冒したのであり，追放されてしまうと，その民族に含むところのある多数派の民族集団のお慈悲にすがらざるをえなくなってしまった．しかし，同族や民族集団という関係にも限界はある．馬上試合や決闘といった法に類似した制度は，同族や民族よりも大きな人間集団に秩序の一種をもたらすことができたが，多くの欠陥があった．それは，紛争を解決する効果的な機構が欠如していたので，他人への信頼というものが重要だったことである．誰が信頼できて誰が信頼できないかは，その人の評判を確かめ，衣裳や贈り物，作法，それに誇示的消費といったシグナルを観察することによって区別された．しかし，シグナルは，コストや人々の認識が変わるのに応じて常に変化するのであるから，しばしば曖昧である．かかる現象は，決闘作法が弱い政府を補完しているような社会でははっきりとする．かかる社会では，贈与には特別な意味があり，決闘はごく普通のことであった．また，公の場での弾劾が頻繁に行われ，しかも効果的であった．侮辱も儀式化されて公の場で行われた．自己検閲も蔓延していた[10]．われわれには些細なことに見える行動が，途方もなく重要な意味を持っていた．この社会には秩序らしきものがたしかに存したが，しかし，人々はそれから逃れようがないと感じ，不幸だと思っているのであって，事態が変わってくれるのを願っているのである．人々は，自分の日記の中では決闘することへの恐怖を認めているが，しかし，決闘を申し込まれると受けて立ち，相手を殺すか，殺されたのである[11]．したがって，国家がようやくにして富と力とを十分に蓄えるようになって非・法的な規制をより法的に純粋な機構に置き換えようとし，結局成功できたのは，法的な機

構の方が好ましかったからである．

　群衆というものを飼い慣らし，制度の枠に閉じ込めようとする国家の努力は，歴史を貫通して見られるが，これは，弱い政府が使える手法を駆使してできる限りのことをしようとした結果であった．つまり，非・法的な強制機構を望ましい方向へと導くために法を用いたのであって，純粋に法的な強制機構に置き換えようとしたわけではなかったのである．しかし，非・法的な強制機構が，十分には機能しないことが問題として認められるようになると，より純粋に法的な機構に次第に置き換えることが唯一の解決策として認められた．

　たしかに，非・法的な強制機構は今日でも強力で広くみられるものであることは，本書全体が示してきたところである．貧困にあることや有罪判決を受けることは，今でも強い羞恥心をかきたてている．人々は今でも慈善事業に寄付をしている．宗教は，真っ盛りである．商業活動の王は，慣習であり評判であって，法ではない．しかし，何百年という単位で観察すると，大勢は，非・法的な強制機構や法と社会規範の協働から法だけによる支配へ，という流れなのである．この大勢は，非・法的な強制機構を法的な強制機構に取り込むことから非・法的な強制機構の抑圧への流れでもある．非・法的な強制機構がいくつも残っているような社会では，人々は息詰まる思いをするものである．

コミュニティの衰退

　法の占める地位が向上したことがコミュニティの占める地位が低下したことを意味してきたならば，そして機能不全に陥った非・法的な規制が法に取って代わられたのならば，コミュニティの衰退は歓迎すべき傾向と言わざるをえないこととなる．しかし，かかる意見はコミュニティに関する重要な研究の意見と衝突する．そこで，これらの文献を簡単に検討しておこう．重要な研究には二つの主張がある．第一の主張は，「市場」，あるいは資本主義こそがコミュニティを痛めつけているとする．第二の主張は，「法」こそがコミュニティを痛めつけているとする．なぜコミュニティの衰退は悔やむべきことであって押しもどさなければならないのか，それぞれの主張により理由が並べられている．

第一の議論は，マルクス，ウェーバー，シュムペーター，ベル，そして，ハーシュといった多様な思想家と結びつけられており，サンデルやテイラーといった現代の共同体主義者により採り上げられてきている[12]．最も極端な議論では，資本主義は，前資本主義時代の社会から引き継がれ資本主義を支えてきた倫理規範を解体せしめることで自壊してしまう，というものである．市場は協力行動ではなく競争的行動に見返りを与えるものであるから，協力行動を支えてきた長年の信念は放棄されてしまう．しかし市場にとっては競争と同じくらい協力も不可欠なのであるから，市場は解体するしかないのである，と[13]．

　例を挙げよう．私があなたの店から何か商品を買うとき，私はひょっとしたら，あなたが販売している製品についての説明を信頼したのではなく，契約を結ぼうとしているのかもしれない．しかし，少なくとも，あなたが私を誘拐して身代金を要求したりはしないような人間であることは信頼しているのである．でも，あなたは自分の店が他の店と競争していて他の店が新機軸を打ち出してしまうと直ちに廃業を余儀なくされることを知っている．競争に生き残るには顧客を誘拐するのは賢明な戦略ではないだろう．逆にいえば，（たとえば，100人毎の）顧客の誘拐が競争戦略として優れているということであれば，あなたは合理的意思決定者として顧客を誘拐することとなる．実際，すべての競争相手もそのような行動をとることとなろう．そして，私があなたのかかる競争戦略を知ったとなると，私があなたを信頼する度合がさらに減るのであるから，そもそもあなたの店には行かないこととなる．前資本主義的な信頼の感覚が残っている限りにおいて，私はあなたの店に行って取引を行うのである．しかし，市場の論理がかかる信頼の感覚を食いちらかしてしまうと，取引自体が難しくなるのである．

　第一の議論の問題点は，市場は競争的行動だけでなく，協力行動にも見返りを与えている，ということである．協力行動をとる者は競争的行動をとる者が得られない規模の経済のメリットを享受することができるからである．ある産業の競争が非常に激しくて協力することにメリットがあっても，当事者が互いに協力することができない場合には，既存の業者を買収したり協力関係を強制するような同業組合を設立した市場参入者には市場から見返りを与えられるのである．産業が競争的であればあるほど，協力的な関係を最初

に構築できた者への見返りは大きくなるのである．顧客を誘拐しない店の主人は誘拐する店の主人よりも多くの取引を自分の元へ引き寄せることができるのである．市場が競争的行動に見返りを与えることで協力的行動を損なうものだとの議論は，市場が「協力的行動」に見返りを与えることで「競争的行動」を損なうものだとの議論と同じくらいに説得的ではないのである (Hirschman 1992, p.139; Conway 1996).

　さらに言えば，協力的行動をとる者は市場が失敗したような時でも見返りを得ることができる．アドヴァース・セレクション（逆選択）やモラル・ハザード（道徳的危険・倫理の欠如）の問題を理由にして失業保険を保険会社が提供できない場合には，前述したような共済組合のような私的な相互保険を提供するグループを結成するインセンティヴが人々に働く．メンバーを支援する宗教団体は信奉者を集めることができるし，市場の波を持ち堪え，賃金面での譲歩と引き換えにレイオフをしないことを保証する大会社は労働者を集めることができる．現代社会においてさえ，市場が失敗し政府が関与しないところでは堅固なコミュニティがみられる．

　コミュニティの衰退に関する第二の議論は，コミュニティの衰退と法の地位の向上とを結びつけるものである．この議論によれば，集合財が政府により提供されればされるほど，集合財を供給しようとするコミュニティの努力を逃れようとするインセンティヴが大きくなる．しかし，逃れようとすることで事態が悪化することが証明できる．政府の集合財の供給プログラムは，十分なものであって，その結果人々がコミュニティによる供給への参加から手を引くことはありうる．政府の供給はコミュニティによる供給よりも非効率である．したがって，官僚はいくばくかの余剰を生み出すことはできても，集合財の生産に関する情報やインセンティヴが欠如しているので，政府の供給プログラムが破壊したコミュニティによる供給プログラムよりも余剰が少なくなる結果に終わるのである (M. Taylor 1976).

　最も重要な犯人は福祉国家なのであって，福祉国家こそがメンバーに対して相互保険を提供するというコミュニティの重要な役割を破壊したのであるという主張もある (Hechter 1987, p. 48). しかし，同様の議論は，公教育についても，取引規制についても，警察についてさえもあてはまる．かくして，アナーキストの綱領では効率性を理由に政府の廃止が叫ばれる．アナーキス

ト以外の人は，かくまで極端な見解はとらずに，現代国家が供給している集合財のすべてではないにせよ，いくつかのものはコミュニティがより効率的に供給することができると主張するのである．

　以上の議論に対して的確に答えるには，まず，法による規整には，利益もあればコストもあるということを認めなければならない．法による規整は，下手なやり方をすると，コミュニティによる規整よりも少ない集合財しか得られない結果となる．法による規整がどれだけの利点をもたらすことができるかは，法による規整がなかった場合の諸々の状況をどれだけ改善できるかに依存している．しかし，既にみてきたように，法による規整がなかった場合の社会状況は全くもって好ましからざるものでありうるのであって，しかもそれは，コミュニティの衰退を嘆く論者が言及していないような点でそうなりうるのである．コミュニティの衰退の是非を極めて抽象的に論ずることは避けなくてはならないのであって，法律は法律一般ではなくて個々の法律の得失に基づいて評価しなければならないのである[14]．

　ただし，私は，法律一般のレベルでも次のことぐらいは言えると考える．それは，コミュニティの衰退は，法の支配とプライヴァシーという二つの重要な価値の登場により引き起こされたか，少なくとも関連はある，ということである．法の支配は，前述のように，非・法的な強制機構の機能不全に対する法による適切な対応として理解できる．社会規範は記述し難く，曖昧であり，移ろい易い．社会規範の強制は，一貫性が欠け，散発的で，予測が不可能である．社会規範は，秩序としては初歩的な段階にあるのであって，無秩序よりは優れているが，予測可能性の必要性を痛感させるのであり，この予測可能性は財政豊かで力を蓄えた政府のみが実現することができるものである．したがって，法の支配の副作用として非・法的な強制によってのみ得られるような集合財をいくばくかを失うとしても，端的な改善ではあるように見える．

　プライヴァシーは，本書の主題とのつながりが明白であるように思われるにもかかわらず大きく取り扱わなかったテーマである．大きく取り扱わなかった理由は，個人がプライヴァシーを重要視することは社会規範を強制されることを恐れていることと同義であるからである．20世紀全般を通じてのプライヴァシーへの関心の高まりは，コミュニティの衰退と法の支配の意識の

高揚と密接な関連がある．プライヴァシーへの関心は，単に自分の不名誉あるいは恥ずかしいような情報を秘匿しておきたいという関心だけではない（R. Posner 1998b）．予測できないシグナル均衡に（現在あるいは過去に）適合し損なったために他の人から遠ざけられるのを避けたいという関心なのである．別の言い方をすれば，法の支配とプライヴァシーの法的保護は，非・法的な強制が引き起こす問題を解消するための一般的な策の二つの柱である．刑事司法制度は，制裁の執行を群衆の手にではなく役人の手に委ねたのだが，緊張が高まった時期に群衆から影響を受けるのは避けられないことである．そして，群衆が刑事司法制度に影響を及ぼすときにこそ，独立した裁判官により担保される法の支配の実現が，非・法的な強制が引き起こす問題の回避を確実なものとするべきものなのである．加えて，社会規範は当局により直接に強制されていない場合でも人々に影響を及ぼすものである．したがって，社会規範の強制機構の影響を最小限度に抑えるためには，国家はプライヴァシーを保護して，非・法的制裁を加えるために必要な情報を群衆に与えないこととするのである．

　関連する動きとしては，名誉毀損に関する法による評判の保護が減少してきていることがある．アメリカ合衆国連邦最高裁判所は，連邦憲法の言論の自由条項を厳格に実現することにより，コモン・ローによる評判の保護を弱めてきた．言論の自由条項をめぐる理論の転換の結果，評判はもはやかつてほどには価値ある資産ではなくなった．私を嘘つきだといいたてた者が法的報復を免れることができるならば，私は嘘をつかないインセンティヴをほとんど持ちあわせていないこととなる．私が嘘をつこうがつくまいが，結果として，私が嘘つきだという誹謗が残ってしまうことはありうる．そして，私が他人と取引して約束し，相手の約束をあてにするときには，名誉毀損に関する法の保護がより手厚かったころと比べると契約法の力に頼らざるをえなくなる．さて，以上の展開についての評価の一つは，連邦最高裁判所はミスを犯した，というものである[15]．活発な言論は利益をもたらしこそすれ何のコストもかけるものではない，という思想の市場という考え方に盲目的に従ったがために発生した予想せざる結果が，名誉毀損に関する法の壊滅であったのだ，というのである．しかし，より穏当な意見では，評判に基づいた非・法的な強制機構は機能不全を起している，という広く共有された見解を連邦

最高裁判所が取り入れただけなのであるから，言論の自由条項の法理により名誉毀損に関する法の保護が弱められたのはそんなに悪いことではない，ということになる．

《注》

第1章 序説：法と集合行為
(1) New York v. P., 90 A. 2d 434 (NY 1982). 婚外子に対するスティグマが弱くなってきているのに伴い，裁判所はこの非常に古い見解から離れ始めるようになった．たとえば，West Virginia v. Stone, 474 SE. 2d 554 (WV 1996).
(2) 例として，Brandt v. Board of Co-Op Educ. Services, 820 F. 2d 41 (2d Cir. 1987) 参照．
(3) The T. J. Hooper, 60 F. 2d 737 (2d Cir. 1932).
(4) 参考，Golding v. Golding, 581 N. Y. S. 2d 4 (1992).
(5) 387 U.S. 483 (1954).

第2章 協力と規範生成のモデル
(1) 伝統的な合理的選択理論のモデルに基づき，これらの問題や可能な解決策を論じたものとして，Olson (1965), Hardin (1982), Hechter (1987), Coleman (1990) 参照．
(2) 繰返し囚人のディレンマにおいて繰返しが協力行動という結果を生む条件については，ゲーム理論や経済学の教科書ならどれでも論じている．例としてKreps (1990b)．関連する議論はTelser (1980), M. Taylor (1987), その他多くの箇所で見られる．
(3) 他の性質，たとえば自らの文化的能力も人々はシグナルの形で知らせる．人々が関係に入るとき，彼らは言動を誤解しないような人たちを探し求める．これらの行動は，彼らの生まれ育った文化においてさまざまな意味を持っているからである．また，人々は自分の健康状態や知性などについてもシグナルを送る．そのようなシグナリングも規範発生の原因になるかもしれない．だが，これらの現象を完全に分析しようとすると，分析が手に負えないほど複雑になってくるであろう．
(4) いずれのゲーム理論の教科書にも，このモデルの記述が見られる．例としてFudenberg and Tirole (1991), Gibbons (1992) 参照．協力行動，社会規範，規範に類似した行動（ファッションなど）を説明するのにシ

グナリング・モデルを利用している例は Klein and Leffler(1981), Bernheim (1994), Pesendorfer (1995) でも見られる.

(5) 均衡概念をどれくらい厳しくすると適切であるかについての合意がないために分析が曖昧になってしまうけれども,これも現在の研究文献の事情からはやむをえないであろう. Kreps (1990c) 参照.

(6) 表面上は直接的に見える形態でのシグナリング——自分の銀行取引残高報告書や,投資信託銀行の受益証券を見せるなど——は,よく考えると非常に不適切である.文書は偽造できるし,限られた人数の人たちにしか見せることができない.また,資力は移り変わってしまうことがある——たとえば,お金をたくさん借りてそれを銀行口座に預け,銀行取引残高報告書を手に入れてから,数日後にお金を返済する,ということもできる.したがってこの行動は「私は金持ちだ」と人々に言っているようなものであって,実のところチープトーク(Farrell and Rabin 1996)にすぎない.いずれの方法をとるにせよ,こうした行動はそれほどの困難もなくすることができる.シグナリングが信頼できるものとなるためには,より複雑な行動と,後の章で述べるように,市場によって供給されるより複雑な制度(慣例)が必要なのである.

(7) 入れ墨には長く興味深い歴史がある.自分があるグループ(しばしば宗教上のグループ)のメンバーだということを示すために自発的に行われたものと,ある人が犯罪者だということを示すために非自発的に行われたもの(第6章参照)とが常にあった.例として,Gustafson (1997), C. Jones (1987) 参照.私たちは傷跡を残す行為(scarring)を(未開の)部族社会と結びつけるけれども,この行為は19世紀でも見られる. 19世紀,あるドイツの学園都市では「傷によって醜くなった顔は良い結婚のためのパスポートであった」(Kiernan 1988, p. 201) ——もちろん決闘でできた傷のことである.これが最近になって復活してきたことについては, Austin (1999) 参照.

(8) 外国の文化の中にいる人たちや過去の人たち(たとえば映画で)が私たちの規範とは相容れない行動(つまり,彼らの服装が,ずっと前に流行って今は廃れたものになっているなど)をとるのを見ると,私たちは本能的に,共感しながらも面白がっているような反応をする.私たちは軽蔑の念を抱くことはない.それは,全部の人々が悪いタイプだということはありえないと私たちが知っているからである.ちょうどそれは,子どものときに正しいマナーを教わっていない人を憐れむことがあるのと同様に,悪い時代に生まれた彼らを憐れむかのようである.少し想像力を働かせれば,私たち自身も,他者から見ればおかしなものでありうる

ことが分かるだろう．
(9) エリアス（Elias 1982）は中世におけるマナーの変化についての有名な記述を残しており，そこではマナーの恣意性が強調されている．しかし彼は，上層階級の人々が自らを下層階級の人々から区別しようとしたことがマナーの発展に反映している，と論じている．この結論はエリアスの持っていた資料の産物であって，本文に述べたような理由で「下層階級」内部でも独自のマナーの発展があったのではないか，と私は考えている．
(10) ここではフォーカル・ポイントの考え方に依拠している．Schelling (1960) 参照．
(11) たとえば，清潔さ（衛生）は健康の問題であるのと同じくらい統計的平均値の問題でもあるのはよく知られている．Elias (1982, p. 158) 参照．これは Kagan and Skolnick (1993, p. 81) でも議論されている．
(12) 私が挙げた例，そして多くのモデルでは，選択肢が不連続になるように（つまり，行為者が中途半端な選択肢をとれないように）仮定して，行動の不連続性を導き出しており，この点で少しごまかしている．しかしベルンハイム（Bernheim 1994）は，条件を緩めて連続的な選択を許したとしても同様の結果が得られることを示している．
(13) なぜある特定の行動がシグナルになっているかについてはもっと多くのことが言える．二つの行動のコスト構造が同じであれば，どちらもシグナルとなりうるであろう．そのうち片方がシグナルとなるか，それとも両方がシグナルとなるかは，良いタイプの人たちによって行われる n 人調整ゲームの結果に依存する（悪いタイプはシグナルを送らないだろう）．いったん均衡に到達すれば，その均衡で用いられているシグナルを「コンヴェンション（慣習）(convention)」と呼ぶことができよう（Lewis 1969, Ullmann-Margalit 1977, Schotter 1981）．他ではなく当該コンヴェンションへと，時間の経過とともに人々が落ち着いていくのはなぜかを説明するためには，進化論に頼る必要がある．進化論が教えてくれることの中で基本的なのは次のことである．つまり，ランダムなショックに対して頑健なコンヴェンションは，そうでないコンヴェンションに比べて，時が経てば広がっていく可能性が高くなるということである．たとえば Young (1998a) 参照．第3章と第10章で述べるように進化ゲーム理論は大いに有望であるが，現在の段階では，私が関心を持つ疑問に対してはまだそれほど示唆を与えてくれない．Boyd and Richerson (1985), Kraus (1997) も参照．
(14) コミットメント・モデルはシェリング（Schelling 1960）に由来する．

コミットメント・モデルにおいては，協力の相手方が選好する行動以外からもたらされる利得を減少させるような行動を当事者がとる．そしてシグナリング・モデルにおいては，当事者のとる行動は将来の利得に影響を及ぼさないけれども，その当事者のタイプについての情報が明らかになる．ハーディン（Hardin 1995）はコミットメント・モデルを用い，集団行動の諸相とある種の社会規範について説明している．

(15) Sunstein (1996)．もちろん，この考え方は社会学では古い歴史を持っている．

第3章 敷衍，反論，および，代替的理論

(1) 従来の研究の概観としては Sober and Wilson (1998) 参照．
(2) 利他主義を説明するために本文で述べたものよりも複雑なアプローチをとっているものとして Margolis (1982) 参照．
(3) 社会的地位に関しては Frank (1985) 参照．これと関係する概念である羨望・妬みについては Hirsch (1976)，また Elster (1989) p.261 も参照．前者のアプローチは本文で述べたものとは少し異なっている．順応については S. Jones (1984)，Bernheim (1994) を参照．
(4) 感情に関する別のモデルは Huang and Wu (1994) に見られる．
(5) 特に法学の文献では，社会規範を外生的なものとして扱うのは非常によくあることである．つまり，社会規範を発生・維持させる要因を説明するのではなく，社会規範というものが存在して行動に影響を及ぼす，と前提するのである．たとえば Lessig (1995), Sunstein (1996), R. A. Posner (1997) 参照．クーター（Cooter 1996, 1998a, 1998b）は内面化のメカニズムについての最小限の仮定を置いて，より多くの手掛かりをこのアプローチに与えようとしている．ボールズ（Bowles 1998）は選好を内生的なものとする方法による研究の有益な概観を提供してくれる．彼自身は，この方法による研究の発展に楽観的であるが，彼の論文から得られる主な教訓は，立ち向かうべき問題が膨大にあり，しかもそれに対処する際の方法論はまだ粗すぎるということである．Rabin (1998) も参照．
(6) メイラス（Mailath 1998, p.1372）は進化ゲーム論のモデルは今のところ「形式化されすぎていて直接には応用できない」と述べている．セティとソマナーサン（Sethi and Somanathan 1996）は，協力がどのようにコモン・プール（共有資源）において広がりうるかを示しているが，彼らの分析から具体性のある規範的含意を引き出すのはやはり困難である．

第4章 贈与と無償の約束

(1) 引退したニュース・キャスターのデイヴィッド・ブリンクリーが大規模なアグリビジネスのスポークスマンになることを決めたときに起きた非難の大合唱が例として挙げられる．「彼は，辛辣で，大真面目で，決して嘘をつかない男としての評判を立てていた．『高潔だという評判を，お金のためにＡＤＭへ売り渡したりなどして，いったい何を考えているのだろうか？』」(Kurtz 1998, ダニエル・ショルから引用．『　』による強調はポズナー)．ブリンクリーは，スポークスマンになって欲しいというレンタカー大手のエイヴィスの100万ドルの申出を断った，ともショルは言っている．「私は今の評判を確立するのに50年かかった．エイビスのスポークスマンとしてテレビに出たりすれば，その評判をどぶに投げ捨ててしまうことになってしまう」(同書より)．

(2) Adams (1973) など，特にポトラッチに関する文献を参照．Gitksan の間で行われていたポトラッチをアダムズは説明しているが，これは簡単にシグナリング・モデルに置き直せる．ポトラッチはシグナル——容易に観察でき，明らかに無駄な行動——であって，互酬的関係を強める一方で，社会的地位をめぐる破壊的な競争をもたらす．

贈り物と交換のつながりは裁判所も理解している．Hamer v. Sidway, 124 N. Y. 538, 27 N. E. 256 (1891) 参照．この事案では，ある男が「タバコをすったり，人を罵ったり，ギャンブルしたりすることをやめれば，21歳の誕生日に5000ドルをあげよう」と甥に約束しているが，裁判所はこの約束を有効として強制した．また，Allegheny College v. National Chautauqua County Bank, 246 N. Y. 369, 159 N. E. 173 (1927) も参照．この事案には慈善団体への寄付が関係している．

(3) Kranton (1996a, 1996b) も参照．

(4) この現象の微妙な例としては，会社が慈善事業に対して行う寄付がある．地域経営者たちの要求に応じて，当局が地域の企業を乗っ取りの脅威から保護する法律を制定するということがあった．外部の者による乗っ取りがあると，地域の慈善事業に対して企業が定期的に行っていた寄付が止まってしまうのではないか，と当局が恐れたのである．Romano (1987) p. 121 参照．

(5) 私は，大学が一線を越えてやりすぎないように常に自制できる，とまでは言っていない．シュミット (Schmitt 1995) はカリフォルニア大学アーヴァイン校（ＵＣＩ）がとった方法について述べている．「[寄贈者になりそうなバークレー氏が]核心の質問をした．『何かに名前を入れるにはどれくらいのお金がいるのだね』．当時ＵＣＩの募金開発担当で，バークレー氏の寄付を受け付けたテリー・ジョーンズ氏はこう回想している．……

バークレー氏は『自分の名前を入れることができる機会』——寄付と引き換えに，バークレー氏を記念して名付けられるようなプロジェクト——の提案をいくつか受けたが，その中で『大学劇場建設のところで彼の目がキラッと輝いた』．一連の交渉の後，彼は100万ドルで合意し，20万ドルを5年間の分割払いで支払うことになった．その後，バークレー家の人たちはまるで王様のように遇された．たとえばバークレー夫人は，大学合唱団の合唱付きの凝ったセレモニーでまさに『叙勲』された．バークレー夫妻は，昼食会やカクテル・パーティー，特別の催しなどの来賓として最敬礼を受けた．また，大学のシンボルであるアリクイのロゴが入った特製ウィンドブレーカーをお揃いでもらうなど，親愛の情の印となるものを贈られた」．

(6) これ以外で，ありうる動機は，「人々は贈り物の行動そのものから喜びを得る」ということである（このことは "warm-glow" giving についての経済学の文献で論じられている）．Andreoni（1990）参照．

(7) 例として，贈り手が受け手に絵画を贈ったとしよう．贈り手がその絵を100ドル，受け手は200ドルと評価しており，さらに受け手の幸福感を（たとえば）40パーセント割り引いた分の効用を贈り手が得るとする．そうすると，受け手が贈り物を得た場合，贈り手は120ドル分の効用を得る．100ドル失った分を引くと，贈り手は20ドルの純益を得ることになる．受け手はもちろん200ドル分の効用を得る．

(8) ある研究が示したところによると，ピッツバーグ交響楽団への寄付のうち，匿名の寄付は1.29パーセントを占めるにすぎず，イェール・ロー・スクール，ハーヴァード・ロー・スクール，カーネギー・メロン大学への寄付については1パーセントにも満たない（Glazer and Konrad 1996）．こうした匿名のケースでさえ，寄贈者が誰であるかは，おそらく受贈者の経営陣には（より広範囲の人々にではないにしても）知られているのである．そして，著名な人たちが，たとえば大学の理事会のメンバーなどとして，受贈者側を管理していて，それらの著名人に寄贈者が好印象を与えたいと思っているのかもしれないのである．

また，グレイザーとコンラッドは利他主義という動機だけでは次のことも説明できない，とも指摘している．つまり，発行される報告書では寄贈者が寄付金額に応じてカテゴリーに分類されるのだが，それぞれのカテゴリーの範囲内の最低金額の寄付をしている人が多い，ということである．たとえば，ハーヴァード・ロー・スクール基金に500ドル〜999ドルのカテゴリーで寄付した人たちの93パーセントは500ドルの寄付をしているのである（同書より）．もし利他主義によって動機づけられているのなら，

たぶん寄付金額はもっと広い範囲に散らばるであろう．

(9) 利他主義が贈り物の説明として不十分である証拠についてはCox (1987) 参照．コックスは，取引願望がたいていの贈り物を動機づけていると主張している．たとえば，親が子どもに贈り物をするのは，自分の子どもが将来自分の面倒を見てくれると望んでのことである．これは信頼の説明と似ている．

(10) 社会的地位に関する経済理論の起源はヴェブレン (Veblen 1992) にまで遡る．

(11) 裕福なのに贈り物をしない人たちは，他の裕福な人たちに対するインタヴューによれば，「偏屈」で「反吐が出るような」人物だと思われている．彼らは軽蔑と不興の目で見られており，ひどくこき下ろされているのである．Ostrower (1995) pp. 14-16 参照．

(12) ここでは，ティトマスの二つの議論 (Titmuss 1971) を無視している．第一に，製品の質が目に見えない特性に大きく依存しているという市場があり，その良い特性を持つ製品だけを生産するために自らスクリーニングを行うのは利他主義者だけであろう（ティトマスが挙げている例は血液である）．第二に，利他主義的な性向を涵養すれば，私的な選好を満足できるのとはまた別に，社会的な財を生むことになる．

(13) 利他主義者は受け手からお金を支払われても得をしないので，このような取引は行われないだろう，とカプロウは指摘している．「贈り物をすること」に「受け手からお金をもらうこと」が加わると，安価な贈り物をしたのと同じになってしまうのである．しかし贈り物がはじめから行われないなら，贈り手は取引にも応じないであろう．Kaplow (1995) 参照．

(14) さらなる議論は Stark (1995) に見られる．Buchanan (1975), Shavell (1991) も最初に挙げた主張をしている．

(15) 上司は部下から贈り物をもらうのを嫌うが，調査によると，アメリカ合衆国の被用者の3分の1が自分の上司にクリスマス・プレゼントを渡す予定でいたという (1997年)．Quintanilla (1998)．

(16) 「裕福な人たちは，自らが委員会のメンバーとなっている機関に寄付をしてくれるよう互いに懇請しあっている」とオストロウワは書いている．Ostrower (1995) 参照．したがって，部外者の目からは一方的な（裕福な人から金欠の機関への）贈り物に見えていても，実は互酬的な関係の一面にすぎないのかもしれないのである．

(17) エリートによる慈善行為はたいてい，エリートが自分たちの社会的地位を保ったり高めたりするために用いるシステムとなっている．利他主義

はエリートによる寄付の性質や目標を説明できないので,利他主義だけでは説明として不十分である,という正しい指摘をオストロウワは行っている.しかしながら,利他主義が作用している部分もある,と彼女は考えている.成金に理事の座(主要なステイタス・シンボルである.たとえば,同書 p. 38 参照)を「買わせる」という慣行を挙げており,在職者の方もそういう慈善行為を気にかけているためにこの慣行を容認しているのだ,とオストロウワは主張している(同書 p. 141).けれども,視野を広げて「社会的地位は本来望ましいものというわけではなく,良いタイプ(富裕で協力的な人たち)を悪いタイプから区別するための方法としての意味があるだけだ」と仮定すれば,新参者が入ってくるのを許す理由は明らかとなる.つまり,エリート層がエリートであり続けられるようにするため,言い換えると,社会関係を結ぶことで得をするような人たちからエリート層が構成されるようにしておくためである.

(18) Glazer and Konrad (1996) と比較のこと.受け手が,贈り物を一般の人に知らせるために用いる手の込んだテクニックについては,上のバークレーの贈り物に関する議論(本章注5)を参照.

(19) 慈善の寄付(特に裕福な人からなされるもの)は,文化的な機関・組織に対する高価で目立つ贈り物に偏っている.Clotfelter (1992), Ostrower (1995) 参照.例外は宗教団体への寄付である.

(20) 贈り物がシグナルとなることで協力を促進するが,結局は破壊的なステイタス競争(社会的地位をめぐる競争)をもたらしてしまう,という見事な例がポトラッチである.協力を促進する上でのポトラッチの重要性については,たとえば Simeone (1995) p. 165, Kan (1989) 第9章参照.ポトラッチを禁止しようという宣教師たちの試みの詳細は,Simeone (1995) 第2章で述べられている.Johnsen (1986) も参照.

(21) Trebilcock (1993) pp. 170-87, Goetz and Scott (1980), R. Posner (1977), Shavell (1991), Eisenberg (1979), Farnsworth (1995), Gordley (1991), Kull (1992) 参照.

(22) Eisenberg (1979) p. 17, Kull (1992) p. 50 でもこの点は強調されている.単なる約束をでっち上げる場合よりも譲渡実行のでっち上げの方が,受け手(とされる人)にとって困難であり,かつ,単なる約束よりも譲渡実行の方が,贈り手が熟慮のうえでそうしている可能性が高い,とアイゼンバーグは主張している.

(23) この問いには多くの論評者が注意を払い尽くしてきた.たとえば Eisenberg (1979) 参照.

(24) Scholes v. Lehmann, 56 F. 3d 750 (7th Cir. 1995) 参照.同様の判例と

してYoung v. Crystal Evangelical Free Church, 82 F. 3d 1407 (8th Cir. 1996). 後者の判例では，教会への（十分の一税に基づいた）お布施が（解釈上）詐害的譲渡にあたる，と裁判所が判示している．お布施を渡した人たちは教会から利益を受けていたかもしれないが，お布施を渡そうと渡すまいと彼らは利益を受けていただろう，と裁判所は指摘した．つまり約因となる対価がなかったのである（利他主義に似た動機であった）．（なお裁判所は，詐害的譲渡禁止法の適用が「信教の自由再興法（Religious Freedom Restoration Act）」に反する，と判示している．）
(25) これがもともとの詐害的譲渡禁止法（the Statute of 13 Elizabeth）の目的であったのは明らかである．
(26) 最近，ある特定の慈善団体については，破綻した場合に詐害的譲渡との攻撃を受けないようにする法律を議会が制定した．11 U. S. C. § 548(a)(2)参照．

第5章　家族法と社会規範

(1) Scott and Scott (1998) 参照．この箇所，あるいはその他の箇所でも，彼らの問題の立て方に基づいている．もっとも，私の結論は彼らのものとは異なる．Silbaugh (1998), pp. 100-08 も参照．
(2) ビショップによる同様のモデル（Bishop 1984, p. 250）では，「自分のパートナーとだけ関係を維持することに関心がある」というシグナルを当事者が送っている．
(3) さまざまな法律，そして規範を定める制度が，さまざまな方法でこの緊張関係を解決している．一つの方法は，婚姻前のセックスを禁ずる代わりに，一方配偶者が性的に障害を持つ場合には婚姻取消を認める，というものである．そうすると，婚約期間は禁欲期間ということになる．これとは別に，婚約期間あるいは婚約の段階でセックスを許し，一方配偶者が性的に障害を持っている場合にのみ婚約の破棄ができる，とする方法もある．この場合は一般に，婚約の段階は，求愛の段階（この段階では，当事者は肉体関係を持たない）より後になるであろう．第三の方法として，婚姻前は肉体関係以外の性的行動であれば許す，というものがある（婚約中の男女が服を着たまま同じ床で寝る「バンドリング」はこの例であったのかもしれない）．いろいろな時代・文化で，上記三つのパタンを見ることができよう．
(4) 社会規範を考慮に入れたうえで，夫婦間の取引を非常に有益な方法で論じているものとして，Agarwal (1997)．
(5) 互いを効果的に監視できるような何らかの役割を，両配偶者が引き受け

あうかもしれないという考え方，より一般的に言えば，前もって設定された一般原則によって両配偶者は紛争を解決するであろうという考え方は，クレプスの企業文化の理論（Kreps 1990a）とパラレルになっていて興味深い．

(6) 歴史上の実例は Weber（1976）に見られる．

(7) シャリヴァリの集団は，求愛の段階で規範を破った人たちにも罰を与えていた．これには以下のようなものが含まれる．①求愛の段階にある場合に，他の人々の男女関係に干渉してはいけない，というルール．②贈り物，パーティー，ダンス，そして婚姻前のセックスをつかさどる規範．③ドン・ファン（自分は真剣につき合っている，と騙して信じ込ませようとし，良いタイプのふりをする人）に押されるスティグマ．議論を簡潔にするため，これらの厄介な問題を無視している．

(8) Davis（1975）pp. 97-123, Wyatt-Brown（1982）pp. 435-61, Ingram（1984），Thompson（1993）pp. 467-538 参照．

(9) ビショップは同様の示唆をしている．Bishop（1984）pp. 252-54 参照．

(10) Allen（1990）による同様の議論を参照．教会，そして世俗の権威による婚姻制度の改革は，「婚姻には許可が必要で，結婚式は公衆の目の前で行わねばならない」と命じていなかったときに起こった無秩序状態——この人とあの人が結婚しているとかしていないとかという紛争が際限なく起こっていた——に対処するものであることがしばしばであった．例と議論については Helmholz（1974）参照．婚姻における機会主義的行動（不貞行為など）を当局はたびたび罰していた．ただし，それが十分におおっぴらに行われ，証拠上の問題がない場合に限り，である．Harrington（1995）pp. 249-50 参照．

(11) 歴史上の証拠については，Levine and Wrightson（1980）参照．

(12) Trebilcock and Keshvani（1991）p. 558 で同様の主張がなされている．また，Lundberg and Pollak（1993）も参照．

(13) 自分の子どもが結婚相手を選ぶ際，その選択を親たちがコントロールしようと奮闘していたことを示す歴史上の証拠については，Harrington（1995）参照．

(14) 婚姻関係に入るコストが高すぎる場合も，同じことが言える．たとえば19世紀のドイツでは，結婚するには財産と市民権が必要になっていたため，同棲が非常に多くなり，婚外子が大きく増える結果となった．Abrams（1993）参照．

(15) 第9章参照．

(16) しかしながら，裁判官の意見の中では，婚外子のスティグマはある役

割を演じ続けている．第 1 章参照．
(17) Bix (1998) pp. 158-62 参照．結婚の意味や，法政策がその意味をどのように変えるかということについての興味深い概括的な議論は，Silbaugh (1998) pp. 81-83, 108-17 に見られる．

第 6 章　社会的地位，スティグマ，および，刑事法

(1) ギャングが無償でコミュニティを保護する重要な理由の一つは，コミュニティのメンバーがギャングを密告しようと決めると，彼らはたいへん逮捕されやすくなってしまう，ということである．規律が緩み，ギャングがコミュニティをたいして保護せず，そしてコミュニティにあまりに多くの害悪を与えるようになると，コミュニティのメンバーは警察に助けを求めることになる．Jankowski (1991) pp. 203-06 参照．

(2) この点はお馴染みのものである．たとえば McAdams (1996) pp. 2281-82 参照．

(3) コミュニティにおいてギャングが人気を集める場合があるが，それはギャングが警察よりも効果的にコミュニティを保護してくれるからである．これにはいくつかの理由がある．第一に，ギャングは犯罪活動についてのよりよい情報を持っている．第二に，ギャングは一般の市民が持つ権利を気にする必要はなく，誰にでも質問できるし尾行もできる．第三に，ギャングは警察より苛酷な刑罰を与えることができる．Jankowski (1991) pp. 180-93, 260 参照．

(4) 評判から生ずる不利益がどれくらいもたらされるかが予測できない，ということの証拠については Lott (1992) 参照．彼はこのように説明する．「横領や詐欺でどれくらいの額のお金を盗ったかは，[有罪判決後の収入減少に対して] 有意な影響を及ぼさず，しかも経済的にも非常に小さな影響しか及ぼさない．一方，窃盗については，実際のところ正の相関関係があって統計的にも有意になっている．もっとも，相関係数はかなり小さくなっているのだが」(p. 538)．犯罪の重大さは，評判による制裁の大きさとはほとんど関連がないのである．Waldfogel (1994a, 1994b) も参照．

(5) 辱めの罰がホワイトカラー犯罪に科される可能性を論じたものとして，Kahan and Posner (1999) 参照．

(6) このことはコミットメント・モデルでも説明できる．Hardin (1995) 参照．

(7) 強盗殺人の冤罪で死刑になったとされるイタリア系移民のサッコとヴァンゼッティ，アメリカの原爆の機密をソ連に漏洩したとして処刑されたローゼンバーグ夫妻，スパイ容疑の官僚ヒスが例に挙げられる．サッコ

とヴァンゼッティやその他の事例におけるこの現象を論じたものとして，Russell（1986）pp. 206-12.
(8) Jankowski（1991）p. 272 によると，囚人だった人たちは他のギャングのメンバーから信望を得ているという．
(9) Jankowski（1991）p. 81 参照．「ロサンゼルスのギャングにとっては，薬物使用はコミュニティにいる他の人たちと自分たちとを区別するための手段であり，『われわれに順応するように求め，そのくせ見返りには並の仕事しかくれないような表社会のルールにわれわれは従うつもりはない』と述べるための手段である」．
(10) 喫煙の警告ラベルに関しては，Robinson and Killen（1997）参照．
(11) これ以外の例については，Diehm（1992）参照．
(12) 犯罪記録が評判に及ぼす効果に関しては，Lott（1992），Waldfogel（1994a, 1994b）参照．
(13) そのような卑下は法執行戦略の重要な部分をなしており，仮釈放の期間においては特にそうである．Jankowski（1991）pp. 276-80 参照．
(14) 「社会に再統合させるための辱め」の重要性に関するブレイスウェイトの議論（Braithwaite 1989）と比較せよ．また，Bushway（1997）も参照．
(15) ラスムセンも同じタイプのモデルを用いて類似の主張を行っている（Rasmusen 1996）．

第7章 投票，政治参加，および，シンボル行動

(1) しかしながら，人類学・歴史学の文献は厖大にある．たとえば，Wilentz（1985）参照．
(2) 均衡の精緻化を行うと均衡の範囲を狭めることはできるが，これらの精緻化そのものは特にもっともらしいというわけではなく，要するに，不確実性を予測の問題から方法論の問題へと移しているのである．
(3) 国旗冒瀆に対して異なる分析をしているものとして，Rasmusen（1998）参照．
(4) 問題のコミュニティが国家ではなく，もっと小さなコミュニティ（たとえば大学や小さな町など）である場合にも，同様の結果が得られる．Loury（1994）参照．
(5) Knack（1992）p. 143 参照．ある世論調査によると，いつも投票に行く人たちのうち 41 パーセントが次のような理由で投票に賛成している．「私の友人や親戚はだいたいいつも投票に行くし，そういう人たちに『投票しなかったんだ』と言うと心地の悪い感じになるんだ」（同書 p. 137）．
(6) Lupia and McCubbins（1998）参照．「投票する人は，自分の利益になる

ことをしてくれる人に通常は投票する」ということは,「投票する人たちは正しい政治的判断をするために情報を集めるコストを支払っている」(これはシグナリング理論と整合的でない)ことを意味するわけではない,とこの本は示唆している.つまり,判断を下すための手っ取り早い方法がいろいろあるので,情報(この情報は他の目的からたまたま得られたものだ,と私なら主張する)が限られていても人々は妥当な政治的選択を行えるのだ,ということを示しているのである.
(7) これは古くからあるテーマである.ファシズムでこれが現れたことについては Mosse (1985) 参照.
(8) Gambetta (1998), Przeworski (1998), あるいは Elster (1998a) の他の章を参照.
(9) このことは,自己検閲の一形態である「猿ぐつわルール(緘口ルール)」(gag rule) に関するスティーヴン・ホームズの議論 (S. Holmes 1995) と類似しており,興味をひく.このルールは望ましいもの,あるいは望ましいことが多い,と彼は信じているように見える.その理由は,争いの多い問題(たとえば宗教をめぐる意見の不一致など)を公共の議論の場から抜き取り,それによって,他の問題については人々が協力できるようになるからである.本文での私の議論は,猿ぐつわルールがどのように発生するか——これはホームズの説明で欠けている部分である——を説明するものかもしれない.ただ,私の議論は,そのルールが望ましいものと考える理由まではあまり提供しないであろう.
(10) 概括的な議論については E. Posner (1996b) 参照.

第8章 人種差別とナショナリズム

(1) Roback (1989) と比較のこと.ローバックのアプローチは,ここでのアプローチと似ているが,ただ異なるのは,人々が順応に対する選好を持っており,それが他の人種の人たちと付きあうか否かの選択にまで影響を与える,と彼女が仮定していることである.McAdams (1995) も参照.
(2) ハーディンによる興味深い議論とも比較されたい.Hardin (1995) pp. 79-91 参照.
(3) 可変の特徴に基づく差別が広がっていくのは,理論からいくと,差別をされる人たちがそうした特徴をコミットメント装置として保持している場合である.嫌われている宗教団体のメンバーであることは不変の特徴ではない.差別されるのにもかかわらず,グループのメンバーであり続け,それを公表さえすることがある.これはグループへの自分のコミットメントを強めるためであり,それにより,グループの利益のうち大きな分け

(4) 政治仕掛人によって人種が政治の問題となる，ということが Roback (1989) で議論されている．

(5) Netanyahu (1995) pp. 1052-54 参照．ネタニヤフは，国レベルでの協力の重要性よりも，ユダヤ人（スペインでは「コンヴェルソ conversos」＝キリスト教に改宗したユダヤ人）から経済的・政治的権力を奪うことに多数派が関心を持っていたことを強調している．だが彼は，コンヴェルソ迫害の重要な原因として，国中の結束の必要性がスペインで叫ばれていたことを別の箇所で挙げている（同書 p. 1004）．ユダヤ人に対抗するということでスペインは一致団結したのである．だが，宗教上のユダヤ人が消滅すると，人種上のユダヤ人というものをでっち上げなければならなくなった．

(6) 権力不在の状況で指導者が直面する最初の問題は，自分たちにとって都合のよい敵（指導者が欲しがるような土地，工場，その他の財産を持っている人々）もまた民族集団だ，と説得することである．それを行う上で，自分たちの主張をもっともらしくするために，歴史に訴え，そして歴史を操作する．「グループ外の人々の所領となっている土地を得る資格をわれわれは持っているのだ」とあるグループがいったん確信してしまうと，外部の人たちはすぐさま対抗してグループを形成し，そちらは「最初のグループはわれわれの脅威になっている」というまことしやかな主張を基盤にすることになる．したがってナショナリズムの当初は，騒乱と混乱の状態にあるのが特徴になっている．次いで，メンバーシップが場所ごとで固定してしまい，ショックがさらに起こっても動かないようになる．非常に抽象的なレベルでとらえれば，これはユーゴスラヴィアで生じたパタンと同じに見える．Malcolm (1996) 参照．

(7) Koppelman (1996) pp. 101-103 で言及されている．

(8) Kuran (1998) でも同様の議論がなされている．

(9) Kuran (1998) 参照．また，Hobsbawm and Ranger (1983) に出てくる多くの事例も参照．

第9章 契約法と商行為

(1) たとえば，Cheung (1973), Ostrom (1990), Ellickson (1991), Benson (1992), Greif (1993), Greif, Milgrom, and Weingast (1994), Landa (1994), E. Posner (1996c) 参照．

(2) 不法行為事件における司法判断の誤りを分析したものとして，Craswell and Calfee (1986) も参照．ウィリアムソン (Williamson 1985) は資産の

特殊性があるために契約が不確実性を持つことを強調している．
(3) この議論は次のような利得表で例示される．ここでは協力できれば利得は3，双方が裏切ると利得1，自分だけが裏切ると利得4，自分だけが裏切られると利得0となる．

	協　　力	裏　　切
協力	3, 3	$-C, 4-C$
裏切	$4-C, -C$	$1-C, 1-C$

たとえばCが6とすると，このような利得表になる．

	協　　力	裏　　切
協力	3, 3	$-6, -2$
裏切	$-2, -6$	$-5, -5$

ナッシュ均衡は（協力，協力），（裏切，裏切）の二つとなるが，本文で述べたように前者の結果が生じる可能性が大きい（前者は後者と比較してパレート優位になっている）．

(4) シグナリング・モデルから別の理論を導くことができる．法的拘束力のある契約を締結したとき，不完全な司法による将来の強制がもたらす確率的な損害の現在価値分のコストを，当事者が負うことになる．このようなコストを負うことは，ちょうど結婚の際の誓いと同じように，自分の持つ割引率が低いことを示すシグナルとなる．それに対して，コミットメント理論は，将来のラウンドでの実際の利得が司法の影響を受けるようにして，高い割引率の人でさえも将来のラウンドで裏切らないようにする，という点で異なっている．したがって，シグナリング理論よりもコミットメント理論の方が頑健であり，そういうわけで本章ではコミットメント理論の方に力点を置いているのである．

(5) このことを記述したものとしては，Bartlett (1986, pp. 103-126)，Lea (1967)，Nelson (1890) 参照．それらが否定的なトーンで描かれているのは，おそらく，そうした制度の衰退に焦点を当てているからである．すなわち，その制度に次第に取って代わったより「近代的」な裁判手続と比較すれば，制度がそれほど機能していなかった時期を描いているためである．けれども，闘いによる裁判が全くの機能不全であったとは考えにくい．闘いによる裁判の制度も無政府状態よりは優れていたかもしれないのである．

(6) W. Schwartz et al.（1984），Kiernan（1988, p. 144）では「ハンカチによる」決闘，つまり「ハンカチの隅を両者がつかめるほどの至近距離に相手がいる」ような決闘についての記述がある．
(7) 法的形式に関する議論については，Kennedy（1973），Ayres and Gertner（1989），Kaplow（1992）参照．
(8) O. Holmes（1963）pp. 227-230 参照．この問題についてはラーニド・ハンド裁判官のたいへん有名な判決意見が出ており，その意見は Hotchkiss v. National City Bank of New York, 200 F. 287（S.D.N.Y. 1911）で見られる．
(9) （上に掲げた）法的形式に関する文献の主眼点はこれである．
(10) 133 N. W. 2d 267（WI 1965）．
(11) Epstein（1992b, 1992c），Goetz and Scott（1981），Gillette（1998），Cooter（1994b），Kraus（1997）と比較のこと．歴史的な視点から論じたものとして Thompson（1993），哲学的な視点から論じたものとしては Craswell（1998）参照．

第10章　効率性と分配的正義

(1) 月餅を贈らないようになった人が高い割引率を持っていた，とは限らない．おそらく，この人にとっては，別の誰かとの関係に入る方が得だったのであろう．
(2) シグナリング均衡が社会厚生に対して曖昧な含意しか持っていないということは，どのゲーム理論の教科書でも論じられている．法制度に対する含意もまた認識されてきている．例については Ayres（1991）参照．
(3) Frank（1985），McAdams（1992, pp. 72-76）参照．人々はより望ましい行動へと乗り換える，とマックアダムス（McAdams 1992, pp. 83-91）は論じているが，なぜそうなのかが理解し難い．
(4) ハーディン（Hardin 1995）は，これと関連した見方に基づき，小集団の行動が効率性を導くということに対しては懐疑的な見解を示している．
(5) 決闘が姿を消す少し前の時期には，決闘は馬鹿げたものと一般に考えられており，風刺の対象となっていた（Kiernan 1998）．服装は，それが消え去った途端におかしなものとなる．機能不全になった規範は，人々に「ばかばかしいが，どうしようもない」という感じを持たせることが多い．たとえば，ネクタイを締める，ハイヒールを履く，みんなが嫌っている人のためのパーティーに出席する，良いことを何もしたことがない人の祝賀会に出席する，贈り物をあげたくないと思っている人から欲しくもない贈り物をもらう，などである．Quintanilla（1998）参照（「クリスマスのしきたりの中でも，部下からもらうソリいっぱいの贈り物ほど[上司を]う

(6) 数値を用いた例，より周到な議論，そして諸条件については Sugden (1986) 参照．
(7) 行動が規則的になっているところに絶え間なくショックが起こり（これは実際にもありそうな仮定である），それが十分に長く続けば，より効率的な規範の方が広がりやすいと予測される，ということをヤング (Young 1998a, 1998b) は示している．このことは政府の介入に反対する主張となるわけではない．なぜなら，政府が十分な情報を持っていれば，非効率な慣習（コンヴェンション）をより素早く変えることができるし，またおそらく，効率的な慣習（コンヴェンション）をショックから守ることもできるからである．
(8) これは Waxman (1977) のテーマである．破産法はこれと類似した歴史をたどっている．初期の破産法は債務不履行のスティグマを強めるように作られていた．国によっては，破産者が服を脱がされて公衆の前で裸にされたり，考えられるありとあらゆる方法で辱められたりした．Whitman (1996) 参照．債務者監獄も——それが意図的にであったかどうかは分からないが——在監者にスティグマを押していた．債務者監獄は19世紀に廃止され，続いて破産法が制定されたが，それはスティグマを除去しようという意図でなされたことだった．1978年のアメリカ改正破産法では，スティグマを消すため，破産法システムによる受益者の法律上の呼称を「破産者 (bankrupt)」から「債務者 (debtor)」へと変えるまでに至っている．
(9) この問題に注意を払った稀な例として，Lindbeck, Nyberg, and Weibull (1999), Besley and Coate (1992), Moffitt (1983) 参照．

第11章　比較不可能性，商品化，および，金銭

(1) 現在の議論については，たとえば Raz (1986) pp. 321-66, E. Anderson (1993), Chang (1997), Sunstein (1994), Nussbaum (1998), Adler (1998) 参照．残念ながら現在の文献では無視されているが，この問題に関連する洞察や見通しに満ちた興味深い議論が Simmel (1978) に見られる．
(2) ここで哲学的な主張をして，比較不可能性を認める人たちの哲学的な主張を打破しようとしているのではない，ということははっきりさせておかなければならない．私の主張は（広義には）社会学的なものである．
(3) そうならずに，市場が分断されるというのもありうることである．
(4) 広告する人たちはこのディレンマを認識しており，自社の製品を買わせるように説得する自分たちの努力をパロディー化して，ディレンマを利用

することもある．

(5) Elster（1988a）と比較のこと．彼は人間の動機がさまざまに入り乱れていることを述べている．社会的行動を理解する上で，現象学的には魅力のある基盤を提供してくれるが，それは方法論の点から言えば不毛な基盤なのである．
(6) Kelman（1981）参照．彼は二つの理由から費用便益分析を批判している．環境財が金銭で置き換えられると仮定していることと，その置き換えを正当化していることである．
(7) 『リア王』の最初の幕と比較のこと．確かにコーディーリアは，ゴネリルとリーガンによる財産目当ての競り争いから身を引いた．しかし，彼女の身に何が起こったかを見よ．
(8) 金銭の疎外効果についてジンメルが行った議論と比較されたい．Simmel（1978）参照．
(9) Katz（1996）の「回避（avoision）」の議論を参照．
(10) 政府はどのように利益衡量をするべきか，という問いはとりあえず考慮の対象から外しておく．それについては Adler and Posner（1999）参照．
(11) Radin（1987）参照．ラディンは「商品化（commodification）」の語を好んでいるが，彼女の文献では「商品化」と「比較可能性」は同じ意味で使われている．
(12) 前述のように，評判に対する関心は人々の主張を歪曲するだけではない．行動もねじ曲げるのである．このことが示唆するのは，経済学者が選好を測定しようとする場合，彼らは調査データに懐疑的になるだけでなく（これは文献でも頻繁に述べられている），市場での行動に対しても懐疑的にならなければならない，ということである．

第12章　自律，プライヴァシー，および，コミュニティ

(1) したがって私は，「自律」の概念のうち，内容の薄いものに基づいているのである．多くの哲学者はもっと内容のある見解を主張している．ジェラルド・ドゥオーキンはメタ選好の観点から自律を定義すべきだと論じている（Dworkin 1988）．またナスバウムは，ある特定のタイプの選択（たとえば生活の中心となる領域に関わる選択）を行う能力の観点から自律を定義すべきだ，と主張している（Nussbaum 1999）．概説としては Hill（1991），自律の概念をめぐる学説史については Schneewind（1998）参照．言うまでもなかろうが，私がこのように単純化しているのは議論を行いやすくするためであって，哲学的な議論をしようという意図ではない．
(2) 「厚遇された囚人」にはまだ他にもポイントがあって，他の人たちとの

有意義な関係を彼は享受できないのである．多くの人にとっては，他の人との関係は間違いなく自律の必要条件であろう．けれどもこれはまた別のポイントであって，より複雑な例で扱うことができよう．
(3) 「自律」の概念が不適切であるために議論に決着がつかない，という可能性があることをこれらの例も示している．より内容があって踏み込んだ自律概念を用いれば，もっと明確な結論が出るかもしれない．だが問題は，これらの踏み込んだ自律概念はそれ自体が物議をかもすということである．したがって，決着に至らないのが避けられるのではなく，議論を別のところに移すだけなのである．
(4) 協力モデルと自生的秩序の理論（特に Hayek 1973，また Buchanan 1977，Benson 1990 も参照）の間には明らかにつながりがあるけれども，これらの関係についてはここでは論じない．この複雑なテーマは将来の研究に委ねるのがいちばんよい．
(5) 実際のコミュニティで起こっている苦難と軋轢はよく記録されるところである．たとえば Kniss (1997) 参照．これはメノー派教徒に関する文献である．
(6) 民間で供給される公共財がはじき出されて消えてしまうことについては，Bergstrom, Blume, and Varian (1986) 参照．
(7) 775 P. 2d 766 (Ok. 1989).
(8) 珍しい例として，Bear v. Reformed Mennonite Church, 341 A. 2d 105 (Pa. 1975).
(9) たとえば，Jones v. Wolf, 443 U. S. 595 (1979) 参照．
(10) 南北戦争以前の南部でのこうした行動を喚情的に描写した Greenberg (1996) を参照．
(11) Kiernan (1988) のテーマである．決闘を排する社会についての彼の議論も参照．
(12) たとえば，Schumpeter (1950), Bell (1996), Hirsch (1976), Sandel (1982), Putnam (1993), C. Taylor (1995) 参照．また，Hirschman (1986) 第5章には明快な説明がある．
(13) エルスターのより慎重なコメント (Elster 1988a, pp. 284 ff.), Hirschman (1992) とも比較のこと．
(14) Hardin (1995) と Macedo (1996) による有益な議論を参照．
(15) このような方向の議論に注意を向けさせてくれたジョン・ゴールドバーグに感謝する．

監訳者あとがき

　本書は,「法と経済学 (law & economics)」の研究者であるエリク・ポズナー (Eric A. Posner) シカゴ大学ロー・スクール教授の著書 *Law and Social Norms* (Harvard University Press, 2000) の全訳である. 既にご存知の方も多いであろうし, 名前からもしやと思われた方も多いと思われるが, ポズナー教授は, 法と経済学の創始者の中で最も著名な一人であるリチャード・ポズナー (Richard A. Posner) 判事 (元シカゴ大学ロー・スクール教授) のご子息である. ポズナー教授は, 1988年にイェール大学を優等の成績で卒業後, ハーヴァード・ロー・スクールに行き, やはり優等の成績で1991年に卒業している. 連邦控訴裁判所判事のロー・クラークや連邦司法省勤務などの実務経験を経て, 学者の道に入っている. ペンシルヴェニア大学ロー・スクールの助教授の後, 1998年から現職に就いており, 輝かしい経歴の持ち主である.
　経済分析やゲーム論というと, 難しい数式が並ぶのがトレードマークだと思い込んで, 初歩的無理解に基づく幼稚な批判を試みるアレルギー体質者が, 法律学にはいまだに, いないわけではないのは, 遺憾の極みであるが, これも, 司法改革や法曹養成制度改革へのうねりを歴史的必然として惹起させた古い法解釈学の負の遺産であろう. しかし, 時代は変わりつつある. 明晰な論理的思考力さえあれば, 本書を十二分に堪能できるのであり, 情緒的反発に自制心を失って当り散らす必要などないのである. 事実, 本書には数式は一つも出てこない. 数学的アペンディクスもない. 法律学が得意とする「しゃべくり」の世界である. 高校生でも, 社会への意識と関心 (social consciousness) が高い生徒なら, 本書を楽しめるであろう.
　本書は, 内容的に, 分かりやすく, かつ, 興味深いもので, しかも, 日常的にわれわれが目の当たりにするさまざまな社会現象や法現象を, 明快な論理で分析している. 分析の視角も, 伝統的な法解釈学とは一味も二味も違う観点が利用されており, 法律学の学部学生や大学院生にとって, さらには研

究者にとっても，目からうろこが落ちるような感激を随所で味わうことができるであろう．法社会学を学んだ学部学生，大学院生，および研究者にとっては，見覚えのある現象の多くと見覚えのあるいくつかの理論が，ゲーム論における一つのモデルによって統一的な理論枠組みに整理しなおされ，より明晰な分析がなされていることに驚かされるかもしれない．経済学の学部学生，大学院生，研究者にとっては，経済分析にとって法がいかに豊穣な素材を提供するものであるかに，改めて驚かされるかもしれない．政治学や社会学の学部学生，大学院生，研究者にとっても，ナショナリズムの問題や集合行為の問題など，慣れ親しんだ問題が俎上に乗っていて親しみやすいであろう．いずれにせよ，本書は，知的好奇心と明晰な思考力を持つすべての人々に堪能していただきたい書物である．

　法と経済学をよく理解している読者の中からは，主として合理的選択理論（rational choice theory）の枠組みで，法現象や社会現象を，個々人の合理的行動とその社会的相互作用の積み上げの社会的帰結として説明する本書に対して，若干の違和感を拭い切れないでいる者と，逆に若干の物足りなさを感じる者との2種類の反応が出てくるかもしれない．前者に対しては，法と経済学の主たる関心が，不条理な人間行動を記述することではなく，合理人の自己利益追求が，「めぐりめぐって世のため人のため」となるような法制度や社会政策を検討しようとするものである点を指摘しておきたい．専門用語で言えば，インセンティヴ・コンパティビリティを追求するための第一次近似として合理性を仮定しているに過ぎないのである．しかも，本書の分析の多くは，ダーウィンの進化論を組み込んだ進化心理学（evolutionary psychology）や進化ゲーム論（evolutionary game theory），あるいは集団個体数動力学（population dynamics）などの初歩を理解すれば，ますます説得力をもって感じられるようになるであろう．

　後者の，物足りなさを感じる読者は，たぶん，数学的定式化を確認したいということであろうと思われる．そのような欲求を満たすゲーム論の書物は多数出版されていることを指摘しておきたい．むしろ，高度な数学的理解力も持っているそのような進んだ読者には，数学的分析結果の現実社会へのあてはめとして書かれている本書の逆写像を試みることをお勧めしたい．すなわち，本書で紹介されている種々の法現象や社会現象を，自分ならどのよう

に定式化して分析するかを考え，その分析結果が，本書の前提とする理論モデルや分析結果と，どこが一致しどこが異なり，異なるとすれば，どちらの方が説得力があるか，どのような実証的研究をすれば優劣を決しうるかを考えて見るのである．社会科学の第一歩は，社会において当たり前と思われているような現象に対して不思議さを感じることから始まる．社会科学の理論とモデルは，そのような不思議さを解明するための創作物であり，それ以上でもそれ以下でもないのである．

　本書を読めば，これから21世紀の社会科学においては，ジャンルやセクショナリズムの壁がベルリンの壁のように崩壊し，相互乗り入れとそのシナジー効果によって，新たな総合的社会科学パラダイムが生まれるであろうとの予兆を感じることができるであろう．抽象の思弁と言葉遊びの迷路で堂々巡りをする傾向は，たぶん，人間精神に遺伝的に組み込まれた欠陥であるようにも思われるが，この陥穽に知らず知らずの内に落ち込んでしまわないための防禦策も人間は創り上げてきている．それこそが，論理と実証を重視する精神である．次代の社会科学の発展を担う，クリエイティヴィティとイマジネイションに溢れた独創的な若者が，本書に触発されて輩出するようになることを願っている．

＊　　　＊　　　＊

　本書を翻訳するようになったきっかけは，2001年度の監訳者による東京大学法学部での「法社会学基本文献講読セミナー」で，本書の原著を教材として使ったことである．幸いに少数精鋭のセミナーとなり，参加者が提出した訳文が大変よくできていた．しかも，内容的にも，同僚，後輩，先輩等にぜひ読んで欲しい面白さだと，口をそろえてプッシュしてくれた．事実，本書は，法と社会をめぐる諸現象を理解する上での「法と経済学」や「ゲーム理論」の有効性を証明する好文献である．そこで，以前，ロバート・クーター『法と経済学の考え方：政策科学としての法律学』(太田勝造編訳，木鐸社，1997年）でお世話になった坂口節子さんに無理にお願いして，木鐸社の「法と経済学叢書」の一つに入れていただいた次第である．いつもながら監訳者の強引な無理を快く聞いてくださった坂口さんに感謝する次第である．

　五十音順で，飯田高（東京大学助手・法社会学），志賀二郎（東京大学大学

院修士課程・行政法），藤岡大助（東京大学大学院博士課程・法哲学），および，山本佳子（東京大学大学院修士課程・民法）の訳者4名の諸氏がセミナーで作成した訳文は，非常に完成度が高いものであったので，実は，監訳者と銘打ってはいるが，ほとんど，何も足さない，何も引かないままで出版社へ渡すことができた．監訳者がしたことといえば，訳語の統一や，セミナーでの激しい議論の末の結果を，PCプロジェクターで映写していたワープロ原稿にその場で入力したことぐらいであった．1学期分のセミナーでは全部を訳出する時間が足りず，2002年度は無単位の自主ゼミとして，訳出に時間と体力と精神力を費やしてくれた訳者4名に感謝したい．

　本書の訳出に当たっては，文法的厳密さよりも，分かりやすさと内容の日本語としての正確さを重視する方針を採用した．文体や文章の統一の観点からは，監訳者としては手を入れたい点も多々あったが，内容さえ正確なら，担当した各訳者の個性を殺してまで文章の雰囲気を統一するべきではないと考えた．そのため，文章から受ける印象が，場所によって少しずつ異なっているかもしれない．とはいえ，翻訳作業の手順は，まず，各自が担当部分の翻訳を作成し，監訳者が送られてきたファイルを統合し，セミナーではＰＣプロジェクターで映写しつつ全員で議論をし，その場で修正しつつ訳文を彫琢していった上に，さらに，担当を再配分して読み直しをしたので，本書は全員の合作としての色彩が強いものである．

　訳語については，英単語に対する日本語の機械的対応ではなく，文脈に応じて訳し分けるようにした．そのため同じ原語に複数の訳語が文脈に応じてあてられたり，複数の原語に同一の訳語が文脈によってはあてられたりしている．ゲーム理論における特殊な述語にどのような訳語を当てるかについては，訳者らの間でも白熱した議論となり，監訳者も苦労した．たとえば，"focal point" はそのまま「フォーカル・ポイント」としたが，それだけでは一般の読者には分かりにくいと思い「注目一致点」というこなれない訳語を一部で付記した．"focal" も訳出しづらく，「人々の注目を一致させるフォーカルなもの」と説明付きで訳した．言動が特別な意味を失って，もともとの言動それ自体でしかなくなるという意味の "reification" も訳しづらく，「月並化（即物化）」と訳した．できるだけ造語は避けて訳出したが，その成否は読者の判断を待つほかない．なお，"norm entrepreneur" の訳語については，鳥澤円氏に

よる本書原著の紹介論文での「規範仕掛人」という名訳を採用させていただいた（『アメリカ法』2001-1号，108-114頁）．

　文章体裁については，原著でイタリック表記がなされている箇所は，原則として「」で囲んだが，ダブル・クォーテイションや引用文，あるいは，原著で地の文になっている疑問文を「」で囲んだ場合もある．これらも，日本語の書物としての自然な読みやすさを重視する方針の副作用であると理解していただきたい．さらに，本来ならば訳注を付して説明するべき内容を（たとえば，「タワナ・ブローリー」などの人名や，「ラヴ・キャナル事件」などの事件や判例名など），読みやすさを考えてできるだけ本文中に訳し込むようにしたことも，お断りしておきたい．もちろん原著者の快諾を得ている．

　原著は，全体としては平明な英文であったが，カジュアルな表現もかなり見られ，また，アメリカ人やアメリカの法律家の常識を前提とした文章もかなり見られ，外国人のわれわれには意味が分かりにくい箇所もいくつかあった．そのような場所の訳出に際しては，東京大学法学部の法社会学講座担当のダニエル・フット教授に助言を頂いたので，ここに感謝する次第である．もちろん，誤訳や不適切な訳文の責任は，われわれ監訳者と訳者にあることはいうまでもない．

　最後に，本訳書出版を快諾していただいた木鐸社と，翻訳作業開始から出版に到るまで陰になり日向になりして支援して下さった編集部の坂口節子さんに重ねて御礼を申し上げる次第である．

2002年6月

監訳者

References

Abrams, Lynn. 1993. "Concubinage, Cohabitation and the Law: Class and Gender Relations in Nineteenth-Century Germany." *Gender and History,* 5: 81.
Adams, John W. 1973. *The Gitksan Potlatch: Population Flux, Resource Ownership and Reciprocity.* Toronto: Holt, Rinehart and Winston of Canada, Limited.
Adler, Matthew. 1998. "Incommensurability and Cost-Benefit Analysis." *University of Pennsylvania Law Review,* 146: 1371.
Adler, Matthew, and Eric A. Posner. 1999. "Rethinking Cost-Benefit Analysis." *Yale Law Journal,* 109: 167.
Agarwal, Bina. 1997. "'Bargaining' and Gender Relations: Within and Beyond the Household." *Feminist Economics,* 3: 1.
(1) Akerlof, George A. 1984. *An Economic Theorist's Book of Tales.* Cambridge, England: Cambridge University Press.
——— 1997. "Social Distance and Social Decisions." *Econometrica,* 65: 1005.
Allen, Douglas W. 1990. "An Inquiry into the State's Role in Marriage." *Journal of Economic Behavior and Organization,* 13: 171.
Allen, Jeffrey E., and Robert J. Staaf. 1982. "The Nexus Between Usury, 'Time Price,' and Unconscionability in Installment Sales." *U. C. C. Law Journal,* 14: 219.
(2) Anderson, Benedict. 1983. *Imagined Communities: Reflections on the Origin and Spread of Nationalism.* London: Verso.
Anderson, Elizabeth. 1993. *Value in Ethics and Economics.* Cambridge, Mass.: Harvard University Press.
Andreoni, James. 1990. "Impure Altruism and Donations to Public Goods: A Theory of Warm-Glow Giving." *Economic Journal,* 100: 464.
(3) Aronson, Elliot. 1995. *The Social Animal.* 7th edition. New York: W. H. Freeman.
Arrow, Kenneth. 1973. "The Theory of Discrimination." In Orley Ashenfelter and Albert Rees, eds., *Discrimination in Labor Markets.* Princeton, N.J.: Princeton University Press.
(4) Augustine. 1961. *The Confessions.* New York: Penguin Books.

Austin, Elizabeth. 1999. "Marks of Mystery; Psychological Reaction to Scars." *Psychology Today.* July 1, p. 46.

(5) Axelrod, Robert. 1984. *The Evolution of Cooperation.* New York: Basic Books.

Ayres, Ian. 1987. "How Cartels Punish: A Structural Theory of Self-Enforcing Collusion." *Columbia Law Review,* 87: 295.

——— 1991. "The Possibility of Inefficient Corporate Contracts." *University of Cincinnati Law Review,* 60: 387.

Ayres, Ian, and Robert Gertner. 1989. "Filling Gaps in Incomplete Contracts: An Economic Theory of Default Rules." *Yale Law Journal,* 99: 87.

Ayres, Ian, and Barry J. Nalebuff. 1997. "Common Knowledge as a Barrier to Negotiation." *UCLA Law Review,* 44: 1631.

Bagwell, Laurie Simon, and B. Douglas Bernheim. 1996. "Veblen Effects in a Theory of Conspicuous Consumption." *American Economic Review,* 86: 349.

Baird, Douglas G., Robert H. Gertner, and Randal C. Picker. 1994. *Game Theory and the Law.* Cambridge, Mass.: Harvard University Press.

Baird, Douglas G., and Thomas H. Jackson. 1985. "Fraudulent Conveyance Law and Its Proper Domain." *Vanderbilt Law Review,* 38: 829.

Baird, Douglas G., and Robert Weisberg. 1982. "Rules, Standards, and the Battle of the Forms: A Reassessment of § 2–207." *Virginia Law Review,* 68: 1217.

Banerjee, Abhijit V. 1992. "A Simple Model of Herd Behavior." *Quarterly Journal of Economics,* 107: 797.

Banks, Jeffrey. 1991. *Signaling Games in Political Science.* New York: Harwood Academic.

(6) Bartlett, Robert. 1986. *Trial by Fire and Water: The Medieval Judicial Ordeal.* Oxford: Clarendon Press.

Beattie, J. M. 1986. *Crime and the Courts in England, 1660–1800.* Princeton, N.J.: Princeton University Press.

Becker, Gary S. 1968. "Crime and Punishment: An Economic Approach." *Journal of Political Economy,* 76: 169.

——— 1971. *The Economics of Discrimination.* 2nd edition. Chicago: University of Chicago Press.

——— 1991. *A Treatise on the Family.* Enlarged edition. Cambridge, Mass.: Harvard University Press.

——— 1996. *Accounting for Tastes.* Cambridge, Mass.: Harvard University Press.

Becker, Gary S., Michael Grossman, and Kevin M. Murphy. 1991. "Rational Addiction and the Effect of Price on Consumption." *AEA Papers and Proceedings,* 81: 237.

Becker, Gary S., and Kevin M. Murphy. 1988. "A Theory of Rational Addiction." *Journal of Political Economy,* 96: 675.

(7) Bell, Daniel. 1996. *The Cultural Contradictions of Capitalism.* New York: Basic Books.

Benson, Bruce L. 1990. *The Enterprise of Law: Justice Without the State.* San Francisco, Calif.: Pacific Research Institute for Public Policy.

——— 1992. "Customary Law as a Social Contract: International Commercial Law." *Constitutional Political Economy,* 3: 1.

——— 1995. "An Exploration of the Impact of Modern Arbitration Statutes on the Development of Arbitration in the United States." *Journal of Law, Economics, and Organization,* 11: 479.

Bergstrom, Theodore, Lawrence Blume, and Hal Varian. 1986. "On the Private Provision of Public Goods." *Journal of Public Economics,* 29: 25.

Bernheim, B. Douglas. 1994. "A Theory of Conformity." *Journal of Political Economy*, 102: 841.

Bernheim, B. Douglas, and Oded Stark. 1988. "Altruism Within the Family Reconsidered: Do Nice Guys Finish Last?" *American Economic Review*, 78: 1034.

Bernstein, Lisa. 1992. "Opting Out of the Legal System: Extralegal Contractual Relations in the Diamond Industry." *Journal of Legal Studies*, 21: 115.

———— 1996. "Merchant Law in a Merchant Court: Rethinking the Code's Search for Immanent Business Norms." *University of Pennsylvania Law Review*, 144: 1765.

———— 1999. "Private Commercial Law in the Cotton Industry: Value Creation Through Norms, Laws, and Institutions." Unpublished manuscript. University of Chicago Law School.

Besley, Timothy, and Stephen Coate. 1992. "Understanding Welfare Stigma: Taxpayer Resentment and Statistical Discrimination." *Journal of Public Economics*, 48: 165.

Bikhchandani, Suhil, David Hirshleifer, and Ivo Welch. 1992. "A Theory of Fads, Fashion, Custom, and Cultural Change as Informational Cascades." *Journal of Political Economy*, 100: 992.

Bishop, William. 1984. "Is He Married? Marriage and Information." *University of Toronto Law Review*, 34: 245.

Bix, Brian. 1998. "Bargaining in the Shadow of Love: The Enforcement of Premarital Agreements and How We Think About Marriage." *William and Mary Law Review*, 40: 145.

(8) Blau, Peter M. 1964. *Exchange and Power in Social Life*. New York: J. Wiley.

Bowles, Samuel. 1998. "Endogenous Preferences: The Cultural Consequences of Markets and Other Economic Institutions." *Journal of Economic Literature*, 36: 75.

Boyd, Robert, and Peter J. Richerson. 1985. *Culture and the Evolutionary Process*. Chicago: University of Chicago Press.

Braithwaite, John. 1989. *Crime, Shame, and Reintegration*. Cambridge: Cambridge University Press.

Braithwaite, Valerie, and Margaret Levi, eds. 1998. *Trust and Governance*. New York: Russell Sage Foundation.

Brody, R. A., and B. I. Page. 1973. "Indifference, Alienation and Rational Decisions: The Effect of Candidate Evaluations on Turnout and Vote." *Public Choice*, 15: 1.

(9) Buchanan, James M. 1968. *The Demand and Supply of Public Goods*. Chicago: Rand McNally.

———— 1975. "The Samaritan's Dilemma." In Edmund S. Phelps, ed., *Altruism, Morality, and Economic Theory*. New York: Russell Sage Foundation.

———— 1977. *Freedom in Constitutional Contract: Perspectives of a Political Economist*. College Station: Texas A&M University Press.

(10) Burnham, John C. 1993. *Bad Habits: Drinking, Smoking, Taking Drugs, Gambling, Sexual Misbehavior, and Swearing in American History*. New York: New York University Press.

Bushway, Shawn D. 1997. "Labor-Market Effects of Permitting Employer Access to Criminal History Records." Unpublished manuscript, University of Maryland.

Camerer, Colin. 1988. "Gifts as Economic Signals and Social Symbols." *American Journal of Sociology*, 94: S180.

Carr, Jack L. and Janet T. Landa. 1983. "The Economics of Symbols, Clan Names, and Religion." *Journal of Legal Studies*, 12: 135.

Chaloupka, Frank. 1991. "Rational Addictive Behavior and Smoking." *Journal of Political Economy*, 99: 722.

Chang, Ruth 1997. "Introduction." In Ruth Chang, ed., *Incommensurability, Incomparability, and Practical Reason*. Cambridge, Mass.: Harvard University Press.

Cheung, Steven N. S. 1973. "The Fable of the Bees: An Economic Investigation." *Journal of Law and Economics*, 16: 11.

Clotfelter, Charles, ed., 1992. *Who Benefits from the Nonprofit Sector?* Chicago: University of Chicago Press.

Coate, Stephen, and Glenn C. Loury. 1993. "Will Affirmative-Action Policies Eliminate Negative Stereotypes?" *American Economic Review*, 83: 1220.

Coleman, James. 1990. *Foundations of Social Theory*. Cambridge, Mass.: Belknap Press of Harvard University Press.

Congleton, Roger D. 1989. "Efficient Status Seeking: Externalities, and the Evolution of Status Games." *Journal of Economic Behavior and Organization*, 11: 175.

Conlisk, John. 1996. "Why Bounded Rationality?" *Journal of Economic Literature*, 34: 669.

Conway, David. 1996. "Capitalism and Community." In Paul, Ellen Frankel, Fred D. Miller, Jr., and Jeffrey Paul, eds., *The Communitarian Challenge To Liberalism*. Cambridge: Cambridge University Press.

Coomer, Ken. 1970. "Three Recurrent and Acute Problems in Franchising." In C. Vaughn, ed., *Franchising Today*. Lynbrook, N.Y.: Farnsworth Publishing Company, Inc.

Cooter, Robert. 1994a. "Market Affirmative Action." *San Diego Law Review*, 31: 133.

——— 1994b. "Structural Adjudication and the New Law Merchant: A Model of Decentralized Law." *International Review of Law and Economics*, 14: 215.

——— 1996. "Decentralized Law for a Complex Economy: The Structural Approach to Adjudicating the New Law Merchant." *University of Pennsylvania Law Review*, 144: 1644.

——— 1998a. "Normative Failure Theory of the Law." *Cornell Law Review*, 82: 947.

——— 1998b. "Expressive Law and Economics." *Journal of Legal Studies*, 27: 585.

Cooter, Robert, and Janet T. Landa. 1984. "Personal versus Impersonal Trade: The Size of Trading Groups and Contract Law." *International Review of Law and Economics*, 4: 15.

Cox, Donald. 1987. "Motives for Private Income Transfers." *Journal of Political Economy*, 95: 508.

Craswell, Richard. 1988. "Contract Remedies, Renegotiation, and the Theory of Efficient Breach." *Southern California Law Review*, 61: 629.

——— 1998a. "Incommensurability, Welfare Economics, and the Law." *University of Pennsylvania Law Review*, 146: 1371.

——— 1999. "Do Trade Customs Exist?" In Jody Kraus and Steven Walt, eds., *The Jurisprudence of Corporate and Commercial Law*. Cambridge: Cambridge University Press (forthcoming).

Craswell, Richard, and John E. Calfee. 1986. "Deterrence and Uncertain Legal Standards." *Journal of Law, Economics, and Organization*, 2: 279.

Crotty, William. 1991. "Political Participation: Mapping the Terrain." In William Crotty, ed., *Political Participation and American Democracy*. New York: Greenwood Press.

Crowther, M. A. 1981. *The Workhouse System 1834–1929: The History of an English Social Institution*. Athens, Ga.: University of Georgia Press.

(11) Davis, Natalie Zemon. 1975. *Society and Culture in Early Modern France: Eight Essays.* Stanford, Calif.: Stanford University Press.

"Dead Woman Forces Runoff In Senate Race." 1998. *The New York Times,* Aug. 27, p. A14.

D'Emilio, John. 1983. *Sexual Politics, Sexual Communities: The Making of a Homosexual Minority in the United States, 1940–1970.* Chicago: University of Chicago Press.

Demsetz, Harold. 1967. "Toward a Theory of Property Rights." *American Economic Review,* 57: 347.

——— 1988. *Ownership, Control, and the Firm.* Oxford: Basil Blackwell.

Diehm, John L. 1992. "Federal Expungement: A Concept in Need of a Definition." *Saint John's Law Review,* 66: 73.

Djilas, Aleksa. 1991. *The Contested Country: Yugoslav Unity and Communist Revolution, 1919–1953.* Cambridge, Mass.: Harvard University Press.

Douglas, Mary, and Aaron Wildavsky. 1982. *Risk and Culture: An Essay on the Selection of Technical and Environmental Dangers.* Berkeley: University of California Press.

Durden, Garey C., and Patricia Gaynor. 1987. "The Rational Behavior Theory of Voting Participation: Evidence from the 1970 and 1982 Elections." *Public Choice,* 53: 231.

Dworkin, Gerald. 1988. *The Theory and Practice of Autonomy.* Cambridge: Cambridge University Press.

Dwyer, John P., and Peter S. Menell. 1998. *Property Law and Policy: A Comparative Institutional Perspective.* Westbury, N.Y.: Foundation Press.

Eisenberg, Melvin Aron. 1979. "Donative Promises." *University of Chicago Law Review,* 47: 1.

Elias, Norbert. 1982. *The Civilizing Process.* Trans. Edmund Jephcott. New York: Pantheon Books.

Ellickson, Robert C. 1991. *Order Without Law: How Neighbors Settle Disputes.* Cambridge, Mass.: Harvard University Press.

——— 1993. "Property in Land." *Yale Law Journal,* 102: 1315.

Ellison, Glenn. 1994. "Cooperation in the Prisoner's Dilemma with Anonymous Random Matching." *Review of Economic Studies,* 61: 567.

Elster, Jon. 1989. *The Cement of Society: The Study of Social Order.* Cambridge: Cambridge University Press.

——— ed. 1998a. *Deliberative Democracy.* Cambridge: Cambridge University Press.

——— 1998b. "Emotions and Economic Theory." *Journal of Economic Literature,* 36: 47.

Epstein, Richard A. 1992a. *Forbidden Grounds: The Case Against Employment Discrimination Laws.* Cambridge, Mass.: Harvard University Press.

——— 1992b. "*International News Service vs. Associated Press:* Custom and the Law as Sources of Property Rights in News." *Virginia Law Review,* 78: 85.

——— 1992c. "The Path To *The T. J. Hooper:* The Theory and History of Custom in the Law of Tort." *Journal of Legal Studies,* 21: 1.

Eskridge, William N., Jr. 1996. *The Case for Same-Sex Marriage: From Sexual License to Civilized Commitment.* New York: Free Press.

Farnsworth, E. Allan. 1995. "Promises to Make Gifts." *American Journal of Comparative Law,* 43: 359.

Farrell, Joseph, and Matthew Rabin. 1996. "Cheap Talk." *Journal of Economic Perspectives,* 10: 103.

Frank, Robert H. 1985. *Choosing the Right Pond: Human Behavior and the Quest for Status.* New York: Oxford University Press.

(12) ——— 1988. *Passions Within Reason: The Strategic Role of Emotions.* New York: Norton.
(13) Frank, Robert H., and Philip J. Cook. 1995. *The Winner-Take-All Society: Why the Few at the Top Get So Much More Than the Rest of Us.* New York: Penguin Books.
Friedman, David. 1988. "Does Altruism Produce Efficient Outcomes? Marshall versus Kaldor." *Journal of Legal Studies,* 17: 1.
Fudenberg, Drew, and Jean Tirole. 1991. *Game Theory.* Cambridge, Mass.: M. I. T. Press.
Fullbrook, Mary. 1997. "Myth-Making and National Identity: The Case of the GDR." In Geoffrey Hosking and George Schöpflin, eds., *Myths and Nationhood.* New York: Routledge.
Fuller, Lon L. 1941. "Consideration and Form." *Columbia Law Review,* 41: 799.
Furnas, J. C. 1959. *The Road to Harpers Ferry.* New York: William Sloane Associates.
Gambetta, Diego, ed. 1988. *Trust: Making and Breaking Cooperative Relations.* Oxford: Blackwell.
——— 1998. "'Claro!': An Essay on Discursive Machismo." In Jon Elster, ed., *Deliberative Democracy.* Cambridge: Cambridge University Press.
Gatrell, V. A. C. 1994. *The Hanging Tree: Execution and the English People, 1770–1868.* Oxford: Oxford University Press.
Gellner, Ernest. 1987. *Culture, Identity, and Politics.* Cambridge: Cambridge University Press.
——— 1992. *Reason and Culture: The Historic Role of Rationality and Rationalism.* Oxford: Blackwell.
——— 1994a. *Conditions of Liberty: Civil Society and Its Rivals.* London: Hamish Hamilton.
——— 1994b. *Encounters with Nationalism.* Oxford: Blackwell.
(14) Gibbons, Robert. 1992. *Game Theory for Applied Economists.* Princeton, N.J.: Princeton University Press.
Gillette, Clayton P. 1998. "Lock-In Effects in Law and Norms." *Boston University Law Review,* 78: 813.
Gillis, John R. 1996. *A World of Their Own Making: Myth, Ritual, and the Quest for Family Values.* New York: Basic Books.
Glaeser, Edward L. 1998. "Economic Approach to Crime and Punishment." In Peter Newman, ed., *The New Palgrave Dictionary of Economics and the Law.* London: Macmillan.
Glaeser, Edward L., Bruce Sacerdote, and Jose A. Scheinkmann. 1996. "Crime and Social Interactions." *Quarterly Journal of Economics,* 111: 507.
Glazer, Amihai and Kai A. Konrad. 1996. "A Signaling Explanation for Charity." *American Economic Review,* 86: 1019.
Goetz, Charles J., and Robert E. Scott. 1980. "Enforcing Promises: An Examination of the Basis of Contract." *Yale Law Journal,* 89: 1261.
——— 1981. "Principles of Relational Contracts." *Virginia Law Review,* 67: 1089.
——— 1985. "The Limits of Expanded Choice: An Analysis of the Interactions Between Express and Implied Contract Terms." *California Law Review,* 73: 261.
(15) Goffman, Erving. 1963. *Stigma: Notes on the Management of Spoiled Identity.* Englewood Cliffs, N.J.: Prentice Hall.
(16) ——— 1959. *The Presentation of Self in Everyday Life.* Woodstock, N.Y.: The Overlook Press.

Goldstein, Robert Justin. 1996. *Burning the Flag: The Great 1989–1990 American Flag Desecration Controversy.* Kent, Ohio: Kent State University Press.

Gordley, James. 1991. *The Philosophical Origins of Modern Contract Doctrine.* Oxford: Clarendon Press.

Green, Donald P., and Ian Shapiro. 1994. *Pathologies of Rational Choice Theory: A Critique of Applications in Political Science.* New Haven: Yale University Press.

Greenberg, Kenneth S. 1996. *Honor and Slavery.* Princeton, N.J.: Princeton University Press.

Greif, Avner. 1993. "Contract Enforceability and Economic Institutions in Early Trade: The Maghribi Traders Coalition." *American Economic Review,* 83: 525.

Greif, Avner, Paul Milgrom, and Barry R. Weingast. 1994. "Coordination, Commitment, and Enforcement: The Case of the Merchant Guild." *Journal of Political Economy,* 102: 745.

Gustafson, W. Mark. 1997. "Inscripta in fronte: Penal Tattooing in Late Antiquity." *Classical Antiquity,* 16: 79.

(17) Habermas, Jürgen. 1984. *The Theory of Communicative Action.* Volume 1. Trans. Thomas McCarthy. Boston: Beacon Press.

Hackett, Steven C. 1994. "Is Relational Exchange Possible in the Absence of Reputations and Repeated Contact?" *Journal of Law, Economics, and Organization,* 10: 360.

Hadfield, Gillian. 1990. "Problematic Relations: Franchising and the Law of Incomplete Contracts." *Stanford Law Review,* 42: 927.

———. 1992. "Bias in the Evolution of Legal Rules." *Georgetown Law Journal,* 80: 583.

———. 1994. "Judicial Competence and the Interpretation of Incomplete Contracts." *Journal of Legal Studies,* 23: 159.

Hansmann, Henry. 1996. *The Ownership of Enterprise.* Cambridge, Mass.: The Belknap Press of Harvard University Press.

Hardin, Russell. 1982. *Collective Action.* Baltimore: Johns Hopkins University Press.

———. 1995. *One for All: The Logic of Group Conflict.* Princeton, N.J.: Princeton University Press.

Harrington, Joel. 1995. *Reordering Marriage and Society in Reformation Germany.* Cambridge: Cambridge University Press.

(18) Hart, H. L. A. 1983. *Essays in Jurisprudence and Philosophy.* Oxford: Clarendon Press.

Hasen, Richard L. 1996. "Voting Without Law." *University of Pennsylvania Law Review,* 144: 2135.

(19) Hawthorne, Nathaniel. 1981. *The Scarlet Letter.* Toronto: Bantam Books.

(20) Hayek, F. H. 1973. *Law, Legislation, and Liberty: A New Statement of the Liberal Principles of Justice and Political Economy.* Volume 3. Chicago: University of Chicago Press.

Hebdige, Dick. 1979. *Subculture, The Meaning of Style.* London: Methuen.

Hechter, Michael. 1987. *Principles of Group Solidarity.* Berkeley: University of California Press.

(21) Hedges, Chris. 1998. "Dejected Belgrade Embraces Hedonism, but Still, Life Is No Cabaret." *New York Times,* Jan. 19, p. A1.

Helmholz, R. H. 1974. *Marriage Litigation in Medieval England.* Cambridge: Cambridge University Press.

Higgins, Richard A., and Paul H. Rubin. 1986. "Counterfeit Goods." *Journal of Law and Economics,* 29: 211.

Hill, Thomas E. 1991. *Autonomy and Self-Respect*. Cambridge: Cambridge University Press.
(22) Hirsch, Fred 1976. *Social Limits to Growth*. Cambridge, Mass.: Harvard University Press.
(23) Hirschman, Albert O. 1982. *Shifting Involvements: Private Interest and Public Action*. Princeton: Princeton University Press.
——— 1986. *Rival Views of Market Society*. Cambridge, Mass.: Harvard University Press.
Hirshleifer, David, and Eric Rasmusen. 1989. "Cooperation in a Repeated Prisoners' Dilemma with Ostracism." *Journal of Economic Behavior and Organization*, 12: 87.
Hirshleifer, Jack. 1982. "Evolutionary Models in Economics and the Law: Cooperation versus Conflict Strategies." *Research in Law and Economics*, 4: 1.
——— 1987a. *Economic Behaviour in Adversity*. Chicago: University of Chicago Press.
——— 1987b. "On Emotions as Guarantors of Threats and Promises." In John Dupre, ed., *The Latest on the Best: Essays on Evolution and Optimality*. Cambridge, Mass.: M. I. T. Press.
(24) Hobsbawm, Eric J. 1990. *Nations and Nationalism Since 1780: Programme, Myth, Reality*. Cambridge: Cambridge University Press.
(25) Hobsbawm, Eric J., and Terence Ranger, eds. 1983. *The Invention of Tradition*. Cambridge: Cambridge University Press.
Holmes, Oliver Wendell. 1963. *The Common Law*. M. Howe, ed. Cambridge, Mass.: The Belknap Press of Harvard University Press.
Holmes, Stephen. 1995. *Passions and Constraint: On the Theory of Liberal Democracy*. Chicago: University of Chicago Press.
Huang, Peter and Ho Mou Wu. 1994. "More Order Without Law: A Theory of Social Norms and Organizational Cultures." *Journal of Law, Economics, and Organization*, 10: 390.
Iannaccone, Lawrence R. 1992. "Sacrifice and Stigma: Reducing Free-Riding in Cults, Communes, and Other Collectives." *Journal of Political Economy*, 100: 271.
Ingram, Martin. 1984. "Ridings, Rough Music and the 'Reform of Popular Culture' in Early Modern England." *Past and Present*, 105: 79.
Jackson, Robert A. 1995. "Clarifying the Relationship Between Education and Turnout." *American Politics Quarterly*, 23: 279.
Jankowski, Martin Sanchez. 1991. *Islands in the Street: Gangs and American Urban Society*. Berkeley: University of California Press.
Johnsen, D. Bruce. 1986. "The Formation and Protection of Property Rights Among the Southern Kwakiutl Indians." *Journal of Legal Studies*, 15: 41.
Johnston, Jason Scott. 1991. "Uncertainty, Chaos, and the Torts Process: An Economic Analysis of Legal Form." *Cornell Law Review*, 76: 341.
Jones, C. P. 1987. "Stigma: Tattooing and Branding in Graeco-Roman Antiquity." *Journal of Roman Studies*, 78: 139.
Jones, Stephen R. G. 1984. *The Economics of Conformism*. Oxford: Blackwell.
Kagan, Robert A., and Jerome H. Skolnick. 1993. "Banning Smoking: Compliance Without Enforcement." In Robert L. Rabin and Stephen D. Sugarman, eds., *Smoking Policy: Law, Politics, and Culture*. New York: Oxford University Press.
Kagel, John H., and Alvin E. Roth, eds. 1995. *The Handbook of Experimental Economics*. Princeton, N.J.: Princeton University Press.
Kahan, Dan M. 1996. "What Do Alternative Sanctions Mean?" *University of Chicago Law Review*, 63: 591.

―――― 1997. "Social Influence, Social Meaning, and Deterrence." *University of Virginia Law Review*, 83: 349.
Kahan, Dan M., and Eric A. Posner. 1999. "Shaming White Collar Criminals: A Proposal for Reform of the Federal Sentencing Guidelines." *Journal of Law and Economics*, 42: 365.
Kan, Sergei. 1989. *Symbolic Immortality: The Tlingit Potlatch of the Nineteenth Century.* Washington: Smithsonian Institution Press.
Kandori, Michihiro. 1992. "Social Norms and Community Enforcement." *Review of Economic Studies*, 59: 63.
Kaplow, Louis. 1992. "Rules Versus Standards: An Economic Analysis." *Duke Law Journal*, 42: 557.
―――― 1995. "A Note on Subsidizing Gifts." *Journal of Public Economics*, 58: 469.
Kaplow, Louis, and Steven Shavell. 1994. "Why the Legal System Is Less Efficient Than the Income Tax in Redistributing Income." *Journal of Legal Studies*, 23: 667.
Karpoff, Jonathan M. and John R. Lott, Jr. 1993. "The Reputational Penalty Firms Bear from Committing Criminal Fraud." *Journal of Law and Economics*, 36: 757.
Katz, Leo. 1996. *Ill-Gotten Gains: Evasion, Fraud, Blackmail, and Kindred Puzzles of the Law.* Chicago: University of Chicago Press.
Kelman, Steven. 1981. "Cost-Benefit Analysis: An Ethical Critique." *Regulation*, 5: 33.
Kennedy, Duncan. 1973. "Legal Formality." *Journal of Legal Studies*, 2: 351.
Kiernan, V. G. 1988. *The Duel in European History: Honor and the Reign of Aristocracy.* Oxford: Oxford University Press.
Klein, Benjamin, and Keith B. Leffler. 1981. "The Role of Market Forces in Assuring Contractual Performance." *Journal of Political Economy*, 89: 615.
Klein, Richard. 1997. "After the Preaching, the Lure of the Taboo." *The New York Times*, Aug. 24, section 2, p. 1.
Klier, John D. 1997. "The Myth of Zion among East European Jewry." In Geoffrey Hosking and George Schöpflin, eds., *Myths and Nationhood*. New York : Routledge.
Knack, Stephen. 1992. "Civic Norms, Social Sanctions and Voter Turnout." *Rationality and Society*, 4: 133.
Kniss, Fred LaMar. 1997. *Disquiet in the Land: Cultural Conflict in American Mennonite Communities*. New Brunswick, N.J.: Rutgers University Press.
Koford, Kenneth J., and Jeffrey B. Miller, eds. 1991. *Social Norms and Economic Institutions*. Ann Arbor: University of Michigan Press.
Koppelman, Andrew. 1996. *Antidiscrimination Law and Social Equality.* New Haven, Conn.: Yale University Press.
Kranton, Rachel E. 1996a. "The Formation of Cooperative Relationships." *Journal of Law, Economics, and Organization*, 12: 214.
―――― 1996b. "Reciprocal Exchange: A Self-Sustaining System." *American Economic Review*, 86: 830.
Kraus, Jody S. 1997. "Legal Design and the Evolution of Commercial Norms." *Journal of Legal Studies*, 26: 337.
Kreps, David. 1990a. "Corporate Culture and Economic Theory." In James E. Alt and Kenneth A. Shepsle, eds., *Perspectives on Positive Political Economy*. Cambridge: Cambridge University Press.
―――― 1990b. *A Course in Microeconomic Theory.* Princeton, N.J.: Princeton University Press.

(26) ——— 1990c. *Game Theory and Economic Modelling.* Oxford: Clarendon Press.
Kreps, David, Paul Milgrom, John Roberts, and Robert Wilson. 1982. "Rational Cooperation in the Finitely Repeated Prisoners' Dilemma." *Journal of Economic Theory,* 27: 245.
Kronman, Anthony. 1985. "Contract Law and the State of Nature." *Journal of Law, Economics, and Organization,* 1: 5.
Kull, Andrew. 1992. "Reconsidering Gratuitous Promises." *Journal of Legal Studies,* 21: 39.
Kuran, Timur. 1995. *Private Truths, Public Lies.* Cambridge, Mass.: Harvard University Press.
——— 1998. "Ethnic Norms and Their Transformation through Reputational Cascades." *Journal of Legal Studies,* 27: 623.
Kuran, Timur, and Cass R. Sunstein. 1999. "Availability Cascades and Risk Regulation." *Stanford Law Review,* 51: 683.
Kurtz, Howard. 1998. "A Tough Sell for David Brinkley; Colleagues Are Uneasy With Ex-Newsman's Enterprising Role." *Washington Post,* Jan. 8, p. B1.
Kymlicka, Will. 1996. "Social Unity in a Liberal State." In Paul, Ellen Frankel, Fred D. Miller, Jr., and Jeffrey Paul, eds., *The Communitarian Challenge To Liberalism.* Cambridge: Cambridge University Press.
Landa, Janet T. 1994. *Trust, Ethnicity, and Identity: Beyond the New Institutional Economics of Ethnic Trading Networks, Contract Law, and Gift Exchange.* Ann Arbor: University of Michigan Press.
Landes, William M., and Richard A. Posner. 1987. "Trademark Law: An Economic Perspective." *Journal of Law and Economics,* 30: 265.
Lea, Henry Charles. 1967. "The Wager of Battle." In Paul Bohannan, ed., *Law and Warfare: Studies in the Anthropology of Conflict.* Garden City, N.Y.: The Natural History Press.
Leacock, Eleanor. 1954. "The Montagnais 'Hunting Territory' and the Fur Trade." *American Anthropologist,* 56: Memoir No. 78, 1.
Leighley, Jan E., and Jonathan Nagler. 1992. "Individual and Systematic Influences on Turnout: Who Votes? 1984." *Journal of Politics,* 54: 718.
Lessig, Lawrence 1995. "The Regulation of Social Meaning." *University of Chicago Law Review,* 62: 943.
Levine, David, and Keith Wrightson. 1980. "The Social Control of Illegitimacy in Early Modern England." In Peter Laslett, Karla Costerveen, and Richard M. Smith, eds., *Bastardy and Its Comparative History: Studies in the History of Illegitimacy and Marital Nonconformism in Britain, France, Germany, Sweden, North America, Jamaica, and Japan.* Cambridge, Mass.: Harvard University Press.
Levmore, Saul. 1995. "Love It or Leave It: Property Rules, Liability Rules, and Exclusivity of Remedies in Partnership and Marriage." *Law and Contemporary Problems,* 58: 221.
Lewis, David K. 1969. *Convention: A Philosophical Study.* Cambridge, Mass.: Harvard University Press.
Lewis, W. H. 1957. *The Splendid Century: Life in the France of Louis XIV.* Garden City, N.Y.: Doubleday Anchor.
Lindbeck, Assar, Sten Nyberg, and Jörgen W. Weibull. 1999. "Social Norms and Economic Incentives in the Welfare State." *Quarterly Journal of Economics,* 64: 1.
Llewellyn, Karl. 1931. "What Price Contract?—An Essay in Perspective." *Yale Law Journal,* 40: 704.

Lott, John R., Jr. 1992. "Do We Punish High-Income Criminals Too Heavily?" *Economic Inquiry*, 30: 583.

Loury, Glenn C. 1994. "Self-Censorship in Public Discourse." *Rationality and Society*, 6: 428.

Lundberg, Shelly, and Robert Pollak. 1993. "Separate Spheres Bargaining and the Marriage Market." *Journal of Political Economy*, 101: 988.

Lupia, Arthur, and Mathew D. McCubbins. 1998. *The Democratic Dilemma: Can Citizens Learn What They Need to Know?* Cambridge: Cambridge University Press.

Macaulay, Stewart. 1963. "Non-Contractual Relations in Business: A Preliminary Study." *American Sociological Review*, 28: 55.

Macedo, Stephen. 1996. "Community, Diversity, and Civic Education: Toward a Liberal Political Science of Group Life." In Paul, Ellen Frankel, Fred D. Miller, Jr., and Jeffrey Paul, eds., *The Communitarian Challenge To Liberalism*. Cambridge: Cambridge University Press.

Macneil, Ian R. 1978. "Contracts: Adjustment of Long-Term Economic Relations Under Classical, Neoclassical, and Relational Contract Law." *Northwestern University Law Review*, 72: 854.

Madow, Michael. 1993. "Private Ownership of Public Image: Popular Culture and Publicity." *California Law Review*, 81: 127.

Mailath, George J. 1998. "Do People Play Nash Equilibrium? Lessons from Evolutionary Game Theory." *Journal of Economic Literature*, 36: 1347.

Malcolm, Noel. 1996. *Bosnia: A Short History*. New York: New York University Press.

Margolis, Howard. 1982. *Selfishness, Altruism, and Rationality: A Theory of Social Choice*. Cambridge: Cambridge University Press.

(27) Mauss, Marcel. 1990. *The Gift: The Form and Reason for Exchange in Archaic Societies*. Trans. W. D. Halls. London: Routledge.

(28) Maynard Smith, John. 1982. *Evolution and the Theory of Games*. Cambridge: Cambridge University Press.

McAdams, Richard H. 1992. "Relative Preferences." *Yale Law Journal*, 102: 1.

——— 1995. "Cooperation and Conflict: The Economics of Group Status Production and Race Discrimination." *Harvard Law Review*, 108: 1003.

——— 1996. "Group Norms, Gossip, and Blackmail." *University of Pennsylvania Law Review*, 144: 2237.

——— 1997. "The Origin, Development, and Regulation of Norms." *Michigan Law Review*, 96: 338.

Meredith, Robyn. 1997. "Strip Clubs Under Siege as Salesman's Havens." *New York Times*, Sept. 20, p. A1.

Milgrom, Paul, Douglass C. North, and Barry R. Weingast. 1990. "The Role of Institutions in the Revival of Trade: The Medieval Law Merchant, Private Judges, and the Champagne Fairs." *Economics and Politics*, 2: 1.

Milgrom, Paul and John Roberts. 1986. "Price and Advertising Signals of Product Quality." *Journal of Political Economy*, 94: 796.

Miller, William Ian. 1990. *Bloodtaking and Peacemaking: Feud, Law, and Society in Saga Iceland*. Chicago: University of Chicago Press.

——— 1993. *Humiliation: And Other Essays on Honor, Social Discomfort, and Violence*. Ithaca, N.Y.: Cornell University Press.

Moffitt, Robert. 1983. "An Economic Model of Welfare Stigma." *American Economic Review*, 73: 1023.

Morris, Stephen. 1998. *An Instrumental Theory of Political Correctness.* Unpublished manuscript. University of Pennsylvania.

Mosse, George L. 1978. *Toward the Final Solution: A History of European Racism.* New York: H. Fertig.

(29) —— 1985. *Nationalism and Sexuality: Respectability and Abnormal Sexuality in Modern Europe.* New York: Howard Fertig.

(30) Mueller, Dennis C. 1989. *Public Choice II.* Cambridge: Cambridge University Press.

Murphy, Richard S. 1996. "Property Rights in Personal Information: An Economic Defense of Privacy." *Georgetown Law Journal,* 84: 2381.

Neilson, George. 1890. *Trial by Combat.* Glasgow: William Hodge & Co.

Netanyahu, B. 1995. *The Origins of the Inquisition in Fifteenth Century Spain.* New York: Random House.

Nissenbaum, Stephen. 1997. *The Battle for Christmas.* New York: Knopf.

(31) North, Douglass C. 1990. *Institutions, Institutional Change, and Economic Performance.* Cambridge: Cambridge University Press.

Nussbaum, Martha C. 1997. "Flawed Foundations: The Philosophical Critique of (a Particular Type of) Economics." *University of Chicago Law Review,* 64: 1197.

—— 1999. *Women and Human Development: The Capabilities Approach* (forthcoming).

(32) Olson, Mancur. 1965. *The Logic of Collective Action: Public Goods and the Theory of Groups.* Cambridge, Mass.: Harvard University Press.

Ostrom, Elinor. 1990. *Governing the Commons: The Evolution of Institutions for Collective Action.* Cambridge: Cambridge University Press.

Ostrower, Francie. 1995. *Why the Wealthy Give: The Culture of Elite Philanthropy.* Princeton, N.J.: Princeton University Press.

Paul, Ellen Frankel, Fred D. Miller, Jr., and Jeffrey Paul, eds. 1996. *The Communitarian Challenge To Liberalism.* Cambridge: Cambridge University Press.

Pesendorfer, Wolfgang. 1995. "Design Innovation and Fashion Cycles." *American Economic Review,* 85: 771.

Picker, Randal C. 1997. "Simple Games in a Complex World: A Generative Approach to the Adoption of Norms." *University of Chicago Law Review,* 64: 1225.

Piore, Michael J. 1995. *Beyond Individualism.* Cambridge, Mass.: Harvard University Press.

Posner, Eric A. 1995. "Contract Law in the Welfare State: A Defense of the Unconscionability Doctrine, Usury Laws, and Related Limitations on the Freedom to Contract." *Journal of Legal Studies,* 24: 283.

—— 1996a. "Law, Economics, and Inefficient Norms." *University of Pennsylvania Law Review,* 144: 1697.

—— 1996b. "The Legal Regulation of Religious Groups." *Legal Theory,* 2: 33.

—— 1996c. "The Regulation of Groups: The Influence of Legal and Nonlegal Sanctions on Collective Action." *University of Chicago Law Review,* 63: 133.

—— 1997a. "Altruism, Status, and Trust in the Law of Gifts and Gratuitous Promises." *Wisconsin Law Review,* 1997: 567.

—— 1997b. "Standards, Rules, and Social Norms." *Harvard Journal of Law and Public Policy,* 21: 101.

—— 1998a. "Efficient Norms." In Peter Newman, ed., *The New Palgrave Dictionary of Economics and the Law.* London: Macmillan Reference.

—— 1998b. "Symbols, Signals, and Social Norms in Politics and the Law." *Journal of Legal Studies,* 27: 765.

Posner, Richard A. 1977. "Gratuitous Promises in Economics and Law." *Journal of Legal Studies,* 6: 411.
——— 1981. *The Economics of Justice.* Cambridge, Mass.: Harvard University Press.
——— 1997. "Social Norms and the Law: An Economic Approach." *American Economic Review,* 87: 365.
——— 1998a. *Economic Analysis of Law.* 5th edition. New York: Aspen Law & Business.
——— 1998b. "Privacy." In Peter Newman, ed., *The New Palgrave Dictionary of Economics and the Law.* London: Macmillan Reference.
Post, Elizabeth L. 1992. 15th Edition. *Emily Post's Etiquette.* New York: HarperCollins Publishers.
Presser, Stanley, and Michael Traugott. 1992. "Little White Lies and Social Science Models." *Public Opinion Quarterly,* 56: 77.
Przeworski, Adam. 1998. "Deliberation and Ideological Domination." In Jon Elster, ed., *Deliberative Democracy.* Cambridge: Cambridge University Press.
Putnam, Robert. 1993. *Making Democracy Work: Civic Tradition in Modern Italy.* Princeton, N.J.: Princeton University Press.
Quintanilla, Carl. 1998. "Making a Gift Last? Better Think Twice About One for the Boss." *The Wall Street Journal,* Nov. 18, p. A1.
Rabin, Matthew. 1998. "Psychology and Economics." *Journal of Economic Literature,* 36: 11.
Radin, Margaret Jane. 1987. "Market-Inalienability." *Harvard Law Review,* 100: 1849.
Ramseyer, Mark. 1996. "Products Liability Through Private Ordering: Notes on a Japanese Experiment." *University of Pennsylvania Law Review,* 144: 1823.
Rasmusen, Eric. 1994. 2nd Edition. *Games and Information: An Introduction to Game Theory.* New York: Blackwell.
——— 1996. "Stigma and Self-Fulfilling Expectations of Criminality." *Journal of Law and Economics,* 39: 519.
——— 1998. "The Economics of Desecration: Flag Burning and Related Activities." *Journal of Legal Studies,* 27: 245.
Rawls, John. 1993. *Political Liberalism.* New York: Columbia University Press.
Raz, Joseph. 1986. *The Morality of Freedom.* Oxford: Clarendon Press.
——— 1990. *Practical Reason and Norms.* Princeton, N.J.: Princeton University Press.
——— 1994. *Ethics in the Public Domain: Essays in the Morality of Law and Politics.* Oxford: Clarendon Press.
Regan, Donald H. 1989. "Authority and Value: Reflections on Raz's Morality of Freedom." *Southern California Law Review,* 62: 995.
Roback, Jennifer. 1989. "Racism As Rent Seeking." *Economic Inquiry,* 27: 661.
Robinson, Thomas N., and Jodel D. Killen. 1997. "Do Cigarette Warning Labels Reduce Smoking?: Paradoxical Effects Among Adolescents." *Archives of Pediatric and Adolescent Medicine,* 151: 267.
Rock, Edward B. 1997. "Saints and Sinners: How Does Delaware Corporate Law Work?" *U. C. L. A. Law Review,* 44: 1009.
Romano, Roberta. 1987. "The Political Economy of Takeover Statutes." *Virginia Law Review,* 73: 111.
Roulet, Marguerite. 1996. "Dowry and Prestige in Northern India." *Contributions to Indian Sociology,* 30: 89.
Russell, Francis. 1986. *Sacco & Vanzetti: The Case Resolved.* New York: Harper & Row.

(36) Sandel, Michael J. 1982. *Liberalism and the Limits of Justice.* Cambridge: Cambridge University Press.

Schelling, Thomas. 1960. *The Strategy of Conflict.* Cambridge, Mass.: Harvard University Press.

———— 1978. *Micromotives and Macrobehavior.* New York: Norton.

———— 1984. *Choice and Consequence.* Cambridge, Mass.: Harvard University Press.

Schmitt, Richard B. 1995. "Uncharitable Acts: If Donors Fail to Give, More Nonprofit Groups Take Them to Court." *Wall Street Journal,* July 27, at A1.

Schneewind, J. B. 1998. *The Invention of Autonomy: A History of Modern Moral Philosophy.* Cambridge: Cambridge University Press.

Schotter, Andrew. 1981. *The Economic Theory of Social Institutions.* Cambridge: Cambridge University Press.

(37) Schumpeter, Joseph A. 1950. *Capitalism, Socialism and Democracy.* 3rd edition. New York: Harper.

Schwab, Stewart. 1986. "Is Statistical Discrimination Efficient?" *American Economic Review,* 76: 228.

Schwartz, Alan. 1990. "The Myth that Promisees Prefer Supracompensatory Remedies: An Analysis of Contracting for Damage Measures." *Yale Law Journal,* 100: 369.

———— 1992. "Relational Contracts in the Courts: An Analysis of Incomplete Agreements and Judicial Strategies." *Journal of Legal Studies,* 21: 271.

———— 1998. "Incomplete Contracts." In Peter Newman, ed., *The New Palgrave Dictionary of Economics and the Law.* London: Macmillan Reference.

Schwartz, Warren F., et al. 1984. "The Duel: Can These Gentlemen Be Acting Efficiently?" *Journal of Legal Studies,* 13: 321.

(38) Scitovsky, Tibor. 1992. *The Joyless Economy: The Psychology of Human Satisfaction.* Revised Edition. New York: Oxford University Press.

Scott, Elizabeth S., and Robert E. Scott. 1998. "Marriage as Relational Contract." *Virginia Law Review,* 84: 1225.

Sen, Amartya. 1977. "Rational Fools: A Critique of the Behavioral Foundations of Economic Theory." *Philosophy and Public Affairs,* 6: 317.

Sethi, Rajiv, and E. Somanathan. 1996. "The Evolution of Social Norms in Common Property Resource Use." *American Economic Review,* 86: 766.

Shavell, Steven. 1991. "An Economic Analysis of Altruism and Deferred Gifts." *Journal of Legal Studies,* 20: 401.

Sherman, Lawrence W. 1993. "Defiance, Deterrence, and Irrelevance: A Theory of the Criminal Sanction." *Journal of Research in Crime and Delinquency,* 30: 445.

Silbaugh, Katharine B. 1998. "Marriage Contracts and the Family Economy." *Northwestern University Law Review,* 93: 65.

Simeone, William E. 1995. *Rifles, Blankets, and Beads: Identity, History, and the Northern Athapaskan Potlatch.* Norman, Oklahoma: University of Oklahoma Press.

(39) Simmel, Georg. 1978. *The Philosophy of Money.* Trans. Tom Bottomore and David Frisby. London: Routledge and Kegan Paul.

Smith, Anthony. 1997. "The 'Golden Age' and National Renewal." In Geoffrey Hosking and George Schöpflin, eds., *Myths and Nationhood.* New York: Routledge.

Smith, Craig R. 1998. "Moon Cakes: Gifts That Keep on Giving and Giving and . . ." *Wall Street Journal,* Sept. 30, p. 1.

Sober, Elliot, and David Sloan Wilson. 1998. *Unto Others: The Evolution and Psychology of Unselfish Behavior.* Cambridge, Mass.: Harvard University Press.

Solow, John. 1993. "Is It Really the Thought That Counts: Toward a Rational Theory of Christmas." *Rationality and Society,* 5: 506.

Spence, A. Michael. 1974. *Market Signaling: Informational Transfer in Hiring and Related Screening Processes.* Cambridge, Mass.: Harvard University Press.

Spicker, Paul. 1984. *Stigma and Social Welfare.* London: Croom Helm.

Spierenburg, Pieter. 1995. "The Body and the State: Early Modern Europe." In Norval Morris and David J. Rothman, eds., *The Oxford History of the Prison.* Oxford: Oxford University Press.

Stark, Oded. 1995. *Altruism and Beyond: An Economic Analysis of Transfers and Exchanges within Families and Groups.* Cambridge: Cambridge University Press.

Sugden, Robert. 1982. "On the Economics of Philanthropy." *Economic Journal,* 92: 341.

——— 1986. *The Economics of Rights, Co-operation, and Welfare.* Oxford: Blackwell.

Sunstein, Cass. 1994. "Incommensurability and Valuation in Law." *Michigan Law Review,* 92: 779.

——— 1996. "Social Norms and Social Roles." *Columbia Law Review,* 96: 903.

Taylor, Charles. 1995. *Philosophical Arguments.* Cambridge, Mass.: Harvard University Press.

Taylor, Michael. 1976. *Anarchy and Cooperation.* London: Wiley.

——— 1982. *Community, Anarchy, and Liberty.* Cambridge: Cambridge University Press.

——— 1987. *The Possibility of Cooperation.* Cambridge: Cambridge University Press.

Teja, Mohinderjit Kaur. 1993. *Dowry: A Study in Attitudes and Practices.* New Delhi, India: Inter-India Publications.

Telser, Lester G. 1980. "A Theory of Self-Enforcing Agreements." *Journal of Business,* 53: 27.

Thaler, Richard H. 1991. *Quasi Rational Economics.* New York: Russell Sage Foundation.

Thompson, E. P. 1993. *Customs in Common.* New York: New York Press.

Titmuss, Richard M. 1971. *The Gift Relationship: From Human Blood to Social Policy.* New York: Vintage Books.

Trebilcock, Michael J. 1993. *The Limits of Freedom of Contract.* Cambridge, Mass.: Harvard University Press.

Trebilcock, Michael J., and Rosemin Keshvani. 1991. "The Role of Private Ordering in Family Law." *University of Toronto Law Journal,* 41: 533.

Trivers, Robert L. 1971. "The Evolution of Reciprocal Altruism." *Quarterly Review of Biology,* 46: 35.

Tyler, Tom R. 1990. *Why People Obey the Law.* New Haven, Conn.: Yale University Press.

Ullman-Margalit, Edna. 1977. *The Emergence of Norms.* Oxford: Clarendon Press.

Veblen, Thorstein. 1992. *The Theory of the Leisure Class.* New Brunswick, U.S.A.: Transaction Publishers.

Waldfogel, Joel. 1993. "The Deadweight Loss of Christmas." *American Economic Review,* 83: 1328.

——— 1994a. "Does Conviction Have a Persistent Effect on Income and Employment?" *International Review of Law and Economics,* 14: 103.

——— 1994b. "The Effect of Criminal Convictions on Income and the 'Trust Reposed in the Workman.'" *Journal of Human Resources,* 29: 62.

Waxman, Chaim Isaac. 1977. *The Stigma of Poverty: A Critique of Poverty Theories and Policies.* New York: Pergamon Press.

Weber, Eugene. 1976. *Peasants Into Frenchmen: The Modernization of Rural France, 1870–1914.* Stanford, Calif.: Stanford University Press.

West, Mark. 1997. "Legal Rules and Social Norms in Japan's Secret World of Sumo." *Journal of Legal Studies,* 26: 165.

Whitman, James Q. 1996. "The Moral Menace of Roman Law and the Making of Commerce: Some Dutch Evidence." *Yale Law Journal,* 105: 1841.

Wilentz, Sean, ed. 1985. *Rites of Power: Symbolism, Ritual, and Politics Since the Middle Ages.* Philadelphia: University of Pennsylvania Press.

Williamson, Oliver E. 1983. "Credible Commitments: Using Hostages to Support Exchange." *American Economic Review,* 73: 519.

—— 1985. *The Economic Institutions of Capitalism: Firms, Markets, Relational Contracting.* New York: Free Press.

Wu, Jianzhong, and Robert Axelrod. 1995. "How to Cope with Noise in the Iterated Prisoner's Dilemma." *Journal of Conflict Resolution* 39: 183.

Wyatt-Brown, Bertram. 1982. *Southern Honor: Ethics and Behavior in the Old South.* New York: Oxford University Press.

Young, H. Peyton. 1996. "The Economics of Convention." *Journal of Economic Perspectives,* 10: 105.

—— 1998a. *Individual Strategy and Social Structure: An Evolutionary Theory of Institutions.* Princeton, N.J.: Princeton University Press.

—— 1998b. "Social Norms and Economic Welfare." *European Economic Review,* 42: 821.

Zelizer, Viviana A. 1994. *The Social Meaning of Money: Pin Money, Paychecks, Poor Relief, and Other Currencies.* New York: Basic Books.

《参考文献の邦語訳リスト》

（1）Akerlof 1984　　　ジョージ・A・アカロフ『ある理論経済学者のお話の本』（幸村千佳良・井上桃子訳）ハーベスト社，1995.
（2）Anderson 1983　　ベネディクト・アンダーソン『想像の共同体：ナショナリズムの起源と流行』（白石隆・白石さや訳）リブロポート，1987（原著第2版（1991）の訳，NTT出版，1997）
（3）Aronson 1995　　E・アロンソン『ザ・ソーシャル・アニマル』（古畑和孝監訳；岡隆・亀田達也共訳）サイエンス社，1994．［原著第6版（1992）の訳］
（4）Augstine 1961　　聖アウグスティヌス『告白』（服部英次郎訳）岩波文庫，1976.
（5）Axelrod 1984　　　R・アクセルロッド『つきあい方の科学：バクテリアから国際関係まで』（松田裕之訳）ミネルヴァ書房，1998.
（6）Bartlett 1986　　　R・バートレット『中世の神判：火審・水審・決闘』（竜嵜喜助訳）尚学社，1993.
（7）Bell 1996　　　　　ダニエル・ベル『資本主義の文化的矛盾　上・下』（林雄二郎訳）講談社学術文庫，1976-77.
（8）Blau 1964　　　　ピーター・M・ブラウ『交換と権力：社会過程の弁証法社会学』（間場寿一他訳）新曜社，1974.
（9）Buchanan 1968　　ジェームズ・M・ブキャナン『公共財の理論：公共財の需要と供給』（山之内光躬・日向寺純雄訳）文真堂，1974.
（10）Burnham 1993　　J・C・バーナム『悪い習慣』（森田幸夫訳）玉川大学出版部，1998.
（11）Davis 1975　　　　ナタリー・ゼーモン・デーヴィス『愚者の王国異端の都市：近代初期フランスの民衆文化』（成瀬駒男他訳）平凡社，1987.
（12）Frank 1988　　　　R・H・フランク『オデッセウスの鎖：適応プログラムとしての感情』（山岸俊男監訳）サイエンス社，1995.
（13）Frank and Cook 1995 ロバート・H・フランク & フィリップ・J・クック『ウィナー・テイク・オール：「ひとり勝ち」社会の到来』（香西泰監訳）日本経済新聞社，1998.
（14）Gibbons 1992　　　ロバート・ギボンズ『経済学のためのゲーム理論入門』（福岡正夫・須田伸一訳）創文社，1995.
（15）Goffman 1963　　アーヴィング・ゴッフマン『スティグマの社会学：烙印を押されたアイデンティティ』（石黒毅訳）せりか書房，1980.
（16）Goffman 1959　　E・ゴッフマン『行為と演技：日常生活における自己呈示』（石黒毅訳）誠信書房，1974.
（17）Habermas 1984　　ユルゲン・ハーバーマス『コミュニケイション的行為の理論　上・中・下』河上倫逸・M・フーブリヒト・平井俊彦訳）未來社，1985-87.
（18）Hart 1983　　　　H・L・A・ハート『法学・哲学論集』（矢崎光圀・松浦好治他訳）みすず書房，1990.
（19）Hawthorne 1981　ホーソーン『緋文字』（八木敏雄訳）岩波文庫，1992.
（20）Hayek 1973　　　　ハイエク『ルールと秩序』（矢島鈞次・水吉俊彦訳）春秋社，1987（ハイエク全集8），『社会正義の幻想』（篠塚慎吾訳）春秋社，1987（ハイエク全集9），『自由人の政治的秩序』（渡部茂訳）春秋社，1988（ハイエク全集10）．
（21）Hebdige 1979　　　ディック・ヘブディジ『サブカルチャー：スタイルの意味するもの』（山口淑子訳）未來社，1986.

(22) Hirsch 1976　　　　フレッド・ハーシュ『成長の社会的限界』(都留重人監訳) 日本経済新聞社, 1980.
(23) Hirschman 1982　　アルバート・O・ハーシュマン『失望と参画の現象学：私的利益と公的行為』(佐々木毅・杉田敦訳) 法政大学出版局, 1988.
(24) Hobsbawm 1990　　E・J・ホブズボーム『ナショナリズムの歴史と現在』(浜林正夫・嶋田耕也・庄司信訳) 大月書店, 2001.
(25) Hobsbawm and Ranger eds. 1983　E・ホブズボウム, T・レンジャー編『創られた伝統』(前川啓治・梶原景昭他訳) 紀伊國屋書店, 1992.
(26) Kreps 1990c　　　　デビッド・M・クレプス『ゲーム理論と経済学』(高森寛・大住栄治・長橋透訳) 東洋経済新報社, 2000.
(27) Mauss 1990　　　　マルセル・モース『贈与論』(有地亨訳) 勁草書房, 1962.
(28) Maynard Smith 1982　J・メイナード＝スミス『進化とゲーム理論』(寺本英・梯正之訳) 産業図書, 1985.
(29) Mosse 1985　　　　ジョージ・L・モッセ『ナショナリズムとセクシュアリティ：市民道徳とナチズム』(佐藤卓己・佐藤八寿子訳) 柏書房, 1996.
(30) Mueller 1989　　　デニス・C・ミュラー『公共選択論』(加藤寛監訳) 有斐閣, 1993.
(31) North 1990　　　　ダグラス・C・ノース『制度・制度変化・経済成果』(竹下公視訳) 晃洋書房, 1994.
(32) Olson 1965　　　　マンサー・オルソン『集合行為論：公共財と集団理論』(依田博・森脇俊雅訳) ミネルヴァ書房, 1983 (復刻版, 1996年).
(33) Posner, R. 1981　　リチャード・A・ポズナー『正義の経済学：規範的法律学への挑戦』(馬場孝一・國武輝久監訳) 木鐸社, 1991.
(34) Putnam 1993　　　ロバート・D・パットナム『哲学する民主主義：伝統と改革の市民的構造』(河田潤一訳) NTT出版, 2001.
(35) Rasmusen 1994　　エリック・ラスムセン『ゲームと情報の経済分析 Ⅰ・Ⅱ』(細江守紀・村田省三・有定愛展訳) 九州大学出版会, 1990.
(36) Sandel 1982　　　M・J・サンデル『自由主義と正義の限界』(菊池理夫訳) 三嶺書房, 1992.
(37) Schumpeter 1950　シュムペーター『資本主義・社会主義・民主主義』(中山伊知郎・東畑精一訳) 東洋経済新報社, 1995.
(38) Scitovsky 1992　　ティボール・シトフスキー『人間の喜びと経済的価値：経済学と心理学の接点を求めて』(斎藤精一郎訳) 日本経済新聞社, 1979.
(39) Simmel 1978　　　ジンメル『貨幣の哲学』(居安正訳) 白水社, 1999.
(40) Spicker 1984　　　P・スピッカー『スティグマと社会福祉』(西尾祐吾訳) 誠信書房, 1987.
(41) Taylor 1987　　　マイケル・テーラー『協力の可能性：協力, 国家, アナーキー』(松原望訳) 木鐸社, 1995.
(42) Veblen 1992　　　ヴェブレン『有閑階級の理論』(小原敬士訳) 岩波文庫, 1961, ソースティン・ヴェブレン『有閑階級の理論』(高哲男訳) ちくま学芸文庫, 1998.

《謝辞》

　スティーヴ・チョイ，リチャード・クラスウェル，エムリン・アイゼナッハ，リチャード・エプスタイン，ニューノ・ガルーパ，ベス・ガレット，アンドリュー・グズマン，ダン・カーン，ウィリアム・ランディス，ジョン・ロット，トレーシィ・ミヤーズ，ジェフィリィ・ミラー，マーサ・ナスバウム，ランディ・ピッカー，リチャード・ポズナー，リッキィ・レヴェズ，スティーヴ・シュルホーファ，デイヴィド・ストラウス，カース・サンスティンに謝意を表わしたい．また，シカゴ大学，スタンフォード大学，カリフォルニア大学バークレー校，ニュー・ヨーク大学，ミシガン大学，ミネソタ大学，ジョージタウン大学，および，イェール大学の各ロー・スクールで開催された研究会に参加してくれた方々に謝意を表わしたい．

　本書第4章，第5章，第7章，第11章は，それぞれ，「贈与の法および無償の約束の法における利他主義，社会的地位，および，信頼」（ウィスコンシン・ロー・レヴュー，1997年号567頁（1997）），「家族法と社会規範」（フランク・バックリィ編『契約自由の原則の凋落と勃興』デューク大学出版，1999所収），「政治と法におけるシンボル，シグナル，および，社会規範」（ジャーナル・オヴ・リーガル・スタディーズ，27号765頁（1998）），および，「筋を通す行動の戦略的基礎：比較不可能性論に対する批判」（ペンシルヴェニア大学ロー・レヴュー，146号1185頁（1998））に大幅な加筆修正を加えたものである．さらに，「法学，経済学，および，非効率な規範」（ペンシルヴェニア大学ロー・レヴュー，144号1697頁（1996））の断片を第10章に用いた．これらの論文の使用許諾を頂いた著作権保持者の皆様に謝意を表わしたい．

索 引

ア行

愛国心を示す行動　164-165
アファーマティヴ・アクション　15, 205-206
暗黙のコミットメント　102
逸脱コミュニティ　149
逸脱サブコミュニティ　155
逸脱した敵対コミュニティ　150
一方的の贈与　81-82
イデオロギーの理論　285
入れ墨　318
訴えるぞという威嚇　226
裏切のインセンティヴ　214
エンド・ゲーム問題　113

カ行

外集団　144, 195-197, 199-200
外的公共財　185
外部集合財　57-58, 251-252
関係的契約　218
慣習　237-239
感情　68
規範仕掛人　52-56, 175
規範仕掛人ゲーム　175
規範の進化　255
規模の経済　312
求愛における規範　44
強制メカニズム　30, 32
共有地　248
緊密な集団　247, 253
禁欲　108
繰返しゲーム　32
群衆行動　67-68
契約婚姻　122
結婚の誓い　20, 108
決闘の現代版　237
厳格な離婚法　121
喧嘩両成敗　230
検証可能性　61
限定合理性　72
公開処刑　151
交換的贈与　84-85
行動の政治化　188
合理的な人　30
国民国家　206, 208-210
誇示的消費　253
異なった価値　276
国家が及ぼす影響　297-298, 301
国旗に敬礼する行動　168-170
国旗を毀損する行動　168
コミットメント・メカニズム　21, 52
コミットメント・モデル　52
コミュニティ　60, 302-304
コミュニティ財　304
コミュニティ生活の短所　305
コミュニティの衰退　311, 314
コミュニティの非自発的な側面　304
婚姻契約　123
婚姻契約の自由　119-120
婚姻内紛争　122
婚姻による余剰　105-106
婚姻法の自由化　128
婚外子に対するスティグマ　124-125
コンヴェンション　319

サ行

最低賃金法　257, 262-263
債務不履行のスティグマ　333
詐害的譲渡禁止法　99-100
差別禁止法　204-205
差別のコスト　195
さらし台　139, 152
シグナリング　41, 47
シグナリング・ゲーム　19
シグナリング理論　46
シグナル　38, 40-41, 46, 48
シグナル行動　19
シグナルとしての贈り物　78
シグナルとしての贈与　97
自己検閲　173-175, 177, 329
慈善団体　101-102
しっぺ返し　109

社会が及ぼす影響　297-298
社会規範　19, 22-23, 59, 96
社会規範の効率性　246
社会規範の内面化　70
社会的意味　186-187, 189
社会的地位　66-67, 87-90
社会保障システム　262
シャリヴァリ　114, 116, 136-138, 141, 326
宗教団体内部の紛争　306
集合行為の問題　28
囚人のディレンマ　28-31, 34, 94
主夫　111
順応　66
商業上の兄弟関係　218
書面化　232
所有権の進化　73
自律の喪失　296
自律の定義　291
進化ゲーム　74
進化ゲーム論　254
シンボル行動　163-164
シンボル変容　55, 171, 184-185
信頼　59
筋を通す行動　267, 282
筋を通す行動の二値的性質　268
筋を通すという主張　271, 273-274, 276
スティグマ（烙印）　13
ステイタス競争　95, 324
政教分離原則　192
政治仕掛人　211
政治的正しさ　51, 177
政治犯　160
政治犯の犯罪　146
聖職者の特権　154
絶対的な信頼性　270
相互的贈与　81-82

タ行

待機期間　117
待機期間ルール　118
地位財　66
通約不可能　266
月並化　172, 186, 188-189
敵対するサブコミュニティ　148
伝統　59, 207

登記登録システム　256
同性婚　126-128
投票者のパラドクス　21, 178
投票者の無知　180
投票のシグナリング理論　179

ナ行

内集団　144, 195-196, 200
内的公共財　185
内部集合財　56-58, 250, 252
ナショナリズム運動　208, 211
ナチス　197
捺印　229, 232-233
ナッシュ均衡　39, 331
二枚舌　279
粘着性　72
望ましい福祉制度　257

ハ行

陪審による法の無視　147
恥仕掛人　132
辱めの罰　130-132
辱めの病理　135
パレート改善　31, 92
パレート優位　331
比較可能性　285
比較不可能　266, 275-284, 287-288
ビジネス・カルチャー　223
ビジネスにおける規範　44
非包括性　64
非良心的契約の理論　219
評判　34, 58
貧困　293
ファミリー・ネーム　113-114
フォーカル・ポイント　52-53, 73, 85
不完全契約　221
福祉スティグマ　259-260
福祉制度　293
部分的な一括均衡　39
プライヴァシー　314
ブラウン事件　14
文化的能力　317
分離均衡　38
法システム　224
法の支配　314

法の地位の向上　313

マ行

マッカーシズム　167, 174
マナー　42-44, 319
見ず知らずの者同士の契約　215
無限の価値　277, 282
無償の譲渡　97
無知　294
鞭打ち　153
村八分　134
メーガン法　142
名誉毀損　315
モラル・ハザード問題　110

ヤ行

焼き印　154
約因法理　98-99

約束的禁反言　235
優越的地位　35, 50
ユダヤ人の反ユダヤ主義　202
良いタイプ　37-38, 40
要式性　232-233

ラ行

離婚　117
理想的な発話状況　286
利他主義　65-66, 80, 86, 93, 322-323
利他主義者　87
利他的な贈り物　92
リンチ　137
連帯性（凝集性）　59

ワ行

悪いタイプ　37-38, 40
悪いタイプの性格　62

監・訳者紹介

太田勝造（おおた　しょうぞう）
　　1957年　大分県に生まれる
　　1980年　東京大学法学部卒業
　　1984年　名古屋大学法学部助教授
　　現　在　東京大学大学院法学政治学研究科教授

藤岡大助（ふじおか　だいすけ）
　　東京大学大学院博士課程
　　法哲学専攻

志賀二郎（しが　じろう）
　　東京大学大学院修士課程
　　行政法専攻

飯田　高（いいだ　たかし）
　　東京大学助手
　　法社会学専攻

山本佳子（やまもと　よしこ）
　　東京大学大学院修士課程
　　民法専攻

　　© 2000 by the President and Fellows of Harvard College
　　This translation of The Law and Social Norms
　　by Posner, Eric A.
　　is published by arrangement through The Sakai Agency

法と社会規範：制度と文化の経済分析

2002年11月15日第一版第一刷印刷発行　©

	著　者	エリク・A・ポズナー
監訳者との了解により検印省略	監訳者	太　田　勝　造
	発行者	坂　口　節　子
	発行所	㈲　木　鐸　社

印刷　㈱アテネ社　製本　関山製本社
〒112-0002 東京都文京区小石川 5-11-15-302
電話 (03) 3814-4195　　振替 00100-5-126746
ファクス (03) 3814-4196　　https://www.bokutakusha.com

乱丁・落丁本はお取替致します

ISBN4-8332-2331-7　C3032

〔「法と経済学」叢書 1〕
「法と経済学」の原点
松浦好治編訳（名古屋大学法学部）
A5判・230頁・3000円（1994年）ISBN4-8332-2194-2
ロナルド・コース＝社会的費用の問題（新沢秀則訳）
G・カラブレイジィ＝危険分配と不法行為法（松浦好治訳）
E・ミシャン＝外部性に関する戦後の文献（岡敏弘訳）
　本書は「法と経済学」と呼ばれる法学研究のアプローチの出発点となった基本的文献を収録し，その発想の原点を示す。

〔「法と経済学」叢書 2〕
不法行為法の新世界
松浦好治編訳
A5判・180頁・2500円（1994年）ISBN4-8332-2195-0
R・ポズナー＝ネグリジェンスの理論（深谷格訳）
G・カラブレイジィ/メラムド＝所有権法ルール，損害賠償法ルール，不可譲な権原ルール（松浦以津子訳）
　70年代から急速な展開を見せ始めた「法と経済学」研究は，アメリカ法学の有力な一学派を形成。70年代初期の代表的論文を収録。

〔「法と経済学」叢書 3〕
法と経済学の考え方　■政策科学のとしての法律学
ロバート・クーター著　太田勝造編訳（東京大学法学部）
A5判・248頁・3000円（1997年）ISBN4-8332-2248-5
1.法と経済学での評価基準，価値観　2.法と経済学の基本定理：コースの定理　3.不法行為法，契約法，所有権法の総合モデル　4.インセンティブ規整：行動の価格設定と制裁
　1.と2.は法と経済学の基礎理論，3.と4.は民事法から刑法までカヴァーするクーターの統一的見地を提示する。

法に潜む経済イデオロギー
R. P. Malloy, Law and Economics, 1990
R. マーロイ著　馬場孝一・国武輝久訳
A5判・200頁・2200円（1994年）ISBN4-8332-2196-9
■法と経済学への比較論的アプローチ
　法と経済学の研究がみせる拡がりについて，総合的な概説を試みた入門書。殊に法と経済学の新思考方法による保守主義，自由主義，左翼共同社会主義，ネオ・マルクス主義，自由至上主義，古典的自由主義というイデオロギー上の区分法の提示はユニーク。

正義の経済学
Richard A. Posner, The Economics of Justice, 1981
R. ポズナー著　馬場孝一・国武輝久他訳
46判・480頁・5500円（1994年2刷）ISBN4-8332-2155-1
■規範的法律学への挑戦
1 正義と効率性　2 正義の起源　3 プライヴァシーと関連諸利害
　著者は現代アメリカで隆盛をみている「法の経済分析」に関するパイオニアの一人である。富の最大化のアプローチを用いて，あらゆる法現象を徹底的・包括的に経済分析し，通説に挑戦する。